Lust an der Liebe

SERIE PIPER
Band 1913

Zu diesem Buch

In 27 Geschichten, 29 Gedichten und sechs Briefen geht dieser Band der Liebe bis auf ihren tiefsten literarisch erreichbaren Grund: Geordnet nach Stichworten finden sich alle wesentlichen Erfahrungs- und Erlebnisbereiche, die zu diesem Thema gehören. Von »A wie Affäre« bis »Z wie Zweierbeziehung« kann der Leser hier alles nachschlagen, was zentral zum Thema gehört: *Eifersucht, Freiheit, Hochzeit, Koseworte, Ödipus, Partnerwahl, Sehnsucht, Trennung, Untreue* und *Vorspiel.* Und auch außergewöhnliche Gelegenheiten werden nicht ausgelassen: Der *Mord* hat ebenso seinen Platz wie das *Jubiläum* oder das *Opfer.*

Denn nichts, das beweist dieser Band jedenfalls schlagend, ist so abwechslungsreich und so vielschichtig, so glückverheißend und unheilschwanger, so himmelhochjauchzend und zu Tode betrübt zugleich wie all das, was unter dem Oberbegriff *Liebe* subsummiert wird.

Uwe Heldt, geboren 1948 in Ludwigsburg, Studium der Germanistik und Philosophie in Tübingen. Lebt als Verlagslektor in München.

Lust an der Liebe

Ein Lesebuch

Herausgegeben von
Uwe Heldt

Piper
München Zürich

In der Serie Piper liegen außerdem vor:
Lust an der Natur (550)
Lust am Reisen (650)
Lust am Lachen (1170)
Lust an der Kunst (1250)
Lust an der Geschichte (1350)
Lust am Denken (1610)
Lust am Lesen (1620)
Lust am Weiterlachen (1750)
Lust an der Musik (8250)

Für C.

ISBN 3-492-11913-1
Originalausgabe
August 1994

Umschlag: Federico Luci,
unter Verwendung einer Illustration
von Pham van My
Gesamtherstellung: Clausen & Bosse, Leck
Printed in Germany

Inhalt

Z wie Zweierbeziehung

Schluß

Vorbemerkung

Iwan Bunins wunderbare Erzählung *Grammatik der Liebe* berichtet von einem Buch mit eben diesem Titel, ergänzt durch den Zusatz *Die Kunst zu lieben und wiedergeliebt zu werden*. »Dieses Buch kann ich leider nicht verkaufen...« sagt sein jugendlicher Besitzer (und tut es hernach doch). Ähnliches gilt auch für die Geschichten dieser Anthologie: die Grammatisierung, die Beherrschung der Liebe will immer nur in der *sprachlichen* Verfügung über die Wechselfälle menschlicher Zweisamkeit gelingen. Die Realitäten der Liebe selbst, die Syntax der Paarungen und Unpaarungen, bleiben die großen Geheimnisse im Hintergrund aller dieser Dramen, Jubelopern und Rührstücke, als die sich die hier geschilderten Begegnungen inszenieren.

Vor allem scheint es, als ob die Dichter – grammatisch gesehen – nur immer den Verneinungsfall vor Augen hätten: die glückliche Liebe tritt mit zunehmendem literarischen Rang eines Werkes immer mehr in den Hintergrund gegenüber der unglücklichen Variante des Phänomens.

Situationen wie jene berühmte des jungen Goethe, der in Rom und im Arm der Geliebten »... des Hexameters Maß leise mit fingernder Hand/ihr auf den Rücken gezählt...« haben absoluten Einmaligkeitscharakter. Gedichtet wird über die Liebe nicht im und nicht vom Moment der glückhaften Erfüllung, sondern (zumindest in unseren Breiten) aus der Position des schmerzlichen Rückblicks auf einen Verlust, wobei es dann eine Frage von Konstellation und Temperament ist, ob voller Lust oder Reue, voller Sehnsucht oder Zorn auf das Vergangene geschaut wird.

»Die Liebe währt am längsten/und sie erkennt uns nie« – Ingeborg Bachmanns Variation über eine biblische Sentenz liefert vielleicht die gültigste Formel für jenes Moment niegefundener Ruhe, das allen Liebenden eignet: als ob es ein notwendiges Register zu durchlebender Szenarios gäbe, das zu durchlaufen ist, wenn man sich unter das Gesetz der Liebe gestellt hat.

In diesem Sinne wurde der vorliegende Band der blinden Mechanik des Alphabets unterstellt, die mit Hilfe beliebiger Stichwörter für jenes realistische Chaos zu sorgen verspricht, das über Leben, Liebe, Nächte und so vieles mehr alleinigst zu herrschen pflegt.

Die Verwechslungsmöglichkeit mit einem Nachschlagewerk durfte daher nicht schrecken: auch in Bunins schon erwähnter *Grammatik der Liebe* stellt sich letztlich ein angefügter handschriftlicher Zusatz als wichtigster Teil des Textes heraus. Ohne den eigenen Teil und Anteil, den der Leser zu finden weiß, werden alle diese Geschichten glanzlos bleiben, wer aber auch nur in einer Situation sich wiedererkennt, dem werden sich auch all die anderen Spielarten der Liebe erschließen.

Auftakt

PIER PAOLO PASOLINI Glanz

Oh Freude, Freude, Freude …
War noch Freude
in dieser unsinnigen Nacht,
die uns bereitet war?

Das Unerlaubte

Nunmehr hast du mich verstanden
und, nicht ohne Logik,
mein zynischer Unschuldsengel,
genießt du verbotene Frucht.

Du bist ein schlichter Bursche,
noch bist du verwundert,
wenn du die Familie verrätst
in deinem naiven Getändel!

Nein, du gibst dich nicht drein,
dich für immer zu wissen
in der dunklen Abgetrenntheit,
wo du keine Hemmung mehr kennst.

(Denk doch an deine Träume,
denk an … Bologna, an Idria …
den Traum, wo deine Mutter
dir die Hosen überstreift …

Denk an die zu frühe Pein,
die du als Knabe
erlittst, mitten im tollen Blau
asiatischer Ozeane.

Doch heute, oder trügt's mich?,
als du plötzlich
einen Körper sahst, ein warmes Gesicht,
vergingst du im blinden Gestöhn.)

Es ist sinnlos: siehst du nicht
den lahmen Kompromiß?
Sei also ein Besessener,
der kein Heilmittel sucht.

Das Unerlaubte sitzt dir im Herzen
und dies nur gilt.
Lach über die natürliche
tausendjährige Scham.

EUGENIO MONTALE Nach Finistère

Mit dem Schrei der Hirsche im Regen
des Armorlandes erlosch der Bogen
deiner Wimpern, um dann zu träufeln auf
den morgenlichtigen Firnis, wo Räder
kreisen, Spindeln, Raketen, Fransen
geschüttelter Bäume. Vielleicht bleibt mir
kein andrer Beweis, daß Gott mich sieht
und deine meergrünen Augen blicken für ihn.

Da ist das Zeichen; es ädert sich
an der Mauer, die golden sich färbt:
Scherenschnitt einer Palme,
von der Morgenröte versengt.

Der Schritt, der so leis
aus dem Glashaus dringt,
ist vom Schnee nicht gedämpft, ist
noch dein Leben, dein Blut in mir.

Umberto Saba Mund

Der Mund,
der erstmals
auf meine Lippen das Rosenrot der Morgenröte legte –
in schönen
Gedanken bezahl' ich noch immer für seinen Duft.

O Mädchenmund, du lieber Mund,
du sagtest verwegene Worte und warst
so sanft zu küssen.

A wie Affäre

Gabriele Wohmann Im Winter schießt man keine Böcke

Sie müssen entschuldigen, liebe Saskia, aber die Diskussion war sehr kontrovers, zog sich hin wie eine Boa constrictor. Als Jäger aus Leidenschaft wählte Chlodwig Gonnermann natürlich einen Vergleich aus der Welt der Tiere, wenn auch Schlangen in seinem Revier bedauerlicherweise nicht als Beutegut in Angriff genommen werden konnte.

Saskia hatte es nicht weiter peinlich gefunden, über eine Dreiviertelstunde am gedeckten Tisch in der Gutsschänke Kavaliershof allein zu sitzen, eine offenkundig Wartende, eine, die man warten *ließ*, nicht besonders peinlich, aber von Chlodwig Gonnermann doch ziemlich unverfroren. Er ließ sich, der hübsch uniformierten jungen Kellnerin schräg zugrinsend, aus dem Mantel helfen, und fiel herrisch in seinen Korbsessel, der Saskias Sessel gegenüberstand, und sofort klappte er die Speisekarte auf.

Was gibts denn Schönes? fragte er die zwei Frauen, die ihm zu Gebote standen, wobei er sich mit einer Auswahl aus seinem Flirtpotential um die Bedienung mehr bemühte als um Saskia, die ihm sicher war.

Die Bedienung lieferte ihren berufsmäßigen Charme ab und empfahl dies und jenes Gericht. Saskia sagte nichts, sie hatte sich für ein kleines Angebot entschieden, das nicht in diese Art Restaurant paßte, ein Zugeständnis an die Starrköpfe, die unbedingt wenig ausgeben oder italienisch essen wollten, Pasta und kein Fleisch, und sie wußte, ihr Gegenüber würde nach all dem überflüssigen Klimbim mit der Bedienung doch wieder beim Wild landen. Ja, er würde Wild essen. Das tat er immer. Saskia fand es männlich, daß er keine Nudelgerichte aß, Männer aßen Fleisch, erwachsene und richtige Männer, die Ästheten unter ihnen aßen Fisch, und der Liebhaber der Jagd, Chlodwig Gonnermann, er aß selbstverständlich Wild, doch, das fand sie männlich, aber sie fragte sich heute so wie jedesmal, wenn endlich ein Rendezvous zustandegebracht worden war, ob sie im Moment des Zusammenseins überhaupt noch in ihn verliebt war. Sie war es, verliebt in ihn, wenn sie einander nicht trafen, dann sehr.

Er hatte gewählt: Die Wildgans. Er grinste, sinnlos anzüglich. Die Bedienung zog mit Respekt für ihn und gleichgültig gegenüber Saskias Linguine mit Mafiosisauce ab. Auch sie erkannte in diesem Gast den Vollwertmann, eindeutig. Dazu gehörte, daß er auch bereit war, einen Batzen Geld auszugeben. Beim Bordeaux stimmte ebenfalls alles, Jahrgang und Preisklasse. Dieser Gast verströmte Sachverstand. Er kannte sich darin aus, wie man sich in einem Restaurant der gehobenen Kategorie benahm, vom leichten Schäkern bis hin zur Bestellung.

Saskia dachte: Er selber sieht aus wie irgendwelches Wildbret; abschußreif. Genauer: wie aus irgendeinem großen Tier ein dikkes, saftiges Steak. Komisch, daß Chlodwig Gonnermann jetzt gerade sagte: Den Winter über schießt man keine Böcke. Weihnachten steht vor der Tür, und auch wir Jäger liefern Festtagsbraten, aber vorwiegend vom weiblichen Rehwild. Bis Ende Januar darf die Büchse knallen.

Aufs weibliche Rehwild? fragte Saskia.

Gewiß. Böcke sind schon seit dem 16. Oktober tabu.

Aha. Und warum?

Ganz einfach. Winterschonzeit für das männliche Wild, weil nämlich in diesen Monaten die Böcke kein passables Gehörn tragen. Und eine Trophäe, also das Gehörn, das möchte man doch gern mit nach Haus tragen. Ha ha. Ganz einfach, stimmts?

Ziemlich einfach. Hast du das bei dir an der Wand?

Trophäen? Gehörn? Aber gewiß doch. Du wirst es eines Tages bewundern können. Wenn wir soweit sind, hm? Chlodwig Gonnermann beugte sich vor, weil er der Meinung war, Saskia bedürfe eines schmalzigen Blicks, und den sandte er jetzt ab, Adresse: Saskias blaue Augen, die aber wichen aus, schwammen und schwebten da- und dorthin, eine Reaktion, die Männern schmeichelte. Vermutlich erinnere ich ihn jetzt an weibliches Rehwild, etwas verängstigt, kurz vorm Abschuß, dachte Saskia.

Seine Wildgans zerlegte er routiniert. Klaus bestellte Pizza, Klaus trank Light Bier, manchmal sogar alkoholfreies Bier, wenn nicht sogar Coca Cola, Klaus war ein Kommilitone und im studentischen Alltag Saskias Freund. Chlodwig und Saskia mußten sich heimlich und an Orten treffen, die für Studenten zu kostspielig, demnach sicher waren. Es ist so quasi strafbar, was wir machen, Professoren und ihre Studentinnen dürfen eigentlich nicht miteinander na und so weiter. Chlodwig Gonnermann lachte großspurig, wenn die Rede auf ihr Geheimnis kam, ein Geheimnis auch für seine Frau, vorerst noch, wie er versprach.

Aber wir essen nur, das ist harmlos, sagte Saskia dann. Nur fand sie es gar nicht harmlos, und vielleicht bestand allein darin schon der Reiz des Ganzen. Sie fand ihr Leben ziemlich langweilig, und sie mußte höllisch drauf aufpassen, nicht auch Chlodwig Gonnermann langweilig zu finden, verdammt langweilig sogar.

Er berichtete von der Sitzung, aus der er so spät in den Kavaliershof gekommen war. Man hatte ihn als den Fachmann für Ethik in die Kommission zur Problematik des Paragraphen 218 gebeten.

Der Schutz des ungeborenen Lebens ist vorrangig, und ich habe mich zum ich weiß nicht wievielten Mal dafür abgekämpft. Er hob sein Glas und blickte Saskia ins Gesicht. Sorgen? Ist was? Ists, weil ich dich warten ließ?

Ganz und gar nicht. Saskia hörte sich beinah grob antworten. Ganz und gar nicht. Eine strenge Auskunft, deren Wahrheitsgehalt sie plötzlich, hinterher erst merkwürdigerweise, in voller Wucht empfand. Beim tatsächlich etwas öden und auch verärgerten Warten war es ihr viel besser gegangen als jetzt inmitten des zustandegekommenen Rendezvous'.

Doch doch, das muß es sein. Chlodwig Gonnermann wollte es so. Saskia hatte sich nach ihm gesehnt, um die Verabredung bangend. Genau so mußte es sein. Und dieser Gedanke stimmte ihn stolz und frohgemut, er paßte ihm so gut wie der Wohlgeschmack der Wildgans und deren gelungener Körperbau. Themenwechsel, Schnitt, bestimmte er. Das Soll in unserem Landkreis für dieses Jagdjahr beträgt beim Rehwild 1961 Exemplare. Für 366 Böcke ab zwei Jahren wurde das Urteil gesprochen, bei 308 war es bis zum 1. Dezember vollstreckt.

Ich dachte, die wären tabu, die Böcke.

Nicht die kleinen. 248 Schmalrehe sind nach Meinung der Autoren unserer Abschußliste zu viele im Landkreis. Chlodwig Gonnermann kaute, wischte sich den Mund mit der zusammengeknüllten Serviette, nahm einen Schluck Bordeaux. Sie verstehen was von ihrer Arbeit, hier in der Küche. Und schließlich die weiblichen Kitze. 403 sollen erlegt werden. 165 sind es schon.

Saskia nahm sich vor, ihm nicht den Gefallen zu tun und *ach wie schrecklich, oh wie traurig, arme Tiere, das hört sich ja fürchterlich an* zu sagen und ihm das ganze feminine Mitleids- und Horrortheater, nach dem ihr zumute war, zu bieten, das er von ihr erwartete, natürlich sekundiert von einem zu ihm aufblickenden, weiblich-ratlosen Respekt. Wenn es nach ihm ginge, müßte sie sich graulen und ihn gleichwohl bewundern, schaudernd ehrfurchtsvoll. Sie nahm an, Frau Gonnermann machte das so. Oder nicht mehr genug? Suchte er, weil Frau Gonnermann erlahmt war, nach einer neuen Verehrerin seiner Ermordungen? Eher wohl nicht, eher wohl witterte seine Jägernase in ihr das weibliche Wild. Ein Schmalreh. Vor kurzem noch ein Kitz, weiblich.

Und wie hat diese Abtreibungskommission schließlich entschieden? fragte sie. Übrigens würde jeder Mafioso diesen Teller weit von sich wegschieben. Überhaupt nicht scharf.

Du hättest dich für Wild entscheiden sollen. Rehrücken, warum hast du nicht den Rehrücken genommen? Und nenne die Kommission nie wieder *Abtreibungskommission*! Das würden sich selbst die Verfechter der Fristenlösung und was weiß ich welcher Finten und Ausreden nicht bieten lassen. Chlodwig Gonnermann lachte gutmütig. Wir sind noch längst nicht fertig. Keine Entscheidung vorerst. Aber die Stimmung neigt sich meiner Seite zu. Den Argumenten der Ethik will sich wenigstens offiziell keiner verschließen, immerhin: man lauscht. Und Mord bleibt Mord. Es geht um Leben. Um Leben, das sich selbst noch nicht schützen kann.

Und was ist mit der Liebe?

Was für einer Liebe?

Stell dir eine vergewaltigte Frau vor. Sie kriegt ein Kind. Liebt sie das Kind, das ihr irgendein gewalttätiges Scheusal...

Pssst, machte Chlodwig Gonnermann, wobei ihm eine Fleischfaser seiner Wildgans in den Zischlaut geraten und auf Saskias unübersichtlich mafiosirote Linguine gesegelt war. Bedenke: Dieses Lebewesen, der Embryo, diese allererste Regung, die befruchtete Eizelle: unschuldig. Schützenswert. Ich wiederhole: Mord bleibt Mord.

Wie im Wald, wie im Revier. Saskia lachte.

Als Ethiker schütze ich das ungeborene Leben, als Jäger schütze ich den Forst. Du mußt wissen, es geht dabei ganz korrekt zu, wir sind ja keine Wilderer. An einer bestimmten Stelle im Revier spannt man ein Trassenband von fünfzig Meter Länge und stellt beiderseits davon den Verbiß durch die Rehe fest. Du würdest dich wundern. Sie können einen ganzen Wald ruinieren.

Wem gehört eigentlich der Wald? Nicht den Rehen, oder? Schon gar nicht den weiblichen Rehen, hm? Er gehört dem Menschen.

Hör zu, Kleines. Ich bin ein Tierfreund, das kannst du mir glauben. Wäre ich kein Tierfreund, dann wäre ich auch kein Jäger. Aber der Mensch hat die Priorität. Wir haben, als die am höchsten begabten Wesen unserer schönen Schöpfung, die Pflicht, aufzupassen, eine Ordnung zu bewahren.

Aha. Wenn das *so* ist. Saskia fragte sich, ob sie wieder in den Professor verliebt wäre, wenn sie in ihrem Apartment im Studentenwohnheim säße und darauf wartete, daß das Telephon klingelte, und wenn es dann Klaus wäre. Auf Gonnermanns Teller lag nunmehr nur noch ein säuberlich abgeschabtes Häufchen Knochen. Es sah wie ein kleiner Scheiterhaufen aus Gebein aus. Saskia deutete darauf. Das konnte einmal fliegen.

Wie bitte?

Die Wildgans. Wie ist es mit den wilden Vögeln? Gibts für die auch Abschußlisten?

Bei den Wildenten bin ich mir da ziemlich sicher, aber das ist nicht mein Gebiet. Chlodwig Gonnermann sah plötzlich unzufrieden aus, er brauchte einen Zahnstocher oder er tat so. Die Wildgans? Ich habe mich für die Wildgans entschieden, weil...

Wegen Ibsen. Saskia lachte, fand sich feige, aber die Erinnerung an ihr unattraktives Leben im Studentenheim war dran schuld, zumindest sprach sie sich damit frei. Sie wollte nicht wieder für wer weiß wie lang nicht verliebt in irgend jemanden sein.

Wildgänse gibts nirgendwo sonst auf den hiesigen Speisekarten. Ich kenne sie bloß, ich meine als Gericht, aus den skandinavischen Ländern.

Und wenn sie nun schwanger war?

Saskia! Du machst Witze, oder?

Mal mehr, mal weniger.

Sei brav, wählen wir ein schönes Dessert. Wie wärs mit der Welfenspeise? Sieh mal, Kindchen, wir Jäger verbinden unsere Passion mit der Pflicht. Die Ordnung darf nicht vor die Hunde gehen. Apropos: Hunde. Ein großer, schrecklicher Jagdherr ist der Straßenverkehr. Aber der Hund ist ein Jäger aus Ur-Instinkt. Auch der Bravste kann seinem Ur-Instinkt nicht widerstehen, wird zum Jäger. Bei den von Hunden gerissenen Rehen verstehen wir Jäger keinen Spaß. Wenn wir einen wildernden Hund erwischen, dürfen wir abdrücken. Das Reh ist bei einer Verfolgung einige hundert Meter schneller als der Hund, bleibt der Hund aber dran, holt er es mit Sicherheit ein. Fungiert jedoch der Hund unter der Kontrolle des Jägers, dann ist er ein wichtiger Helfer, und er wird kein Tier auch nur verletzen.

Lächelnd räumte die Bedienung die leergegessenen Teller vom Tisch, auf ihrem Wams glitzerten Pailletten, und es war offenkundig, daß Chlodwig Gonnermann, etwas ermüdet von der Unterhaltung mit Saskia, das freundliche Mädchen in diesen Augenblicken für die angenehmere Frau in seiner nächsten Umgebung hielt.

Hats geschmeckt?

Oh, das hat es, ja. Geben Sie mein Kompliment der Küche weiter!

Das mache ich gern.

Und nun hätten wir noch gern die Welfenspeise versucht.

Sehr gern.

Die Bedienung servierte ein saftiges, fruchtiges Lächeln, ja, sie erinnerte Saskia an eine frische reife Himbeere, und sie sagte es.

Kein schlechter Vergleich. Sie sieht manierlich aus, sauber, kein Disco-Typ. Chlodwig Gonnermann nickte befriedigt. Er ginge mit ihr sofort ins Bett. Sie würde niemals abtreiben, sagte Saskia.

Scheint mir auch so, sagte Chlodwig Gonnermann, der sich Mühe gab, seine lüsternen Phantasien nicht physiognomisch widerzuspiegeln. Besser für ihn, weiterzureden, und er würde wieder der unerbittliche Fürsprecher sämtlicher befruchteter Eizellen, der ethisch bestens informierte Beschützer der Ungeborenen und des Forstes.

Es ist doch wahrscheinlich aus und vorbei, überlegte Saskia. Wie war das noch mit den Böcken und dem Winter, wenn man nur die Frauen abschießen darf?

Ha ha, kleine Komikerin! Die Frauen! Ha ha. Das weibliche Rehwild. Im Winter schießt man keine Böcke.

Fast schade, sagte Saskia.

B wie Briefe

Ingeborg Bachmann Drei Briefe an Felician

27. Juni 45

Geliebter,
schon, daß ich weiß, daß wir uns manchmal nahe sind ist gut. Meine Tage sind still und rein. Ich bin frei.

Du solltest kommen und einen Willen über mich werfen. Nie wäre ich besser bereit zu dienen, als jetzt.

Ich quäle mich nur um meine Arbeit, um meine Gedanken. Immer diese Angst, daß ich den Weg verlieren könnte, noch mehr, daß ich keinen finde. Ich gehe zögernd, bald kindlich, bald von wildem Wollen gepackt durch den Garten des Paradieses. Ich irre in allem. Ich finde weder Gott noch Dich. Manchmal möchte ich müde werden.

Ich wundre mich oft, woher ich die Anmut nehme einen schönen Gedanken zu sagen. Mein Geständnis von Armut und Not würde Dir eine endlose Leere zeigen. Ich bin so gewöhnlich und klein, ich werde irgendwo am Wege liegen bleiben.

Wie konnte ich nur den flackernden Sinn von tausend begehrlichen Wünschen mit mir ins Leben bringen.

Warum hat man mir nicht den kleinsten Teil von Erfüllung geschenkt.

Ich habe, bei allen heiligen Dingen, den großen Hunger nach dem Licht.

Ich vergehe dran.

Selbst meine Liebe ist blaß davor!

Vellach, 30. März 1946

Felician!

Der Frühling ist wieder zu uns gekommen. Ist das zu glauben? Gewiß, wirst Du mir sagen. Und ich glaube es ja auch. Schon am Morgen die Helle, wenn ich erwache, am Mittag die Wärme, am Abend der farbene Untergang der Sonne in den Bergen sagen es mir immer neu. Aber erst mein Herz, ... mein Herz ist ein närrisches Ding und träumt sich den Himmel auf die Erde. Mein glückliches Herz aber denkt auch wieder an Dich. Nicht, – daß es dies lange nicht getan hätte, aber nun ist doch alles wieder, wie zuvor, wie in vergangenen Jahren. Ich werde Dir bald wieder nahe kommen. Du wirst meine Blätter halten. Ach, sie werden Dir natürlich nicht wie diese Briefe erzählen was Du mir warst und bist, aber vielleicht wirst Du staunend Deinen Namen lesen. Und dann:

Wenn ich Dein denke
Ist es ein Traum...

Grüße und einen leisen Kuß auf Deine müde Stirne. Ich sitze in meinem Garten in der Sonne und denke sehr an Dich!

2. April 46

Mein Felician!

Ich glaube, es wird bald hohe Zeit zu Dir zu kommen. Beeilen will ich mich und an nichts mehr denken, als daß ich für Dich bereit sein muß. Ich sitze so schlafschwer in der Sonne, kaum fähig die Feder zu führen, auch nicht fähig etwas Vernünftiges zu denken.

Gestern abend habe ich mit einem seltsam klugen Menschen gesprochen. Was meinst Du, Felician, wie ich an Dich dachte! Ich wollte Dich auch gerne manches fragen. – Aber halte mich nur nicht für wahnsinnig, Dir einen so zerrissenen und müden Brief zu schreiben. Ich will lieber enden und Dich von Herzen grüßen!

MAX BECKMANN
Drei Briefe an Quappi (Mathilde Kaulbach)

Mittwoch [ohne Datum]

Mein liebes süßes Herzchen, ich habe noch ein bischen Zeit, draußen scheint die Sonne so schön und ich habe Lust noch ein wenig mit Dir zu plaudern. Es ist mir noch im̄er merkwürdig und sonderbar an Dich zu schreiben, wo wir doch so garnicht litterarisch miteinander gesprochen haben. Nur verbunden durch unser Gefühl füreinander. – Aber es ist so schön zu wissen daß Du da bist und an mich denkst aus Deiner lieben Seele heraus zu mir. – Siehst Du ich weiß daß du an mich denkst und dann ist es mir als ob irgendwo aus einer fernen fremden paradisischen Insel mir fast unbekannte Geschöpfe nach denen ich mich im̄er gesehnt habe an mich denken. Irgendwie tiefstes Verbundensein mit dem All. So empfinde ich Deine Liebe und so liebe ich Dich. Fremd warst Du bis jetzt hier auf der Erde mein liebes Kind. Ein versprengter Engel aus dem Paradies. Ich aber habe Dich entdeckt, vieleicht weil auch in mir irgendwo noch ein Stück vom Paradies lebte was viele viele Jahre verschüttet gelegen hat. Du hast es wieder befreit. Nun fangen alle verborgenen Blumenzwiebeln an wieder grüne Blättchen zu treiben, seit sie vom Eis befreit sind. Bald werden sie blühen. Und ein lustiger kleiner Paradiesgarten soll daraus entstehen. In dem wollen wir dann zusam̄en spazieren gehen. Und die andere Welt schließen wir langsam ab. – Das was Du früher erlebt hast war wohl notwendig, damit Du nun bewußt mit mir in diesen schönen Garten spazieren gehen kannst. – Ich glaube an Dich und die Reinheit Deiner Seele. – Nicht aus Leichtgläubigkeit und nicht aus Verliebtheit. – Nein aus tiefer und grausamer Erkenntnis die bis zum Letzten geht um sich nicht's vorzulügen. –

Das ist nun endgültig und für im̄er begraben. –

Nun bin ich auf der Suche nach einem Namen für Dich mein schöner Paradiesvogel. Im̄er wieder kom̄t Cynthia aber er ist mir noch zu lang oder aber ich weiß noch nicht vieleicht wird er es doch. Vieleicht finde ich noch was anderes. O mein Liebling, ich denke an Dich und Deine süßen Augen in denen für mich der Sinn des Lebens liegt. O mein Liebling ich werde so bös zu Dir sein

Dein.

9. Juli 25

Mein allergeliebtestes Herzchen, ich weiß nun garnicht ob Dich dieser Brief noch erreicht od ob Du nicht vieleicht schon gleich kom̄st, was so schön wär. Aber auf alle Fälle schreibe ich Dir doch noch ein bischen, vor allen um Dir für den letzten lieben Mitternachtsbrief zu danken meine süße Geliebte. – Er kam so zur rechten Zeit. Ich hatte gerade wieder 6 Stunden hinter einander gearbeitet und war so entsetzlich müde und verbraucht, es war 5 Uhr Nachmittags als ich beim Runtergehen Dein so liebes Briefchen im Kasten fand. – Ich war so froh mein Herzchen Du hast so lieb geschrieben, es war mir wieder, als ob Du mich mit Deiner Schulter gestützt hättest – Dank Dir mein Schatz. – Mange tak ...

Ich freue mich schrecklich auf Dich und es wird auf alle Fälle schön werden. – Dank Dir und Doris auch für das schöne Kleeblatt, so lieb von Dir es mir zu schicken. Mein Gott, was bist Du für ein reizender Kerl und wie freue ich mich, daß ich Dich zur Frau bekom̄e mein Süßes. – Heute Nachmittag hörte ich im Kaffee Anitras Tanz. Eine abgeklapperte Geschichte, ich weiß. – Trotzdem möchte ich, daß Du den mal tanzt für mich. – Du wärst eine fabelhafte Verkörperung einer Nordlichtblume. – Das bist Du nämlich für mich mein Süßes. – Eine Elfe aus den Eishöhlen die aus lauter Diamanten sind. Mein Geliebtes. – So lieb von Dir, daß ich Dich umbringen darf. – Ich allein – Nun warte nur. Ich werde Dich sehr oft umbringen, aber im̄er wieder umso lebendiger machen. – Und sonst brauchst Du keine Angst zu haben. Ich paße auf, daß Dir Niemand was tut. Ich denke im̄er an Dich. Ob ich male oder esse, rumlaufe oder rauche oder träume. – Im̄er bist Du bei mir meine Cynthia mein geliebtes Herz. – Nun bin ich nicht mehr allein. Freue mich auch so, daß Dir das Bild gefällt. Und auch Deiner Mutter – Nun sitze ich hier allein im Frankfurter Hof, fast niemand da nur ein paar schwarze Kellnerfräcke. Es ist so schön zu denken daß meine kleine Muse nun bald wieder bei mir ist. Nun werden hoffentlich die Zwischenräume im̄er kürzer bis Du ganz bei mir bleibst. Dann werde ich allerdings keine Briefe mehr schreiben, aber Du wirst sie alle erzählt bekom̄en. So schön war Dein Traum vom Meer meine Geliebte. – O ja Du bist's wirklich. – Ich zweifle nun nicht mehr. Du bist wirklich endlich mein Mensch. Auf den ich im̄er gewartet habe. Es ist zweifellos ein Wunder. Aber es ist nicht zu ändern. Du bist nämlich gar kein Kind Mein Süßes. Kein Baby. Du bist nur nicht von dieser Welt Mein Herz. Wie ich auch nicht. Beide stam̄en wir aus dem Reich der Träume, der Unwirklichkeiten. – Oder sagen wir. Der anders Wirklichkeiten. – Ich habe mir nur mit der Zeit »gewaltsam« einen Sinn für die hiesigen Realitäten geschaffen, weil ich sonst zu Grunde gegangen wäre. – Aber mein Reich ist auch nicht von dieser Welt. – Wie das Deinige. Mein Herz. Meine Aller Aller Geliebteste.

– Nun ziehen wir bald unsere unsichtbare Mauer um unseren Garten. – Und sind allein. – Ob wir tausend mal unter Menschen sind. Nicht wahr Cynthia. Das ist Dein eigentlicher und wahrer Namen. Ich glaube, daß Du endlich der Mensch bist, der mir Friede geben kann für mein unruhiges Herz – damit ich noch im̄er reinere Musik machen kann für Dich und mich Dein Bräutigam̄smann

Hoffentlich erreicht Dich dieser Brief nicht mehr in Ohlstadt.

F. 4. August. 25.

Mein geliebtes süßes Kind dank Dir schön für Deinen lieben Samstagbrief mit der hübschen Photo. – Sie macht mir arg Lust zu Dir zu kom̄en meine süße liebe kleine Bauern-Cynthia – jedoch »die Pflicht«. Ich muß erst fertig sein und das Gefühl haben wieder etwas geleistet zu haben, dann erst bin ich ganz vergnügt. Aber ich freue mich so auf Dich mein Herz. – Ich wollte Du wärst erst bei mir und würdest meinen Kafe kochen und »grüne Bohnen mit Rindfleisch« der Lilly einpauken. – Ich habe ihr übrigens geschrieben. – Gestern – Du verstehst doch was ich meine, mein Herz. Es ist nicht das materielle aber das schöne Gefühl so ein's zu sein mit Dir, daß wir selbst die gröbsten materiellen Sachen teilen können oder vielmehr gerade weil wir selbst das banalste teilen können und wollen, darin fühle ich auch unsere Liebe. – Wie war Dein kleines Briefchen wieder so reizend. – Aber laß Dich bitte weder durch mich noch durch Li-Tai-Pe von Deinen lieben Gedichten abhalten. – Da ist doch oft ein großer Reiz drinn, den ich nicht entbehren möchte mein Herzchen. Ich glaube auch meine Geliebte, daß ich Dir in den Tod oder nach dem Tod irgendwie wieder folgen werde, wie ich denn überhaupt glaube, daß wir vieleicht im̄er ein's gewesen sind. – Ich habe das Gefühl, daß ich Dich im̄er lieben werde. Mein süßes süßes Herzchen. Mein geliebter Schatz. Heute hatte ich einen Brief von Naïla, in dem sie mir etwas übertrieben herzlich gratulirt und gerne näheres wüßte. Außerdem kündigt sie einen Besuch an um die alten Briefe auszuwechseln. – Meinetwegen. – Dieses falsche Feuer ist vollkom̄en erloschen und mein süßes süßes Kind herrscht ganz allein in meiner Seele und auch mein Körper denkt nur im̄er Quappi haben, Quappi haben. Quappi haben. Wie freue ich mich daß Du so glücklich bist. Komisch nicht wahr, daß ich es gerade in diesen Tagen zum ersten Mal auch so intensiv gefühlt habe und im̄er noch fühle. Es muß doch eine starke unsichtbare Strömung zwischen uns sein. Nicht mein süßes Lumpchen. – Und die arme Chilly ist in's Bassin gefallen – O je – da wird sie aber einen schönen Schreck bekom̄en haben. – Hatte auch noch einen Brief von der Kati in dem sie mir am Schluß, einen »schönen Lebensabend« wünscht. Da hab ich sehr gelacht über diese Bosheit.

Ich bin übrigens ganz allein in F. Simon ist auch schon in Ferien, aber heute Abend kom̄en Battenbergs wieder. Das ist ganz angenehm, da brauche ich nicht im̄er so viel Sekt zu trinken. – Gesundheitlich bin ich fast ganz wieder in Ordnung. – Du brauchst keine Sorge zu haben. – Male eben, wieder zwischen unserm Portrait, ein schönes Stillleben mit rotvioletten Hortensien und blauvioletten Astern, dazu grasgrüne Äpfel auf gelbem Grund. – Ich glaube es wird schön werden – Du hilfst mir bei allen. – Du bist so in meiner Seele und machst mich so froh und harmonisch, daß ich ordentlich fühle wie ich wachse, wie eine Pflanze nach dem Regen nach monatlanger Dürre. – Nur, daß es bei mir viele Jahre waren, wo ich dieses Gefühl einer tiefen Zusam̄engehörigkeit mit einer Frau, die ich geistig und sinnlich liebe, habe entbehren müssen. Dein Wesen ist mir so tief sympathisch wie ich Dir garnicht sagen kann, na und von Deinen materiellen Reizen laß mich anstandshalber schweigen. Genug, daß sie mich ebenso entzücken. –

Ich liebe alles an Dir, Deine Bewegungen, Deinen Ausdruck Deinen Körper Deine Hände alles ist mir im tiefsten sympathisch und verwandt. Und das schönste ist, daß ich allmählich auch anfange Dir zu vertrauen, aber daß wird noch stärker werden, je mehr ich fühle, daß Du mich wirklich so intensiv liebst, wie ich das brauche. – Aber ich fühl's jetzt schon sehr. Und das macht mich sehr glücklich. – Ich kenne mich aber darin, daß ich Dich noch im̄er mehr lieben werde – je mehr Du mir wirklich ganz, ganz bis in die tiefsten Fasern Deiner Seele und Deines Körpers ganz gehörst. – Dann bin ich Du und Du bist ich. – Verstehst Du das meine Geliebte – Eben sah ich mir Dein Photo noch mal an, Du scheinst wirklich etwas zugenom̄en zu haben, das freut mich sehr. Fahr nur fort mein Herz, Du wirst nur schöner. Hab keine Angst. Ich versteh was davon. – Ich schick Dir auch eine Photo mit die ich zufällig fand. Wie gefällt sie Dir? Sie ist aber schon vor 1 oder 2 Jahren gemacht. Ich küsse Dich zum Abschied – bis morgen Dein Tix.

C wie Christlich

Christoph Buggert Nebukadnezar

Mit Vorliebe, gestand Diakon Heinz, suche Herr Satanas, oder wie mein Vater den Argen in seinen Predigten zu nennen pflege: der leibhaftige Asmodäus, der unwillkommene Herr Urian, mit Vorliebe suche dieser unreine Gesell ihn zu später Abendstunde heim, wenn er (nach einigen kasteienden Kaltwassergüssen in der Waschküche) oben in der Giebelstube des Lehnerhofs den Schlafanzug übergestreift habe und nun den kühlen, glatten Druck des Federkissens über sich spüre. Zwischen seinen Beinen stehe er auf, ein kleines robustes Männchen, das aus dem (bei Nachtgewändern ja unzureichend mit Knöpfen gesicherten) Hosenschlitz drängle und den Kopf aufrührerisch gegen die Kissenlast stemme. Er aber, versicherte der Diakon, lasse sich so leicht nicht einschüchtern. Beherzt packe er zu, walke und knete, puffe und rupfe diese Spottgeburt aus Dreck und Schwefel. Nicht selten versuche er, den vermaledeiten Widersacher bei lebendigem Leib zu häuten, indem er dessen merkwürdig locker sitzenden Balg ruckartig auf und nieder reiße, bis das darunter liegende und prall mit Sünde gefüllte Muskelfleisch von innen zu glühen beginne, schließlich sogar einen öligen Angstschweiß absondere. So verbissen sei dieses abendliche Gefecht zuweilen, daß seine in Angriffs- und Abwehrstößen tanzenden Hüften das Holzbett in ein knarzendes Schwanken versetzten, daß sogar die Bodenbretter sowie das festere Hausgebälk mit rhythmischem Ächzen in das Kampfgetöse einstimmten. Der Hofhund unten pflege dann in ein neidisches Heulen zu verfallen; nicht selten stehe auch sein Wohnungsgeber, der Erste Gemeindevorsteher Otto Lehner auf der zur Dachkammer heraufführenden Treppe, um ihn zu einem schnelleren, wieder Frieden ins Haus bringenden Niederringen des Höllenfürsten anzufeuern. Hoffentlich, rufe der Mann bei solcher Gelegenheit, sei man bald fertig mit der schmutzigen Arbeit! Auch die Lehnerbäuerin sei manchmal hinter dem Rücken ihres Gatten zu hören: Es gehe nicht, so gehe das nun wirklich nicht! rufe sie herauf. Dochdoch, könne er dann nur noch keuchen, er werde es schon schaffen! So unermüdlich malträtiere, piesacke, schuriegele er den widerborstigen Antichrist, bis diesem die Hirnmasse in mehreren Ladungen aus der Schädeldecke spritze. Und jetzt, sagte Diakon Heinz, in diesem Moment des endgültigen Sieges, hebe ein heller Taumel in ihm an. Sein Herz lärme wie ein Schiffsmotor. Sein Atem rase nur so die Luftröhre auf und ab. In seinem Hinterkopf explodiere ein Bündel aneinandergeketteter Raketen. Mit stummem Triumphgeheul verfolge er, wie der seines Marks beraubte Beelzebub lasch und gedemütigt in den Hosenschlitz zurückkrieche. Sein bis in die Zehenspitzen summender Körper werde von der Gewißheit gewärmt, ein gottgefälliges Werk vollbracht zu haben. Von den Spannungen und Verkrampfungen des Tages befreit, könne er nun das elektrische Licht ausschalten und die Glieder für den Schlaf zurechtrücken. Gewiß, meinte der Diakon, werde man ihn verstehen: Seit mehreren Jahren ersetze dieser Abend für Abend erneuerte Feldzug gegen Aufruhr und verhärtete Niedertracht das früher so ernst genommene Nachtgebet. Möge der Urfeind noch Riesenheere kleiner, robuster Kerlchen gegen ihn antreten lassen, er sei gerüstet, sie alle der Reihe nach niederzumachen.

Außer mir befanden sich noch mehrere weitere Zuhörer in der Pfarrküche. Mein Onkel drehte gequält die Augen zur Decke. Meine Mutter schob absichtlich laut die Töpfe und Pfannen auf dem Herd hin und her. Schwester Ella kicherte in ein vor den Mund gepreßtes Geschirrtuch. Und weil draußen auf dem Hof unser Hahn Nebukadnezar gerade eine seiner Hennen mit Schnabelhieben zu Boden zwang, sich in ihrem Rückenflaum zurechtsetzte, dann lauthals krähend den Sommerstaub aus seinen Flügeln schlug, zeigte mein Onkel durchs Fenster:

»So, Mensch, so macht man das. Dieses Federvieh weiß besser als du, wo die Musikanten wohnen.«

»Wieso!« murmelte Heinz.

Aber dann rückte, aus dem Hinterkopf oder von noch weiter her, ein neues Wissen hinter seine Stirn; einen Moment lang sah es so aus, als würde die Gesichtshaut dieses Leuchten gar nicht aufhalten können. Wie ein Blinder, der zum erstenmal Licht und Farben sieht, begriff der Diakon, daß er sich vergaloppiert hatte. Nicht erst mit dem offenherzigen Bericht eben, sondern viele Jahre schon, in zahllosen einsamen Satansschlachten. Holundersaft stieg ihm vom Hals bis unter die Haare. Und jeder verstand es, daß er beim Hinausrennen mit der Tür knallen mußte.

In den folgenden Wochen erwischte ich ihn mehrmals, wie er oben im ersten Stock, ausgerüstet mit dem japanischen Feldstecher meines Onkels, im Badezimmer verschwand. Durchs Schlüsselloch sah ich ihn dann auf dem heruntergeklappten Klosettdeckel stehen. Da in diesem Raum das Fensterbrett höher lag, benötigte der nie so recht über Kindergröße Hinausgekommene den erhöhten Beobachtungsposten, um bequem den Hof überblicken zu können. Auch der Grund seiner eigentümlichen Bewegungen war mir bald klar: Er studierte das Liebesleben Nebukadnezars, das in jener Zeit eigentlich schon etwas matt geworden war. Mit rudernden Schultern beispielsweise übte Heinz die Jagdtechnik ein, mit der sich zierende Hennen in den Zwickel zwischen Fahrradschuppen und Friedhofsmauer gezwungen wurden, aus dem es keinen Fluchtweg gab. Das anschließende Halsrucken ahmte die Hack- und Pickarbeit nach, unter der Aufmüpfigkeit und Liebesangst sich in Resignation und Hingabe verwandeln sollten. Der dann fällige Sprung auf wackliges Gelände ließ auch den Diakon für kurze Zeit von dem weiß lackierten Holzdeckel abheben. Und wenn er nun in immer schnellerem Wechsel sein Körpergewicht vom rechten auf den linken, vom linken auf den rechten Fuß verlagerte, dann knirschte die Unterlage bedenklich in den Scharnieren. Für die flügelschlagende Lockerungsübung nach siegreich überstandenem Balanceakt mußte erst der Feldstecher auf dem Fensterbrett abgelegt werden (einmal fegten die rudernden Arme sämtliche Zahnputzbecher von der Ablage unter dem Badezimmerspiegel). Auf eine Nachahmung des gleich danach vom Hof herauftönenden Krähschreis jedoch verzichtete der Liebesschüler, um sich nicht den übrigen Hausbewohnern zu verraten. Ebenfalls zu seiner Tarnung pflegte er die Wasserspülung zu betätigen, bevor er die Tür wieder aufschloß. Für mich war dieses gurgelnde, knallende, in den Innereien des Pfarrhauses abwärts schießende Geräusch das Signal, mich in mein Versteck hinter der Bettentruhe zurückzuziehen. In die Waden hätte ich den ahnungslosen Diakon zwicken können, wenn er dann an mir vorbei ins Zimmer meines Onkels schlich, um den Feldstecher wieder an seinen Platz zu bringen.

Einen dieser lodernden Sonntage, an denen die Balken in den Fachwerkhäusern vor Durst zu knacken begannen, an denen draußen im Finkengrund plötzlich eine der wiederkäuend in der Sonne liegenden Kühe in Qualm gehüllt sein konnte (und dann in einer Art Verpuffung zu Asche zerfiel?), den Nachmittag eines solchen Augustsonntags wählte Diakon Heinz sich aus, um die Kenntnisse praktisch zu erproben, die er auf dem Beobachtungsposten in unserem Badezimmer erworben hatte. Nach Kindergottesdienst und (wegen der Hitze nur kurzem) Mittagsschlaf war meinen Eltern der Einfall gekommen, eine mehrere Dörfer entfernt wohnende Pfarrersfamilie zu besuchen. Zu Fuß sollte es bis zur Station im Nachbarort gehen, dann zwei Dörfer weiter mit der Bahn. Abends, so hoffte man, würde der Kollege seine Gäste mit dem Auto zurückbringen, denn anders als mein Vater beherrschte dieser Gottesmann das weltliche Geschäft des Wagenlenkens. Meine Geschwister Friederike und Michael hatten sich dem verhaßten Fußmarsch nicht entziehen können, ich dagegen hatte mich rechtzeitig unsichtbar gemacht. Taub gegen alle Bitten, Befehle, Drohungen, die durchs Pfarrhaus hallten, hockte ich in meiner Fluchtburg, die während all der Jahre nie jemand ausgekundschaftet hat: Ein auf dem Dachboden stehender Birnenholzschrank, in dem es nach Mottenkugeln und umgekipptem Nachttopf roch und auf dessen Boden ein Geknäuel ausrangierter Talare und Altardecken für ein hinreichend weiches Lager sorgte. In unserer Familie hatte dieser Schrank den Spitznamen *Der Entfesselungskünstler*; denn sogar nach zweimaligem Umdrehen des Messingschlüssels stand er mit einem schwarzen Grinsen wieder offen, sobald man ihm nur den Rücken zukehrte. Mochte Tischler Intemann noch so verbissen an Riegeln und Scharnieren feilen, mochte er mal rechts, mal links, mal vorne, mal hinten flache Holzkeile unter die Kugelfüße treiben, die Widerborstigkeit war dem Schrank nicht abzugewöhnen. Zermürbt hatte der Familienrat schließlich beschlossen, ihn aller Pflichten zu entbinden und auf den Speicher zu verbannen, mit der Türfront voran gegen die Kaminwand geschoben.

Außer mir wußte niemand, daß eine Furniertafel an der rechten Seite des Entfesselungskünstlers sich eindrücken und dann von innen wieder an ihren Platz setzen ließ. Nachdem ich einige Astaugen in der Rückwand herausgesprengt hatte, fiel sogar hinreichend Licht in mein Versteck, so daß ich in Ruhe all die Schmöker durchstudieren konnte, die ich, immer nur einen, vom Bücherbord meines Onkels entwendet hatte. ETHIK, NACH GEOMETRISCHER METHODE DARGESTELLT von Baruch Despinoza. ABARTIGE KÜSSE von Dr. Friedrich Damaskow. VERZEICHNIS ALLER NACHTGESICHTE von Artemidor von Daldis. DIE LIEBESKUNST DER CHINESEN von Charles Humara und Wang Wu. Angespornt vom Kitzel des Nichtverstehens und sicherlich halb durchgekocht von der Augusthitze hielt ich auch an diesem Sonntag einen der Bände in Nähe der Astlöcher. Drüben vom Fraisenhof her, aus den geöffneten Fenstern in Schwester Ellas Dachwohnung, schwappte dieses wehe Schnauben über Apfeldorf, das allen Bewohnern anzeigte, womit mein Onkel beschäftigt war. Gut eine Stunde nach Abmarsch der Familie näherte sich dann das Moped von Diakon Heinz dem Pfarrhaus. Es gehörte zu seinen Feiertagspflichten, unten in der Küche das Abendmahlsgerät zu reinigen; zweimal mußte der Silberkelch in unserem großen Kartoffeltopf ausgekocht werden, ehe alle sündhaften Bakterien abgetötet waren.

Weiß ich, weshalb auch Schwester Ella am späten Nachmittag noch einmal herübergekommen ist. Vielleicht hat sie sich, eine lebende Wetterfahne, doch zu wild auf dem Kirchturm ihres Besuchers von West nach Ost gedreht und selbst diesen widerstandsfähigen Mann in Erschöpfungsschlaf gebohrt. Jedenfalls hörte ich plötzlich in meiner nach ungelüfteten Tüchern muffelnden Kabine, wie unten im Haus ein Hetzen und Jagen anging. Türen knallten so heftig, daß über mir der Staub aus den Dachsparren rieselte. Stühle wurden umgerissen. Das mit Blumen bemalte Butterfaß neben der Flurgarderobe, in dem die sieben Spazierstöcke meines Vaters steckten (drei für Gedanken über die nächste Predigt, einer für Gedanken über die richtige Liedfolge, drei für weltliche Gedanken), schien zu Boden zu gehen. Die hölzernen Beine quietschten und schrillten über die Terrazzofläche, als jemand den Küchentisch, wohl um einen der möglichen Fluchtwege abzuschneiden, vor die Tür zur Hoftreppe schob.

»Nicht doch! Schluß jetzt! Was ist in Sie gefahren!«

Immer wieder ist Schwester Ellas vor Überraschung oder Ratlosigkeit umkippende Stimme zu hören. Offenbar gelingt es ihr, sich in einem der Zimmer einzuschließen. Die nachfolgende Stille aber ist trügerisch. Die an der Tür Horchende hat nicht bedacht, daß der Raum, es muß sich um das Eßzimmer handeln, noch einen zweiten Zugang hat. Den leise hereingeschlichenen Verfolger plötzlich hinter sich spürend, dreht sie (mit einem die Luft nach innen reißenden Schrei) den Schlüssel zurück, stürmt die Treppe zum ersten Stock, dann auch die Treppe zum Speicher herauf. Und nun kann ich, mein rechtes Auge gegen eines der Astlöcher pressend, genauer beobachten, was da draußen unter den augustheißen Dachpfannen passiert. Mit rudernden Schultern, wie er es von Nebukadnezar gelernt hat, scheucht Diakon Heinz die Henne Ella immer aussichtsloser in die Enge. Über dreibeinige Stühle, über vor Altersschwäche zusammengekrachte Bettgestelle hinweg kann sie zwar mehrmals in letzter Sekunde entkommen, schließlich aber verhakt ihr Diakonissenrock sich im Zierwerk einer gußeisernen Stehlampe. Und als der Jäger nun, mit einer aus dem Nacken heraus entwickelten Hackbewegung, die Zähne in die weißgestärkte Schwesternhaube schlägt, da zieht Ella es vor, resigniert stillzuhalten. Ihre Arme sind auf die leise knackende Sitzfläche eines Korbsessels gestützt. Ihr nach oben gekrümmter Rücken hebt und senkt sich nach der Hatz über mehrere Stockwerke. Bis in mein Schrankversteck kann ich das dazugehörige Keuchen hören.

Diakon Heinz knöpft, die Henne Ella wachsam im Blick, das von der Lehnerbäuerin gestärkte und gebügelte Sonntagshemd auf. Er fährt aus den Schuhen, läßt die Sonntagsanzughose hinunterrutschen in den Speicherstaub. Beide Strümpfe werden abgestreift, dann auch die Unterwäsche. Mit gieriger, unbekanntes Niemandsland erforschender Handbewegung greift er nach den Säumen an Schwester Ellas Röcken. Und in schamlos ausholendem Schwung schlägt er erst äußeres Schwarz, dann das innere Weiß nach oben. Da sein Opfer immer noch in gebückter Haltung dasteht, die Arme steif auf die Sitzfläche eines Korbsessels gestützt, sieht Nebukadnezar nun eine locker um den Leib schlabbernde Hemdhose vor sich, deren Gesäßklappe von riesigen, krummgekochten Wäscheknöpfen gehalten wird. Ungeduldig zerrt der Diakon die Klappe aus ihrer Verankerung. Und jetzt schimmert aus dem Speicherduster, das ich von meinem Beobachtungsposten einsehen kann, glatt und makellos ein Diakonissenrücken herüber; der Länge nach von einer nach oben gebogenen Wirbelkette geteilt; weiter unten in zwei Polstern endend, dazwischen die schwarze, ins Verborgene mündende Furche. Er wirkt geübt, der kaum eines Anlaufs bedürfende Sprung, mit dem der liebeshungrige Hahn sich auf diese Trittfläche begibt. Um die Balance zu halten, durchwühlt er mit beidseitigem Flügelschlag die Luft. In ständig sich steigerndem Tempo verlagert er sein Gewicht vom rechten Fuß auf den linken, vom linken auf den rechten. Sein Satansmännchen spannt sich in die Höhe, läuft tiefrot an, entleert sich schließlich in mehreren Ladungen und über den unter Röcken verborgenen Kopf Schwester Ellas hinweg, genau zwischen ihre auf den Korbsitz gestützten Hände. Von innerem Taumel beseelt springt der Liebeslehrling von seinem Hochstand herunter, und nun endlich (es ist ja niemand im Haus) darf er seinen Triumph auch hinauskrähen; mit trotzig gegen die Dachpfannen gekehrtem Gesicht. So wissend, so männlich klingt die Siegesfanfare, daß eigentlich auch mein Onkel sie hören muß, der drüben im Giebelzimmer des Fraisenhofs immer noch auf die Rückkehr seiner Wetterfahne wartet.

Mit fragendem Blick stolziert Diakon Heinz anschließend hinter der gebeugt dastehenden Schwester Ella auf und ab. Und deren von den Tretspuren gewiß geröteter, aus der Entfernung aber weiterhin blaß schimmernder Rücken beginnt plötzlich zu rucken und zu hüpfen. Es gickelt, es juchzt durch die Röcke hindurch. Es japst nach Luft, es quiekt und pruscht. Die getretene Henne richtet sich auf, schüttelt inneres Weiß und äußeres Schwarz mit energischem Kopfruck nach unten. Und als sie nun den nackten Nebukadnezar vor sich sieht, der seiner Hirnmasse beraubte Antichrist ragt immer noch aufrührerisch in die Luft, da explodiert es endgültig in ihr. Kreischend sucht sie nach Halt. Spürt den Korbsessel in den Kniekehlen. Plumpst mit dem Diakonissenrock mitten hinein in die auf geflochtene Weidenruten geklatschte Ladung. Diakon Heinz scheint dunkel zu ahnen, daß er schon wieder auf Abwege geraten ist. Verdattert sammelt er seine Kleider zusammen, stürzt zur Treppe. Und während Schwester Ella, weiterhin schniefend und gickernd, unter die Röcke greift, um die Gesäßklappe zuzuknöpfen, hört man unten schon das Moped knattern, mit dem der gedemütigte Nebukadnezar den Pfarrhof verläßt. Stundenlang muß er nun im Haspelgrund durch Distelfamilien und Hainbuchendickichte brausen. Muß die aufs Melkkommando wartenden Kühe des Visserhofs in panischem Galopp gegen die Elektrozäune scheuchen, ehe das Gefühl seiner Wichtigkeit einigermaßen wiederhergestellt ist.

Offenbar hat Schwester Ella ihr Abenteuer mit dem Hahn Nebukadnezar noch am gleichen Sonntagnachmittag meinem Onkel erzählt. Jedenfalls ist drüben in der Dachstube des Fraisenhofs wieder dieses wehe Schnauben angegangen. In Wellen schwappte es über die Dächer, schwappte auch in mein Schrankversteck, so daß ich zu der (auf ausgedienten Talaren und verknüllten Altardecken neben mir liegenden) LIEBESKUNST DER CHINESEN von Charles Humara und Wang Wu greifen mußte, um mir anhand der schematischen Darstellungen auszumalen, was mein Onkel mit der

Wetterfahne auf seinem Kirchturm anstellte. Und am folgenden Tag dann hat er den gescheiterten Liebesschüler zu einem Spaziergang durch den Pfarrgarten eingeladen. Sofort kicke ich meinen Fußball in die Salatbeete, um das Gespräch wenigstens fetzenweise verfolgen zu können.

»Es gibt«, sagt mein Onkel, als die beiden an mir vorbeikommen, »barmherzige Stätten, in denen geübte Damen –«

Da sie im gleichen Moment eine Kehre in Richtung Zwiebeln und Kohlrabi machen, da sie zudem einen vertraulichen Flüsterton gewählt haben, bin ich schon wieder ausgeschlossen. Erst als sie auf dem Rückweg in Richtung Pfarrhaus das Holzgerüst mit Teppichstange und Kinderschaukel erreichen, kann ich wieder ein Bruchstück auffangen. Merkwürdigerweise ist jetzt vom Sparbuch des Diakons die Rede.

»Ein Bruchteil der Summe würde reichen«, sagt mein Onkel, »um braune, schwarze, rote, blonde, sogar gänzlich glattrasierte Paradiestore –«

Wieder drehen sie ab, verschwinden hinter den Stangenbohnen. Da dieser Weg zum Obstgarten führt, plaziere ich meinen Ball diesmal gleich zwischen Johannis- und Stachelbeerbüschen. Und als die Spaziergänger dort anlagen, hat Diakon Heinz das Gespräch an sich gerissen.

»Der Mensch lebt nicht vom Brot allein!« zischt er erregt.

Von Matthäus 4, Vers I bis II, ist die Rede. Und davon, daß der Versucher sich getrost von dannen heben möge. Wenn ich, über die an Drähte gefesselten Himbeeren hinweg, die nächsten Sätze noch richtig verstehe, dann erklärt er in aller Form seinen Verzicht auf die Krebsscheren der geilen Frau Potiphar, auch in die Töchter Lots, so drückt er sich aus, wolle er nicht einfahren nach der Welt Weise.

Als die Zweiergruppe vom Ende des Obstgartens zurückkommt, schneidet der Lehrmeister gerade eine näher liegende Lösung an:

»Die rückwärtige Tür in der Reparaturgarage von Rolf Perlick –«

»Von dannen!« brüllt Heinz ein zweitesmal.

So laut und petzerisch hat er gerufen, daß meine Mutter auf der Küchentreppe erscheint, um nach dem rechten zu sehen; ein eiserner Griff um seinen Oberarm jedoch bringt den Diakon gleich wieder auf Flüsterton. Ich habe meinen Ball unter den Stachelbeeren noch immer nicht gefunden, also kann ich die nächsten Passagen des Gesprächs nicht mithören. Da aber der Name Perlick gefallen ist, läßt sich denken, daß es nun, während fleischige und mit einem matten Haarflaum überzogene Rhabarberblätter die Waden der Spaziergänger streifen, um ein Geheimnis geht, das außer meinem Vater wohl jeder im Dorf kennt. Die Tankstelle Ecke Mühlstraße/ Kappenweg wirft nicht den Gewinn ab, den der Unterhalt einer fünfköpfigen Familie nun einmal fordert; auch die von Rolf Perlick zusätzlich übernommene Vertretung einer Hagel- und Sturmversicherung kann das Loch offenbar nicht stopfen; also ist jeden Freitagabend die von meinem Onkel erwähnte Tür nur angelehnt; und zwei Straßenecken weiter, in der Gaststube des Adler, legt der Tankstellenbesitzer die Reihenfolge fest, in der die Bauern hinüberschleichen dürfen, um auf einigen im Garagenduster aneinandergeschobenen Autositzen die *Kleine* oder die *Große Kontoeröffnung in der südlichen Filiale der Raiffeisenkasse* vorzunehmen; zusammen mit seiner Frau Jutta (klein) oder unter zusätzlicher Hilfestellung der gerade fünfzehnjährigen, aber bereits mit kolossalen Elefantinnengliedern ausgestatteten Tochter Ute (groß). Was die erwachsenen Männer allerdings nicht wissen, sondern nur die Kinder, die ihre Mütter auf den Einkaufsgängen in den SPARladen begleiten: Die übrigen Frauen im Dorf schreiten gegen das Treiben in der nach Öl und Spritzlack riechenden Dunkelkammer nur deswegen nicht ein, weil viele von ihnen ebenfalls zum Dienst auf den ausrangierten Polstern antreten. Unter Gelächter erzählen sie sich dann am Samstagmorgen vor Susanne Poppingas Ladentisch, wie der eigene Ehemann mit einer Zittrigkeit und Hitze über sie gekommen ist, die er im häuslichen Schlafzimmer schon seit Jahren nicht mehr aufbringt. Selbst die alte Steinhofbäuerin, die bereits jeden Abend eine Handvoll Sonnenblumenkerne unzerkaut hinunterschluckt, weil sie sich ein dichtes Beet dieser hochstengeligen Blumen aufs Grab wünscht (und weil sie den Schwüren der Verwandten nicht traut, man werde ihre letzte Bitte bestimmt erfüllen), selbst diese alte Frau hat kürzlich noch die Freude gehabt, daß der eigene Sohn mit dem Feuerstab in sie zurückgekehrt ist.

Nach zwei, drei Storchenschritten über melonengelbe und mitten auf dem Weg liegende Kürbisse hinweg, nach anschließender Umrundung des Gurkenbeets, sind mein Onkel und Diakon Heinz wieder einmal bei Teppichstange und Kinderschaukel angelangt. Der inzwischen rotgeschwitzte Liebesschüler scheint gerade eingeworfen zu haben, daß es sich für einen Angestellten der Landeskirche nicht schickt –

»Kein Problem!« sagt mein Onkel. »Ich erledige die Einzahlung und alle weiteren Formalitäten. Wenn ich an der Reihe bin, komme ich aus der Gaststube und gebe Ihnen einen Wink.«

»Und wenn die Damen mich erkennen?«

»Im Dunkeln?«

»An meiner Stimme.«

Geduldig erläutert der Lehrmeister, daß die Mehrzahl der Männer sich bei der hier in Rede stehenden Tätigkeit auf ein Summen oder Grunzen beschränkt. Lediglich zum Abschluß sei ein durch Atemlosigkeit gänzlich unkenntlich gemachtes Ja! oder Jetzt!, höchstens ein Ohjajetzt! angebracht. Nach erfolgter Flammentaufe dann könne der Diakon sofort... Ein kurzer, sündenschwerer Gedanke an das zwischen Reifenstapeln und verrosteten Kotflügeln schimmernde Elefantinnenweiß hat Heinz unter der Teppichstange im Pfarrhof haltmachen lassen. Wenige Sekunden später aber schlendern die beiden wieder Richtung Salatbeete. Da ich meinen wiedergefundenen Ball jetzt einfach den Parallelweg entlangrollen lasse, kann ich über Tomatenstauden hinweg mithören, wie mein Onkel den Fluchtweg beschreibt. Direkt gegenüber der Tankstelle befinde sich der Gartenzaun von Bauer Timmermann. Auch wenn man einkalkuliere, daß der Diakon einen Teil seiner Kraft in der Garage verausgaben werde, daß in all der Aufregung und Erleichterung seine Muskeln zusätzlich abschlaffen dürften, könne er es schaffen, den Zaun zu überklettern; der Lehnerhof, in dem sich die Dienstwohnung des Gemeindeangestellten befinde, liege unmittelbar hinter dem Anwesen; völlig unentdeckt also könne Heinz rettendes Ufer erreichen.

»Und am nächsten Morgen? Die blauen Ringe unter den Augen? Die Sündenpickel auf meiner Haut?«

»Ein Mann wird damit fertig.«

Der freundschaftliche Rat hat nichts geholfen. Nebukadnezar mußte seinen eigenen Weg finden. Und der hatte damit zu tun, daß er zugleich der Organist unserer Gemeinde war. Einen ganzen Nachmittag, manchmal sogar zwei oder drei, benötigte mein Vater zu Beginn jeder Woche, ehe er seinem Organisten die Liederfolge für den nächsten Sonntagsgottesdienst übergeben konnte. Und am Donnerstagabend dann, während im Konfirmandensaal die Nähkreisfrauen ihre Köpfe über Säuglingsmützchen für kinderreiche Heidenfamilien oder über das riesige Weiß einer Altardecke beugten, pflegte Heinz nebenan auf der Orgel für Sonntag zu proben. Bislang waren das ziemlich lustlose Pflichtübungen. Die Melodien wurden zweidreimal durchgeklimpert, die Variationen, mit denen die Grundstimme umspielt werden sollte, vage festgelegt.

»Schluß jetzt!« rief Schwester Ella dann.

Ihre Aufgabe war es, mit einer Tachenlampe die Notenreihen abzuleuchten und die Seiten der Choralschule umzublättern.

»Schluß jetzt! Der Alte setzt sowieso wieder in falscher Tonlage ein, und die Gemeinde geht ihm auf den Leim.«

An dem Donnerstag aber, der dem Hahnentritt auf dem Pfarrhausspeicher folgte, ist alles ganz anders gelaufen. Diakon Heinz, er ist der Henne Ella seither aus dem Weg gegangen, macht sich mit einer nie dagewesenen Wut über die Regierwerke her. Seine beim Händeschütteln eher lasch und wurmartig wirkenden Finger dreschen plötzlich wie stählerne Schlegel auf die Tasten und Registerplatten. In energischen Hopsern rutscht er über die Orgelbank, um seinen Füßen Gelegenheit zu geben, einen Steptanz auf die Pedalhölzer zu legen. Der in Hitze Geratende lacht bloß auf, als Schwester Ella die übliche Choralschule vor ihm aufs Notenpult stellt; mit einem knappen Handwischer wird der in vielen frommen Jahren speckschwarz gewetzte Band unter die Stuhlreihen gefegt, auf denen sonntags der Kirchenchor sitzt. Mit immer geraderen, immer schuldfreieren Blicken fordert Nebukadnezar seine Assistentin auf, ihm angemessenere Aufgaben vorzulegen. Und Ella, langsam in Gegenwut geratend, taucht tiefer in den Emporenschrank hinab. Sie bringt handgeschriebene und altersbrüchige Blätter ans Licht, die irgendein Vorgänger unseres Organisten in einer umnachteten Stunde mit Notenmilchstraßen vollgeschwemmt hat. Interessiert verbeißt Heinz sich in die Herausforderung, schnell aber wird klar, daß auch diese Entwürfe seinen Ausdruckshunger heute nicht stillen können. Ein in Leinen gebundener Wälzer mit dem Titel DIE KLINGENDE HIMMELSLEITER taucht im Bodensatz des Schrankes auf. Schwester Ella wählt eine beliebige Doppelseite, lehnt sie verkehrt herum gegen den Orgelprospekt, so daß Heinz kopfunter durch Notentäler und über Notenkämme hasten muß.

»Na und?« schreit er. »Sind wir hier im Nähkreis?«

»Dreihunderteinundsiebzig!« schreit Ella zurück. »Dreihundertsechsundvierzig, Zweihundertachtunddreißig! Aber alle zugleich!«

Der Diakon begreift, daß er die Choräle *Geh aus mein Herz* und *Die güldne Sonne* und *O daß ich tausend Zungen* improvisierend ineinandermischen soll. Doch selbst diese musikalische Kniffligkeit wirft ihn nicht aus der Bahn. Da er jetzt beide Hände ohne Unterbrechung auf den Manualen braucht, muß er die immer gewagteren Registermixturen seiner Helferin zubrüllen:

»Marienhorn! Flagolett! Schellenpfeife!«

Die ledernen Luftsäcke im Windladen beginnen zu knallen.

»Pendelschweller! Crescendowalze!«

Einige Prospektrohre blähen sich bereits, weißer Dampf kräuselt aus den waagrecht in den Emporenraum stechenden Posauenpfeifen. Und allmählich ahnt Schwester Ella, daß der Organist an diesen Welträndern der Musik, in diesen nie betretenen Klangregenwäldern einen ganz bestimmten Ton sucht: Der eine wehe Ton soll es sein, der jenseits von einsamen Satansschlachten im Dachzimmerbett (jenseits von Tritt und Flügelschlag auf gekrümmten Diakonissenrücken, jenseits auch von leuchtendem Elefantinnenweiß in der Perlickgarage) in Heinz die Gewürzfelder zum Blühen bringt. Ella versucht, dem längst mit Schweiß Übergossenen Mut zu machen. Dicht neben ihm sitzt sie nun auf der Orgelbank. Hebt vielversprechend die Augenbrauen. Zittert in den Lippen. Stellt die Beine auseinander, so daß die Schallwellen einfahren können in die warme Luftkammer unter dem Schwesternrock. Das Kreischen der Blechpfeifen schneidet sich durch die Backsteinwände, beißt sich ins Hirn der draußen auf den Höfen Arbeitenden. Und als jetzt einzeln oder in Gruppen die Neugierigen in das Kirchenschiff strömen, auch Pensionsgäste aus dem Adler sind darunter, da *riechen* sie die Musik bereits; die Windkanäle des überforderten Instruments haben zu glühen begonnen, Wolken aus versengtem Staub quellen durch alle Ritzen des Orgelkastens. Die Zuhörenden schieben sich in die Bänke, machen einen Buckel unter den von der Empore herabdonnernden Klangbrocken. Voller Mitleid verfolgen sie das Keuchen, Wimmern, Schluchzen des schwer werkenden Diakons. Und plötzlich ist er zu hören, der lang gesuchte Ton. Schwester Ella schnaubt. Schnaubt weh. Schnaubt in dicht hintereinander über sie hinschwappenden Wellen. Schnaubt, wie sie sonst nur schnaubt, wenn sie den Riesenturm meines Onkels bestiegen hat und von dort über Mauern sieht, an denen andere nur hinaufblicken können.

D wie Durcheinander

Clarice Lispector Ein komplizierter Fall

Also, besagter Vater mit der Krawattennadel war der Liebhaber, war der Geliebte der Frau des Arztes, der die Tochter behandelte, die Tochter des Liebhabers, und alle wußten es, und die Frau des Arztes hängte ein weißes Tuch ans Fenster, um dem Geliebten zu bedeuten, er könne hereinkommen, oder ein buntes Tuch, dann kam er nicht.

Aber ich komme ja ganz durcheinander, oder der Fall an sich ist so verwickelt, daß ich ihn erst entwirren muß, wenn ich kann. Seine Fakten sind erfunden. Ich bitte um Entschuldigung, denn ich berichte, was geschehen ist, und außerdem rate ich auch, und das, was ich errate, schreibe ich hier nieder. Ich errate die Wirklichkeit. Aber diese Geschichte ist nicht aus meiner Saat. Sie ist die Ernte von einem, der mehr kann als ich ...

Nun hatte die Tochter den Brand im Bein, und man mußte es abnehmen. Diese Jandira mit ihren siebzehn Jahren, feurig wie ein junges Fohlen und mit schönen Haaren, war verlobt. Kaum sah der Verlobte die Gestalt mit den Krücken – ganz fröhlich war sie, von einer pathetischen Fröhlichkeit, was er nicht erkannte –, kurz und gut, der Verlobte hatte den Mut, ohne Gewissensbisse die Verlobung einfach aufzulösen, denn einen Krüppel wollte er nicht. Alle, auch die leidgeprüfte Mutter des Mädchens, flehten den Verlobten an, er solle so tun, als liebte er sie noch, was – wie sie sagten – nicht so sehr schwierig für ihn sein würde, denn es wäre ja nur für kurze Zeit: Das Mädchen hatte nämlich nicht mehr lange zu leben.

Drei Monate später – als ob sie das Versprechen einlösen wollte, dem kleinmütigen Verlobten nicht zur Last zu fallen –, drei Monate später also starb sie, hübsch, mit schönen Haaren, untröstlich, voller Sehnsucht nach dem Verlobten und schreckerfüllt vor dem Tod, wie ein Kind, das Angst hat vor der Dunkelheit: Denn der Tod ist von großer Dunkelheit. Oder vielleicht auch nicht, ich weiß nicht, wie er ist, ich bin noch nicht gestorben, und wenn ich gestorben bin, werde ich es auch nicht wissen, vielleicht ist er gar nicht so dunkel. Der Tod, meine ich.

Der Verlobte, den man nach seinem Familiennamen den Bastos nannte, wohnte anscheinend zur Zeit, als die Verlobte noch lebte, mit einer anderen Frau zusammen. Und so machte er mit dieser weiter und scherte sich um nichts.

Na gut. Diese Frau also wurde eines Tages eifersüchtig. Und – so raffiniert wie Nélson Rodrigues, der keine grausame Einzelheit ausläßt. Aber jetzt weiß ich nicht mehr, wo ich stehengeblieben war. Ich muß nur einfach ganz von vorne anfangen, mit neuer Zeile und neuem Absatz geht es besser.

Gut. Die Frau wurde eifersüchtig, und als Bastos schlief, goß sie ihm mit einem Wasserkessel kochendes Wasser ins Ohr, und er hatte nur noch Zeit zu brüllen, ehe er die Besinnung verlor, und dieses Brüllen war, wie wir erraten können, der schlimmste Schrei, den es je gegeben hatte. Bastos wurde ins Krankenhaus gebracht und schwebte zwischen Leben und Tod, dieser im grimmigen Kampf mit jenem.

Das eifersüchtige Mannweib landete für mehr als ein Jahr im Gefängnis. Von wo aus sie sich schnurstracks aufmachte, um sich zu treffen mit – erraten Sie mit wem? –, ja, um sich mit Bastos zu treffen. Einem Bastos, der zu dieser Zeit sehr ausgezehrt und, das ist klar, für immer taub war, gerade er, der kein körperliches Gebrechen ertragen konnte.

Und was geschah? Sie lebten eben wieder zusammen – eine Liebe auf ewig.

Unterdessen war das siebzehnjährige Mädchen schon lange tot, Spuren hinterließ es nur bei seiner Mutter. Und wenn ich mich zur Unzeit an das Mädchen erinnere, so nur wegen der Liebe, die ich empfinde.

Hier taucht nun der Vater des Mädchens wie beiläufig wieder auf. Er war immer noch der Geliebte der Frau des Arztes, der seine Tochter mit Hingabe behandelt hatte. Die Tochter des Geliebten, meine ich. Und alle wußten es, der Arzt und die Mutter der Ex-Verlobten. Ich glaube, ich habe schon wieder den Faden verloren, es ist eben alles etwas verworren, aber was kann ich dafür?

Obwohl der Arzt wußte, daß der Vater des Mädchens der Geliebte seiner Frau war, kümmerte er sich sehr um die kleine Verlobte, die allzu angsterfüllt war vor dem Dunkel, von dem ich gesprochen habe. Die Frau des Vaters, also die Mutter der Ex-Verlobten, wußte von den ehebrecherischen Extravaganzen ihres Gatten mit seiner goldenen Uhr, seinem protzigen Ring und seiner brillantbesetzten Krawattennadel; ein wohlhabender Geschäftsmann, wie man so sagt, den die Leute respektieren und beachten, ganz besonders die Reichen, die Siegreichen, ist es nicht so? Er, der Vater des Mädchens, im grünen Anzug und rosagestreiften Hemd. Woher ich das weiß? Nun, weil ich es einfach weiß, wie man sich eben etwas mit Phantasie ausmalen kann. Ich weiß es, basta.

Eine Einzelheit darf ich nicht vergessen. Und zwar folgende: Der Geliebte hatte vorne einen kleinen Goldzahn. Und er roch nach Knoblauch, seine ganze Ausstrahlung war purer Knoblauch, aber das störte die Geliebte nicht; was sie wollte, war ein Liebhaber, ob mit oder ohne Essensgeruch. Woher ich das weiß? Nun, weil ich es einfach weiß.

Ich weiß nicht, was diesen Leuten noch passiert ist, ich habe nichts mehr von ihnen erfahren. Haben sie sich getrennt? Denn es ist eine alte Geschichte, und vielleicht sind einige von ihnen schon tot; von diesen Leuten, meine ich.

Eine wichtige Tatsache möchte ich noch hinzufügen, und die erklärt, ich weiß nicht warum, den verdammten Ursprung der ganzen Geschichte: Dies alles geschah in Niterói, mit seinen immer feuchten und dunklen Planken am Kai und seinen auf und ab tanzenden Booten. Niterói ist ein geheimnisvoller Ort und hat alte, düstere Häuser. Und dort gießt man kochendes Wasser ins Ohr des Geliebten? Ich weiß es nicht.

Was kann man mit dieser Geschichte anfangen? Auch das weiß ich nicht. Ich schenke sie dem, der sie haben will, denn sie ekelt mich an. Sehr sogar. Manchmal empfinde ich Ekel vor den Menschen. Dann vergeht er wieder, und ich bin wie zuvor ganz neugierig und aufmerksam.

Das ist alles.

E wie Eifersucht

Giovanni Verga Cavalleria rusticana

Turiddu Macca, der Sohn der Nunzia, brüstete sich, als er vom Militärdienst heimkehrte, jeden Sonntag auf dem Dorfplatz mit seiner Bersaglieriuniform und seiner roten Mütze, die aussah wie die eines Wahrsagers, wenn er seinen Stand mit dem Käfig voller Kanarienvögel aufrichtet. Die Mädchen verschlangen ihn mit den Augen, wenn sie – das Näschen im Überwurf verborgen – zur Messe gingen; und die Buben umschwärmten ihn wie Fliegen. Er hatte auch eine Pfeife mitgebracht, und auf dem Pfeifenkopf war der König zu Pferd zu sehen, als wäre er lebendig; und die Streichhölzer zündete er auf seinem Hosenboden an, wobei er das Bein hob, als wolle er jemandem einen Fußtritt versetzen. Aber trotz alldem hatte sich Lola, die Tochter von Gevatter Angelo, weder in der Messe noch auf dem Balkon blicken lassen, denn sie war mit einem aus Licodia verlobt, und der war Fuhrmann und hatte vier Maulesel aus Sortino im Stall stehen. Zuerst, als Turiddu es vernahm – Hölle und Teufel! –, wollte er dem Kerl die Gedärme aus dem Leib reißen! Ja, ihm die Gedärme aus dem Leib reißen, dem Kerl aus Licodia! Doch dann unternahm er gar nichts, sondern machte sich nur dadurch Luft, daß er alle ihm bekannten Hohn- und Spottlieder unter dem Fenster der Schönen sang.

»Hat er denn nichts zu tun, Turiddu, der Sohn der Nunzia«, sagten die Nachbarn, »daß er seine Nächte mit Singen verbringt wie ein einsamer Sperling?«

Schließlich begegnete er Lola, die von einer Wallfahrt zur Madonna del Pericolo heimkehrte. Als sie ihn sah, wurde sie weder blaß noch rot, ganz so, als ginge die Sache sie gar nichts an.

»Der hat Glück, der Euch sieht!« sagte er zu ihr.

»Oh, Gevatter Turiddu, man hat mir gesagt, Ihr seid schon am Ersten des Monats heimgekehrt.«

»Mir hat man noch ganz andere Dinge erzählt!« entgegnete er. »Sagt, ist es wahr, daß Ihr Gevatter Alfio, den Fuhrmann, heiratet?«

»Wenn es Gottes Wille ist!« antwortete Lola und knüpfte die beiden Zipfel ihres Kopftuches straffer unters Kinn.

»Mit dem Willen Gottes nehmt Ihr es nicht so genau; gerade wie es Euch gefällt! Und der Wille Gottes war es wohl auch, daß ich von so weither heimkehren mußte, um diese schönen Neuigkeiten zu vernehmen, Jungfer Lola!«

Der Ärmste versuchte noch immer, tapfer zu scheinen; allein seine Stimme war heiser geworden. Er ging hinter dem Mädchen her und schwenkte die Quaste seiner Mütze, die ihm bald rechts und bald links auf der Schulter tanzte. Ihr tat es insgeheim leid, ihn mit solch einem langen Gesicht zu sehen, aber sie hatte den Mut nicht, ihm mit schönen Worten Hoffnung zu machen.

»Hört, Gevatter Turiddu«, sagte sie schließlich zu ihm, »laßt mich zu meinen Gefährtinnen gehen. Was würde man im Dorf sagen, wenn man mich mit Euch sähe?...«

»Ihr habt recht«, antwortete Turiddu, »nun, da Ihr den Gevatter Alfio heiratet, der vier Maulesel im Stall stehen hat, darf man die Leute nicht zum Klatschen bringen. Meine Mutter aber, die Ärmste, mußte während der Zeit, da ich Soldat war, unser braunes Maultier verkaufen und das Stückchen Rebland an der Hauptstraße. Die alten Zeiten sind vorbei, und Ihr denkt nicht mehr an jene Tage, da wir vom Fenster zum Hof hinunter miteinander plauderten und Ihr mir, bevor ich wegzog, ein Taschentuch schenktet. Und nur Gott weiß, wie viele Tränen ich hineingeweint habe, als ich fort mußte, so weit, daß man dort nicht einmal mehr den Namen unseres Dorfes kannte. Nun denn, lebt wohl, Jungfer

Lola, das Regenwetter ist jetzt vorbei, wie man zu sagen pflegt, und unsere Freundschaft hat auch ein Ende.«

Lola heiratete den Fuhrmann; und des Sonntags setzte sie sich auf den Balkon, mit den Händen über dem Bauch gefaltet, damit alle die breiten goldenen Ringe sehen konnten, die ihr Mann ihr geschenkt hatte. Turiddu fuhr fort, in dem Gäßchen hin und her zu gehen, mit der Pfeife im Mund und den Händen in den Taschen, als sei ihm alles gleichgültig, und schielte nach den Mädchen. Aber es nagte an ihm, daß Lolas Mann all das Gold besaß und daß sie tat, als sähe sie ihn, Turiddu, nicht, wenn er vorüberkam. »Ich will es ihr unter ihren Augen heimzahlen, dieser Treulosen!« brummte er.

Gevatter Alfio gegenüber wohnte Cola, der Weinbauer, von dem man sagte, er sei steinreich. Der hatte eine Tochter im Hause. Turiddu redete und verhandelte, bis er als Feldarbeiter bei Bauer Cola eintrat; und er begann, im Hause herumzuscharwenzeln und dem Mädchen Schmeichelworte zu sagen.

»Weshalb geht Ihr nicht zu Frau Lola und sagt *ihr* diese schönen Dinge?« entgegnete Santa. »Frau Lola ist jetzt eine große Dame! Frau Lola hat jetzt einen König mit einer Krone geheiratet!«

»Könige sind nichts für mich.«

»Ihr seid mehr wert als hundert Lolas, und ich kenne einen, der Lola und ihren Heiligen nicht anschauen würde, wenn Ihr dabei wäret. Denn Frau Lola ist es nicht wert, Euch die Schuhe zuzubinden; nicht wert ist sie das.«

»Als der Fuchs die Trauben nicht erlangen konnte ...«

»Sagte er: ›Wie schön bist du, meine süße kleine Traube.‹«

»Hände weg, Gevatter Turiddu!«

»Habt Ihr Angst, ich könnte Euch auffressen?«

»Angst habe ich keine, weder vor Euch noch vor Eurem Gott.«

»Eh! Eure Mutter stammte aus Licodia, das wissen wir alle. Ihr habt zänkisches Blut! Uh, ich möchte Euch mit den Augen fressen.«

»Freßt mich immerhin mit den Augen; das gibt keine Brosamen. Doch inzwischen richtet mir dieses Reisigbündel auf.«

»Für Euch würde ich das ganze Haus aufrichten, jawohl, das würde ich!«

Um nicht zu erröten, warf sie ein Holzscheit nach ihm, das sie zur Hand hatte, und verfehlte ihn nur wie durch ein Wunder.

»Beeilen wir uns; mit dem Plaudern allein bindet man kein Reisig.«

»Wenn ich reich wäre, würde ich mir eine Frau suchen, wie Ihr eine seid, Jungfer Santa.«

»Ich will keinen König mit einer Krone heiraten wie die Frau Lola. Aber meine Mitgift habe auch ich, wenn der Herrgott mir jemanden schickt.«

»Wir wissen, daß Ihr reich seid, wir wissen es.«

»Wenn Ihr es wißt, dann beeilt Euch, denn der Vater muß bald kommen, und ich will nicht, daß er mich im Hof trifft.«

Der Vater fing an, das Gesicht zu verziehen; aber das Mädchen tat, als merke es nichts. Denn die Quaste an der Mütze des Bersagliere hatte sich in Santas Herzen verfangen und tanzte ihr immer vor den Augen. Als der Vater Turiddu vor die Tür setzte, öffnete ihm das Mädchen dafür das Fenster und plauderte jeden Abend mit ihm, bis man in der ganzen Nachbarschaft von nichts anderem mehr sprach.

»Ich werde noch verrückt wegen dir«, sagte Turiddu, »und verliere den Schlaf und den Appetit.«

»Geschwätz!«

»Ich möchte der Sohn Viktor Emanuels ein, um dich heiraten zu können!«

»Geschwätz!«

»Bei der Madonna, ich möchte dich essen wie Brot!«

»Geschwätz!«

»Ah, bei meiner Ehre!«

»Ah, du meine Güte!«

Lola hörte jeden Abend, hinter dem Topf mit dem Basilienkraut verborgen, dem Gespräch zu. Sie wurde blaß und rot, und eines Tages rief sie Turiddu.

»Nun, Gevatter Turiddu, grüßt man die alten Freunde nicht mehr?«

»Ach!« seufzte der Bursche. »Glücklich, wer Euch grüßen darf!«

»Wenn Ihr mich grüßen wollt, Ihr wißt ja, wo ich wohne!« antwortete Lola.

Turiddu begann sie wieder so oft zu grüßen, daß Santa es bemerkte und ihm das Fenster vor der Nase zuschlug. Die Nachbarn nickten einander lächelnd zu, wenn der Bersagliere vorbeikam. Lolas Gatte zog mittlerweile mit seinen Mauleseln von einem Jahrmarkt zum andern.

»Am Sonntag will ich beichten gehen, denn heute nacht habe ich von schwarzen Trauben geträumt!« sagte Lola.

»Laß es bleiben! Laß es bleiben!« bat Turiddu.

»Nein, jetzt, da Ostern nahe ist, würde mein Mann wissen wollen, weshalb ich nicht beichten gegangen bin.«

»Ah!« murmelte Santa, die Tochter des Bauern Cola, während sie, vor dem Beichtstuhl kniend, darauf wartete, bis die Reihe an sie kam. Vor ihr wusch sich Lola von ihren Sünden rein. »Bei meiner Seele, ich sorge schon dafür, daß du mir deine Sünden büßt.«

Gevatter Alfio kam mit seinen Mauleseln heim, reich beladen mit Goldstücken, und brachte seiner Frau als Geschenk ein schönes neues Sonntagskleid mit.

»Ihr tut gut daran, ihr Geschenke heimzubringen«, sagte die Nachbarin Santa zu ihm, »denn während Ihr fort seid, schmückt Euch Eure Frau das Haus!«

Gevatter Alfio gehörte zu jenen Fuhrleuten, die ihre Mütze schief über dem Ohr tragen, und als er in solcher Art und Weise von seiner Frau sprechen hörte, wechselte er die Farbe, als hätte man ihn mit einem Messer gestochen. »Hölle und Teufel!« rief er aus, »wenn Ihr nicht richtig gesehen habt, braucht Ihr nicht mehr zu weinen. Ich reiß' Euch die Augen aus! Euch und Eurer ganzen Verwandtschaft!«

»Ich bin es nicht gewohnt, zu weinen!« antwortete Santa. »Ich habe nicht einmal geweint, als ich mit diesen meinen Augen gesehen habe, wie Turiddu, der Sohn der Nunzia, des Nachts in das Haus Eurer Frau hineinging.«

»Es ist gut«, entgegnete Gevatter Alfio. »Ich danke Euch!«

Nun, da der Kater wieder im Haus war, schlenderte Turiddu tagsüber nicht mehr durch die Gasse, sondern vertrieb sich die Langeweile mit Freunden im Wirtshaus. Am Abend vor Ostern stand eine große Platte voll Wurst auf dem Tisch. Als Gevatter Alfio eintrat, begriff Turiddu schon aus der Art, wie jener ihn ansah, weshalb er gekommen war, und legte die Gabel auf den Teller zurück.

»Habt Ihr mir etwas aufzutragen, Gevatter Alfio?« sagte er zu ihm.

»Nichts Derartiges, Gevatter Turiddu. Es ist eine Weile her, seit ich Euch zum letztenmal gesehen habe, und ich möchte von jener Sache mit Euch reden, die Ihr wißt.«

Zuerst wollte Turiddu ihm ein Glas anbieten, aber Gevatter Alfio schlug es aus. Da stand Turiddu auf und sagte zu ihm: »Ich stehe Euch zur Verfügung, Gevatter Alfio.«

Der Fuhrmann legte ihm die Arme um den Hals.

»Wenn Ihr morgen früh in die Feigenkaktushecken der Canziria kommen wollt, können wir dort über die Sache reden, Gevatter Turiddu.«

»Erwartet mich bei Sonnenaufgang an der Hauptstraße, wir können zusammen hingehen.«

Mit diesen Worten wechselten sie den Kuß der Herausforderung. Turiddu biß ins Ohr des Fuhrmanns und gab ihm damit das feierliche Versprechen, nicht auszubleiben.

Die Freunde hatten die Wurst in aller Stille liegen lassen und begleiteten Turiddu nach Hause. Nunzia, die Ärmste, wartete jeden Abend bis spät in die Nacht auf ihn.

»Mutter«, sagte Turiddu zu ihr, »erinnert Ihr Euch, als ich zu den Soldaten ging und Ihr dachtet, ich werde nie mehr zurückkommen? Gebt mir einen festen Kuß, wie damals, denn morgen früh ziehe ich weit weg.«

Noch vor Tagesanbruch nahm er sein Klappmesser, das er im Heu versteckt hatte, als er einberufen worden war, und machte sich auf den Weg nach den Feigenkakteen der Canziria.

»Oh, Jesus Maria! Wohin eilt Ihr so?« jammerte Lola erschrokken, als ihr Gatte sich zum Weggehen rüstete.

»Ich gehe nicht weit«, antwortete Gevatter Alfio, »aber für dich wäre es besser, ich käme nicht mehr zurück.«

Lola kniete im Nachthemd am Fußende des Bettes nieder und betete. Sie drückte den Rosenkranz, den ihr Fra Bernadino aus dem Heiligen Land mitgebracht hatte, an die Lippen und sagte alle Ave-Maria her, die darauf Platz hatten.

»Gevatter Alfio«, begann Turiddu, nachdem sie beide ein Stück

Wegs nebeneinander hergegangen waren – Alfio schweigend und mit der Mütze über den Augen –, »so wahr es einen Gott gibt, ich weiß, ich habe Unrecht getan, und ich würde mich töten lassen. Aber bevor ich hierherkam, habe ich meine Alte gesehen, die, unter dem Vorwand, sie müsse nach dem Hühnerhof schauen, aufgestanden war, um mir nachzusehen. Als ob ihr Herz es ihr gesagt hätte. Und so wahr es einen Gott gibt: ich werde Euch töten wie einen Hund, damit meine Alte nicht wird weinen müssen.«

»So ist's recht«, entgegnete Gevatter Alfio und zog sein Wams aus. »So werden wir alle beide kräftig dreinschlagen.«

Die zwei waren tüchtige Fechter. Turiddu bekam den ersten Stoß und war rasch genug, ihn mit dem Arm aufzufangen. Als er den Hieb zurückgab, tat er es mit großer Sicherheit und traf den Gegner in die Leistengegend.

»Ah! Gevatter Turiddu! Ihr wollt mich wirklich töten!«

»Ich habe es Euch gesagt. Seit ich meine Alte im Hühnerhof gesehen habe, ist mir, als sähe ich sie immer noch vor mir.«

»Macht sie weit auf, eure Augen!« schrie ihm Gevatter Alfio zu, »denn ich werde mit guter Münze zurückzahlen.«

Während er sich wachsam niederkauerte, die Linke auf die schmerzende Wunde preßte und mit dem Ellbogen fast die Erde berührte, raffte er rasch eine Handvoll Sand auf und warf sie dem Gegner in die Augen.

»Ah!« heulte Turiddu geblendet auf. »Ich bin verloren!«

Er versuchte sich zu retten und tat ein paar verzweifelte Sprünge nach rückwärts. Aber Gevatter Alfio traf ihn mit einem zweiten Stoß in den Magen und mit einem dritten in den Hals.

»Und drei! Der ist für das Haus, das du mir geschmückt hast. Jetzt wird deine Mutter die Hühner in Ruhe lassen.«

Turiddu stolperte ein Stück weit durch die Feigenkakteen und fiel dann wie ein Stein zu Boden. Das Blut gurgelte ihm schäumend in der Kehle. Er konnte nicht einmal mehr die Worte hervorbringen: »Ah, Mutter, Mutter!«

F wie Freiheit

Eugenio Montale Die Stürmische

Die Nachricht, daß Giampaolo sich mit Frau Dirce F. verheiratet hatte, die zweimal verwitwet und ziemlich viel älter war als er, hatte in der Stadt kein ungünstiges Echo gefunden. Das Leben war für Giampaolo schwierig gewesen, und seine unzähligen Freunde waren erleichtert, daß er nun endlich einmal Fuß gefaßt hatte (wenn auch auf Kosten von ein paar unvermeidlichen Verzichten); und keiner wagte die boshafte Unterstellung, er sei »in einen Güterzug gestiegen«. Die Eheschließung war von Festen und Banketten von bemerkenswertem Prunk begleitet; nachher glitt das Leben des Ehepaars ein wenig in den Schatten. Man sprach noch von ihnen, aber in ziemlich ausweichenden Wendungen. Man sagte, Giampaolo »arbeite« – woran und in welcher Richtung wurde nicht genauer bestimmt – und seine Dirce habe ihm ein irdisches Paradies bereitet. Aber es wurde klar, daß die beiden eher zurückgezogen lebten. Wer von ihnen sprach, gab zu, daß es sich nicht um Begegnungen und Einladungen handelte, die kürzlich stattgefunden hatten, und wenn er auch die Köstlichkeit der aufgetragenen Speisen und die seltene Herzlichkeit der Gastgeberin lobte, betonte er doch gleichzeitig, er hege nicht den Wunsch, sich bald wieder einer solchen Begegnung auszusetzen, sondern sie lieber *sine die* zu verschieben. Es waren keine ausdrücklichen Kritiken, die von den vorsichtigen Lippen kamen; aber es kam vor, daß man im Gesicht desjenigen, der sagte: »Frau Dirce... Giampaolo... ein seltenes Paar...«, eine gewisse Angst und fast den Vorsatz, nicht alles zu sagen, lesen konnte.

Federigo war sich dieser Einschränkung und Abneigung nicht ganz bewußt gewesen, bevor er eines Morgens auf einem Spaziergang außerhalb seines Viertels in die Via del Forno gelangte, plötzlich vor dem Haus Nummer 15 stand und sich erinnerte, daß hier sein alter Freund Giampaolo wohnte, der nach einer glücklichen Heirat aus seinem Freundeskreis verschwunden war. Federigo war arm und schüchtern und nicht fähig, Giampaolo in seine neue Existenz zu folgen und die Brosamen des Festmahls zusammenzulesen. Sein Herz war dasjenige eines Freundes, nicht eines Schmeichlers oder Bittstellers. Eine Mischung von Zurückhaltung und Stolz hatte ihn deshalb von dem glücklicheren Freund ferngehalten, bis das Eis von selbst gebrochen war und Federigo spontan und fast ohne sich davon Rechenschaft zu geben die Klingel der Wohnung von Giampaolo drückte in der Hoffnung, mit ihm eine jener freundschaftlichen Stunden zu verbringen, die ihm früher die Stadt A. teuer gemacht hatten...

Er wurde vom Gebell eines Wachhundes empfangen und in ein Zimmer geführt, das er bald *living room* nennen lernte und das mit Bildern, Statuen, Wandteppichen, Kupfervasen und silbernen Adlern vollgestopft war. Kaum hatte ein schlecht rasierter Diener sich nach seinem Namen erkundigt und ihn an eine wichtigere Stelle weitergegeben, wurde Federigo von einer Salve entzückter Schreie überfallen.

Federigo Bezzica? Was für eine unerwartete Ehre! Seit Jahren schon, seit zwei oder drei Jahren, zu Beginn ihres Faibles für Giampaolo, als ihr guter Gatte, ihr zweiter guter Gatte, noch lebte (ein Finger hob sich und wies auf ein großes Ölbild, das einen kahlköpfigen Mann darstellte), hatte sie, Frau Dirce, alles von ihm erfahren und war von intensiver Begeisterung für sein Leben und seinen Charakter erfüllt gewesen. Federigo Bezzica! Wenn sie ihn nur schon früher kennengelernt hätte... Wer weiß... Der liebste, würdigste und verschlossenste Freund ihres Giampaolo. Er verdiente allerdings einen Vorwurf, daß er sich als letzter bei ihnen gezeigt hatte. Schüchternheit? Liebe zum ruhigen Leben? Sie verstand (und wie) seinen Hang zu der »beata solitudo«, und auf der Grundlage dieser Affinität hoffte sie mit ihm eine gute und haltbare Freundschaft zu schließen. Giampaolo? Ja, Giampaolo war an der Arbeit, aber er würde bald auftauchen. Unterdessen konnte man die Wartezeit dazu verwenden, um ein wenig zu plaudern und sich besser kennenzulernen. Durfte sie ihm einen Portwein, einen Dry Martini, einen Negroni anbieten? Fabrizio, wo hatte sich dieser Faulpelz von einem Fabrizio versteckt? Rasch, einen Portwein für den Herrn.

Federigo hatte sie noch nicht angesehen: Der Salon war halbdunkel, und die Frau saß so nahe neben ihm, daß er es nicht wagte, den Hals zu drehen. Aber ein großer Spiegel – ein *trumeau*, sagte sie – spiegelte ihm das Bild eines merkwürdigen Raubvogels wider mit vibrierendem Nasenschnabel, Haaren, die zwischen braun und blau schimmerten, und schwarz ummalten Augen, in denen ein Licht von außen blitzte. Sie zündete ihre Augen an, so wie man das Feuerzeug für die Zigarette der Gäste aufblitzen läßt; dann löschte sie sie wieder aus und legte sie in Reichweite in ihr Schildpattetui zurück.

Nach einiger Zeit kam Giampaolo in Hemdsärmeln herein und küßte seiner Gattin die Hand. Er wagte es nicht, viel zu sagen. Gelb, abgezehrt und mißtrauisch kamen hierauf Antenore und Gontrano, die Söhne des ersten guten Gatten (der Finger hob sich wieder und wies auf das Porträt eines schnauzbärtigen Offiziers), und Rosemarie, die Tochter des zweiten. Es war schon ein Uhr. Frau Dirce verfügte, daß Federigo, um Buße zu tun, zum Essen bleiben müsse. Sie gingen ins Eßzimmer hinüber, wo eine feine Stickerei auf dem Glastisch lag, der von einer Bronzestatue überragt wurde, die zu den Gästen hinunterzutauchen schien, und der Diener Fabrizio servierte, nachdem er gewartet hatte, bis sein Herr die Jacke anzog, Fleischbrühe in der Tasse, ein Käsesoufflé, gebackene Scampi und Zucchini und ein Körbchen gedörrtes Obst. Den Kaffee trank man im *living room*; die Handhabung des Filters dauerte lange, und die Wahl des Likörs, der ihn begleiten sollte, wurde ebenso sorgfältig getroffen.

Nachdem Antenore, Gontrano und Rosemarie sich verabschiedet hatten, versuchte Federigo es ihnen gleichzutun, aber da er unvorsichtigerweise den Wusnch äußerte, sich ein wenig hinzulegen (eine Gewohnheit, die Frau Dirce unterstützte und teilte), wurde er förmlich auf das Sofa im Salon gedrängt und gebeten, sein Mittagsschläfchen ganz ohne Umstände hier zu machen. Er blieb zwei Stunden sehr aufgeregt im Dunkel. Man hörte kein Geräusch; vielleicht schliefen alle.

Was sollte er tun? Die zwei Stunden dauerten ewig. Als die Pendeluhr viermal schlug, faßte er Mut. Federigo stand auf, öffnete einen Fensterladen, strich über den Diwan, auf dem er gelegen hatte, und suchte auf den Zehenspitzen den Ausgang. Aber der wachsame Fabrizio versäumte es nicht, Alarm zu geben, und das Resultat war eine neue Welle von Angeboten aus dem Hintergrund.

Bald war es Teezeit. Warum wollte er so früh weggehen? Dringende Geschäfte? Er beliebte zu scherzen. Fühlte er sich nicht ganz wohl? Eine Stärkungskur war da ratsam. Ein paar intramuskuläre Lezithinspritzen zum Beispiel. Dieselben, die sie Giampaolo verabreichte. Hatte er nie davon gehört? Um so besser. Jetzt durfte man nur nicht mehr unnütz warten. Er brauchte keine Apotheke mehr. Sie würde sich um alles kümmern; sie war eine sehr tüchtige diplomierte Krankenschwester. Um Gottes willen, nur keine Umstände, wo man doch unter guten Freunden war. Einen Augenblick, nur einen Augenblick.

Sie kehrte bewaffnet zurück, und Federigo mußte sich auf einem Stoß Kissen ausstrecken und einen Teil von sich, ein paar Quadratzentimeter, für den Stachel der Gastgeberin entblößen. In seiner Erschöpfung erschien es ihm schicklich, noch ein paar Minuten zu bleiben, und in dieser Zeit kam Fabrizio mit dem Teewagen. Auch Giampaolo ließ sich zu dieser Zeremonie wieder blicken. Er verkündete, das Wetter habe sich verschlechtert. Es regnete. Und Federigo hatte keinen Schirm.

Frau Dirce faßte sogleich ihre Entschlüsse. Federigo würde auch zum Abendessen bleiben. Das war keine Störung, im Gegenteil, ein großes Vergnügen, eine Ehre für alle. Er lehnte ab. Das war doch nicht möglich. War das vielleicht eine Kriegserklärung? (Drohendes Licht glänzte in ihren Augen. Und Federigo machte eine schwache Geste des Protestes.)

Aber nein, zum Teufel, er konnte doch nicht ablehnen, er würde bleiben. Der Regen prasselte draußen, Antenore und Gontrano kamen mit dem Hund, ein Wermut wurde angeboten, und nach einer weiteren Stunde angenehmer Konversation trat Fabrizio in weißen Handschuhen unter die Tür und sagte, das Abendessen sei serviert. Federigo wurde am Arm genommen und an seinen Platz geführt, wo ihn eine Paradiessuppe mit Einlage, ein Kaninchen in Aspik und ein paar Pfirsiche in Zuckersirup erwarteten. Fabrizio wachte mit der Käsereibe und bestreute die Suppe mit Parmesan. Das Gespräch kam auf die Liebe und wurde intensiver, als die Kinder sich zurückzogen. Um zehn Uhr ließen Blitz und Donner das Haus ein paarmal erzittern.

Bei diesem Gewitter war es nicht möglich wegzugehen. Fabrizio hätte ihn im Auto nach Hause bringen können, aber unglücklicherweise hatte er versäumt, einen schlimmen Defekt am Getriebe rechtzeitig reparieren zu lassen. Doch keine Angst, sie hatten ein Gastzimmer, das sehr geschmackvoll eingerichtet war, ein Bijou. Sie hatte es eingerichtet. Wünschte er einen Kamillen- oder einen Pfefferminztee oder einen Würfel Brom? Sie würden sich am nächsten Morgen beim Milchkaffee wiedersehen. Aber zuerst, so gegen acht Uhr, war Fabrizio beauftragt, ihm eine Tasse schwarzen Kaffee aufs Zimmer zu bringen. Brauchte er sonst noch etwas? Das Bad war rechts, der Lichtschalter links. Und danke für den köstlichen Besuch, ohne Zweifel der erste einer langen Reihe. Danke und nochmals danke; *good bye*, bai bai.

Es regnete nicht mehr; ans Fenster seines Zimmes gelehnt, stellte Federigo fest, daß ein Sprung in die Tiefe zu gefährlich war. Und dann gab es ja auch das Gartentor zum Erklimmen, es drohten der bissige Hund Tombolo und andere mögliche Scherereien. Man hätte ihn für einen Dieb halten können.

Zögernd schloß er das Fenster wieder und sah den Pyjama des zweiten (oder vielleicht des ersten) Verflossenen, den man ihm aufs Bett gelegt hatte. Er ergriff ihn mit zwei Fingern und ließ ihn wieder fallen, als er jemanden an die Türe klopfen hörte. Es war Giampaolo, der ihm ein Paar alte Pantoffel brachte.

»Bis morgen«, sagte er zu ihm. »Wir werden uns etwas später sehen, weil ich arbeiten muß. Und du, wann heiratest du?«

G wie Große Liebe

Gabriele Wohmann Große Liebe

Jetzt, danach, einen Herbst später, ist Besserwissen billig. Aber es liegt mir nun einmal, und ich spreche mich mitunter grämlich an: Hättest du damals gewußt, wozu es führen würde. Doch auch dann wäre ich mit Alfred zur Tagung gefahren. Keine Vorahnung hätte mich von diesen dreieinhalb Tagen abbringen können, keine Warnung. Ich machte ja dort bloß eine Bekanntschaft, ohne mein Zutun, und sie war mir lästig, gewiß, zunächst. Aber wie hätte ich mich denn vor einem Jahr, in den besten Wochen mit Alfred, fürchten sollen vor Egbert Stiehl? Er war mit seiner Braut gekommen, einem stillen, cremefarbenen Mädchen ungefähr Ende dreißig, das mit einem besonders aufreibenden Beruf – er ist mir entfallen, und ich möchte darauf verzichten, jetzt bei Egbert Stiehl nachzufragen – Geld für die gemeinsame Zukunft verdiente und sonst nicht viel von sich reden machte. Stiehl hatte sie mitgebracht, obschon man auf diesen Tagungen weder Bräute noch Ehefrauen noch jeglichen Anhang Außenstehender gern sieht. So war die Braut bei dieser Tagung passiv wie ich, während ich es aber war an der Seite einer anerkannten Cliquenberühmtheit und deren Autorität mit genoß, während mir in Alfreds Gesellschaft Sachverständigkeit unterstellt wurde und ich entsprechend zuhörte oder so tat, schlich Stiehls Braut scheu und unerkannt und bloß gelitten im Schatten dieses Schattens und Neulings und Außenseiters: Stiehl war niemandem ein Begriff, und er ließ sich nicht öffentlich hören, hielt auch in internen Diskussionen seinen Mund neben der Narbe und gab nicht auf, beleidigt, aber guter Dinge auszusehen, vor allem, wenn er Krittauer zulächelte, dem einzigen Tagungsteilnehmer, der ihm bekannt war und dessen mit gemeinsamen Kriegserinnerungen und der Narbe zusammenhängender Loyalität er seine Einladung überhaupt verdankte.

Mir persönlich fiel er nur deshalb rasch auf: bei Lesungen und Aussprachen saß er zu oft neben mir, zutraulich von vorneherein. Und ausschließlich in meiner Nähe wurde seine Schwatzhaftigkeit wirksam; mit erheblicher Ausdauer machte er sich, links oder rechts, aber neben mir, auch bei allen zur Tagung gehörigen Feiern mißliebig. Ich selber hatte vor, mich während keiner einzigen Tagungsminute von Alfred ablenken zu lassen. Nicht nur im Verlauf der Arbeitsstunden, sondern auch abends in einem »Stadtwappen« genannten Lokal achtete ich darauf, daß ich an Alfreds Seite zu sitzen kam. Alfred Hecht übrigens, man kennt ihn auch außerhalb seiner Clique, wo man sich um seine erfinderische Schüchternheit reißt. Ihn aber, der meine Gesellschaft trotz Braut suchte, beachtete niemand, ich erwähnte es bereits. In den Pausen pflegte er außerhalb der Tagungsgruppen und bei der erschöpft lächelnden Braut seine bettelnde Verachtung fortzusetzen, das weiche, aber ehrgeizige, braungebrannte Gesicht vielsagend. Jetzt kann ich ja viel besser beurteilen, was damals in ihm vorgegangen ist. Er hatte nur seine eigenen Verse im Sinn, die jedoch durften hier nicht zur Sprache kommen. Ringsum bekam er, indirekt, nichts als ihre Verspottung zu hören. Er begriff wohl, daß er hier nicht hinpaßte. Ob er aber insgeheim sich eingestand, dies sei einzig und allein sein Malheur, das kann ich bis heute nicht beantworten. Genau weiß ich leider allerdings, daß er nach wie vor seine eigenen Machwerke ernst nimmt. Mit den andern Tagungsteilnehmern war er recht schnell fertig, mir jedenfalls gestand er, sämtliche gelesenen Proben wirkten auf ihn wie Spielereien, so niederdrückend unseriös. Und dann fing er auch schon an, mir und nur mir seine Gedichte aufzusagen, auswendig und bis in frühe, feuchtkalte Morgenstunden, nun fast fröhlich und unempfindlich gegen mein Unbehagen.

Jetzt packt mich doch beinah wieder die Wut. Die Empörung darüber, daß ich mir Stiehls Beschlagnahme gefallen ließ. Es muß damit zusammenhängen, daß ich nicht nein sagen kann. Seit meiner Kindheit trage ich die meisten widrigen Konsequenzen dieser Unfähigkeit. Wenn ich nachträglich bedenke, daß damals auf der Tagung Hecht und ich zum erstenmal unser Auftreten in der Öffentlichkeit gewagt haben! Seit Wochen, was sage ich: seit Monaten war es vorbereitet und von unserer Spannung darauf fast verunstaltet: dieses dreieinhalbtägige Zusammensein. Allerdings mußten wir uns auch damals noch in acht nehmen vor Übertreibungen. Und so vermute ich, mit Egbert Stiehl links oder rechts von mir und penetrant fand Hecht unser öffentliches Ansehen zum Schein gewahrt. Wenn ich richtig unterrichtet worden bin: Hechts Frau hat dann auch wirklich aufgrund dieser Tagung nichts Besonderes geargwöhnt. Und währenddessen hatten wir beide die Köpfe voll der unverfrorensten geheimen Zukunftspläne! Für mich waren es Tage zwischen zwei Berufen, beinah möchte ich also sagen, zwischen zwei Lebensabschnitten, wobei der, dem ich entgegensah, Hecht angehören sollte. Das ist erst ein Jahr her, ein Jahr! Ich hatte gerade meine Beschäftigung als Musiklehrerin und Gelegenheitsgeigerin aufgegeben, sie brachte nichts ein. In weniger als acht Tagen sollte ich in einer Bibliothek anfangen, womit –? Ich hatte nur verschwommene Vorstellungen davon, machte aber meine Angst vor dem Neuen, zu dem Hecht mich übrigens nicht überredet hat, mit Unternehmungsgeist hinsichtlich Hechts und meiner Zukunft wett. Wir würden zunächst Geld brauchen. In der Bibliothek sollte ich schon als Anlernling mehr bekommen, als mir je zuvor die Musik verschafft hatte. Hechts Familie müßte weiterhin von ihm leben in einer zu kostspieligen Wohnung. Nur noch so viel über meine damalige Verfassung: meiner Verwandtschaft zum Trotz empfand ich Vergnügen beim Gedanken, Geige und Schüler loszuwerden, und war demnach aus der Art geschlagen: seit Jahrzehnten ist man bei uns zu Hause, wenigstens mütterlicherseits und sofern man auf sich hält, Musiker schlecht und recht, aus Traditionsbewußtsein und Mangel an Begabung für etwas anderes.

Ich möchte lieber nicht vorgreifen oder abschweifen. Zurück zur Tagung. Egbert Stiehl tat fast unaufhörlich etwas, das er anvertrauen nannte und zäh einsetzte gegen meine matten Versuche, in Alfreds Weichblick Stiehls Gefühlen zu widerstehen. Doch wahrhaftig: er, der immer seltener zwischen Reim und Reim seiner Braut zulächelte, hatte mich erbeutet, und oft blieb von Alfred mir nichts als sein Bierglas und sein untätiges rechtes Bein unterm Tisch. Gereizt, häufig genug, habe ich Stiehl wohl auch hin und wieder aufgefordert, sich an den Lesungen zu beteiligen. Hierauf pflegte er sich der Braut zu erinnern, dies sollte sie beantworten.

– Er liebt die Öffentlichkeit nicht. Die laute Welt. Er fürchtet alles, wie soll ich sagen. Alles Laute, er fürchtet es, ja.

Sie konnte seinen Text, und schnell wußte er selber hierzu noch ein Gedicht, in dem die Welt mehrfach und nachdrücklich mittels entsprechender Adjektive schlecht wegkam, ich erinnere mich vor allem an »schnöde«.

– Sehn Sie? Vertehn Sie jetzt...

Er sah von da an fast noch fröhlicher aus. Mit der einzig gemäßen und gebührenden Betonung beschäftigte er sich, mich und die Narbe weiter mit Rezitation. Gleichwohl wirkte unter fettigbrauner Frisur, mit braunen Augen und einem Feuchtigkeit liebenden Mund sein Gesicht bescheiden. Sein Ausdruck hielt mir vor, nur mir zuliebe geschehe dies alles. So rechnete man mit Sanftheit und hatte sich verrechnet, wenn man ihn unterbrach. Selbst unter den unpersönlichen Einmischungen des Kellners litt Stiehl mit entblößtem Zorn, und es war mir peinlich. Übel reagierte er auf freundlich-gelangweilte Zurufe von Tagungsteilnehmern, die, auf Hinwegen eilig, beim Zurückkehren aber mit träger Geduld, unseren Tisch nah der Tür zu den Toiletten passieren mußten. Ich fahre hiermit nicht fort und deute lediglich dies an: hinterm Bierglas und neben ihm, der mich unverwandt ansah und an sich selber dachte, lernte ich den zuständigen Höllenbereich genau kennen. Ich versuchte mehrfach, und zwar immer dann, wenn Stiehl schlucken oder gründlicher Atem holen mußte – um keine Zeit zu vergeuden, trank er allerdings sozusagen nichts –, meinen anderen Nachbarn Hecht einzuschleusen in meine ausweglose Abgeschiedenheit mit Stiehl. Hecht aber, wenn auch von Natur aus gutmütig, war schon leicht betrunken und hatte keinen Blick für meine Not. Allerdings versuchte er eine Weile, Stiehl zuzuhören; der aber hörte auf. Hecht: das bedeutete für ihn bereits Öffentlichkeit, obschon wahrhaftig keine laute: ich kenne bis auf den heutigen Tag niemand Leiseres. Stiehl aber stammelte irritiert, er spreche dies nur für mich, und Hecht sei ihm zu, zu, zu –. Er sagte nicht: zu klug, zu kritisch. Er gab natürlich nicht zu, daß er Heuchler braucht wie mich: lügen fällt mir zu leicht. Er bekannte nicht, daß rechtschaffene Zuhörer ihn verwirren. Statt dessen:

– Immer nur ein Hörer, ein einziger nur, bitte!

Worauf Hecht, mitleidig, aber blind, mich mit Stiehl und Versen allein ließ. Sie reimten sich nicht immer. Er stockte auch manchmal, wußte es nicht mehr so ganz genau, fand dann aber bald Lösungen, die ihn ebenfalls befriedigten. Unentwegt lächelte er verkannt. In vielleicht sogar regelmäßigen Abständen kam links seine Hand, feucht sah sie aus, zum Knoten im Schlips, drückte dran herum; spreizte dann den Zeigefinger ab und drängelte ihn zwischen Kragen und körnige Haut am Kehlkopf. Ich hielt das aus; auch tat von Bier zu Bier er mir mehr und irrtümlicher leid, die Braut desgleichen. An diesem Abend im »Stadtwappen« blieb es bei Gedichten.

Vom nächsten Morgen an hielt Stiehl es für selbstverständlich, daß wir beide während der Lesungen zusammensaßen, in den Pausen nebeneinander gingen. In der Öffentlichkeit konnte Hecht mich nicht vor ihm schützen. So wurde ich, tagungsfremd wie die Braut, aber angesehener, das Opfer eines Tagungsfeindes. Unaufhörlich vertraute er mir an, sich selbst und was mich sonst nicht interessierte. Ich mußte erfahren, mit Liebe sei er Lehrer an einer zweiklassigen Volksschule auf dem Land. Sein Lächeln war lieb zu ihm. Er sagte:

– Ein ganz verlorenes Fleckchen Erde und so nah bei –.

Ich lasse ihn das nicht ein zweites Mal aussprechen. Er fing immer wieder davon an, wie dicht sein Dorf gelegen sei an –. Wie unmittelbar und nah, näher gehe es kaum noch –. Er hörte nicht auf mit dieser Grenze, die ihn zu zahlreichen Gedichten ermunterte. Möglicherweise trifft sogar zu, was er mir oft genug beteuerte: ohne diese ihn sehr verletzende Grenze hätte er nie zur Feder gegriffen, und sie sei der wahre Spiritus rector, woran erkennbar wird, wie mannigfach die Verstörungen sind, die angerichtet werden durch jenen in Stiehls Lyrik als nie vernarbendes Wundmal, blutenden Herzschnitt und anderswie apostrophierten Trennungsstreifen. Mit in- und auswendigen Gedichten schloß er übrigens auch am zweiten Nachmittag.

Er hatte zu Beginn der Tagung darauf bestanden, daß wir unsere Adressen austauschten. Beim allgemeinen Verabschieden erinnerte er mich an mein Versprechen, ihn zu besuchen. Die Braut nickte geduldig. Ich stand neben Hecht, der meinen Koffer hielt. Wir hatten nur noch eine halbe Stunde. Hecht sagte irgendwas Freundliches zu der Braut. Ich selber hörte einen Vierzeiler; nah der Feuchtigkeit liebende Mund. Ich sah die Narbe, die vom linken Mundwinkel abwärts Richtung Kinn lief und in kräftig gekörntem Fleisch flach wurde. Sie bewegte sich ruckartig zu den Gedichten. Die Braut sagte zu Hecht, auch in ihrem Büro könne man kein Fenster mehr aufmachen. Etwas über Durchgangsstraßen.

– »Auf Menschen niemals bauen / Dich keinem anvertrauen / Geh Deinen Weg in schwarzer Nacht / Fernab der Welt, die scheinbar lacht...«

Ich weiß genau, daß in diesem Moment meine Aufmerksamkeit gefesselt war an ihn oder an sein Gedicht, zum erstenmal und so gut sie es nur je sein konnte: ich fand es angenehm, daß er im Gegensatz zu meiner Verwandtschaft »scheinbar« richtig gebrauchte. Ich dachte zum erstenmal an meine Rückkehr und an zu Haus, dann an meine neue Stelle. Anlernling in einer Werksbibliothek. Nur noch zwanzig Minuten mit Alfred Hecht. Mir wurde übel. Die Braut klopfte leicht auf die Schulter Stiehls, der dies noch schnell zu Ende bringen mußte:

– »... Hast so Du Dich besonnen / Bist Du der Welt entronnen.«

Er hielt sein affiges gelbes weltliches Köfferchen rechts, drückte links am Schlipsknoten, sah mich an, fühlte sich allein mit mir als Entronnener, schmerzlich angenehm. Inzwischen war Hecht schon so weit, seine merkwürdig amputierten, steifen Verbeugungen in Richtung auf die Braut zu machen. Er verabschiedete sich. Er machte wieder Gebrauch von seiner eigensinnigen, überholten, anrührenden Liebenswürdigkeit.

– Vergessen Sie nicht, nach Kelk zu kommen.

Nun wurde auch Hecht eingeladen, und ich dachte, plötzlich ermutigt, Kelk wäre eine Aussicht, bald wieder mit Hecht zusammenzutreffen. Vom Abteilfenster herunter erfuhren er und ich, daß in Kelk weitere Gedichte warteten, diejenigen, die er noch nicht auswendig könne, und diejenigen, die in der Zwischenzeit entstehen würden. Doch doch, diese paar Tagungstage hätten ihn sehr, sehr angeregt. Mich meinte er und tätschelte die Braut. Ich winkte ihm ausgesprochen herzlich nach: wegen Kelk als Treffpunkt und auch noch wegen »scheinbar«.

Von der minimalen, kolossalen Szene, die dann Hecht und mir blieb auf dem Bahnsteig, weiß ich nichts mehr außer der Demonstration seines Herzklopfens. Kein Wort. Nur immer wieder diese sonderbare Geste. Seine rechte Hand schlupfte am Revers in den Rock und bewegte sich rhythmisch und angeblich so schnell, wie sein Herz klopfte. Zum Abschied haben wir uns keineswegs geküßt. Ein Augenzeuge hätte nichts bemerkt von –. Große Liebe! Steif wie eh und je ging er auf seinen Zug zu, und ich sah ihm nicht nach, sondern drehte mich mit angehaltenem Atem um zu dem Karren mit Zeitungen und Zeitschriften, dann zur Fahrplanwand, dann da und dorthin, überallhin, ich weiß es nicht mehr im einzelnen, und man kennt das ja, und ich halte mich hiermit nicht auf. Nur noch so viel: mich hat den ganzen Tag noch das komische Herzklopfen beschäftigt, seine Hand, sein Revers, sein betroffenes Gesicht, seine eingeschüchterten, aufgebrachten Augen, sanfter besitznehmender zurückschrekkender Blick, scheu und definitiv, und immer wieder das unheimliche Herzklopfen, obwohl ich mit der Schwierigkeit fertig werden mußte, wieder zu Haus zu sein.

Immer noch hatte meine Mutter Ischias. Immer noch brachte beim Essen nicht nur sie, sondern auch meine Tante Gabel und Löffel an die Zähne. In meinem Zimmer lagen Formulare, die zu tun hatten mit meiner neuen Stelle. Ein Brief meines Onkels, der in einer Kreisstadt sich als Privatmusiklehrer zur Creme rechnet und ein Streichquartett mit seinem Nachnamen nicht unsterblich machen wird: er konnte nicht umhin, mir auf vier engbeschriebenen Seiten mitzuteilen, wie bitter enttäuscht er sei über die Preisgabe meines künstlerischen Berufs. Zum Höchsten sei ich erkoren worden – als Siebenjährige durch seinen eigenen Ratschluß: er gab mir zum Verwandtschaftspreis Geigenstunden –, nun aber wende ich mich ab vom Edelsten auf dieser Welt, der Musik. Trotzig nahm ich mir vor, seiner Anmaßung Hechts Lyrik entgegenzuhalten. Der einzige Mensch in meiner Verwandtschaft, von dem mein Berufswechsel begrüßt worden wäre, eine amusische Tante, starb vor der Zeit, und sie hätte wohl auch meine recht untergeordnete Tätigkeit nicht voll gebilligt. Ich selber tat es nicht. Bibliothekskeller und Büro, meine neuen Arbeitsbereiche, waren stickig und mir bald verhaßt. Ich lieh aus, sortierte, katalogisierte, hantierte mit Rechnungen und Quittungen, lernte nichts, und nichts wurde mir leichter, die Schwierigkeiten blieben sich gleich, wochenlang, bis zu meinem ersten Urlaub. Mein früherer Verlobter, immer noch hilfsbereit und Arzt, attestierte mir eine Magenkur und Arbeitsunfähigkeit.

Ein Einfall versetzte mich nun in Aufregung. Ich wollte Alfred Hecht anrufen und ihm eine Fahrt nach Kelk vorschlagen. Lang hatte ich nichts gehört von ihm. Ich habe immer schon Angst haben müssen vor seiner Neigung zur Enthaltsamkeit. Zwei Tage umwanderte ich das Telefon. Mitunter war ich bei diesen Bewerbungen ausgerüstet mit Notizzetteln, auf denen stand, was ich sagen wollte. Manchmal nur in Stichworten, dann wieder im vollen Wortlaut und mit vorausberechneter Abgerissenheit, Pausenzeichen, Zeichen für Seufzer, für ein kleines Gelächter. Ich zerriß die Zettel und legte ohne Programm meine Hand auf den Hörer. Ich fing an zu wählen. Aber ich hielt nie durch bis zur letzten Zahl der Ziffergruppe. Telegrafieren wäre leichter. Ich ließ also die Idee mit dem Telefonieren ein für allemal fallen: meine Stimme, wie hätte sie denn sein sollen, sie war zu aufgeregt, sie würde mit keinem Text fertig, sie war zu gut und unwürdig zugleich. Ich habe auch nicht telegrafiert. Diese Feigheit. Ich hatte Angst vor seiner abschlägigen Antwort. Im voraus wußte ich ja, daß ich die vernünftigste Erklärung nicht anerkennen könnte. Es wird vielleicht erstaunen, daß ich trotzdem und ohne Begleitung Zug und Omnibus benutzte Richtung Kelk. Für mich ist das rasch begründet: erstens wollte ich nicht zu Haus bleiben. Zweitens fand ich in Kelk immerhin einen Teilnehemr der Tagung, die ich mit Hecht besucht hatte. In Gedanken an Alfred Hecht fuhr ich nach Kelk, ich betone das. Ich wollte zu jemandem, der von mir dachte: Hechts große Leidenschaft.

Noch ehe zwei volle Monate seit der Tagung verstrichen waren, tat ich also etwas, das Egbert Stiehl als aufkreuzen bezeichnete. Sich selber nannte er: darüber glücklicher, als ich sagen kann; und er sagte es häufig. Die Einsamkeit auf dem Land, die nahe Grenze, kein Gedankenaustausch, keine Resonanz auf Abend für Abend entstehende Verse – er hatte Gründe noch und noch für sein jetziges Glück. Sonst gab er sich in Kelk bubenhaft, wie er sagte. In der Wohnung über den beiden Volksschulklassen entsprach er in saloper Kleidung und oft Einfälle notierend ganz seinem Wunschbild von sich selber. Übrigens, an das Notieren der Einfälle habe ich mich erst gewöhnen müssen. Seine zudringliche Muse schreckte auch im ungelegenen Moment nicht zurück. So war es beim erstenmal, als Egbert während einer Mahlzeit plötzlich erstarrte, den Bissen in vorgewölbter Backe. Ich dachte, ihm sei schlecht. Doch seine Mutter – auf die ich gleich zu sprechen komme – schien Bescheid zu wissen und kaute ihrerseits nicht weiter. Mir gab sie mit eingeschüchtertem, gleichwohl Glück wiedergebendem Gebärdenspiel zu verstehen, es ihr nachzumachen. Ich schluckte und wartete ab. Egberts Gesicht verfärbte sich, die Narbe aber blieb weiß. Mir selber wurde nun flau. Es war auch so stickig, und ich klebte in meinem weichen noppigen Ehrensessel. Nun schloß Egbert die Augen. Lehnte sich zurück. Die linke Hand, die beim Gedichtaufsagen den Schlipsknoten drückt, kam herauf an die gewohnte Stelle, wo jetzt kein Knoten war, und fingerte unruhig am starken Hals. Er öffnete die Augen nicht, während er aufstand, aber ich beobachtete, daß er blinzelte und schließlich sogar mit halbgeöffnetem Lid mogelte, als er sich hinübertastete zu seinem Schreibtisch, den er mit flachen Händen nach Papier abklopfte. Endlich saß er, hatte Papier und Bleistift und nutzte diese Situation etwa fünf Minuten lang aus. Was er trieb, nannte er kritzeln, obwohl das Ergebnis als ein Musterbeispiel für Schönschrift gelten mußte. Er brachte das Blatt nämlich gleich mit zum Tisch, hielt es Mutter und mir, die wir inzwischen fertiggekaut hatten, stumm hin, und wir mußten nun wieder im Mund behalten, was ihm voreilig zugeführt worden war.

– So, allmählich kehre ich zurück in dieses Leben, sagte Egbert Stiehl. Wenn's auch schwerfällt, wirklich, wirklich.

Aber ihm schmeckte es dann und der Mutter auch. Egberts Mutter war sehr groß und breit um die Hüften. Ihr Kopf putenhäutig unter grauem Haar. Gleich auf der Wohnungsschwelle im Dämmer zwischen den beiden Lehrerwohnungen und vor deren gemeinsamem WC, dort im holzigen Volksschulgeruch hatte Egbert Stiehl sie mir präsentiert mit den Worten:

– Nun müssen Sie aber endlich Mutter kennenlernen.

Warum »endlich«? Wer hatte so darauf gewartet, daß dies zustande komme: wir gaben uns die verschiedenen Hände. »Mutter«: Stiehl ließ den Artikel weg. Das war mir nicht recht und nicht geheuer.

Ich drängte mich gleich von Egbert weg und mit »Mutter« in die Küche. Ich redete viel und nutzlos, während sie einsilbig ihre riesigen, schaufelblattartigen Hände rührte. Ich wollte helfen, aber es gab nichts zu tun oder nur für mich nicht. Im voraus lobte ich eifrig ihr Essen unter schwarzen Deckeln. Sie wehrte ab. Von ihrem harten, den großen Mund verzerrenden Dialekt verstand ich kaum ein Wort. Ich hatte hier nichts zu schaffen, wußte nichts mehr zu sagen, schob maisfarbene Schüsseln hin und her und entdeckte dann in der Küchenschranknische messinggerahmt die Braut, ihr nachgiebiges Lächeln.

– Sie ist so nett, sagte ich und hielt der Mutter das Foto hin.

– Jaja, die Lisabeth.

– Kommt sie oft hierher?

– Jaja. Oft.

– Das ist doch schön, ich meine, für Ihren Sohn.

– Jaja.

Sie regte die Handschaufeln, es sah aus, als wären sie nicht leicht zu etwas zu veranlassen, flach, rot, unschlüssig und unvereinbar mit den Armen, Hände für nichts und wieder nichts, aber tätig trotzdem. Und ich verteidigte, merkwürdig beklommen, Braut, Sohn, Mutter und Küche. Es roch nun auch nach der Mahlzeit, die trotz Mutters Gegenmaßnahmen entstand. Sie hob hintereinander die drei Deckel, schob dreimal ihr zwischen kräftigen Knochen freundliches Gesicht durch Dampf und betrachtete ohne Vergnügen, was sie angezettelt hatte, rührte jeweils kurz und hart, wendete ein Kammstück und schloß die Töpfe. Egbert Stiehl erschien, das heißt: sein Kopf schob sich durch den Türspalt. Mit zugespitztem Mund wollte er »den beiden Damen« gegenüber anzüglich sein und kam schließlich vollends herein. Mich sah er an und Lisabeths Bild in meiner Hand. Ernst gab er meiner Beschäftigung mit seiner Braut recht. Er sagte, er fände es schön von uns, daß wir an Lisabeth dachten. Fast sah es so aus, als wollte er mir zum Dank die Hand schütteln.

Ich erinnere mich gut: ich wurde auf einmal steif vor Entsetzen. Was fiel den beiden ein. Was war denn los. Was war vorbereitet mit meiner Hilfe. Ich war gekommen als Alfred Hechts große Liebe, das war meine Rolle. Diese zwei aber rechneten gar nicht damit, daß ich selber Stoff hatte. Für die Mutter hatte ich Kelk bloß als Egberts Bekannte besucht, aus lebhafter Anteilnahme an seinen Gedichten. Also: für ihn war ich hier. Und Egbert vor allem fand das unbezweifelbar. In seinem Leben ist er Leuten, denen er selber hätte zuhören müssen, stets ausgewichen. Heute kann ich mir allerdings meine damalige Empörung nur noch ungenau zurückrufen. Selbstverständlich, ich weiß noch alles. Ich erinnere mich daran. Aber ich bin viel nachsichtiger mit ihnen geworden, wahrscheinlich aus Selbstverteidigung.

In Kelk war es immer windig, regnete aber selten. Auf Spaziergängen mit Stiehl störte mich bemerkenswerterweise der Wind nicht, obgleich mir klar war, daß er meine Frisur entstellte. Doch in Stiehls Gesellschaft kümmerte mein Äußeres mich nie. Unnötig zu sagen, wie anders das war mit Alfred Hecht – ach ja: Hecht. Und meine feste Absicht, die Sprache auf ihn zu bringen zwischen Wolfsberg und Fuchsenstädter Wald und auf der Monswiese!

– »In unermeßlich ferner Weite / Seh ich das Land im Abendschein / Ein treuer Mensch an meiner Seite / Sag mir, was könnte besser sein?«

Egbert lachte beziehungsreich, als wüßte er was Besseres als seine Braut. Es gab eine Pause. Ich wollte wieder Alfred Hecht ins Spiel bringen.

– Sie hätten auf der Tagung doch lesen sollen. Wer weiß, Alfred Hecht zum Beispiel, er hätte vielleicht Interesse gezeigt.

– Ich mag ganz einfach der Öffentlichkeit nichts ausliefern, es ist mir zu – ja, erschrecken Sie nicht: zu kostbar. Doch. »Was soll mir Ruhm und Lorbeerkranz / Mir, der ich singen muß / Ein Lied von Geburt und Totentanz / Von Elend und Genuß.« Sehen Sie, die dritte Zeile, Hecht oder jeder andere würde sagen, sie holpert, bloß weil sie nicht perfekt ist. Dabei stimmt sie, verstehen Sie mich: sie stimmt einfach. Genau so, wie sie ist.

Ich sammelte Kraft und fragte in sein mit sich beschäftigtes zu weiches Gesicht:

– Was halten Sie eigentlich von Hechts Lyrik?

– Oh, was ich davon halte? Verstimmt sah er an mir vorbei über den groben Acker. Mir fiel die Ähnlichkeit zwischen ihm und dem Acker auf. Er sagte: Ich bin kein Kritiker. Ich bin ein kleiner bescheidener Dorfpoet, ja!

Jetzt war er wieder ganz vergnügt oder vergnügter als vorher.

Da lag Kelk, hartnäckig wie eine Warze.

Um der Gerechtigkeit willen muß ich zugeben, daß Stiehl mir bisweilen auch recht angenehm war. Allerdings stets nur mehr oder weniger im Vergleich mit der Mutter. War ich mit ihr längere Zeit zusammen – an den Vormittagen im Haushalt, in dem ich mich umsonst zu betätigen versuchte, kam es mir vor, als übertrage sich die grobe Ungeschicklichkeit der riesigen Frau auf mich – und ging es endlich auf den Mittag zu, ersehnte ich schon fast die Abwechslung von Egberts Gesellschaft. Oft führte Egbert mich dann durch sprödes Land zur Grenze. Man konnte ihr auf ungefähr hundert Meter Distanz nahekommen. Ihm bedeutete es viel und Erschütterung. Er starrte von mir weg hinüber in das andere Land, aus dem er stammte und worauf sein Zyklus »Vaterland« sich häufig genug bezog. Dort hinaus und noch weiter weg kochte man nun nicht mehr so wie Mutter. Mir war, wenn auch nicht ganz wohl, sein Schweigen recht. »Heimaterde« hieß jenes Gedicht, das er in einem Wurf niederschrieb am Vorabend meiner Abreise.

Das Erstaunliche ist wahr: zu Haus vermißte ich ihn, Mutter und Kelk, selbst die Grenze, sogar das Rezitieren. Vielleicht wegen der leidigen Arbeit in Bibliothekskeller und Büro, aber nicht nur. Von Hecht sechs Zeilen auf einer Ansichtskarte. Ich war sehr reizbar. Meine Tante kehrte immer noch beinah den ganzen Tag und hielt dabei den Besen verkehrt herum. Immer noch konnte mein kleiner Neffe Messer und Gabel nicht gebrauchen. Meine Mutter ging geduckt und vorwurfsvoll mit Ischias durchs Haus. In der Bibliothek fing ich an, unter rätselhaften Kopfschmerzen zu leiden. Ich schlief schlecht. Ich dachte oft an Kelk und wollte nie. Abends, aber zu müde, schloß ich mich in einer dämmrigen Ecke ab gegen Anwesenheiten: auf der Suche nach dem Bild von Hecht. Verwischt und blaß! Es erschreckte und ärgerte mich. Wieder nahm ich mir vor, mit ihm zu telefonieren, und tat es diesmal mit kaum beachteter Aufregung in der Bibliothek. Wir tauschten Nutzlosigkeiten aus: ob er sich freue und ob das eine Überraschung sei, ja, und er freue sich und es sei eine Überraschung; in Kelk sei ich gewesen, bei Egbert Stiehl, ich hätte ein gutes Werk getan, nicht wahr, Nächstenliebe; er aber wußte gar nicht mehr, wer Stiehl war.

Doch zehn Tage später stand Hecht vor meiner Haustür. Die verstümmelte Verbeugung, steif und überholt. Seine Augen aufsässig und erschrocken. Er hatte mir dies vor Monaten angekündigt, unerwartet zu erscheinen. Ich war genau so entsetzt wie froh – was für ein Wort. Er war bräunlich angezogen wie immer und etwas verlottert. Ich meine: etwas trübe Fingernägel, schuppige Schultern, wenn ich mich recht erinnere, oder nur ungebügelt und verstaubt, ich übertreibe hierin vielleicht, und es ist lang her. Sein Lachen bewegte sein ganzes Gesicht, trieb Aufwand. Seine Frau und die Kinder hätten –. Sie wären alle miteinander –. Keine Ahnung mehr. Ich habe auch alles vergessen, was er mir erzählt hat von dem kleinsten Sohn oder vielleicht von der älteren Tochter oder der ältesten. Ich erzählte von Kelk, ebenso nutzlos. Er konnte nur ein paar Stunden bleiben. Es gelang mir, ihn aus dem Haus zu schaffen, ohne daß er mit irgendeinem Familienmitglied zusammengeriet.

Doch dann kam sein Brief. Hecht plante, noch vor Weihnachten sich von Frau und Kindern zu trennen. Kelk und Stiehl waren vergessen. Wir schrieben uns ja nun regelmäßig, und ich rief auch häufig an, er seltener, weil es für ihn schwierig war, im Büro Anrufe zu empfangen, aber das ging gut, und wir haben auch nie am Telefon irgendwas Heimliches oder besonders Privates zur Sprache gebracht, das lag uns beiden nicht. Selbst unsere Briefe blieben gehemmt und etwas verstockt, ich habe früher ganz andere Briefe geschrieben, aber wen wundert das, Alfred obendrein ist noch ein paar Jahre älter und vorsichtig von Haus aus, wie man sagt. In dieser Zeit machte mir die Bibliothek nicht viel aus. Um Weihnachten herum sollte ich Alfred sehen, hier oder bei ihm. Für nächstes Jahr – dann wäre er schon fertig mit seiner Familie, ich aber noch nicht mit Bibliothek und Büro – stand ein Aufenthalt an der See bereits fest.

Er kam dann noch vor Weihnachten. Sein runzliges Lächeln, nun auch für meine Verwandtschaft. Meiner Mutter war er nicht ganz geheuer: die leise Stimme. Aber nicht nur, weil sie schwerhörig ist, denn Hecht artikuliert genau; nein, es war das Leise selber. Sie hielt ihn wohl auch für träge und für zu sanft, sie ihrerseits findet trotz Ischias nie Ruhe. Doch mutmaße ich hierin lediglich, selbstverständlich hat sie sich mir gegenüber nicht über Alfred geäußert, und ebendas scheint meinen Mutmaßungen recht zu geben. Mir machte es sowieso nichts aus. Hecht blieb zwei Tage. An einen seiner bräunlichen Anzüge gelehnt, habe ich mehr getanzt als sonst im ganzen Jahr, was sage ich: in zehn Jahren. Er ist drauf aus, obwohl es nicht zu ihm paßt. Wir sprachen kaum miteinander. Wenn wir uns auch damals schon gut kannten, hatten wir immer noch Angst voreinander oder sonstwas. Oder nicht voreinander, sondern vor Mitteilungen, denn ich finde mehr und mehr, man kann gar nicht lang genug zögern, ehe man etwas sagt. Wir haben also außer den technischen Kleinigkeiten – wo tanzen wir, was trinken wir, welchen Weg entlang, wie spät, wie früh – nie viel miteinander geredet. Deshalb ist nichts dabei, daß er mir erst auf dem Bahnsteig und kurz vor Abfahrt seines Zugs mitgeteilt hat, seine Frau willige in die Trennung nicht ein und drohe mit – ich habe es vergessen.

Der Zug war überfüllt. Lauter Weihnachtsfahrer. Es war noch

viel zu warm meiner Meinung nach für meinen Wintermantel: davon war die Rede. Ich habe dann sicher gesagt, ich fände es schade. Ich habe vielleicht auch gesagt: bedauerlich. Daraufhin hat er mir zugestimmt und war ganz gewiß einverstanden mit der Sprache, die ich für richtig befunden hatte. Schade. Bedauerlich. Oder auch: betrüblich. Wir haben nicht weiter darüber gesprochen. Das hat nichts damit zu tun, wie ihm nach Abfahrt des Zuges vielleicht zumute war und bestimmt mir, allein auf dem Bahnhof, in der Stadt, schließlich zu Haus. Ich weiß noch genau: kaum war ich einigermaßen ungeschoren in mein Zimmer gelangt, das heißt, ich hatte den verkehrt herum geschobenen Besen meiner Tante hinter mir und meines Neffen Wachsversuche, mit denen er mich aufhielt – eine Stadt aus rötlichem Wachs für die Mehlwürmer seiner indischen Drossel –, kaum war ich allein und wollte anfangen, mich mit dem zu beschäftigen, was Alfred eine »nicht so gute Neuigkeit« genannt hatte, da klopfte meine immer eilige Mutter an die Tür. Sie bringt es fertig, anzuklopfen und gleichzeitig zu öffnen, sie war also während des Klopfens bereits im Zimmer, aber nur mit dem Kopf und einem Stück Rumpf und ausgestrecktem rechten Arm.

– Post! rief sie, warf etwas Gelbes ab und aufs Bett und ließ mich damit allein. Ein gelbes Päckchen für mich; ich aber wollte mir vormachen, daß mich nicht interessierte, was es war und von wem, ich wollte nicht, daß es mich interessierte, in diesem Augenblick, angesichts der betrüblichen, bedauerlichen Ungeheuerlichkeit, mit der ich beschäftigt sein wollte und sein mußte. In meinem Alter macht es doch schon viel mehr aus, wenn eine Möglichkeit sich zerschlägt. Ich durfte das nicht leichtfertig übergehen. Und so war mir auch gar nicht zumute. Aber dann kam mir der Gedanke, das Päckchen könnte von Alfred sein – ein netter Einfall gegen den ersten Schrecken – oder, ich glaubte kaum daran – was für ein Unsinn: ich habe unverzüglich das Päckchen aufgemacht, benommen und auf Ablenkung aus. Die Schrift, gleichmäßig, betulich, Musterbeispiel, ehrgeizig und einfallslos! Der Stempel mit irgendeiner wirkungslosen patriotischen Interjektion von dem der Grenze nahen Postamt. Kelk, die Volksschule, der Dorfpoet. Er sandte mir ein aschgraues Pappbändchen namens »Egbert Stiehl, ›Heimatlos‹, alte und neue Verse eines Weggenossen«. Dies stand schwarz in seinen eigenen Schriftzügen auf der Vorderseite der grämlichen kleinen Broschüre.

Ich schlug sie nicht sofort auf, sondern las zuerst den Brief: drei ordentliche Seiten. Unter den Gedichten fände ich zahlreiche »gute alte Bekannte« wieder. Er habe gerade solche ausgewählt, die mir besonders »gelegen« hätten. Mein Urteil bedeute ihm viel. Und nicht nur das: die Stunden, während der ich ihm und »Mutter« Gesellschaft geleistet hatte, seien von »tiefer Wichtigkeit« gewesen für seine »Arbeit«. Ich würde dies gewiß selbst entdecken auf den Seiten 20ff. Nun schlug ich den Band auf. Doch vergeblich suchte ich nach anzüglichen Versen und mußte ihm zugestehen, daß er, sollte ihm nach Liebe zumute gewesen sein, sich beherrschen konnte. Mein Einfluß trat aber im Bereich der Form zutage. Von Seite 20 an reimte sich nichts mehr. Lange und kurze Zeilen wechselten ab miteinander. War es das, wofür er sich im Brief entschuldigen wollte mit den Worten, manches sei für meinen Geschmack vielleicht »etwas zu kühl«, ja »artistisch«? Ton und Thema seiner Machwerke hatten sich aber nicht verändert: Weltschmerz und Bezichtigung der Öffentlichkeit. Manch ein Poem der neueren Art endete nun unentschlossen mit drei Pünktchen, die Stiehl sich vielsagend dachte. Ich aber weiß, heute natürlich um vieles genauer, daß er, wenn immer er mit Pünktchen aufhörte, nicht weiterkonnte. Und obschon er langsam und geduldig wirkt, ist er zwar langsam, aber ungeduldig. Ich habe bereits erwähnt, wie es zugeht beim Notieren seiner Einfälle, die er gern Überfälle nennt, und wobei er ziemlich viel von denjenigen Empfindungen verbraucht, die auf einem gewissen andern Gebiet schlecht entbehrt werden können: ich glaube, die Braut hat diese Sparmaßnahme Egberts, der Höheres vorhatte und allein, nie in seinem Sinne gewürdigt.

Im Brief teilte er mir mit beziehungsweise: er vertraute mir an, er habe sich also, siehe Seite 20ff., auf einen neuen Weg begeben, und er wisse noch nicht, wohin der ihn führe. Beklommen folge er selber nun seinen Inspirationen. Ich, die so Verständnisvolle, werde gewiß nachfühlen, wie sehr er noch im dunkeln tappe – ob ich ihm ein wenig mithelfen wolle bei der Lösung seiner Rätsel.

Ich wollte nicht. Vor Jahren hatte ich eine Freundin, die Briefe wie Egbert, aber in der passenden schlampigen Schrift schrieb, und damals fand ich das schön. Ich ärgerte mich über Brief und »Heimatlos«; beides schien meinem Kummer um Alfred Hechts nicht so gute Neuigkeit wenig angemessen. Ich versuchte noch am gleichen Abend mehrere Briefanfänge an Alfred. Ich achtete immer darauf, so oder so die Wahrheit leicht zu fälschen. Entweder schwächte ich meine Verzweiflung ab und übertrieb mein Gefaßtsein: wie gut ich fertig würde mit der Aussicht, so weiterzumachen wie bisher, mit den bekannten Schrecken. Oder ich stellte meine unbestreitbare Begabung zur Resignation in den Schatten – denn ich kann mich an nichts erinnern, womit ich mich nicht verhältnismäßig leicht und rasch abgefunden habe. Also gab ich mich einmal als geschlagen und ratlos aus, ein anderes Mal sprach ich ihm Mut zu. Keine Version war durchaus erlogen oder ausgedacht. Das Erfundene war nicht frei erfunden. Warum blieb ich nicht bei der Wahrheit? Ich wollte von Brief zu Brief mich näher an sie heranmachen. Aber meine Sätze entkamen ihr immer wieder. Unwahr sämtliche Zutaten: diese auf Effekt bedachten Worte. War mir denn wichtiger, daß Hecht den Brief für ein Kunststück hielt, als daß er erfuhr, was ich mitteilen wollte? Aber was konnte er denn tun für mich? Warum dann überhaupt ein Wort, wozu, aus dieser Sackgasse?

Als ich schließlich das Briefschreiben sein ließ, tat ich es besonders im Hinblick auf die Hochachtung Hechts. Wo fände er zum zweitenmal eine Frau, die in derartigen Gemütszuständen auskäme ohne Brief, ohne Telefon, ohne Telegramm? Kurzum, ich schrieb Hecht nicht, vielleicht wollte ich mich durch Schweigen unentbehrlich machen. Er sollte sehen, wie schwierig es wäre, über diese Enttäuschung hinweg einen neuen Modus für uns zu finden.

Das Ergebnis war, daß Hecht ebenfalls nichts von sich hören ließ. Unnötig zu sagen, daß es bei mir wieder anfing mit Unschlüssigkeiten vorm Telefon oder abends am Schreibtisch und mit Kopfschmerzen im Bibliothekskeller. Meine Stelle verschlechterte sich auch, ich bekam unzugänglichere Regale, das Wetter wurde kalt und regnerisch, aber das mag ich ja eigentlich. Immer noch neige ich zu Übertreibungen und muß mich darin Egbert Stiehl ähnlich finden: ein überraschender Gedanke. Die Weihnachtszeit war unangenehm wie immer, und wie immer kam jeder nur im mindesten Verwandte wenigstens für ein paar Teestunden, meistens aber für eine Nacht oder zwei, zum Beispiel mein Onkel, der Geiger, und Tante Berta blieb mit meiner Großmutter eine ganze Woche. Dick und streng thronten sie vor ihren alten unbeweglichen Bäuchen. Gebäck von morgens bis abends. Über meinen Berufswechsel wurde nun offiziell gar nicht mehr gesprochen, es war zu peinlich und in ihrer aller Augen ein Abstieg. Ständig wurde nach mir gerufen, unaufhörlich standen Mahlzeiten bevor und wechselten ab mit Musik. Während aber Mahlzeiten und Sonaten kamen und gingen, hielt der Streit an und gab den Weihnachtstagen Profil.

Und doch – die Erleichterung, mit der ich nach den Feiertagen gerechnet hatte, blieb aus. Vielmehr mußte ich feststellen, daß familiäre Widrigkeiten weniger wogen als die schwere Last meiner Arbeit, die ich als unverändert fremd und neu empfand und die außerdem nun, ohne Aussicht auf ihr Ende und ohne den erhofften Ertrag, die Zukunft mit Hecht, kaum noch auszuhalten war. Diese Müdigkeit – aber Müdigkeit ist nicht das Wort. Nach den Feiertagen machte ich mir klar, daß jetzt ein ganzes Jahr ununterbrochener Arbeit vor mir lag, Tag um Tag, langsam und zeitmessend, unterbrochen nur von drei Wochen Ferien. Schon morgens um halb acht beim Arbeitsbeginn war mir an der Seite meiner munteren Chefin Hurter und den Herren Willich und Oster gegenüber etwas schlecht in unserem nicht unfreundlichen Büro gleich am Eingang der Abteilung Propaganda, von der ich noch heute nicht sagen kann, ob sie im fünften oder sechsten Stockwerk liegt. Nach Weihnachten gab es in diesem Büro, in dem ich die einzige Neue war, gegen meine dringenden Hoffnungen keine Veränderung. Regelmäßig brachte der Postbote mir um sieben Uhr vierzig meinen riesigen Stapel Zeitschriften. Wieder und wieder packte ich aus. Ich stempelte Heft um Heft, suchte in der Kartothek, das Alphabet murmelnd, nach den entsprechenden Karten, trug Nummern, Daten, Seitenzahlen ein. Kannte mich wieder und immer noch nicht aus mit Abkürzungen. FK, zLab, MD, MTV, VF – NL, IIIc. Ließ Zeitschriften zirkulieren, brachte andere in die Buchbinderei.

In der Vervielfältigungsabteilung sah in weißem Kittel ein Mann Alfred Hecht ähnlich. Ich ging gern und ungern dorthin und lernte ihn sogar kennen, weil er meinen früheren Beruf erfahren hatte. Er war Musikdilettant und spielte mit dem Gedanken, ein Trio zu gründen. Ich auch, aber nicht lang. Er sah Hecht nicht ähnlich genug und doch zu ähnlich. Mehr und mehr vergaß ich, wie Alfred wirklich aussah, ich stellte mir nun immer den weichen, vervielfältigenden Herrn Gast vor. Er hatte vorstehendere Zähne als Hecht, hatte aber Hecht überhaupt vorstehende Zähne? Wahr ist, daß ich Gast, der sich dran gewöhnt hatte, mir bei meinen Besuchen einen Keks zu schenken, fortan mied. Schwierig waren auch die Stunden im Ausleihkeller: nie habe ich das Zahlensystem verstanden, ich glaube aber, Fräulein Hurter hat ihrerseits das nie bemerkt, denn in meinem dreisten Halbschlaf bewegte ich mich erstaunlich sicher und machte nicht allzu viele Fehler. Auf dieses mir rätselhafte Geschick meines Trancezustandes muß es wohl zurückgeführt werden, daß sich Ende Januar mein Aufgabengebiet erweiterte. Ich bekam zusätzlich einen Bereich, in dem ich selbständig handeln sollte. Ich bestellte nun, mahnte, kontrollierte Rechnungen, leitete weiter, unterzeichnete mit meinem Namen, der sich unter Zahlenkolonnen, Stempeln und verkürzt auf zwei Buchstaben besser machte als sonst. Ich numerierte, drückte den häßlichen Stempel meiner Firma auf schöne Buchdeckel, hierbei wandte ich sogar etwas Gefühl aufs Bedauern.

Ich bekam nun auch wie meine Chefin einen Bürostuhl mit vier Rollen. Während aber sie, hurtig, wie es ihrem Namen anstand, stets diese Rollen ausnutzte und von Arbeitsbeginn bis Arbeitsschluß möglichst nicht mehr aufstand, habe ich mich immer ein wenig geniert vor dieser Fortbewegung, sitzend und zu rasch. Auch brachte ich es nie über mich, es Fräulein Hurter gleichzutun im Herumschleudern unseres drehbaren Telefons in Richtung auf die merkwürdig passiven Herren Willich und Oster. Im Februar steckte ich schon so tief in den Fängen meines neuen Berufs, daß ich mich darauf einließ, zusammen mit zwei Sekretärinnen aus der Übersetzerabteilung auf Abzahlung einen Eisschrank fürs Büro zu erwerben. Ich habe nie fertigbezahlt, allerdings ja auch nie fertigbenutzt. Damals im Februar begann wohl doch meine Anpassung. Zu Hause galt ich als nachteilig verändert, abgestumpft, aber das wunderte keinen, ich musizierte ja nicht mehr. Ihnen zuliebe erwähnte ich ein oder das andere Mal Herrn Gast und sein Einmanntrio. Auf Befragen äußerte ich stets, ich bereue nichts, meine neue Tätigkeit sei mir viel lieber, und es kann sogar sein, daß dies zutraf. Allerdings habe ich mich nie richtig wohl gefühlt. Man wird meinem Unbehagen selbstverständlich die zerschlagene Hoffnung auf Alfred Hecht anrechnen müssen.

Was auch dran schuld sein mag: ich schrieb eines Abends an Egbert Stiehl. Mein Brief handelte nur von mir: von meinem Elend in Bibliothek und Büro und davon, was über Hecht sich sagen ließ. Schon zwei Tage später wog ich ziemlich gerührt Stiehls Antwort in der Hand. Ich dachte an ihn und die Narbe, stellte mir beide vor, war etwas verwirrt –. Nett von ihm: das mußten mehrere Seiten sein, und wie prompt. Mit seinem verschlossenen Kuvert fühlte ich mich auf einmal meiner sicher. Leider neige ich zu Neugier, wie schade. Ich hätte andernfalls die ungewohnte Zufriedenheit genießen können, solang ich das Kuvert zu ließ. Das aber geschah nicht. Ich las die Anrede noch mit Spannung. Seine Feder hatte ohne Nervosität das besitzanzeigende Fürwort vor meinen als lieb bezeichneten Namen geschrieben. Doch dann hatte ich schnell den Text des mit fünf Blättern unterschätzten Briefs – es waren sieben – entlarvt: das war, mit kurzen und angestückelten Zeilen, keine Prosa. Es war, und das sechs DIN A-4-Seiten durch, eine von Stiehl »Lebensfurt« genannte »Elegie«.

Zuerst wollte ich glauben, unsere Botschaften hätten sich unterwegs gekreuzt: Aber dann entdeckte ich ein Postskriptum: er wolle ganz allein den »Dorfpoeten« zu Wort kommen lassen, jene Stimme, die aus ihm spreche, sphinxhaft und unbekannt. Ihr habe er meinen Brief anvertraut, eine Nacht lang. Ich las immer wieder nur das: Stiehl hatte, Sphinxstimme hin und her, eine Nacht lang sich mit meinem Elend beschäftigt. Es konnte ihm doch nicht entgangen sein, daß Alfred Hecht und ich –, daß ich schlimm dran war –, daß jemand mir zu Hilfe kommen mußte. Aber das tat er ja, auf seine Weise. Ich behalf mich also damit. Ich hatte Stiehl in Bewegung versetzt, nun wußte ich keinen andern mehr. In der »Lebensfurt« kam ich nicht vor, wohl aber Egbert, den ich in mehr als einer Zeile fand und zwischen allen. Auch Grenze und Mutter. Die Braut jedoch nirgendwo.

Ich ließ ihn ohne Dank und Antwort vorerst, aber nicht, um ihn für meine leicht angewiderte Enttäuschung zu strafen, sondern weil Alfred Hecht dazwischenkam. Es ist merkwürdig, wochenlang ereignet sich gar nichts, und dann kommt in wenigen Tagen alles zusammen.

Ich erkannte Hecht sofort an seinem immer so zerstreut wirkenden Herumstehen. Es war die erste und kürzere Pause in *Rodrigo*. Diese Inszenierung hatte unsere kleine Bühne fast berühmt gemacht. Man sah in jeder Aufführung unbekannte Gesichter zwischen den geduldigen der Abonnenten. Hecht stand am Rande einer kleinen Gruppe dunkel angezogener Männer und fiel mir auch durch seine bräunliche Kleidung auf. Mit verschränkten Armen schien er wie gewöhnlich nicht teilzunehmen an der Unterhaltung seiner Gesellschaft, aber so wirkt es immer bei ihm, immer meint man, er höre nicht zu und denke an was anderes, und ist dann verblüfft, fast erschrocken, wenn er unvermittelt einen Satz oder nur ein Wort beisteuert, meistens etwas beinah Schockierendes, das dem jeweiligen Gespräch eine ganz neue Richtung gibt und das er ausspricht scheinbar gegen seinen Willen mit seiner komischen Stimme, freundlich und vorsichtig. Er sah sich um und kam mir noch gehemmter und noch schwerfälliger vor als sonst. Zusammen mit einem jüngeren Ehepaar, genau gesagt mit meinem früheren Verlobten und seiner Frau, und mit meiner Chefin Hurter befand ich mich in der Nähe der Kasse, also links von der Eingangstür, während er mit seiner Gruppe schräg gegenüber und rechts der Tür in seiner gewohnten Art scheu und unaufmerksam und von beidem das Gegenteil war.

Bei der ersten Gelegenheit lachte ich laut, um Hecht aufzufallen. Aber die Klingel fuhr mir dazwischen. Dieser Aufforderung folgten sogleich Fräulein Hurter – korrekt wie bei Dienstschluß in der Firma – und das Ehepaar, ich aber blieb zurück bei den Szenenfotos, angeblich, um sie zu betrachten. Ich spähte nach rechts, wo Richtung Zuschauerraum Abonnenten und Auswärtige schoben, murmelten, warm waren und dunkelgrau, schwarz, hell, rochen und leise lachten; und meine Beine waren –, meine Gliedmaßen fühlten sich an wie –, gaben mir ein Gefühl, als –. Ich fasse mich kürzer, es ist kein siebtes Weltwunder, daß ich Herzklopfen hatte und alles Zubehör. Ich weiß ja auch wahrhaftig nicht, wie lange ich so stand, bis Hecht höflich vor mir lächelte. Wie eh und je gab keiner von uns sich eine Blöße. Wir beide schienen über unser

Zusammentreffen nicht erstaunt zu sein. Beobachter hätten uns für weitläufige Bekannte gehalten und nicht einmal für besonders erfreut über das Renkontre. Wir quetschten uns augenblicklich in den Zuschauerstrom, als hätten wir es jetzt sehr eilig, auf unsere Plätze zu kommen. Nach ein paar Worten, hartnäckig und stokkend, über den ersten Akt des *Rodrigo*, redeten wir nun beim Hineingehen gar nichts mehr und kamen im Gedränge auseinander. Er zeigte mir seine Karte, rotes Papier meiner Platzgattung, aber drei Reihen weiter vorne. Er meinte, wartend an meiner Reihe, in der zweiten Pause würden wir uns ja wohl wiedersehen. Er oder ich, einer von uns gebrauchte das Wort »vermutlich«.

Natürlich habe ich im folgenden nicht mehr viel vom *Rodrigo* gehabt, aber immer, wenn später Fräulein Hurter noch von Stück und Inszenierung und auch von den Hauptdarstellern schwärmte, stimmte ich ein mit einem im Büro beinah unziemlichen Feuer. Ich durchforschte das Dämmer nach Hechts Hinterkopf und rechtem Profil, und als ich beide im Auge hatte, ließ ich nicht mehr ab davon. Vergebliche Versuche, nachzudenken, zu überlegen. Idiotisch, überhaupt wieder im Zuschauerraum zu sitzen. Ich dachte, daß wir statt dessen draußen stehen könnten im nächsten passenden Winkel und gegen irgendeine Mauer gelehnt. Immer aufwendiger erfand ich, was draußen zu tun wäre, indessen ich auf meinem Platz zwischen Fräulein Hurter und meinem ehemaligen Verlobten schwitzte und aushielt. Zwischendurch tat es mir allerdings fast leid, daß ich das Stück nicht genoß, diesen Abend, so wie ich ihn mir vorgestellt hatte seit einer Woche, zufrieden mit meiner bescheidenen Gesellschaft. Wenn man ein Leben führt wie ich damals, wird man anspruchslos und zehrt von kleinen Freuden. Zu spät fing ich an, einen verwendbaren Plan für die zweite Pause zu machen. Wie würde ich meine Chefin und die beiden andern los? Wie könnte ich, ohne meinem Stolz zu schaden, Hechts Verzicht auf den letzten Akt *Rodrigo* bewirken?

Rechts spendete Fräulein Hurter Beifall, wobei sie mir mitunter überglücklich-vielsagend zunickte, links tuschelte mein ehemaliger Verlobter nach links. Ich klatschte vorläufig mit und behielt Hecht im Auge. Er saß mit den immer hochgezogenen Schultern da. Dann fing er an, auf seinen linken Nachbarn einzureden, was mich nicht wenig verletzte, denn ich hatte ihn für ausschließlich mit mir beschäftigt gehalten. Als mein ehemaliger Verlobter abschließend und kernig noch drei kräftige letzte Male klatschte und als Fräulein Hurter, ermattet wie nach einer Orgie, die regsamen Hände in den Schoß sinken ließ, als vor uns und hinter uns bereits Zuschauer aufstanden und Hecht sich endlich umsah, unschlüssig, als ich es also so weit hatte kommen lassen, sagte ich, in der ersten Pause hätte ich einen Bekannten von auswärts getroffen. Fräulein Hurter meinte, das wäre nett, und sah neugierig aus. Hinter mir in der Reihe drängte mein ehemaliger Verlobter. Ich stieß Fräulein Hurter an, und wir drückten uns vorwärts Richtung Hecht, Ausgang, Foyer. Verkeilt mit dem friedfertigen, vom zweiten Akt aufgequollenen Publikum, hat dann Hecht mir seine und habe ich Hecht meine Gesellschaft vorgestellt.

Wir blieben während der ganzen zweiten längeren Pause so zusammen, in der Nähe der Kasse mindestens zu acht. Eine störrische Unterhaltung über den *Rodrigo* setzte sich schließlich doch gegen Stummheit durch. Ich tat alles, um mit Hecht nicht sprechen zu müssen, und kümmerte mich um einen fischartigen Herrn aus seiner Gruppe, der eine Weile träge an meiner Seite schwamm, bevor ich ihn dann verlor. Daraufhin widmete ich mich meinem ehemaligen Verlobten und dessen Anhang. Ich beobachtete, daß sie sich wieder mal einsilbig durch eine ihrer mühseligen Zwistigkeiten quälten. Ja, so wenig war ich von Hechts Gegenwart beansprucht, daß ich Genugtuung darüber empfinden konnte, meinen ehemaligen Verlobten los zu sein. Seine unerforschlichen Streitstimmungen. Sie überfallen ihn ungefähr wie Allergieschübe. Und ich habe immer in seinem eigenen Interesse gewünscht, er wäre netter und beherrschter, im Interesse seines eigenen Ansehens bei mir. Jetzt, in der *Rodrigo*-Pause, ging es mich nichts mehr an, sollte man meinen. Ich wußte mich von Hechts zudringlichen vorsichtigen Augen beobachtet. Da ich mit ihm nicht sprechen konnte, war dies edelmütige Theater die einzige Möglichkeit, ihm über mich zu denken zu geben. Schluß mit dieser Pause.

Nach dem Theater blieben wir allein zurück hinter der mit Fräulein Hurter endlich abfahrenden Straßenbahn. Hecht hatte, unvermutet entschieden, seine Begleiter abgeschüttelt. Mein immer noch streitsüchtiger ehemaliger Verlobter war zornig, den Kopf voller Vorwürfe, neben sein Opfer ins Auto gestiegen. Alfred

Hecht und ich, wir fanden eine Bank vor der mannshohen Taxushecke im Park. Übrigens waren von jeher Küsse etwas unerquicklich. Aber es träfe nicht zu, wenn ich sagte: mir lag nichts daran. So wenig zutreffend wäre das Gegenteil. Hechts Gesicht kippte sich schräg zu mir herunter mit dem scheuen possessiven Ausdruck eines von seinem eigenen Erfolg eingeschüchterten Siegers.

Wahrscheinlich war die Nacht nach dem *Rodrigo* das Beste, was wir uns je geleistet haben. Am andern Tag fand ich es merkwürdig und unverzeihlich, daß wir überhaupt aufgebrochen waren und ich mich von ihm vor meiner Haustür abliefern ließ. Geradezu idiotisch. Aber ich erinnere mich gleichzeitig gut daran, daß ich erschöpft war und fror. Wir sahen ja auch dicke Atemwolken vor unseren Lippen. Ja, das Wetter war schuld, wer weiß. Es war zu kalt, kein Mensch hätte es länger draußen ausgehalten. Wir hatten den Mut, uns gegen vierundzwanzig Uhr zu trennen. Übrigens nehme ich an, daß er in der gleichen Nacht noch nach Hause fuhr.

Das war Ende März. Anfang April hielt ich mich für widerstandsfähig genug, um endlich Egbert Stiehl für die »Lebensfurt« zu danken, und tat es auf einer Ansichtskarte. Ich lachte jetzt ja über ihn und über mein winterliches Anlehnungsbedürfnis. Die Erinnerung an die Nacht nach dem *Rodrigo* wiederholte ich mindestens täglich und präzise. So sorgte ich dafür, daß unsere befristete Geschichte in Bewegung blieb, unermüdlich rührte ich auf, brachte ans Licht, erschreckte Trübungen, ließ es nicht dazu kommen, daß sich Bodensatz bildete. Auf diese Weise habe ich durchgesetzt, daß ich eine beliebige Szene zwischen Alfred Hecht und mir zu beliebiger Stunde reproduzieren kann, sooft ich will. Manchmal allerdings nur passiv als Zuschauer, dann wieder in meiner Rolle. Versteht sich von selbst, daß ich immer wieder versuchte, diesen zweiten Zustand zu erreichen, wenn er auch jedesmal einen wahren Notstand hinterließ. Nun, schließlich war ich in meinem Alter erwachsen genug, um zu wissen, was ich tat, und wenn ich mich nach meinen privaten Erinnerungsausschweifungen schlecht fühlte, so hatte ich es ja nur meiner eigenen Anfälligkeit gegenüber Versuchungen zuzuschreiben. Nein, ich konnte es nicht lassen und repetierte von Einstellung zu Einstellung diesen ruckhaften, schlechtgedrehten Film, als hätte ich an einer Stelle etwas verpaßt oder vergeudet und könnte jetzt noch seiner habhaft werden.

Sonst lebte es sich gar nicht so schlecht in diesen Frühlingswochen, ich war beschäftigt. Zwei- oder dreimal musizierte ich auch mit Herrn Gast Duos. Seine verzeichnete Ähnlichkeit mit Alfred Hecht war mir nicht mehr peinlich, ja, sie belustigte mich. Denn Alfred selbst rief mich nun jeden Montag zwischen neun und zehn an. Munter rollte Fräulein Hurter auf ihrem Stuhl in die entfernteste Ecke des Büros, wenn der Anruf kam. Herr Willich und Herr Oster verließen sogar manchmal das Zimmer, ich aber winkte ihnen jedesmal lachend zu, um ihnen zu zeigen, wie wenig ich ihrer Rücksicht bedurfte. Ja, es ging aufwärts. Hecht unterhandelte sogar wieder mal mit seiner Frau wegen der Scheidung, denn zusammen mit den Kindern bei Verwandten war sie damals seiner überdrüssig. Hoffnung für uns beide. Warum haben wir uns in dieser guten Zeit nicht öfter getroffen? Die Entfernung zwischen unseren Städten rechtfertigte unsere Lässigkeit nicht. Das Wetter war so gut. Aber immer nur war die Rede vom August, von unserem gemeinsamen Urlaub auf der Insel Norddamm. Ich spare mir die Beschreibung einer Vorfreude, der kein Wort gerecht wird.

August. Es ließ sich nicht anders einrichten: ich kam zwei Tage früher an als er. An Hechts Ankunftstag war mein Gesicht schon rot und rauh von der Seeluft. Ich fand mein Aussehen nicht angenehm. Gereizt erwartete ich zwischen Pensionsinhabern, Hotelburschen und Feriengästen das Schiff, es war Abendessenszeit und kalt auf der ungeschützten Landungsbrücke, der Wind glich Sturm und ging mir auf die Nerven. Meine Haut brannte. Deshalb war ich gar nicht so schlimm dran, wie angenommen werden müßte, nein, es war nicht so entsetzlich, daß das Schiff ohne Alfred Hecht kam. Ich blieb als letzte zurück auf der Brücke und tat so, als habe ich gar niemanden erwartet, ich meine, den Arbeitern und der Schiffsbesatzung gegenüber. Mein Pensionsabendessen habe ich also an jenem Tag vergeblich ausfallen lassen. Erst am nächsten Morgen erreichte mich, aufgehalten durch das Chaos bei der Inselpost, seine Nachricht. Jemand war krank, und er schrieb ausführlich darüber.

Norddamm kannte ich in- und auswendig. Der Ort war mir verdächtig: zu viele Erinnerungen. Schon als Kind war ich ja hierhergekommen! Später mit meinem damaligen Verlobten, dann mit einer Freundin, dann mit Schwägerin und Neffen – ein abgegraster Schauplatz, selbst wenn er, zur Abwechslung, in diesem Jahr verstümmelt war von einer fast winterlichen Sturmflut. Durch riesige Bruchstellen in der Strandmauer, Dünenabbrüche und zerfetzte Buhnen, die wie geschlachtete Fischungeheuer unter dem Hochwasser lauerten. Überall probte ich meine Erinnerungsszenen mit Hecht. In der Trinkhalle ließ ich ihn vor mir auftauchen mit amputierten Verbeugungen. Im Lesesaal machte er mir mit den albernen Handbewegungen unterm Revers sein Herzklopfen beharrlich vor. Kein Platz, an dem er mir nicht die auf den *Rodrigo* folgenden Zärtlichkeiten wiederholt hat. Wir lagen nebeneinander im Sand, wanderten längs des Spülsaums Richtung Osten oder Westen, und mir brauchte nicht einmal dran zu liegen, was der Wind mit meinem Haar anstellte, er sah es nicht oder fand es schön, und was er auch mit zu leiser Stimme sagte, es gereichte zu Lob, Ehr und Ruhm unserer Liebe, die nie friedlichere Tage gesehen hatte. Auf mein Gedächtnis angewiesen mehr denn je, sorgte ich dafür, daß neue Eindrücke es nicht belasteten. Mit andern Worten: ich blieb vom Morgen bis zum Abend allein und sah zu, wie ich mich erholte von einem erinnerungssüchtigen Tag zum andern, gegen meinen Wunsch: denn schließlich erwartet man von Leib und Seele doch eine gewisse Übereinkunft.

Wer bringt schon – vorsichtig genug – dralle Backen in Zusammenhang mit schwerem Kummer!

Wenigstens hat Egbert Stiehl zu mir gesagt, ich sähe blendend aus.

–Eine Überraschung, die mir gelungen ist, äußerte er und meinte sein unverblühmtes Auftauchen in Norddamm, acht Tage nach Hechts Brief. Ich verwünschte Egbert und meine Mutter, die arglos meine Adresse verraten hatte.

Unzufrieden blickte Egbert jetzt in die Abendessenschüsseln meiner Pension, die nun auch seine war, während seine Mutter mit einer Notunterkunft im Souterrain sich begnügte und ihren immer verdorbenen Magen selbst verpflegte. Daß er sie mitgebracht hatte, mißfiel mir besonders. Er aber schwärmte vom Reisen mit ihr. Sie bringe ihm Glück, und er finde jedesmal noch gute Unterkunft, selbst in der Hauptsaison, wenn er sie bei sich habe. Und gar in diesem Jahr!

–Es ist ein Zufall und kein Glück, sagte ich, entschlossen, zuzuschlagen. Ihr Zimmer war für Alfred Hecht reserviert. Er konnte nicht kommen.

Ich habe wohl auch noch »leider« gesagt oder »bedauerlicherweise«, aber nicht laut, und Stiehl blieb dabei, sich glücklich zu preisen. Nun beugte er sich leicht über dampfende Pfannkuchen, sah mich an mit einem Ausdruck, den er in der »Lebensfurt« zum Beispiel als »bewegt« bezeichnet hätte, seine Stimme war sanft-ernst-verhalten und so fort, etwas kreidig wie immer, stets kurz vorm Räuspern:

–Das ist ja mein besonderes Glück, ja, wenn es für Sie auch grausam klingen mag.

–Was denn, fragte ich ahnungsvoll.

–Daß Herr Hecht nicht hat kommen können, sagte Stiehl eindringlich, Wort für Wort, sah mich dabei an mit einem Blick, dessen Zähigkeit nachließ: denn langsam, langsam ging er dazu über, wieder an sich selber und Pfannkuchen zu denken. Meinen empörten, bedeutungsvoll gemeinten Ausruf nahm er nicht mehr zur Kenntnis. Wir aßen weiter. Nach dem letzten Schluck Bier fand ich genug Schwung, um in einem knappen Satz mitzuteilen, ich selber allerdings wäre höchst traurig darüber gewesen, daß Hecht nicht hatte kommen können. Es muß aber so geklungen haben, als läge mir an Hecht etwa so viel wie am Bäder-Reise-Kabarett »Die Bornierten«, das ebenfalls sein angekündigtes Kommen abgesagt hatte und auch mein bereits gezahltes Eintrittsgeld wieder herausrücken mußte.

Eine Woche mit Egbert und Mutter lag noch vor mir. In kurzen Hosen und häufig schaufelnd entsprach Egbert genau seinem Ideal von Bubenhaftigkeit. Zwischendurch aber lehnte er matt und elegisch am Strandzelt, Blick Richtung Meer, Himmel, Horizont beziehungsweise: »unermeßliche Weite«. Oder er saß verdrossen am Wall, den er in einer glücklicheren Verfassung zu hoch aufgeworfen hatte rings um unsern seitdem zu schattigen Sitzplatz, drehte mißvergnügt die Zehen im Sand und äußerte auf Befragen, es gehe ihm wieder mal was durch den Kopf. Die Mutter hatte wenig Spaß an diesem Ort. In ihrer steifen Kleidung saß sie ratlos im Zelt. Ihre merkwürdigen Handschaufeln kamen ganz zur Ruhe angesichts des Meeres. Es brachte sie aus der Fassung. Am liebsten hielt sie sich in ihrer dämmrigen näßlichen Notunterkunft auf, richtete dies und das, rührte seltsam ungenießbare Diätsuppen an. Hier unten und vor Breitöpfen wußten ihre Hände sich endlich wieder zu helfen.

In dieser ungebetenen Gesellschaft erreichte mich ein zweiter Brief von Alfred Hecht. Er handelte von Verpflichtung, Verantwortung, Verzicht. Etwas mit seiner Frau, ich glaube, sie wollte sich das Leben nehmen, falls ich jetzt nicht übertreibe. Ich aber, ich, die er liebe nach wie vor und bestimmt sein Lebtag, ich sei stark, oder sagte er: zäh. Genau wie er, ja, ich glaube, zäh nannte er mich und dann uns beide. Wir seien uns demnach ähnlich und überhaupt nicht trennbar und demnach vereint und verpflichtet dadurch – und was nicht alles. Kurzum: mehr Gemeinsamkeit konnte man sich gar nicht wünschen.

Während der letzten drei schon herbstlichen, doch sonnigen Tage an der See wedelte ich mit Hechts Brief Stiehl vor der Nase herum, immer hatte ich den Brief in der Hand und sah gedankenvoll-zärtlich aus, ich nehme es wenigstens an und beabsichtigte es. Egbert sprach über Mutter weg kaum von sich und seinem Werk, nicht einmal von der Grenze. Er ließ mich vielmehr wissen, er habe meine Familie liebgewonnen. Bei seinem Besuch in unserem Haus, wo er mich anzutreffen gehofft hatte, war ihm mein übellauniger Neffe vorgekommen wie ein »kleiner Engel«. Meine besenbewehrte Tante schilderte er mir als »emsiges Tantchen«. Kam die Rede auf meine Mutter, die der Ischias reizbar gemacht hat, so blickte er vielsagend, während er Schwager und Schwägerin als »goldrichtige Leutchen« »ganz reizend« fand. Geduldig zuckte die Narbe neben seinem unermüdlichen Mund. Wir lagen im Sand. Fett glänzte in seiner Zwerchfellgegend. Sein Bauch bebte leicht. Er könne nicht umhin, meine Familie gern zu haben, neineinein. Und er brauche das, den Schoß der Familie. Lisabeth, die Arme, sie habe es nicht begriffen und konnte ihm auch damit nicht aufwarten, Waise, die sie nun mal war. Übrigens, Lisabeth: es sei beiden ganz leichtgefallen, auseinanderzugehen. Sie habe verstanden, Egbert brauche die geistige Gemeinschaft. Und es gebe da auch einen noch jungeen Mann, einen netten und einfachen Menschen, der sie wohl recht gern habe.

Sein Nabel lag weiß und rund wie ein für alle Zeit verschlossenes dickes Lid im bräunlichen Fleischhügel. Schweiß gab der ungeübten Haut Ansehen. Seine lyrischen Knie, desgleichen Zehen, sonderbar dünn. Bodenwellen der Waden. Mittelgebirgslandschaft Stiehl. Ich griff nach Hechts Brief, zerrte ihn ein Stück aus meiner Tasche, raschelte damit herum. Er aber, bei zugeklappten Augen und geschäftiger Narbe, sprach vor sich hin entstehende Gedichtzeilen. Sein Feuchtigkeit liebender Mund gab keine Ruhe. Das Gedicht handelte nicht von mir. Vom Meer war die Rede, und sogar Mutter im Zelt lächelte in einer gedämpften Anerkennung der Landschaft, die ihr zu schaffen machte.

Mir blieb Zeit für meine ordentlichen Erinnerungen. Bald war es ein Jahr her seit der Tagung, auf der ich mit Alfred Hecht eine Zukunft vorbereitet hatte, die ausgeblieben ist. Pläne und ihr Scheitern. Sein Weihnachtsbesuch. Mein Februarbrief und seine gereimte Antwort. Der *Rodrigo*, der 29. März im Theaterpark. Im Frühjahr Gedächtnisübungen, dann die Montagstelefonate. Vorstudien für den August. Das Meer, das Schiff ohne Hecht und seine Verordnung: Verzicht gemäß unserer Zähigkeit. Doch abends, allein in meinem Pensionszimmer, übte ich mich im Schreiben an niemanden. Einen dieser Briefe widmete ich dem Thema Egbert Stiehl. Auf sechs Seiten versuchte ich, seine Qualitäten zu fixieren. Da war zum Beispiel seine mir sehr angenehme – es ist mir jetzt entfallen. Ich habe wohl »Verträglichkeit« anführen wollen, aber sie gilt nur bedingt. Ich neige wohl dazu, Ungünstiges hervorzukehren, und gleiche hierin Egbert, der als Lehrer und Gemeindemitglied, neuerdings auch im Kirchenvorstand, munter, ja optimistisch wirkt, während doch die wahre Welt seiner Verse verdüstert ist von Mißtrauen und gekränktem Stolz. Ihn wie mich könnte man der Verstellung verdächtigen.

Anfang September sind wir bei Regen abgereist, und ich unterbrach die Fahrt in Kelk, es liegt auf dem Weg. Meine Kündigung wurde im Büro aufgenommen, als habe man sie erwartet.

Am 1. Oktober haben wir geheiratet, Stiehl und ich, immer noch braun von der See.

Lyrisches Intermezzo I

Hilde Domin Wo steht unser Mandelbaum

Ich liege
in deinen Armen, Liebster,
wie der Mandelkern in der Mandel.
Sag mir: wo steht
unser Mandelbaum?

Ich liege in deinen Armen
wie in einem Schiff,
ohne Route noch Hafen,
aber mit Delphinen am Bug.

Unter unserem Rücken
ein Band von Betten,
unsere Betten in den vielen Ländern,
im Nirgendwo der Nacht,
wenn rings ein fremdes Zimmer versinkt.

Wohin wir kamen
– wohin wir kommen, Liebster,
alles ist anders,
alles ist gleich.

Überall wird das Heu
auf andere Weise geschichtet
zum Trocknen
unter der gleichen
Sonne.

Mein Geschlecht zittert

Mein Geschlecht zittert
wie ein Vögelchen
unter dem Griff deines Blicks.

Deine Hände eine zärtliche Brise
auf meinem Leib.
Alle meine Wachen fliehn.

Du öffnest die letzte Tür.
Ich bin so erschrocken
vor Glück
daß aller Schlaf dünn wird
wie ein zerschlissenes Tuch.

Magere Kost

Ich lege mich hin,
ich esse nicht und ich schlafe nicht,
ich gebe meinen Blumen
kein Wasser.
Es lohnt nicht den Finger zu heben.
Ich erwarte nichts.

Deine Stimme, die mich umarmt hat,
es ist viele Tage her,
ich habe jeden Tag
ein kleines Stück von ihr gegessen,
ich habe viele Tage
von ihr gelebt.
Bescheiden wie die Tiere der Armen
die am Wegrand
die schütteren Halme zupfen
und denen nichts gestreut wird.

So wenig, so viel
wie die Stimme,
die mich in den Arm nimmt,
mußt du mir lassen.
Ich atme nicht
ohne die Stimme.

Fragment

Ein jeder geht eingehüllt
in den Traum von sich selber.
In manchen Träumen ist Raum
für den Zweiten
wie in einem Doppelbett.
Fast in allen.

INGEBORG BACHMANN Reigen

Reigen – die Liebe hält manchmal
im Löschen der Augen ein,
und wir sehen in ihre eignen
erloschenen Augen hinein.

Kalter Rauch aus dem Krater
haucht unsre Wimpern an;
es hielt die schreckliche Leere
nur einmal den Atem an.

Wir haben die toten Augen
gesehn und vergessen nie.
Die Liebe währt am längsten
und sie erkennt uns nie.

Nebelland

Im Winter ist meine Geliebte
unter den Tieren des Waldes.
Daß ich vor Morgen zurückmuß,
weiß die Füchsin und lacht.
Wie die Wolken erzittern! Und mir
auf den Schneekragen fällt
eine Lage von brüchigem Eis.

Im Winter ist meine Geliebte
ein Baum unter Bäumen und lädt
die glückverlassenen Krähen
ein in ihr schönes Geäst. Sie weiß,
daß der Wind, wenn es dämmert,
ihr starres, mit Reif besetztes
Abendkleid hebt und mich heimjagt.

Im Winter ist meine Geliebte
unter den Fischen und stumm.
Hörig den Wassern, die der Strich
ihrer Flossen von innen bewegt,
steh ich am Ufer und seh,
bis mich Schollen vertreiben,
wie sie taucht und sich wendet.

Und wieder vom Jagdruf des Vogels
getroffen, der seine Schwingen
über mir steift, stürz ich
auf offenem Feld: sie entfiedert
die Hühner und wirft mir ein weißes
Schlüsselbein zu. Ich nehm's um den Hals
und geh fort durch den bitteren Flaum.

Treulos ist meine Geliebte,
ich weiß, sie schwebt manchmal
auf hohen Schuh'n nach der Stadt,
sie küßt in den Bars mit dem Strohhalm

die Gläser tief auf den Mund,
und es kommen ihr Worte für alle.
Doch diese Sprache verstehe ich nicht.

Nebelland hab ich gesehen,
Nebelherz hab ich gegessen.

Erklär mir, Liebe

Dein Hut lüftet sich leis, grüßt, schwebt im Wind,
dein unbedeckter Kopf hat's Wolken angetan,
dein Herz hat anderswo zu tun,
dein Mund verleibt sich neue Sprachen ein,
das Zittergras im Land nimmt überhand,
Sternblumen bläst der Sommer an und aus,
von Flocken blind erhebst du dein Gesicht,
du lachst und weinst und gehst an dir zugrund,
was soll dir noch geschehen –

Erklär mir, Liebe!

Der Pfau, in feierlichem Staunen, schlägt sein Rad,
die Taube stellt den Federkragen hoch,
vom Gurren überfüllt, dehnt sich die Luft,
der Entrich schreit, vom wilden Honig nimmt
das ganze Land, auch im gesetzten Park
hat jedes Beet ein goldner Staub umsäumt.

Der Fisch errötet, überholt den Schwarm
und stürzt durch Grotten ins Korallenbett.
Zur Silbersandmusik tanzt scheu der Skorpion.
Der Käfer riecht die Herrlichste von weit;
hätt ich nur seinen Sinn, ich fühlte auch,
daß Flügel unter ihrem Panzer schimmern,
und nähm den Weg zum fernen Erdbeerstrauch!

Erklär mir, Liebe!

Wasser weiß zu reden,
die Welle nimmt die Welle an der Hand,
im Weinberg schwillt die Traube, springt und fällt.
So arglos tritt die Schnecke aus dem Haus!

Ein Stein weiß einen andern zu erweichen!

Erklär mir, Liebe, was ich nicht erklären kann:
sollt ich die kurze schauerliche Zeit
nur mit Gedanken Umgang haben und allein
nichts Liebes kennen und nichts Liebes tun?
Muß einer denken? Wird er nicht vermißt?

Du sagst: es zählt ein andrer Geist auf ihn...
Erklär mir nichts. Ich seh den Salamander
durch jedes Feuer gehen.
Kein Schauer jagt ihn, und es schmerzt ihn nichts.

H wie Hochzeit

Gabriele Wohmann Die Antwort

Das war Trudys Hochzeit, niemand von uns allen wird je diese Stunde vergessen. Fast bin ich der Meinung, indem ich es erzähle, könnte ich das Schaudern ein bißchen weiter von uns wegscheuchen. Aber ich will alles der Reihe nach schildern: Da saßen sie steif in den kahlen Kirchenbänken, erbärmliche kleine Verwandtschaft, bejammernswert sahen sie aus: Pappa so ungeschickt als Trauzeuge, ach, bis er endlich seinen feierlichen schwarzen Wanst in die erste Reihe gepreßt hatte, links von Ma, die einen würdigen Ausdruck im verweinten Gesicht hatte, bestimmt würde sie die Predigt überhaupt nicht genießen können nach all den Aufregungen mit dem Mittagessen und dem Reißverschluß an Trudys Brautkleid. Und Tante Lina schniefte schon, als noch gar nichts los war: dieses besonders weiche Gemüt würde man bei ihr nicht vermuten, denn sie ist Pappas Schwester und sieht ihm ähnlich, jetzt mit den neuen Locken muß man, ob man will oder nicht, an eine aufgedonnerte grimmige Bulldogge denken. Wie grämlich die kleine Runde: als läge die Ahnung des Unheils über ihr; und sich vorzustellen, daß das, mich eingerechnet, schon alle von Trudys Seite waren. Aber rechts vom Gang saßen auch nicht viel mehr: Georgs stumme hingebungsvolle Zeugen. Seine Mutter, klein und schrumplig und furchtsam, schwarz wie zu einem Begräbnis; auch von seinem Vater ging diese Totenfeierlichkeit aus, der geschorene Rübenkopf stand starr über dem eckigen Anzug. Neben ihm Georgs Bruder: mickrige Karikatur von Georg; seine Frau glänzte neugierig aus dem Brautkleid vom letzten Jahr. Alle saßen sie gelähmt von der Demütigung der Kirche, vom Ansinnen der festlichen Stunde, die sie in gute Kleider gezwängt hatte.

Zum Glück schritt dann noch würdevoll Tante Schmitt-Obermann durchs Kirchenschiff: sie hatte doch wirklich so etwas wie eine Pelzboa um die Schultern, und ihr Busen changierte imponierend, und ich war froh für Trudy; daneben Onkel Schmitt-Obermann wie ein Spielzeughundchen, sein betroffenes Hundegesichtchen wußte genau: ich bin ein Hund, ein scheußlicher dreckiger komischer kleiner Hund. Er wollte sich gleich hinsetzen, aber als er dazu den Rücken schon krümmte, sah er, daß sie noch breit und betend stand, und er hob sich wieder in tiefdunkler Scham, gebeugt in wortloses Flehen.

Und dann kamen, dem Himmel sei's gedankt, noch ein paar Gäste: Eberhard, weich wie Butter, Jugendsünde: der schwärzliche Backenbart hing gramvoll – vorbei, vorbei. Drei neidische rührselige Schulfreundinnen. Ein geschiedenes Ehepaar aus Trudys unpassender Bekanntschaft; ich war stolz und wütend darauf, daß sie gekommen waren – mit ihren undurchsichtigen Gesichtern. Eine nuschelnde Greisin schlurfte als letzte noch herein. Die Kirche war kühl. Am übermannshohen Kreuz aus grobem Holz hing schlaff ein lehmfarbener bäurischer Christus mit zu kurzen Extremitäten, die Messingleuchten waren wie die bei Schmitt-Obermanns, nur größer, über den Altarstufen lag der weiße Flausch eines Schafwollteppichs – fast so wie der in Trudys Aussteuer, für den sie so lang sparten – und ein Kniebänkchen stand unterm Tisch mit der Bibel; mich erinnerte alles an die Fotos aus Georgs Zeitschrift *Schönes Heim*. Am Altar hantierte der Küster, schlüpfte hin und her und musterte uns mit seinen geschäftigen unfrommen Augen. Der Gemeindepfarrer öffnete die Relieftür der Sakristei, zeigte sein beleidigtes Gesicht und verschwand wieder, um mit diesem Professor der Theologie zu reden, der Georg trauen wollte, weil er bei ihm das beste Examen gemacht hatte. Und wir saßen da und warteten auf irgendeine Erregung: nur Tante Lina brauchte nichts weiter als diese Kirche, um sich schneuzen zu können, so eine gemütvolle Bulldogge. Dann brüllte endlich die Orgel los. Es tat fast weh, als das so losbrandete und uns überschwemmte. Georg und Trudy schritten vorbei in einem anscheinend ganz neuen Verhältnis, fremder, und würdig und so traurig wie die Verwandten. Ach warum war es so traurig? Weil die verschleierte Trudy den fetten kleinen Arm in den von Georg steckte. Denn sonst fiel ihr das nicht ein, sonst war sie ihm immer haushoch überlegen, ihre eleganten Freunde, selbständige kleine Frau, pflegte Tante Schmitt-Obermann zu sagen. Oder war die Orgel das schlimmste, sie gab Georg und Trudy so ein schwülstiges Ansehn, als wären sie Tristan und Isolde oder sonst ein berühmtes Paar – die Orgel machte sie so wichtig, als hätten sie nicht genau wie wir auch den Knoblauchgeschmack von Mas guter Soße im Gaumen; da schritten sie geradeaus auf den Professor zu wie Todeskandidaten.

Der Professor-Pfarrer sah aus wie ein Heiliger: mager und feurig und sanft; schwarzschlappendes Gewand. Vor ihm beugte das Paar die Köpfe: Georg in braver akademischer Andacht – wahrscheinlich fand er es erhebend, oder ob er das andere schon spürte, o Gott – und Trudy, ein feistes weißglänzendes Tönnchen, ihre Schweinchenbeine schimmerten durch den Tüllnebel, goldene Verheißung. Wie schrecklich rührend mußte Ma es finden: *ihr* Tüllrock, *ihr* Satinunterkleid, mußte sie sich jetzt nicht an das fieberhafte Rupfen und Zupfen und Strecken und Schneidern der letzten Tage erinnern, ach, *ihr* Trudytönnchen! Als der Reißverschluß kurz vor der Abfahrt in die Kirche krachte, von Tag zu Tag wurde Trudy ja fetter, und mußte sie nicht dem Himmel danken, daß sie nun da oben stand neben Georg und ihm angetraut wurde, weiß Gott, das war gut und mußte sein, und das war ein Segen, daß sie jetzt ihren protzenden Verlobungsbauch nicht mehr verstecken mußte.

So feierlich und steifgefroren hörten wir die pathetischen Vokale des Pfarrers, die schmeichelnden Konsonanten – und dann geschah es, das ganz Schreckliche, das wird niemand von uns allen je vergessen. Es war, als der Pfarrer sich an Georg wandte und ihm die bewußte Frage stellte, ob er Trudy und so weiter und so fort, das was jeder kennt und erwartet und komischerweise mit Neugier erwartet, denn es kommt wohl selten vor, daß einer, Mann oder Frau, auf diese Frage mit Nein geantwortet hat. Und doch wartet man in einer starren Spannung, die sich auf den Klang der Stimme zuspitzt. Der Pfarrer hatte zu Ende gefragt und sah seinen besten Schüler an: Georg, willst du Trudy, willst du, *willst* du, sag es endlich, *sag* es! Das war schon kein Warten mehr: durch diese stumme Pause spannte sich Entsetzen. Trudy starrte zu Georg hinauf, wir sahen ihr rotes Profilchen: Georg, denk an Gras im Mondschein, an Schafwolle und an die kleine freche Spielschuld deiner gewissenhaften Einsätze, oh, Georg! Ich sah, daß Pappa seinen Wanst aus der Bank quetschen wollte: los, Junge, verdammt – denn das dauerte doch zu lang, bis Georg endlich zu wilden Armbewegungen ein Röcheln ausstieß, keiner verstand es damals, es brauchte noch eine ganze Weile, bis jeder begriff, daß Georg nicht mehr sprechen *konnte*. Nie mehr konnte er sprechen. Bis heut nicht. Stumm. Arme Trudy, die richtige Antwort hat er dir nie gegeben, die Schmach. Der arme Georg tut uns allen leid, gewiß. Aber schlimmer ist doch wohl Trudy dran. Wer weiß die Antwort?

I wie Ideale

Iwan Bunin Grammatik der Liebe

»Fahren wir beim Grafen vor?« fragte der Bursche, ohne sich umzuwenden, als vorn ein Dorf auftauchte, das sich mit seinen Weidengehölzen und einem Garten vor den Himmelsrand schob.

»Und wozu?« fragte Iwlew.

Der Bursche schwieg ein Weilchen, schlug mit der Peitsche eine große Bremse herunter, die auf dem einen der Pferde festsaß, und gab finster zur Antwort: »Na, um Tee zu trinken.«

»Dir liegt nicht der Tee im Sinn«, sagte Iwlew. »Du willst nur die Pferde schonen.«

»Nicht den Weg fürchtet das Pferd, sondern das Füttern«, sagte der Bursche in belehrendem Ton.

Iwlew sah sich um; das Wetter war unfreundlicher geworden, von allen Seiten zogen farblose Wolken herauf, und es tröpfelte schon; solche bescheidenen, unansehnlichen Tage enden immer mit einem Landregen. Ein alter Mann, der in der Nähe des Dorfes pflügte, sagte, daß nur die junge Gräfin zu Hause sei, aber man fuhr dennoch vor. Der Bursche nahm seinen Rock um die Schultern und ließ sich, zufrieden, daß die Pferde ausruhten, ruhig auf dem Bock der Reisekutsche naß regnen, die auf dem schmutzigen Hof vor einem steinernen Futtertrog hielt; der Trog war in die Erde hineingewachsen, die Erde um ihn herum von den Hufen des Viehs zerstampft. Der Bursche besah seine Stiefel und schob hier und da mit dem Peitschenstiel das Hintergeschirr des Mittelpferdes zurecht; indessen saß Iwlew im Besuchszimmer, das vom Regen verdunkelt war, plauderte mit der Gräfin und wartete auf den

Tee; es roch bereits nach brennendem Kienspan, und an den offenen Fenstern zog dicht und grünlich der Rauch eines Samowars vorbei, in den eine barfüßige Magd auf den Treppenstufen vor dem Eingang Bündel von Kleinholz stopfte; es war mit Petroleum übergossen und flammte grellrot. Die Gräfin trug ein weites Morgenkleid in Rosa, mit einem Ausschnitt, in dem man den gepuderten Busen sah; sie rauchte, zog den Rauch tief in sich ein und tastete immerfort nach dem Haar, wobei sich die festen und runden Arme bis an die Schultern hinauf entblößten; sie lenkte, während sie rauchte und lachte, die Unterhaltung in einem fort auf die Liebe und kam unter anderem auf ihren nächsten Nachbarn, den Gutsbesitzer Chwoschtschinskij, zu sprechen. Dieser war, wie Iwlew von Kindestagen an wußte, sein Leben lang von der Liebe zu seinem früh verstorbenen Dienstmädchen Luschka besessen gewesen.

»Ach, diese legendäre Luschka!« bemerkte Iwlew in scherzhaftem Ton, um gleich darauf etwas verlegen zu bekennen: »Weil dieser Kauz sie vergöttert hat und sein Leben mit verrückten Träumen von ihr hinbrachte, war ich in meiner Jugend beinahe selber in sie verliebt und stellte sie mir Gott weiß wie wunderbar vor, obwohl sie, wie man behauptet, keineswegs hübsch gewesen ist.«

»Wirklich?« fragte die Gräfin, ohne recht zuzuhören. »Er ist im vorigen Winter gestorben. Und Pissarew, den er aus alter Freundschaft als einzigen gelegentlich bei sich sah, behauptet, daß er in allem übrigen völlig normal gewesen sei, was ich auch glaube – er paßte nur nicht unter die heutigen Menschen.«

Die barfüßige Magd trug endlich mit ungewöhnlicher Vorsicht ein altes Silbertablett herein, auf dem ein Glas starken schwarzgrauen abgestandenen Tees und ein Körbchen mit fliegenbeschmutztem Gebäck standen.

Als man weiterfuhr, begann es richtig zu gießen. Es blieb nichts übrig, als das Verdeck aufzuschlagen, sich mit der harten, vertrockneten Wetterdecke zuzudecken und zusammenzukauern. Die Pferde polterten darauflos wie die Auerhähne, Bäche von Regenwasser rannen an ihren dunklen, glänzenden Schenkeln herab, unter den Rädern raschelte mitten im Getreide das Gras eines Feldrains, den der Bursche in der Hoffnung, den Weg zu verkürzen, entlanggefahren war; ein warmer Roggengeruch, der sich zu dem Geruch der alten Reisekutsche gesellte, sammelte sich unter dem Verdeck.

So also ist das, Chwoschtschinskij ist tot, überlegte Iwlew. Man sollte auf keinen Fall versäumen, sich das verödete Heiligtum dieser geheimnisvollen Luschka anzusehen, wenn auch nur flüchtig. Was mag dieser Chwoschtschinskij wohl für ein Mensch gewesen sein? Ein Irrer oder ganz einfach eine verstiegene, nur auf das eine ausgerichtete Seele? Nach den Erzählungen seiner Altersgefährten, der älteren Gutsbesitzer, zu urteilen, hat er im Kreis zu seiner Zeit als außerordentlich heller Kopf gegolten. Bis plötzlich diese Liebe über ihn hereinbrach, erst diese Luschka, dann ihr unerwarteter Tod – da war für ihn die Welt verloren: er zog sich in sein Haus zurück, in jenes Zimmer, in dem Luschka gelebt hatte und gestorben war, und brachte mehr als zwanzig Jahre auf ihrem Bette sitzend zu. Er fuhr nicht nur nirgends mehr hin, sondern ließ sich sogar im eigenen Hause vor niemand sehen, saß die Matratze auf Luschkas Bett völlig durch und schrieb buchstäblich alles, was in der Welt geschah, ihrem Einfluß zu: Zog ein Gewitter auf, so schickte es Luschka, wurde ein Krieg erklärt, so hatte ihn Luschka beschlossen, trat eine Mißernte ein, so hatten es ihr die Bauern nicht recht gemacht...

»Du hältst wohl auf Chwoschtschinskoje zu, nicht wahr?« rief Iwlew und steckte den Kopf in den Regen hinaus.

»Ja, auf Chwoschtschinskoje«, entgegnete undeutlich durch den rauschenden Regen der Bursche, von dessen herunterhängender Mütze das Wasser troff. »Über die Pissarewschen Höhen.«

Diesen Weg kannte Iwlew nicht. Die Gegend wurde immer ärmer und öder. Der Rain war zu Ende, die Pferde gingen im Schritt und zogen die schief liegende Kutsche bergab durch eine ausgewaschene Mulde auf irgendwelche noch ungemähten Wiesen zu, die sich mit ihren grünen Hängen traurig gegen die niedrigen Wolken abzeichneten. Weiter wand sich der Weg, bald verschwindend, bald erneut sichtbar, im Zickzack auf dem Grunde von Schluchten, durch Erdklüfte, zwischen Erlen- und Weidenbüschen dahin... Da war eine kleine Imkerei, die Gott weiß wem gehörte; einige Bienenstöcke im hohen Gras, das rot von Erdbeeren war, standen an einem Hang. Man umfuhr irgendein altes Wehr, das in

Brennesseln versank, und einen längst ausgetrockneten Teich – eine tiefe, von mehr als mannshohem Gras überwucherte Senke. Ein schwarzes Schnepfenpärchen schoß klagend aus ihm hervor und schwang sich in den regnerischen Himmel. Auf dem Wehr aber blühte inmitten der Brennesseln ein üppiger alter Strauch voll kleiner blaßrosa Blüten, jenes liebliche Bäumchen, das man den »Gottesbaum« nennt, und plötzlich erinnerte sich Iwlew wieder der Gegend, erinnerte sich, in seiner Jugend hier öfter vorübergeritten zu sein.

»Man sagte, daß sie sich hier ertränkt hat«, bemerkte unerwartet der Bursche.

»Du meinst wohl Chwoschtschinskijs Geliebte?« fragte Iwlew. »Das ist nicht wahr, sie hat gar nicht daran gedacht, sich zu ertränken.«

»Doch hat sie sich ertränkt«, widersprach der Bursche. »Ich glaube allerdings, er hat nur seiner Armut wegen den Verstand verloren, und nicht durch sie.«

Er schwieg, dann setzte er grob hinzu: »Wir müssen aber wieder haltmachen... in diesem Chwoschtschino, oder wie das heißt. Da, wie erschöpft die Pferde sind!«

»Also bitte, tu mir den Gefallen!« sagte Iwlew.

Auf einer Kuppe, zu der die vom Regenwasser bleigraue Straße hinaufführte, stand mitten auf einem Kahlschlag, zwischen nassen, faulenden Spänen und Blättern, zwischen Stümpfen und bitter und frisch duftendem jungem Espengehölz einsam ein Bauernhaus. Ringsum war keine Menschenseele zu sehen, und nur die Ammern, die selbst im Regen auf hohen Blumenstielen herumsaßen, erfüllten den ganzen spärlichen Wald, der hinter dem Haus lag, mit ihrem Gezwitscher. Als aber das Dreigespann durch den Schlamm heranpatschte und sich auf gleicher Höhe mit der Hausschwelle befand, stürzte irgendwoher ein ganzes Rudel riesiger schwarzer, schokoladenfarbener und rauchgrauer Hunde herbei, umwimmelte mit wütendem Gebell die Pferde, schnellte sich bis unmittelbar unter ihre Schnauzen hoch, drehte sich in der Luft um sich selber und versuchte sogar, unter das Kutschenverdeck zu springen. Im gleichen Augenblick und ebenso überraschend zerbarst der Himmel über der Kutsche mit einem ohrenbetäubenden Donnerschlag, der Bursche peitschte erbittert auf die Hunde ein, und die Pferde zogen im Galopp an den vorüberflimmernden Espenstämmen davon.

Hinter dem Wald wurde bereits Chwoschtschinskoje sichtbar. Die Hunde ließen ab, waren auf einmal still und liefen ernüchtert zurück zum Hause, der Wald trat auseinander, und vorn erstreckten sich wieder Felder. Es dämmerte, die Wolken verzogen sich, oder sie zogen jetzt von drei Seiten herauf: von links eine beinahe schwarze, die hellblaue Durchblicke offenließ, von rechts eine graue, in der ununterbrochen der Donner grollte, vom Westen aber, hinter dem Chwoschtschinskijschen Gutshof und hinter den Hügelhängen über dem Flußtal hervor eine trübblaue, von staubgrauen Regenstreifen durchschnittene, durch die die rosigen Gipfel weiter entfernter Wolkengebirge hindurchschimmerten. Über der Reisekutsche ließ der Regen indessen nach, und Iwlew, der völlig mit Schlamm bespritzt war, erhob sich ein wenig von seinem Sitz, schlug mit Vergnügen das schwer gewordene Verdeck zurück und atmete befreit die duftende Feuchtigkeit der Felder.

Er blickte auf den näher kommenden Gutshof, sah endlich vor sich, wovon er soviel gehört hatte, aber wie früher erschien ihm, daß Luschka nicht vor zwanzig Jahren, sondern vor beinah undenklichen Zeiten gestorben sei. Unten im Tal verlor sich die Spur eines seichten Flüßchens zwischen den Binsen; eine Möwe flog über ihm hin und her. Weiter fort, auf der halben Höhe des Berges, lagen dunkelgeregnete Reihen von Heu; in weiten Abständen zogen sich zwischen ihnen alte Silberpappeln dahin. Das Herrenhaus, ziemlich groß und einstmals geweißt, stand unter dem nassen, glänzenden Dach auf einer vollkommen kahlen Stelle. Weder ein Garten noch irgendwelche Nebengebäude waren ringsum zu sehen: nichts als zwei Ziegelpfeiler statt eines Tors und Kletten, die längs der Gräben wuchsen. Während die Pferde das Flüßchen durchwateten und wieder bergan stiegen, trieb ein Weib, das einen leichten Herrenmantel mit ausgeweiteten Taschen anhatte, Puten an diesen Kletten entlang. Die Front des Hauses wirkte außerordentlich grämlich: es gab nur wenige Fenster in ihr, und alle waren klein und steckten in dicken Wänden. Riesig waren dafür die finsteren Freitreppen. Von einer dieser Treppen blickte den Ankömmlingen ein junger Mann in einer grauen, mit einem breiten Riemen gegürteten Gymnasiastenbluse entgegen, schwarzhaarig, mit hübschen Augen und überhaupt sehr angenehm anzusehen, obwohl sein Gesicht blaß und vor lauter Sommersprossen scheckig wie ein Vogelei war.

Man mußte seinen Besuch irgendwie erklären. Iwlew stieg die Stufen hinauf, nannte seinen Namen und sagte, daß er die Bibliothek, die, wie er von der Gräfin wisse, der Verstorbene hinterlassen habe, besichtigen und möglicherweise kaufen wolle, und der junge Mann, der tief errötete, führte ihn sogleich ins Haus. Das also ist der Sohn der berühmten Luschka, sagte sich Iwlew, während er mit dem Blick über alles hinglitt, woran man vorbeikam, sich häufig umsah und redete, was ihm gerade in den Sinn kam, nur um den Hausherrn, der für seine Jahre zu jung erschien, ein übriges Mal anzusehen. Seine Antworten waren hastig, aber einsilbig, und manchmal verwirrte er sich, augenscheinlich sowohl aus Schüchternheit wie aus Habgier. Daß er sich schrecklich darüber freute, die Bücher möglicherweise verkaufen zu können, und sich auch vornahm, sie nicht zu billig loszuschlagen, äußerte sich gleich in seinen ersten Worten, zeigte sich in der peinlichen Eile, mit der er erklärte, Bücher wie die, die er besitze, seien um keinen Preis zu haben. Durch den halbdunklen, mit Stroh ausgelegten Flur – das Stroh war vor lauter Feuchtigkeit rot – führte er Iwlew in einen großen Vorraum.

»Hier hat also Ihr Vater gelebt?« fragte Iwlew und nahm, während man eintrat, die Mütze ab.

»Ja, ja, hier«, beeilte sich der junge Mann zu bestätigen. »Das heißt selbstverständlich nicht hier. Er hielt sich meistenteils im Schlafzimmer auf. Aber manchmal ist er natürlich auch hier gewesen.«

»Ja, ich weiß, er war ja krank«, sagte Iwlew.

Der junge Mann errötete. »Das heißt, wieso krank?« fragte er, und männlichere Töne klangen in seiner Stimme an. »Das ist alles nur Klatsch, er war geistig keineswegs krank. Er hat nur immerfort gelesen und ist nirgends hingegangen, das ist alles. Aber nein, bitte behalten Sie Ihre Mütze doch auf, es ist kalt hier, diese Räume werden von uns nicht bewohnt.«

In der Tat, es war im Hause viel kälter als draußen an der Luft. Im unfreundlichen, mit Zeitungspapier tapezierten Vorzimmer stand ein Wachtelkäfig aus Bast auf dem Fensterbrett; die Wolken ließen das Fenster traurig erscheinen. Auf dem Fußboden hüpfte ein graues Säckchen umher, scheinbar aus eigener Kraft. Der junge Mann bückte sich, fing es ein und legte es auf eine Bank; und Iwlew verstand, daß in dem Säckchen eine Wachtel saß; darauf betrat man den Saal. Dieser Raum, dessen Fenster nach Westen und Norden gingen, nahm fast die Hälfte des ganzen Hauses ein. Durch eines der Fenster war eine hundertjährige, völlig schwarze Trauerbirke zu sehen, die sich vom goldenen Abendhimmel zwischen den auseinandertretenden Wolken abhob. Die ganze vordere Ecke nahm ein Bilderschrein ein: ohne Scheiben, aber mit Heiligenbildern vollgestellt oder vollgehängt; unter ihnen fiel durch Größe wie durch Alter eine Ikone mit Silberverkleidung auf, auf der, gelb und wächsern wie der Körper eines Toten, zwei Traukerzen mit blaßgrünen Schleifen lagen.

»Entschuldigen Sie«, begann Iwlew, der seine Scham überwinden mußte, »war denn Ihr Vater...«

»Nein, nein, das ist nur so«, murmelte der junge Mann, der augenblicklich verstanden hatte. »Er hat diese Kerzen erst nach ihrem Tode gekauft... Auch einen Trauring hat er immer getragen.«

Die Möbel im Saal waren plump. Dafür standen zwischen den Fenstern wunderbare Vitrinen mit Teegeschirr und schlanken, goldgerandeten Gläsern auf hohen Stielen. Der Fußboden war mit vertrockneten Bienen, die unter den Füßen knackten, übersät. Mit Bienen übersät war auch das völlig leere Wohnzimmer. Nachdem man dieses und noch ein weiteres düsteres Zimmer, in dem eine Ofenbank stand, durchschritten hatte, blieb der junge Mann vor einer niedrigen Tür stehen und zog einen großen Schlüssel aus seiner Hosentasche. Er drehte ihn mit Mühe in dem rostigen Schlüsselloch um, stieß die Tür auf, murmelte etwas, und Iwlew erblickte eine zweifenstrige Kammer; an der einen Wand stand ein kahles eisernes Bettgestellt, an der anderen sah man zwei kleine, aus karelischer Birke gefertigte Bücherschränke.

»Das wäre also die Bibliothek?« fragte Iwlew und trat auf einen der Schränke zu.

Der junge Mann, der sich beeilte, seine Frage zu bejahen, half ihm, das Schränkchen zu öffnen, und folgte habgierig seinen Händen.

Höchst seltsame Bücher enthielt diese Bibliothek! Iwlew öffnete die dicken Buchdeckel, schlug das gerauhte graue Vorsatzpapier um und las: »Die mit dem Bannfluch belegte Grenze«, »Der Morgenstern und die nächtlichen Dämonen«, »Betrachtungen über die Geheimnisse der Erschaffung der Welt«, »Wunderbare Reise ins Zauberland«, »Das neueste Traumbuch«. Immerhin zitterten ihm ein wenig die Hände. Das also war die Nahrung der einsamen Seele gewesen, die sich in diesem Kämmerchen für immer vor der Welt verschlossen und es erst vor so kurzer Zeit verlassen hatte. Aber vielleicht war diese Seele tatsächlich des Verstandes nicht völlig beraubt gewesen?

»Es ist ein Sein«, diese Verse von Baratynskij fielen Iwlew ein, »es ist ein Sein, jedoch wie nenn ich es? Nicht Traum ist es, nicht Wachen, denn es ist verwandt dem einen wie dem andern, und es grenzt im Menschen aneinander Wahnsinn und Verstand...«

Im Westen war der Himmel reingefegt, Gold lugte aus dieser Richtung hinter schönen, ins Violett spielenden Wolken hervor und überglänzte seltsam das ärmliche Liebesasyl, dieses Asyl einer unbegreiflichen Liebe, die ein ganzes menschliches Leben in ein ekstatisches Einsiedlerdasein verwandelt hatte, ein Leben, das möglicherweise völlig alltäglich hätte verlaufen sollen, wäre nicht diese in ihrem Zauber so rätselhafte Luschak aufgetaucht.

Iwlew zog ein Bänkchen unter dem Bett hervor, ließ sich vor dem Schrank auf ihm nieder und holte seine Zigaretten heraus, wobei er sich unbemerkt im Zimmer umsah, um alles im Gedächtnis zu behalten.

»Rauchen Sie?« fragte er den jungen Mann, der neben ihm stand. Der wurde wieder rot.

»Ja, ich rauche«, murmelte er und versuchte zu lächeln. »Das heißt, ich rauche nicht wirklich, so mehr zum Spaß. Im übrigen, wenn Sie gestatten, sehr verbunden...«

Und er nahm ungeschickt eine Zigarette, steckte sie mit zitternden Händen an, ging zum Fenster und setzte sich auf das Fensterbrett; sein Körper verdeckte das gelbe Abendlicht.

»Und was ist das?« fragte Iwlew und beugte sich zum Mittelfach vor, in dem sich weiter nichts befand als ein sehr kleines Bändchen, das aussah wie ein Gebetsbuch, und eine Schatulle, die an den Ecken mit nachgedunkeltem Silber beschlagen war.

»Das ist nur so ... In dieser Schatulle liegt eine Halskette meiner verstorbenen Mutter«, sagte der junge Mann, ein wenig stockend, aber bemüht, lässig zu sprechen.

»Darf man sie ansehen?«

»Bitte sehr. Sie ist allerdings sehr einfach, sie wird wohl kaum von Interesse für Sie sein.«

Iwlew öffnete die Schatulle und erblickte eine abgetragene Schnur, auf der billige hellblaue Kügelchen aufgereiht waren; sie sahen aus wie aus Stein. Und beim Anblick dieser Kügelchen, die einst um den Hals jener gelegen hatten, der beschieden gewesen war, so sehr geliebt zu werden, und deren nebelhafte Gestalt nun nicht mehr anders als schön erscheinen konnte, ergriff eine solche Erregung von ihm Besitz, daß ihm vor Herzklopfen vor den Augen flimmerte. Nachdem er sich satt gesehen hattee, stellte er die Schatulle behutsam an ihren Platz; dann nahm er sich das Büchlein vor. Es war ein winziges, vor beinah hundert Jahren erschienenes und reizend ausgestattetes Bändchen: *»Die Grammatik der Liebe oder Die Kunst, zu lieben und wiedergeliebt zu werden.«*

»Dieses Büchlein kann ich leider nicht verkaufen«, brachte der junge Mann mit Mühe heraus. »Es wäre zu teuer... Vater verwahrte es sogar unter seinem Kopfkissen.«

»Aber vielleicht erlauben Sie, daß ich es mir wenigstens ansehe?« fragte Iwlew.

»Bitte«, flüsterte der junge Mann.

Und Iwlew, der eine Verlegenheit zu überwinden hatte und unter dem unverwandten Blick des anderen irgendwie litt, begann langsam in der »Grammatik der Liebe« zu blättern. Sie war in lauter kleine Kapitel unterteilt: Von der Schönheit, Vom Herzen, Vom Verstand, Von den Liebeszeichen, Von Angriff und Verteidigung, Von Zerwürfnis und Versöhnung, Von der platonischen Liebe... Jedes Kapitel bestand aus kurzen, eleganten, gelegentlich auch sehr feinen Sentenzen, und manche von ihnen waren diskret mit Feder und roter Tinte angestrichen. »Die Liebe ist in unserem Leben keine bloße Episode«, las Iwlew. – »Unsere Vernunft widerspricht dem Herzen und überzeugt es nicht.« – »Die Frauen sind nie so stark, wie wenn sie sich mit Schwäche wappnen.« – »Wir vergöttern die Frau, weil sie die Herrscherin unserer Träume vom Ideal ist.« – »Die Eitelkeit wählt aus, die wahre Liebe nicht.« – »Die schöne Frau muß die zweite Stufe einnehmen; die erste gebührt der Frau, die man liebt. Ebendiese wird zur Herrscherin unseres Herzens: bevor wir uns Rechenschaft davon geben, ist unser Herz auf ewig von der Liebe versklavt.« Es folgte eine »Erläuterung der Sprache der Blumen«, und wieder war dies und das angemerkt: »Roter Mohn: Gram.« – »Blüte des Spindelbaums: dein Liebreiz ist meinem Herzen eingeprägt.« – »Immergrün: süße Erinnerungen.« – »Trauergeranie: Melancholie.« – »Wermut: ewiges Herzeleid.« Auf einer freien Seite aber, ganz am Ende des Buchs, war in kleiner, perlfeiner Schrift mit immer der gleichen roten Tinte ein Vierzeiler aufgezeichnet.

Der junge Mann reckte den Hals, sah mit hinein in die »Grammatik der Liebe« und sagte mit geheucheltem Spott: »Das hat er selber erfunden.«

Eine halbe Stunde später verabschiedete sich Iwlew mit Erleichterung von ihm. Von allen Büchern hatte er nur dieses eine Bändchen um einen hohen Preis erworben. Das trübgoldene Abendrot verglomm in den Wolken hinter den Feldern, die Pfützen spiegelten es wider, und auf den Fluren war es naß und grün. Der Bursche hatte es nicht eilig, aber Iwlew trieb ihn auch nicht zur Eile an. Der Bursche erzählte, daß jene Frau, die vorhin die Puten an den Kletten entlanggetrieben habe, die Frau des Diakons sei und daß der junge Chwoschtschinskij mit ihr lebe. Iwlew hörte nicht zu. Er dachte in einem fort an Luschka, dachte an ihre Halskette zurück, die ein kompliziertes Gefühl in ihm hinterlassen hatte – dem ähnlich, das er vor langer Zeit in einem italienischen Städtchen empfunden hatte, als er die Reliquien einer Heiligen sah. Jetzt ist sie für immer in mein Leben eingegangen, dachte er. Und er zog die »Grammatik der Liebe« aus der Tasche und überlas beim Schein des Abendrots langsam die Verse, die auf der letzten Seite geschrieben standen.

Die Herzen, die geliebt, sie sagen:
»Gib dich den Wonnen der Erinn'rung hin!«
So sei dies Buch in künft'gen Tagen
Auch deinen Enkeln ein Gewinn!

J wie Jubiläum

Tobias Wolff Jungfernfahrt

Zweimal hatte die Sirene geheult, und zweimal hatte Howard gewinkt und den Leuten unten dumme Dinge zugerufen; jetzt war er müde, und sie hatten den Hafen noch nicht verlassen. Aber er winkte trotzdem wieder so gut er konnte, als die Sirene zum dritten Mal los ging.

Das Schiff begann von seinem Liegeplatz hinauszugleiten. Nora lehnte sich gegen Howard und schwang einen langen Seidenschal durch die Luft. Unten auf der Hafenmauer hielt ihre Tochter ein Kartonschild mit Blockbuchstaben hoch, das sie zu diesem Anlaß mitgebracht hatte: FÜR MAMA UND PAPA ALLES GUTE ZUR GOLDENEN HOCHZEIT. Als das Schiff Fahrt aufnahm, ließ sie das Schild fallen und hielt mit dem Rumpf Schritt. Sie rannte und schrie dabei, die Hände vor ihrem Mund zu einem Trichter geformt, zu ihnen hinauf. Howard machte sich Sorgen. Sie war ein dummes Mädchen gewesen und war jetzt eine dumme Frau, die ganz und gar dazu imstande war, über das Ende des Piers hinauszulaufen. Sie blieb aber schließlich stehen und wurde immer kleiner, bis Howard sie in der Menge kaum mehr unterscheiden konnte. Er hörte zu winken auf und wandte sich Nora zu. »Mir ist kalt. Schau dir diesen Himmel an. Du hast gesagt, daß es warm wird.«

Nora sah zu den Wolken auf. Sie waren stahlgrau wie das Wasser unten. »Im Prospekt stand, daß es für diese Gewässer eine ideale Zeit ist. Und zwar genau in diesen Worten.«

»Diese Gewässer, daß ich nicht lache.« Howard sah sie von der Seite her an. Das genügte, er brauchte nichts mehr zu sagen. Howard ging auf die Treppe zu, die zu ihrer Kabine führte. Nora folgte ihm und zitierte dabei aus dem Prospekt.

Über den Gang hingen papierene Spruchbänder: »Willkommen an Bord der William S. Friedman«, »Schiff ahoi ihr Turteltauben – wir sind von Kopf bis Fuß auf Liebe eingestellt.« Die Kabine war mit Obst und Blumen geschmückt; an der Tür hingen zwei ineinander verschlungene Schwimmwesten in Herzform.

»Hilf mir zur Toilette, Howard. Ich fürchte mich, wenn der Boden so schwankt.«

»Du mußt erst seefest werden.« Howard nahm Nora am Arm und führte sie zur Tür in der Ecke. »Das ist die Pütz, und den Boden nennt man Deck. Wenn wir schon eine Woche auf diesem Schiff sind, kannst du dir das ruhig merken.« Er schloß hinter ihr die Tür und musterte die Kabine.

An der Wand war ein großer Messingriegel. Howard rüttelte so lange daran, bis er ihn freibekam und das Bett auf ihn herunterfiel. Er war nicht darauf gefaßt und fiel beinahe hin, hielt sich aber und stieß das Bett wieder in die Wand zurück. Dann las er das Barometer ab und inspizierte die Schubladen. In der oberen waren mehrere Stück Seife in kleinen Päckchen. Howard schob sich ein paar in die Tasche, öffnete das Bullauge und steckte den Kopf hinaus. Auch andere Leute hatten den Kopf hinausgesteckt. Er schloß das Bullauge und warf noch einmal einen Blick auf das Barometer, dann hob er das Bordtelephon ab.

»Probe«, sagte er. »Eins, zwei, drei, vier, Probe. Nachtstürmer, hier schwarzer Falke. Probe.«

Aus dem Hörer kam krachend eine Stimme. »Hier ist der Steward.«

»Ich bin es. Howard. Nur eine Probe. Ende.«

Nora kam in die Kabine zurück und steuerte auf die Couch zu. »Zu eng da drinnen. Ich hab' gar keine Luft bekommen.«

»Hätte ich dir sagen können, daß das kein Palast sein wird.«

»Ich fühle mich schrecklich. Sicher sehe ich auch so schrecklich aus.«

Nora war ganz weiß im Gesicht. Die geplatzten Äderchen auf den Wangen und über den Lippen hoben sich ab wie Eintragungen auf einer Landkarte. Ihre Augen glänzten fiebrig hinter den Brillengläsern. Wenn es ihr schlecht ging, sah sie Harry Truman, den Howard nicht gewählt hatte, noch ähnlicher.

Er setzte sich neben Nora und nahm ihre Hand. »Du siehst gut aus.«

»Wirklich?«

»Was hab' ich denn gerade gesagt?« Er ließ ihre Hand los. »Warum denkst du immer daran, wie du aussiehst?«

»Das stimmt nicht. Das tu' ich gar nicht.«

Howard begann in der Kabine auf und ab zu gehen. »Verfluchtes Schiff.«

»Ich hab' gedacht, es wär' schön, nur wir zwei.«

Es klopfte an der Tür, und ein Mann steckte seinen Kopf herein, ein großes Rechteck, das von einem bleistiftdünnen Schnurrbart unterteilt wurde. »Unser Goldenes Ehepaar«, sagte er mit einem Lächeln. »Ich bin Bill Tweed und für Ihre Unterhaltung zuständig.« Sein Körper folgte seinem Kopf in die Kabine. »Ich möchte Sie im Namen aller hier auf der Friedman wirklich von ganzem Herzen willkommen heißen. Sie wissen wahrscheinlich, daß das unsere Jungfernfahrt ist. Schon einmal auf See gewesen?«

Howard nickte. »Im Ersten Weltkrieg. Vor Ihrer Zeit, schätze ich.« Er deutete in Richtung Bullauge. »Damals hätte man von New York bis nach Paris auf deutschen U-Booten gehen können. Sie haben drei Schiffe von uns erwischt. Ich hab's selber gesehen.« Howard war überzeugt gewesen, daß sie auch ihn erwischen würden. Er war während der ganzen Überfahrt davon überzeugt gewesen und hatte deshalb nachts nie geschlafen. Als der Krieg vorbei war und er auf ein anderes Schiff kam, um nach Hause zurückzukehren, war er sicher, daß es draußen irgendwo einen Deutschen gab, der noch nicht wußte, daß es vorbei war. Sein Deutscher. Howard fühlte, wie ihn die Dinge einholten.

Tweed gab Howard einen Prospekt. »Wir hier auf der Friedman sind der Ansicht, daß unser Beruf Ihr Vergnügen ist. Sie lesen das und sagen uns dann, wofür Sie sich interessieren. Für unsere älteren Seebären haben wir eine Reihe von Spezialprogrammen. Können Sie beide gehen?«

Howard starrte nur vor sich hin. »Ja«, sagte Nora.

»Wunderbar. Das hilft uns sehr.« Er fuhr sich mit dem Zeigefinger über sein Bärtchen und notierte sich etwas auf seinem Block. »Noch einige Fragen. Ihr Alter, Mr. Lewis?«

»Ich bin 75 Jahre alt geworden, am ersten April, ausgerechnet.«

»*Jung*, Papa – 75 Jahre jung. Wir hier an Bord der Friedman kennen das Wort *alt* nicht. Wir glauben nicht daran. Fühlen Sie sich doch einfach wie drei Fünfundzwanzigjährige. Und Sie Mrs. Lewis?«

»Ich bin 78.«

»Ah. Dezember und Mai. Kinder?«

»Zwei. Sharon und Clifford.«

»Der Reichtum der Armen. Glücklich, wem eine große Schar beschieden. Beruf?«

Howard gab Nora den Prospekt. »Sharon ist zurückgeblieben und Clifford im Gefängnis.«

Noch im Schreiben blickte Tweed von seinem Notizblock auf. »Das tut mir wirklich sehr leid. Das alles wird natürlich vertraulich behandelt.«

Nora sah Howard finster an. »Sind Sie verheiratet, Mr. Tweed?«

»Und ob. Mit meinem Junggesellenleben. Meine Mutter sagt mir immer wieder, daß ich mir eine Frau nehmen soll, ich habe mich aber noch nicht entschieden, wessen Frau ich nehmen soll.« Er zwinkerte Howard zu und steckte seinen Stift ein. »Also dann, bis zum Essen. Sie sind sicher schon neugierig, wer mit Ihnen am Tisch sitzt.« Er lächelte verstohlen. »Ron und Stella Speroni. Ein jungverheiratetes Paar aus Delaware. Waren Sie mal in Delaware?«

»Einmal mit dem Zug«, sagte Howard. »Bin nicht ausgestiegen.«

»Ein wirklich netter Bundesstaat. Irgendwie intim. Auf jeden Fall bin ich mir sicher, daß Ron und Stella viel von Ihnen über die Liebe lernen können, wenn ich bedenke, daß Sie hundert Jahre davon zwischen sich aufgestapelt haben.« Mit einem Lächeln über seine Rechnung schloß er die Tür.

»Wie bist du nur auf die Idee gekommen?« sagte Nora. »Ihm zu erzählen, daß Clifford im Gefängnis ist.«

Howard sprach beim Essen fast die ganze Zeit mit Ron. Ron erinnerte ihn an ein Pferd. Er hatte ein langes Gesicht und trübe braune Augen, und wenn er lachte, schob sich seine Oberlippe über die Zähne hoch. Er arbeitete im Juweliergeschäft seines Vaters in Wilmington. Sie waren auf synthetische Diamanten spezialisiert, und Ron war bereit zu wetten, daß Howard ihre Ware und den echten McCoy nicht auseinanderhalten könnte. Er bat Stella, ihr Diadem abzunehmen, und gab Howard das fein gearbeitete und dicht mit Steinen besetzte Silberband.

»Nur zu«, sagte er. »Wenn Sie einen Unterschied merken, gehört es Ihnen.« Er wartete und lächelte Nora und Stella zu.

Howard drehte das Diadem ein paarmal hin und her und kratzte dann damit gegen ein Wasserglas.

»Das ist unfair«, sagte Ron und riß es ihm weg. »Ich habe verraten, daß es synthetische Steine sind.« Er starrte beim Sprechen immer seine Frau an. Stella hatte platinblondes Haar, das an den Wurzeln braun nachwuchs, und lange schwarze Fingernägel. Sie sprach kaum; meist saß sie, das Kinn in die Hände gestützt, da, starrte zu den anderen Tischen hinüber und kratzte mit den Nägeln über das Leinentischtuch. Ron hatte sie im Geschäft kennengelernt. Sie wollte ein Paar Ohrringe ändern lassen, und dann hatte eines zum anderen geführt.

»Sie ist ein unglaublicher Mensch«, flüsterte Ron. »Sie sollten Sie mit Kindern sehen.«

Nach dem Essen schoben die Kellner die Tische gegen die Wand, und die Band begann sich einzuspielen. Tweed ging mit einem Mikrophon an einem langen Kabel in der Hand auf die Mitte der Tanzfläche hinaus. Es wurde still.

»Heute abend«, sagte Tweed, »haben wir hier unter uns, was man den Sommer und den Winter, das Alpha und das Omega der menschlichen Liebe nennen könnte. Applaus für Ron und Stella Speroni, die heute nachmittag genau drei Tage verheiratet sind. Applaus für Mama und Papa Lewis, die letzten Mittwoch ihre Goldene Hochzeit gefeiert haben.« Alle klatschten.

»Wir hier auf der Friedman räumen unseren Altmatrosen einen ganz besonderen Platz ein. Allen, die vor der Zeit Angst haben, sage ich: Was gibt es besseres als alten Wein und alten Käse? Und was die Kunst der Liebe angeht (Tweed hielt inne), wissen wir alle, daß altes Holz am meisten Hitze abgibt.« Alle lachten. Nora lächelte in den Saal. Howard knackte unter dem Tisch mit den Knöcheln. Stella grinste ihn an, und er sah weg. Dann standen Ron und Nora und Stella zusammen auf, und er stand auch auf und tanzte plötzlich mit Stella. Er hielt sie unbeholfen, als die Musik zu spielen begann, und wußte nicht, was er sagen sollte, und wollte nicht in die Gesichter hinunterschauen, die alle zu ihm heraufschauten.

Stella sprach zuerst. »Sie haben starke Hände.«

»Ich habe früher viel gestemmt.«

Stella nahm seine Hand, öffnete sie und fuhr ihm mit einem schwarzen Fingernagel über die Handfläche. »Sie sind ein sehr leidenschaftlicher Mensch. Schauen Sie.« Sie folgte einer Falte, die vom Handgelenk bis zum Ansatz des Zeigefingers lief.

»Kommt wahrscheinlich von meinem Großvater. Er hatte vierzehn Kinder. Noch mit Sechzig hat er die Produktion nicht eingestellt.«

»Ich hab' das auch.« Stella zeigte ihm ihre Handfläche. Ihr Geruch war überwältigend. »Wann sind Sie geboren?«

»Am ersten April. Wo man die Leute zum Narren hält.«

»Aries.« Stella grinste. »Widder.« Howard konnte das feuchte Schimmern von Gold in ihren hinteren Zähnen sehen.

»Mit Widdern kenn' ich mich nicht aus. Aber ich glaub', ich bin nicht schlecht.«

»Leute wie wir sollten nicht heiraten. Wir haben zuviel Leidenschaft für nur einen Menschen.«

»Daß ich Nora geheiratet habe war das Klügste, was ich je getan habe.«

»Ron und ich führen eine offene Ehe.«

Howard ließ sich das einen Augenblick durch den Kopf gehen. Er wurde abenteuerlustig. »Nora und ich auch.«

»Was? Wer hätte das gedacht?« Stella trat zurück. »Ihr seid eurer Zeit voraus gewesen. Echt.«

»Na ja, wie sagt man doch – man lebt nur einmal.«

»Ich und Ron meinen, daß man so am besten mit dem Problem fertig wird. Sie verstehen, statt Versteckenspielen und dem ganzen Mist. Ron ist sehr verständnisvoll.«

Die Musik war zu Ende, und alle klatschten Beifall, und Howard führte Stella zum Tisch zurück. Er und Nora sahen den Leuten eine Zeitlang beim Tanzen zu, sie wollte aber nicht mit ihm sprechen, und er sah ihr an, daß sie über etwas böse war. Schließlich stand sie auf und ging nach draußen. Er folgte ihr und lehnte sich ohne etwas zu sagen neben ihr gegen die Reling. Die Dünung hatte sich beruhigt, jetzt hing Nebel wie ein Schleier über dem Schiff. Howard streckte seine Hand aus und berührte Noras Arm. Sie erstarrte.

»Faß mich nicht an.« Howard zog seine Hand zurück.

»Ich weiß, an wen du denkst«, sagte Nora.

»Also gut. An wen denk' ich?«

»An Miriam Selby.«

Howard starrte in den Nebel hinaus. »Sie sieht wie Miriam aus, zugegeben. Versteh' aber nicht, was ich dafür kann.«

»Du liebst mich nicht. Du hast mich nie geliebt.«

»Da seid ihr«, sagte eine Stimme hinter ihnen. »Stehlt euch schon davon, was? Und noch dazu ohne Aufsicht. Das wird Folgen haben.« Tweed kam näher. »Wie habt ihr euch mit den Speronis verstanden?«

»Nettes Paar«, sagte Nora. »Reizend.«

»Ja, die Jugend.« Tweed schüttelte den Kopf. »Das erlebt man nur einmal. Ich wollte euch nur an den Kostümball morgen abend erinnern.«

»Wir haben aber keine Kostüme.«

»Kein Problem, Mama. Wir haben alles, was man braucht. Also. Und benehmt euch, ihr beiden.«

Howard lehnte sich gegen die Reling und sah Tweed nach, wie er über das Deck ging und dann im Nebel verschwand.

»Tut mir leid, Howard.«

Er nahm Noras Hand.

»Liebst du mich?« sagte sie.

»Sicher. Sicher liebe ich dich.«

»Du sagst es mir nie.« Nora wartete, aber Howard gab keine Antwort. »Ist schon gut«, sagte sie und lehnte sich gegen ihn, »macht nichts.« Howard legte seinen Arm um sie und starrte über die Reling hinunter und beobachtete das Wasser, das, schwarz wie Öl, den Rumpf des Schiffes entlangglitt.

Als Howard von der Alarmsirene – HAHUUGA HAHUUGA HAHUUGA – aus dem Schlaf gerissen wurde, wußte er, daß sein Deutscher ihn gefunden hatte. Er akzeptierte es ohne Bitterkeit, ja mit einer gewissen Selbstzufriedenheit. Er hatte schließlich recht behalten. Nora setzte sich auf, die Decke um den Hals hochgezogen. »Howard, was ist das?«

»U-Boot-Alarm.« Howard stand auf und zog sich den Morgenmantel an und ging auf die Kajütentreppe hinaus. Der Durchgang war voll mit Leuten, die einander fragten, was die Sirene zu bedeuten hätte. Gerade kam einer von der Besatzung hinzu und sagte, daß kein Grund zu Sorge bestand, und bat alle, sich wieder hinzulegen. Jemand hatte eine kleine Kochplatte mit an Bord gebracht und den Stecker nicht rausgezogen, und das hatte ein kleines

Feuer verursacht. Howard wollte gerade in seine Kabine zurückgehen, als Ron Speroni auf ihn zukam. Er trug eine Pyjamajacke und gestreifte Smokinghosen.

»Entschuldigen Sie, Mr. Lewis. Haben Sie Stella gesehen?«

»Nein. Warum?«

»Ich dachte nur. Hätte ja sein können.«

»Ihr seid doch in derselben Kabine, oder?«

Speroni nickte. »Sie ist an Deck gegangen, um frische Luft zu schnappen. Als ich durch die Sirene wach wurde, war sie noch nicht zurück.«

»Wann ist sie gegangen?«

»So gegen elf.«

»Das war vor drei Stunden.«

»Ich weiß.« Speroni sah auf seine bloßen Füße hinunter. Er hatte lange, behaarte und gekrümmte Zehen wie ein Affe. Howard entschloß sich, ihm zu helfen.

»Schauen wir uns doch um. Vielleicht ist sie oben auf Deck eingeschlafen.«

Oben an Deck gingen sie die Reling entlang und starrten auf die Reihen leerer Liegestühle im trüben Schein der Lichter. Als sie sich dem Heck näherten, hörten sie die Stimme eines Mannes, voll, körperlos, unheilvoll kichernd. Sie sahen sich um. Sie fanden nichts. Dann hörte man die Stimme der Frau, murmelnd und leise, und plötzlich ein Lachen, das keinen Zweifel daran ließ, daß es Stella war.

Die Stimmen kamen aus dem Rettungsboot, das über dem Heck hing. Speroni beugte sich leicht zitternd vornüber, die Arme steif angelehnt, die Augen auf die Dunkelheit über dem Boot geheftet. Howard nahm ihn am Ellbogen. Speroni drehte sich um, sein Mund zuckte, und Howard fühlte, wie er nachgab. Er führte Speroni nach vorne und über den Bug auf die andere Seite des Schiffs. Im Licht glänzten Speronis Wangen wie feuchte Pflastersteine. Howard schaute aufs Wasser hinaus. »Sie ist nicht über Bord gefallen«, sagte Speroni. »Sie ist in Sicherheit. Das ist die Hauptsache.«

Howard nickte.

»Daß Sie jetzt nur nicht auf falsche Gedanken kommen. Stella ist ein sehr moralischer Mensch, wirklich.«

»Da bin ich sicher.«

»Sie sollten sie mit Kindern sehen.«

»Ich habe mir gerade gedacht«, sagte Howard, »daß das vielleicht ein Stadium ist, das sie durchmacht.«

»Vielleicht.« Speroni rieb sich mit der Rückseite des Ärmels die Augen. »Mir ist kalt. Kommen Sie mit nach unten?«

»Später. Gehen Sie nur vor.«

Speroni ging einige Schritte, dann drehte er sich um. »Denken Sie wirklich, daß das ein Stadium ist, das sie durchmacht?«

»Möglich.«

»Ich denke mir das auch. Ich will nur nicht, daß Sie ein falsches Bild bekommen. Stella ist ein wunderbarer Mensch. Sehr vergeistigt.«

Der Nebel hob sich. Einige Sterne begannen aufzutauchen, blinkten fern. Howard fragte sich, wie Aries aussah. Er hörte Stimmen und Schritte und Stellas Lachen und sah auf. »Hallo, Stella. Mr. Tweed.«

Tweed blickte um sich. »Abend, Papa. Sterngucken, was? Zum Träumen sind wir nie zu alt.« Er hielt sich seine Uhr vor die Augen. »Es ist schon spät«, sagte er. »Ich werde euch gute Nacht sagen.«

»Na, Howard.« Stella lehnte sich an die Reling. »Bill ist super, aber in kleinen Portionen zu genießen, wenn Sie wissen, was ich meine. Also, warum kommen Sie zu so später Stunde hier herauf?«

»Nur etwas frische Luft schnappen.«

»Schauen Sie – die Sterne sind herausgekommen. Wünschen Sie sich nicht, daß Sie die Hände ausstrecken und sie wie Blumen pflücken könnten?«

»Daran hatte ich nicht gedacht.«

»Leben. Das ist für mich das Leben, Howard. Man pflückt und pflückt, bis man erwischt, was wirklich wichtig ist. Erzählen Sie mir von Ihrer großen Liebe.«

»Meine große Liebe?«

»Wie haben Sie sie kennengelernt?« Stella drehte eine Pirouette und hielt dabei eine Hand nach oben. »War es beim Tanzen? Was hat sie getragen?«

»Nora und ich waren schon als Kinder befreundet.«

»Nicht Nora, Howard. Das ist Ihre Frau.«

»Sag' ich ja.«

»Na los, Howard. Jeder kann sehen, daß sie nicht Ihre große Liebe ist. Wie hat sie ausgesehen, Howard?«

Howard warf Stella einen Blick zu und starrte dann wieder über die Reling hinaus. »Nora ist gut zu mir gewesen. Daß ich Nora geheiratet habe, war das Klügste, was ich je getan habe.«

»Wie hat sie Sie genannt, Howard?«

»Es ist nicht von Dauer, das andere. Man kann sich nicht darauf verlassen.«

»Wie hat sie Sie genannt?«

Howard kratzte sich am Handgelenk. »Sonnenschein.«

»Sonnenschein. Das ist schön, Howard. Das ist wirklich schön. Ich möchte wetten, daß Sie auch einer waren. Nur für sie.«

»Man kann sich nicht darauf verlassen.«

»Na und? Was gibt es denn sonst noch?«

»Es gibt noch eine Menge andere Dinge. Eine Menge.«

»Was denn?«

»Meinen Sie nicht. Sie sollten bei Ron sein, anstatt sich hier oben herumzutreiben? Es gibt gewisse Dinge, auf die man Rücksicht nehmen soll. Auf die Gefühle anderer Menschen zum Beispiel.«

»Rücksicht? Nein danke, Howard. Das ist der Stoff, aus dem man Käfige macht.« Stella trat zurück und drückte freundschaftlich Howards Arm. »Kommen Sie mir jetzt nur nicht mit diesem dumpfen Kram. Ich kenne Sie.«

Howard verkleidete sich für das Kostümfest als Seeräuber. Als eine Art Gentleman-Pirat. Es waren eigentlich Kleider für einen Landedelmann des 18. Jahrhunderts – ein Hemdeinsatz mit Krause, ein Wams aus Brokat, Kniehosen und Schnallenschuhe –, aber Nora hatte ihm eine Augenbinde gemacht, und Tweed borgte ihm den Uniformsäbel des Kapitäns. Nora ging als Venus. Sie trug eine wallende Toga, und Tweed gab ihr ein paar Plastikblätter, die sie sich ins Haar wob. Er sagte, daß die Blätter dem Kostüm einen griechischen Akzent gäben.

Sie hatten einen Tisch für sich. Die Speronis saßen auf der anderen Seite des Saals, Stella trug ihr Diadem und ein tief ausgeschnittenes Bauernkleid mit Ballonärmeln, Ron die Uniform eines Konföderiertenoffiziers aus dem Bürgerkrieg. Er sah unglücklich aus.

Nach dem Essen wurde es dunkel im Saal. Kurz darauf schossen rote Lichtsäulen aus den Ecken und begannen über die Tanzfläche zu streichen. Jemand spielte auf einer kleinen Trommel einen langen, immer schneller werdenden Wirbel. Plötzlich wurde die Mitte der Tanzfläche von einem weißen Spot erleuchtet, und Tweed trat ins Licht.

»Freunde, bevor wir weitermachen, will ich nur fragen, ob wir uns nicht alle einen Augenblick lang besinnen und darüber nachdenken wollen, warum wir hier sind. Ich rede jetzt nicht von unserer lieben Sonne, die heute freundlicherweise herausgekommen ist und uns ihr schönstes Lächeln geschenkt hat. Ich rede auch nicht von unserer vorzüglichen Küche, in der dank Monsieur und Madame Grimes alles sorgfältig für uns zubereitet wird.«

Der Spot fuhr zum Eingang der Küche hinüber. Die Köche winkten und lächelten, und der Spot raste auf Tweed zurück, der mit erhobenen Händen um Ruhe bat. Der Spot ruckte nach rechts, und Tweed machte einen Schritt zur Seite und zurück in den Brennpunkt. »Ich rede vom wahren Grund unseres Hierseins – ich rede von der Liebe. Richtig, von der Liebe. Ein Wort, das man in diesen Tagen nicht oft hört, aber ich zumindest schäme mich nicht, es zu sagen – und noch einmal zu sagen – LIEBE! Und ich möchte wetten, daß Sie sich auch nicht schämen, L-I-E-B-E – LIEBE!«

Ein paar Leute stimmten ein. »Liebe«, sagten sie.

»Alle zusammen! Los, daß man euch auch zu Hause hören kann. L-I-E-B-E –!«

»LIEBE!« schrien alle.

»Jetzt ist es von Herzen gekommen. Gut so – Liebe, die Artillerie des Himmels. Wir hier auf der Friedman wollen daran glauben, daß auf unserer erschütterten und zerschlagenen alten Erde noch immer die Liebe das Sagen hat. Und wir meinen, wir können das auch beweisen. Weil, wenn zwei Menschen ein Jahrhundert voll Liebe zwischen sich aufstapeln können, dann sollen, was mich persönlich betrifft, die Klugscheißer alle nach Hause gehen und sich etwas anderes ausdenken, wovon sie uns abbringen wollen. Weil wir uns von der Liebe garantiert nicht abbringen lassen. Ihr wißt, von wem ich spreche? Beifall für Mama und Papa Lewis. Beifall für hundert Jahre Liebe!«

Schallender Beifall füllte den Saal. Howard hielt sich das unverbundene Auge zu, als es sich mit heißem silbrigem Licht füllte. Jemand zupfte ihn am Ärmel.

»Steh auf«, zischte Nora.

Howard stand auf. Als Nora lächelte und sich verbeugte, hüpften die grünen Plastikblätter in ihrem Haar auf und ab. Howard tastete hinter sich nach seinem Stuhl, Nora hielt seinen Arm aber nur um so fester umklammert.

Der Spot fuhr auf Tweed zurück. »Vielleicht gelingt es uns, diese beiden großartigen Menschen zu überreden, uns etwas zu sagen. Wie sieht's damit aus, Mama und Papa? Wie habt ihr das geschafft?«

Howard schrak zurück, aber Nora zog ihn mit sich. Von ihrer Willensstärke verwirrt, ließ er sich in die Mitte des Saals führen.

Nora ergriff das Mikrophon. Sie lächelte, ihre Brillengläser glänzten im Scheinwerferlicht: »Mädels, laßt euch nie unterkriegen und kaputt machen. Jeden Tag ein bißchen Bewegung. Und vertragt euch wieder, bevor die Sonne untergeht.« Sie kicherte und sah Howard an. »Und habt keine Angst, euren Männern hin und wieder die Meinung zu sagen.« Kopfnickend nahm sie den Beifall entgegen.

Howard ergriff das Mikrophon. Er starrte es an, als ob man ihn gebeten hätte, es zu essen. »Ist gar nichts dabei«, sagte er. »Man lebt von einem Tag zum andern, und ehe man's merkt, sind fünfzig Jahre vorüber.« Er dachte nach, was er noch sagen könnte, aber es fiel ihm nichts ein. Das war alles. Er schaute das Mikrophon finster an, und es wurde immer ruhiger im Saal, als er es langsam sinken ließ.

Tweed klatschte noch einen allgemeinen Applaus herbei. »Danke«, sagte er und nahm das Mikrophon wieder an sich. Er nickte der Band zu. Eine Soloklarinette begann den »Jubiläumswalzer« zu spielen. Der Spot wurde sanft.

Howard begriff, daß er mit Nora tanzen sollte. Als er sie bei der Hand nahm, tauchte das Schiff in eine große Welle, und das Deck neigte sich. Nora stolperte, fing sich aber wieder. Howard dachte, daß sie wahrscheinlich miteinander reden sollten.

»Du wirst schon seefest«, sagte er.

Nora kam näher an ihn heran und preßte ihre Wange gegen seine.

Die Plastikblätter raschelten an seiner Stirn. Sein unverbundenes Auge schmerzte. Howard drehte sich langsam um, weil er Stellas Grinsen und dem Blinken des Diadems im roten Flutlicht entkommen wollte.

K wie Koseworte

Karl Valentin Streit mit schönen Worten

Sie: Mei Ruh laß mir!

Er: Du mir auch!

Sie: Ich weiß schon, wieviel es geschlagen hat!

Er: Ich auch!

Sie: A andrer Mann geht auf d' Nacht in sein Wirtshaus und kommt in der Früh heim; aber das ist ja dir alles fremd, du fühlst dich ja nur am häuslichen Herd glücklich!

Er: Du hockst ja auch lieber daheim bei mir!

Sie: Ja, wenn du es nur einsiehst!

Er: Du hast mir noch jede Stunde meines Lebens verschönt!

Sie: Du mir genauso; und wenn ich noch so betrübt war, so warst es du, der mir jeden Wunsch von den Augen absah!

Er: Ja, weiß du noch, wie wir damals in jener Sommernacht allein auf einer Bank saßen? Du wolltest noch bleiben, und ich wollte noch bleiben, und dann kam der Schutzmann, der uns dann fragte, was wir denn da wollen.

Sie: Ja, und dann warst du es, der gesagt hat: Ach, lassen Sie uns doch allein!

Er: Ja, das weiß ich noch, aber Gott sei Dank war der Schutzmann dann vernünftiger und ist gegangen.

Sie: Drum sag ich es tausendmal: hätte ich nur einen andern kennengelernt als dich, was hätt ich denn an einem andern gehabt: nichts als Verdruß und Ärger!

Er: Ach, wenn man dich so ansieht. Du bist ja so eine – ach, ich kann mich gar nicht ausdrücken – so ein liebes Ding, daß ich dir gleich stundenlang in die Augen schauen könnte!

SIE: Du kannst natürlich nichts als einem Sachen ins Gesicht schleudern, die leider wahr sind! Aber meine liebe Frau Schwiegermutter ist ja dieselbe wie ihr Herr Sohn; die kann ja auch sonst nichts, als mir recht schön ins Gesicht tun und hinter meinem Rücken lobt sie mich, wo sie mich nur loben kann! Aber da bin ich ihr gut genug, daß ich ihr meine ganze Wäsche waschen lasse, alle Näharbeiten laß ich ihr zukommen, ohne einen Pfennig zu verlangen; da ist man dann die Schwiegertochter hinten und vorne! Zum Weihnachtsfest alle Jahre hab ich von ihr die schönsten Präsente angenommen ohne ein Wort zu sagen; aber das ist scheint's alles vergessen!

ER: Aber meiner lieben Schwiegermutter fehlt auch nichts! Wie oft hab ich einen kleinen Seitensprung gemacht, bei dem sie mich ertappte – nichts hat sie dir davon gesagt! Verheimlicht hat sie dir alles!

SIE: Das sind ja unplumpe Vertraulichkeiten! Das sagst du ja nur zu mir, daß ich dich noch lieber haben sollte, als ich dich sowieso schon habe. Mit derlei Sachen kannst du mich nicht aus der Ruhe bringen, und wenn du mir's nicht zu bunt machst, dann pack ich meine sieben Zwetschgen zusammen und bleib erst recht bei dir!

ER: Du darfst dich nicht beklagen, denn so gemeint war es ja nicht. *Haut mit der Faust auf den Tisch.* Ich verbitte mir nun endlich deine Zudringlichkeiten! Ich hab dir heute schon mindestens hundert Küsse gegeben, und mehr braucht eine Frau nicht an einem Tag!

SIE: Das ist eine unverschämte Lüge von dir! Du bist ein ganz gewalttätiger Mensch; das hat sich an meinem Namenstag gezeigt, als du mir den teuren Pelzmantel gekauft hast, und ich wollte nur einen gewöhnlichen Lodenmantel.

ER: So, jetzt machst du mir noch Vorwürfe, aber ich werde es mir merken! Zu deinem Geburtstag bekommst du von mir für deine impertinente Bescheidenheit 500 Mark, dann kannst du dir kaufen, was du willst; dann brauch ich mich wenigstens nicht mehr freuen über deine Dankbarkeit!

SIE: Jaja, jetzt kommt natürlich wieder der Vorwurf, das bin ich ja an dir schon gewöhnt! Ich verbitte mir ab heute von dir jede Unzudringlichkeit, sonst werde ich dir den Himmel kalt machen. Es heißt zwar die Hölle heiß machen, aber bei dir ist das alles fruchtlos!

ER: Eleonore, sei doch nicht unvernünftig! Wollen wir uns doch wieder vertragen! Wozu immer diese aufregenden Schmeicheleien? Sagen wir uns doch lieber in aller Ruhe die Gemeinheiten direkt ins Gesicht!

SIE: Ja, du saudummer Kerl! Da hast recht! Da bin ich sofort damit einverstanden.

ER: Na also, du Rindviech, du depperts! Siehst, es geht auch so!

L wie Lernen

STEN NADOLNY Mary Rose

John Franklin wollte sein wie jeder andere Mann. Deshalb hörte er bei Gesprächen über Frauen gut zu. »Ich mag sie mit etwas breiteren Hüften«, sagte der Stückmeister. Bootsmann Douglas wiegte das Haupt. »Kommt drauf an, kommt drauf an.« Der Gärtner hatte wieder eine andere Meinung. Offenbar führte sich ein jeder sehr sorgfältig vor Augen, was ihm die Erinnerung anbot. John interessierte sich vor allem für das praktische Vorgehen. Er ging zu Mockridge und stellte einige wohlüberlegte Fragen nach dem Wann und Wie. Auch hier war die Antwort meist ein »je nachdem«, aber John blieb hartnäckig. »Zieht der Mann die Frau vorher aus?« fragte er. Mockridge dachte außergewöhnlich lange nach. »Mir macht es Freude so«, sagte er, »aber du bist der Freier, es wird gemacht, wie du es haben willst!« Wie Mockridge es machte, so war es sicher üblich. John hegte allerdings noch Bedenken wegen der vielen Knöpfe. »Wo geknöpft, gegürtet und geschnürt ist, mußt du dann selbst sehen. Und vergiß nicht: mach gröbere Komplimente nur bei älteren Frauen! – Hast du Angst?« Die hatte John, und deshalb begann er ganz gegen seinen Instinkt davon zu reden, daß er schließlich vor Kopenhagen einen Soldaten mit der bloßen Hand... Er schämte sich sofort. Mockridge schaute milde mit seinem Fernauge auf John und richtete das scharfe, sprechende nur auf den eigenen Pfeifenkopf. »Wenn du erst bei einer Frau gelegen hast, wirst du Kopenhagen vergessen können!«

An Land wollte sich John alle Frauen anschauen und versuchen, ihre Kleider auswendig zu lernen. Aber es gab so viel zu sehen, daß er sein Ziel fast aus den Augen verloren hätte. Die Stadt quoll über von lauter Matrosen, so viel Jugend auf einmal gab es nirgends auf der Welt, und er gehörte dazu. Er hatte auch eine Uniform an, und wenn er einfach so dastand, war er einer von ihnen. Freilich konnte er nicht tanzen, und es wurde viel getanzt.

Das Rathaus konnte er nicht genug ansehen, es war ein schmales Gebäude mitten in einer Hauptstraße von Fuhrwerken umdrängt. Dann gab es einen Semaphor-Turm am Hafen, der mit vielerlei Armen winkte und die Befehle der Londoner Admiralität empfing oder bestätigte. Zum ersten Mal saß John in einer Seemannskneipe. Der Wirt fragte ihn, was er bestellten wolle, und er las einen der Namen ab, die über der Theke standen: Lydia. Alles lachte, denn das war der Name eines Schiffes aus Portsmouth. Die standen hier ebenso feierlich verzeichnet wie die Getränke.

Gestärkt durch einen Luther und Calvin wandte er sich wieder den Frauen zu. Die Kleider waren recht verschieden. Gemeinsam war ihnen nur der respektable, bedrohlich emporwachsende Bug des Mieders. Welches stehende oder laufende Gut sich dahinter verbarg, war nicht leicht auszumachen. Alles kam auf eine Probe an. Mockridge brachte ihn zu einem Haus in der Keppel Row und sagte: »Mary Rose ist in Ordnung. Du wirst Spaß haben. Sie ist ein süßes dickes Mädchen, immer fröhlich. Beim Lachen zieht sie die Nase kraus.« John wartete draußen vor dem niedrigen Gebäude, während Mockridge drinnen irgend etwas verhandelte. Die Fenster des Hauses waren entweder blind oder verhangen. Wer etwas sehen wollte, mußte wohl hineingehen. Da kam schon Mockridge und holte ihn.

John fand, daß Mary Rose weder dick war noch die Nase kraus zog. Sie hatte ein knochiges Gesicht, die Stirn war hoch, alles aus lauter gebogenen Linien aufgebaut. Irgend etwas an ihr erinnerte an ein Schiff. Sie war ein Mann des Kriegs von weiblichem Geschlecht. Zunächst schob sie den unteren Teil des Fensters hoch, um mehr Licht hereinzulassen, und sah John prüfend an. »Bist du ins Gebüsch gefallen?« fragte sie und deutete auf seinen Kopf und seine Hände. »Das war kein Gebüsch. Ich war in der Schlacht von Kopenhagen«, antwortete John beklommen und stockte.

»Und die vier Schillinge hast du?« John nickte. Da sie schwieg, sah er seine Aufgabe klar vor sich. »Ich werde dich jetzt ausziehen«, sagte er mit Todesverachtung. Sie sah ihn unter den vielfältig geschwungenen Bögen ihrer Augenlider, Brauen, Stirnknochen und unter den Buchten ihres Haaransatzes belustigt an. »So siehst du aus!« sagte sie lächelnd. Ihr weicher Mund konnte spöttische Sätze ganz freundlich sagen. Jedenfalls war es bis jetzt nicht zum Davonlaufen.

Nach einer halben Stunde war John immer noch da. »Mich interessiert alles, was mir noch unbekannt ist«, sagte er. »Dann faß doch mal hier an – gefällt dir das?« »Ja, aber bei mir funktioniert alles nicht richtig«, stellte John etwas mißmutig fest.

»Nicht so wichtig! Kanonen gibt's genug hier.«

In diesem Augenblick ging die Tür auf, und ein dicker, großer Mann stand da mit fragendem Gesicht, er wollte offenbar herein. »Raus!« schrie Mary Rose. Der Dicke ging. »Das war Jack. Der zum Beispiel ist eine Kanone – im Fressen und Saufen!« Mary Rose war guter Laune. »Als sein Schiff einmal festsaß, warfen sie ihn außenbords. Sofort kam der Kiel wieder frei!« Sie lehnte sich zurück und lachte herzlich mit geschlossenen Augen. So konnte John ihre runden Knie und Schenkel betrachten und sich überlegen, wie es weiterging. Aber was nun einmal nicht wollte, war auch dadurch nicht zu bewegen. Er holte seine Hose vom Stuhl und prüfte, wo oben und unten war. Dann kramte er die vier Schillinge heraus. »Ja, zahlen mußt du schon«, sagte Mary Rose, »sonst denkst du noch, du hättest keinen Spaß gehabt!« Sie faßte ihn um den Kopf. Johns Lippen fühlten ihre Augenbrauen, er spürte die kleinen Härchen. Friedlich und weich war ihm zumute. Es gab keine Anstrengung und keine Überlegung, denn ihre Hände waren es, die seinen Kopf hin- und herbewegten. »Du bist ein ernster Junge«, sagte sie, »und das ist etwas Gutes. Wenn du älter bist, wirst du ein Gentleman. Laß dich wieder sehen – das nächste Mal funktioniert es, das weiß ich.« John kramte noch einmal in der Tasche. »Ich habe hier«, begann er, »einen Schraubschäkel aus

Messing.« Er gab ihn ihr zum Geschenk. Sie nahm ihn, sagte nichts. Zum Abschied sagte sie rauh: »Wenn du hinausgehst, stell dem dicken Jack ein Bein. Wenn er sich den Hals bricht, hab' ich den Abend frei!«

Als John das Schiff betrat, schien Mockridge erstmals beide Augen im gleichen Winkel auf ihn zu richten. »Wie war's?« John dachte nach, faßte einen Entschluß und hielt sich daran. »Ich bin verliebt«, sagte er. »Ich war nur anfangs etwas kleinmütig wegen der Knöpfe.« Er log ja nicht. Noch lange dachte er an den angenehmen Geruch ihrer Haut. Und es blieb die Hoffnung, daß die Langsamkeit der Frauen etwas mit der seinen zu tun hätte.

Portsmouth! Die Befestigungen und Docks sahen aus wie immer, die ganze Stadt war, als habe er sie erst gestern zuletzt gesehen. Daß irgendein John Franklin nach drei Jahren aus der Südsee zurückkam, brachte hier niemanden dazu, auch nur das Glas abzusetzen. Portsmouth brodelte von jungen Männern und Weibern, Lärm, Arbeit und Unternehmungslust, die Stadt war mit sich selbst beschäftigt. Wenn hier alte Leute lebten, dann nicht trotzdem, sondern deshalb. Niemand pflegte hier Rosen, keiner predigte oder hörte einer Predigt zu. Man lebte schnell, weil es so schnell damit zu Ende sein konnte. In den Docks schufteten sie hart, auch nachts im Schein der Tranlampen. Es war eine hungrige, schnelle Stadt, und darin blieb es sich immer gleich.

John erfuhr, daß der nichtsahnende Matthew von den Franzosen auf Mauritius gefangen und als angeblicher Spion in Arrest gesteckt worden sei. Er hatte also angenommen, der Friede sei noch gültig, und war deshalb im französischen Mauritius vor Anker gegangen, obwohl sein Begleitschreiben nur für die selige *Investigator* galt. Hoffentlich ließen sie ihm die Seekarten, die so viel Mühe gekostet hatten, und schickten ihn bald wieder nach Hause.

Mary Rose war noch da.

Sie wohnte nach wie vor in der Keppel Row, nur zwei Häuser weiter. Über dem Feuer hing der große Wasserkessel in einem wohlkonstruierten Gestell – sie konnte damit Tee aufgießen, ohne das Wasser vom Feuer zu nehmen. Überhaupt schien es ihr gut zu gehen.

Sie sagte: »Du sprichst schneller als vor drei Jahren.«

»Ich habe jetzt einen eigenen Rhythmus«, antwortete John, »auch mißbillige ich mehr als früher, das beschleunigt.«

Marys Gesicht hatte um die geschwungenen Linien herum mehr Falten bekommen. John sah auf ihren atmenden Körper. An den Unterarmen glänzten feine, zarte Härchen gegen das Licht. Dieser Flaum war das Stärkste, er tat mit John viel. Große Dinge kamen in Gang. »Mir ist wie eine Sinuskurve, alles steigt immerzu!« Bald vergaß er die Geometrie und wußte statt dessen, daß auf der Welt vieles wieder gut werden konnte und daß zwei Menschen genügten, um es zu bewerkstelligen. Er sah eine himmelfüllende Sonne. Paradoxerweise war sie zugleich das Meer und wärmte eher von unten als von oben. Vielleicht ist so die Gegenwart, wenn sie einmal nicht davonläuft, dachte John.

Er hörte Marys Stimme: »Bei dir ist das anders«, sagte sie. »Die meisten sind nämlich zu schnell. Wenn es soweit ist, dann ist es auch schon wieder vorbei.«

»Das ist genau das, was ich seit einiger Zeit auch denke«, antwortete John und war froh, denn er fühlte sich von Mary sehr verstanden. Er betrachtete ihr Schulterblatt, wie sich da die weiße Haut über dem geschwungenen Knochen spannte. Er besah alles genau. Am zartesten war die Haut über den Schlüsselbeinen – die tat es ihm wieder an, sie verhieß neue Gegenwart und Sonne von unten.

Mary zeigte John, daß Tasten und Fühlen eine Sprache war. Man konnte in ihr sprechen und antworten. Jedes Durcheinander war zu vermeiden. Er lernte viel an diesem Abend. Am Ende wollte er ganz bei Mary bleiben. Sie sagte: »Du bist verrückt!«

Sie sprachen bis tief in die Nacht. Es war schwer, John Franklin etwas auszureden. Falls andere Freier draußen gewartet hatten, waren sie inzwischen mürrisch von dannen gezogen.

»Ich bin auch froh, daß ich mit meinem Körper jetzt alles kann«, raunte John. Mary Rose war gerührt. »Für so was brauchst du von heute an nicht mehr drei Jahre um die Welt zu fahren!«

Vor dem *White Hart Inn* stand der alte Ayscough, achtzig Jahre alt, davon fünfundsechzig Soldat gewesen in Europa und Amerika. Jeden Tag war er da, wenn die Postkutsche kam. Er sah sich genau an, wer da ausstieg und woher er angereist war.

Den jungen Franklin erkannte er an der Art der Bewegung. Er hielt die Hand des Midshipman mit beharrlichem Griff, denn er wollte alles als erster hören.

»So!« sagte er schließlich. »Ein Schiff hast du also schon wieder, und ein großes! Da werdet ihr bald wieder im Gefecht sein und England verteidigen.«

Dann ging John in die Richtung seines Elternhauses davon. Die Sonne kletterte durch die Obstbäume. So weit er zurückdenken konnte, hatte er sich von hier immer nur weggesehnt. Aber während sich seine Hoffnung aufs Entfernte richtete, hatte er auf diese Kamine geblickt, auf das Marktkreuz und den Baum vor dem Rathaus. Vielleicht war Heimweh nur der Wunsch, diese frühere Hoffnung wieder zu spüren. Er wollte darüber nachdenken und stellte sein Gepäck neben das Marktkreuz.

Er hatte doch eine jetzige Hoffnung, eine frische. Und sie war begründeter als die damalige. Wie kam also das Heimweh zustande?

Vielleicht hatte er all das hier geliebt in einer Zeit, an die er sich nicht mehr erinnern konnte. Jetzt war das Fremde eher hier. Ihm war sogar, als habe die frühlingshafte Mauer in Whampoa vertrauter gerochen als hier die Stufen, die zum Marktkreuz hinaufführten. Dennoch blieb eine Ahnung von Liebe.

»Ja, das Nachhausekommen!« sagte die Stimme des alten Ayscough, der ihm gefolgt war. »Da kann man sich immer nur hinsetzen.« Midshipman John Franklin stand auf und klopfte sich den Staub von der Hose. Er überlegte, ob die Liebe zum Vaterland mehr eine Pflicht oder mehr etwas Angeborenes sei. Einen alten Soldaten konnte er so etwas natürlich nicht fragen.

M wie Mord

Sara Paretsky Quitt

Für Bob Kirschner, der mich sehr unterstützt hat

I

»Das ist ein sehr heikler Begriff. Ich scheue mich einfach, dieses Wort zu gebrauchen.« Mit zweifelnd geschürzten, weichen Lippen wandte sich Paul Servino an mich. »Was meinst du dazu, Victoria? Du bist Rechtsanwältin. Stimmst du mir nicht zu?«

»Ich gebe zu, daß das Gesetz Verantwortung anders definiert als wir, wenn wir das Wort in gesellschaftlicher oder moralischer Hinsicht benutzen«, sagte ich abwägend. »Kein Staatsanwalt wird versuchen, Mrs. Hampton ins Gefängnis zu bringen, aber heißt das –«

»Siehst du«, unterbrach mich Servino, »genau das ist meine Meinung.«

»Aber meine nicht«, sagte Lotty hitzig. Ihre dichten schwarzen Augenbrauen zogen sich bedrohlich zusammen. »Und wenn du Claudia gesehen hättest, nachdem ihr die Lauge die Gedärme zerrissen hatte, würdest du vielleicht ein bißchen anders darüber denken.«

Einen Augenblick lang herrschte Schweigen am Tisch. Wir waren überrascht von Lottys heftiger und wütender Reaktion. Penelope Herschel sah Servino an und schüttelte leicht den Kopf.

Nickend quittierte er ihren Blick. »Tut mir leid, Lotty. Ich wollte dich nicht so aus der Fassung bringen.«

Lotty rang sich ein Lächeln ab. »Paul, man meint immer, nach dreißig Jahren im Arztberuf sei man dagegen immun. Man meint, wer daran gewöhnt ist, die Menschen so leiden zu sehen, wird durch seine Professionalität vor zu viel Mitgefühl bewahrt. Aber das Mädchen war fünfzehn. Es hatte sein Leben noch vor sich. Es wollte kein Kind haben; die Mutter wollte es. Nicht mal aus religiösen Gründen, denn als Engländerin verachtet sie alles Katholische. Sie hoffte nur, sie könnte weiterhin das Leben ihrer Tochter bestimmen. Claudia fühlte sich dem Druck ihrer Mutter nicht gewachsen und schluckte eine Flasche Herdreiniger. Und jetzt sagt bloß nicht, die Mutter sei dafür nicht verantwortlich. Mir ist es völlig gleichgültig, ob sie vor Gericht gestellt wird oder nicht: Für mich hat sie den Tod ihrer Tochter verschuldet, als hätte sie ihr selbst das Gift eingeflößt.«

Servino ignorierte ein weiteres leichtes Kopfschütteln von Lottys Nichte. »Es ist ein tragischer Fall – aber auch für die Mutter. Lotty, glaubst du etwa, sie wollte, daß sich ihre Tochter umbringt?«

Lotty lächelte gequält. »Was im Unterbewußtsein vorgeht, fällt ja wohl in dein Ressort, Paul. Vielleicht war es Mrs. Hamptons Wunsch. Wenn sie natürlich Claudias Tod nicht *wollte*, würde das Gericht sie zum Teil von ihrer Verantwortung freisprechen. Stimmt's, Vic?«

Mir war unbehaglich zumute: Ich wollte nicht den Schiedsrichter spielen. Das Gespräch nahm die Form eines Familienstreits an, bei dem dann beide Parteien auf die hinzugerufene Polizei losgehen. Im übrigen interessierten sich zwar fast alle anderen Gäste für den Fall und respektierten Lottys Gefühle, aber keiner legte Wert auf eine Diskussion über gesetzliche und moralische Verantwortung.

Die Dinnerparty fand zu Ehren von Lotty Herschels Nichte Penelope statt, die gerade einen ihrer periodischen Streifzüge durch Chicagos Modeszene unternahm. Ihr Vater – Lottys einziger Bruder – war Besitzer einer Reihe teurer Modegeschäfte in Montreal, Quebec und Toronto. Er spielte mit dem Gedanken, sich in Chicago eine Ausgangsbasis für die Vereinigten Staaten zu schaffen; Penelope besichtigte geeignete Objekte und machte sich gleichzeitig ein Bild von den Frühjahrsideen der hiesigen Designer.

Lotty gab jedesmal ein Abendessen für Penelope, wenn sie in der Stadt war. Servino zählte immer zu den Gästen. Er war Psychiater und mit Lotty befreundet. Penelope hatte ihn auf einer ihrer ersten Einkaufstouren in Chicago kennengelernt. Seitdem hatten sie sich so oft getroffen, wie es zwei vielbeschäftigten Geschäftsleuten möglich war, die ein halber Kontinent voneinander trennte. Obwohl ihre Affäre inzwischen fünf Jahre dauerte, wohnte Penelope weiterhin bei Lotty, wenn sie in der Stadt war.

Die beiden übrigen Gäste der kleinen Gesellschaft waren Max Loewenthal, der Geschäftsführer von Beth Israel, wo Lotty in der Abteilung für perinatale Medizin arbeitete, und Chaim Lemke, Klarinettist beim Holzbläserquintett Aeolus. Lotty und Max hatten den schmächtigen, melancholischen Mann als Flüchtling in London kennengelernt. Chaims Frau Greta, Harfenistin und Pianistin bei einer Gruppe, die Musik alter Meister spielte, war nicht da. Lotty war der Meinung, man sollte sie nicht einladen, weil sie Pauls Patientin war; im übrigen hätte sie die Einladung wahrscheinlich sowieso nicht angenommen, weil sie im Augenblick mit dem Oboisten des Aeolus-Quintetts, Rudolph Strayarn, zusammenlebte.

Das Essen fand in meiner Wohnung statt. Geschockt durch den Tod des jungen Mädchens hatte Lotty im Laufe des Tages angerufen und mich gebeten, ihr mit der Einladung zu helfen. Sie war so aus der Fassung, daß ich nicht anders konnte, als ihr meine Wohnung für die Party anzubieten. Bei Käse und Obst hatte Lotty begonnen, den Fall mit allen Anwesenden zu diskutieren. Dabei war sie vor allem empört über ein Rechtssystem, das Mrs. Hampton so einfach davonkommen ließ.

Aus unerfindlichen Gründen setzte Servino die Diskussion trotz Penelopes warnend gerunzelter Stirn fort. Wir waren bereits bei der dritten Flasche Barolo angelangt. Vielleicht erklärte das Pauls mangelndes Taktgefühl.

»Mrs. Hampton hat das Mädchen nicht mit vorgehaltener Pistole gezwungen, schwanger zu werden«, sagte er. »Die Tochter trägt ebenfalls Verantwortung, wenn man das Wort schon benutzen will. Und der Junge – der Vater, wer immer das war.«

Lotty, die sich normalerweise zurückhielt, hatte auch reichlich getrunken. Ihre schwarzen Augen blitzten; der Wiener Akzent war unüberhörbar.

»Glaube mir, Paul, ich kenne die Debatte. Es geht um die alte Frage, wen die Schuld trifft: den, der den Schuß abfeuert? Den, der die Waffe herstellt, oder den, der für die Umstände verantwortlich ist? Oder die Eltern des Schützen? Für mich sind das akademische Haarspaltereien – du weißt schon, all der Quatsch, den man uns vor ewigen Zeiten in Europa beigebracht hat: elementare Ursache, unmittelbare Ursache, hinreichende Ursache und so fort. Es ist graue Theorie, aber nicht das Leben. Man nimmt den Leuten die Verantwortung für ihr Handeln. Da kannst du die ganze Nacht lang Heinz Kohut zitieren und all die anderen Selbstanalytiker; du wirst mich trotzdem nicht davon abbringen, daß die Menschen in der Lage sind, bewußt zu handeln, oder daß Eltern für das verantwortlich sind, was sie ihren Kindern antun. Genauso könntest du behaupten, die Nazis wären nicht verantwortlich für das, was sie Europa angetan haben.«

Penelope lächelte verkrampft. Sie hatte Lotty ebenso gern wie Servino und wollte nicht, daß sie sich zum Narren machte. Max dagegen sah Lotty liebevoll an; es gefiel ihm, wenn sie sich ereiferte. Chaim starrte in die Luft und bewegte lautlos die Lippen. Wahrscheinlich ging er seine Partitur durch.

»Das würde ich wohl behaupten«, schnappte Servino mit seinem starken italienischen Akzent zurück. »Und schau mich nicht so an, als ob ich Joseph Goebbels wäre. Chaim und ich sind zehn Jahre jünger als du, aber wir haben so ziemlich das gleiche durchgemacht. Ich vergebe oder entschuldige die Greueltaten nicht, unter denen unsere Familien gelitten haben. Dazu gehört auch die Vertreibung. Aber ich kann mir Himmler, Mussolini oder sogar Hitler ansehen und sagen, sie haben sich aufgrund von Schwächen so verhalten, die in ihrer Geschichte, ihrer Abstammung und ihrer Kultur begründet sind. Man könnte genausogut den Franzosen die Schuld geben, weil sie so ein Bedürfnis nach – nach *rappresaglia* hatten; hielf mir mal, Victoria!«

»Vergeltung«, sekundierte ich.

»Siehst du, Lotty, jetzt werde ich auch hitzig. Ich vergesse mein Englisch. Also, wenn die Franzosen und die Engländer Deutschland nicht durch Reparationsleitungen überfordert hätten, wäre die Situation vielleicht ganz anders gewesen. Wie kann man da Verantwortlichkeit fordern von einem Menschen oder einem Volk? Man muß einfach in seinem eigenen Umfeld das Möglichste tun.«

Lotty verzog keine Miene. »Ja, Paul. Ich weiß, was du damit sagen willst. Die Franzosen haben eine bestimmte Sachlage geschaffen, das ist richtig. Und die Engländer sind Hitler entgegengekommen. Und die Amerikaner wollten die Juden nicht aufnehmen. Das ist alles wahr. Aber trotzdem hatten die Deutschen die

Wahl. Sie hätten anders handeln können. Ich will sie nicht aus der Verantwortung entlassen, bloß weil ich an den Handlungen der anderen etwas auszusetzen habe.«

Ich nahm ihre Hand und drückte sie fest. »Auch auf die Gefahr hin, hier den Neville Chamberlain zu spielen: seid doch friedlich! Chaim hat die Klarinette mitgebracht und Max seine Geige. Wenn du dich ans Klavier setzen würdest, Paul, könnten Penelope und ich singen.«

Chaims Lächeln überspielte die Traurigkeit in seinem schmalen Gesicht. Er spielte gern – sei es mit Freunden oder mit Profis.

»Gern, Vic. Aber nur ein paar Lieder. Es ist schon spät, und morgen geht's zu einer zweiwöchigen Tournee nach Kalifornien.«

Die Atmosphäre entspannte sich. Wir gingen ins Wohnzimmer, wo Chaim aus meinen Noten Hugo Wolfs *Spanisches Liederbuch* heraussuchte. Zum Schluß waren nur noch er mit Max und Lotty da. Sie spielten und unterhielten sich bis drei Uhr morgens, lange, nachdem Penelope und Servino sich verabschiedet hatten.

II

Die Ermittlungsarbeit macht im Januar weniger Spaß als zu jeder anderen Zeit des Jahres. In den folgenden beiden Tagen bahnte ich mir mit meinem kleinen Chevy den Weg durch nicht geräumte Seitenstraßen und versuchte, eine untergetauchte Kronzeugin zu finden, die in einer Achtzehn-Millionen-Betrugsaffäre aussagen sollte. Kurz vor fünf Uhr am Donnerstag abend hatte ich schließlich Erfolg. Bis ich die völlig verängstigte Frau, die sich bei einer Nichte in der 67sten Straße/Ecke Honore versteckt hielt, davon überzeugt hatte, daß sie keiner erschießen würde, wenn sie als Zeugin auftrat, bis ich sie zum Staatsanwalt und wieder sicher nach Hause gebracht hatte, war es kurz vor zehn.

Ich machte mich mit dem Schlüssel am Haustürschloß zu schaffen und dachte dabei an ein heißes Bad, Whisky in Mengen und Käsetoast. Als Mr. Contreras aus der Tür trat, knirschte ich mit den Zähnen. Der Rentner und frühere Maschinist besitzt mehr Energie als die Navratilova. An dem Abend fühlte ich mich ihm nicht mehr gewachsen.

Ich murmelte einen Gruß und ging rasch auf die Treppe zu.

»Da sind Sie ja endlich!« Die Erleichterung war ihm anzuhören.

Gottergeben blieb ich stehen. Irgendwas war wohl mit dem Hund. Ich sah es auf mich zukommen: Der sechzig Pfund schwere Jagdhund mußte durch schneeverwehte Straßen zum Tierarzt gekarrt werden.

»Ich dachte, ich lasse sie rein. Ich hab' ihr gesagt, daß ich nicht weiß, wann Sie heimkommen, daß Sie manchmal die ganze Nacht unterwegs sind« – eine dezente Anspielung auf mein Liebesleben. »Aber sie wollte unbedingt warten und hätte die ganze Zeit auf den Stufen sitzen müssen. Sie wollte nicht sagen, was los ist. Am besten, Sie reden gleich selber mit ihr. Wollen Sie reinkommen, oder soll ich sie zu Ihnen hochschicken?«

Also nichts mit den Hund. »Wer ist es denn?«

»Das will ich Ihnen doch die ganze Zeit sagen: das bildschöne Mädchen. Sie wissen schon, die Nichte der Ärztin.«

»Penelope?« fragte ich entgeistert.

Gerade in dem Augenblick tauchte sie unter den fuchtelnden Armen des alten Mannes durch und stand vor mir in der Eingangshalle. »Vic! Gott sei Dank, daß du da bist. Ich muß mit dir reden, bevor die Polizei auf dumme Ideen kommt.«

Sie war in einen knöchellangen silbrigen Pelzmantel gehüllt. Mit ihrer natürlichen Eleganz, exquisitem Schmuck und Make-up und der ultramodernen Frisur sah sie ihrer Tante nicht besonders ähnlich. Doch der Schock ließ die gestylte Fassade in den Hintergrund treten und rückte ihre dunklen Augen ins Blickfeld. Sie erinnerten mich so sehr an Lotty, daß ich instinktiv auf Penelope zutrat.

»Komm mit hoch und sag mir, was los ist.« Ich legte meinen Arm um sie.

Mr. Contreras zog enttäuscht die Tür hinter sich zu, als wir zusammen hinaufgingen. Penelope schwieg, bis wir in meiner Wohnung waren. Ich hängte meine Jacke und meine Daunenweste an die Garderobe in der Diele und zog mir im Wohnzimmer die schweren Laufschuhe aus.

Penelope behielt ihren Pelzmantel an. Ihre hochhackigen Kalbslederstiefel waren offenbar nicht straßentauglich; sie hatten Schneeränder. Sie fröstelte trotz ihres Mantels.

»Hast du – etwas gehört?«

Ich schüttelte den Kopf und rieb mir den rechten Fuß, der von der langen Herumfahrerei ganz verkrampft war.

»Es geht um Paul. Er ist tot.«

»Aber er ist doch noch nicht so alt. Und ich dachte, er wäre kerngesund.« Weil er im Sitzen arbeitete, joggte Servino abends immer die gut drei Kilometer von seiner Praxis im Zentrum nach Hause.

Penelope lachte leicht hysterisch auf. »Ja, er war richtig fit. Aber bei einem Schlag auf den Kopf hilft das nicht viel.«

»Könntest du nicht alles der Reihe nach erzählen, statt in dramatischen Etappen?«

Wie erhofft, ärgerte sie sich so über meine Grobheit, daß sie ihre beginnende Hysterie überwand. Sie warf mir einen königlich-verachtungsvollen Blick zu, wie ich ihn von Lotty kannte, und erzählte mir dann, was sie wußte.

Paul hatte seine Praxis in einem Gebäude, in dem noch andere Psychiater arbeiteten. Am Morgen hing ein Schild an seiner Tür, das nüchtern verkündete, aus zwingenden persönlichen Gründen müsse er sämtliche Termine für diesen Tag absagen. Als der Hausmeister gegen drei Uhr nachmittags eine Birne auswechseln wollte, fand er Servino tot auf dem Boden seines Sprechzimmers.

Kollegen bestätigten, daß sie ihn um etwa Viertel vor acht hatten ankommen sehen – zu seiner üblichen Zeit. Als sie das Schild sahen, vermuteten sie, er sei wieder gegangen, während sie selbst beschäftigt waren. Keiner maß der Sache irgendwelche Bedeutung bei.

Penelope war der Tod ihres Geliebten von der Polizei mitgeteilt worden, als sie gerade aus einem Immobilienbüro trat. Sie hatte über geeignete Mietobjekte verhandelt. Zwei Ärzte mit Praxen in Servinos Nachbarschaft hatten ausgesagt, eine dunkelhaarige Frau im langen Pelzmantel in der Nähe seines Sprechzimmers gesehen zu haben.

Penelopes dunkle Augen schwammen in Tränen. »Nicht genug, daß Paul tot ist und daß ich auf so unmögliche Weise davon erfahren habe. Sie glauben, ich hätte ihn getötet, weil ich dunkles Haar habe und einen Pelzmantel trage. Sie wissen nicht, womit er umgebracht wurde. Mit irgendeinem ganz gewöhnlichen stumpfen Gegenstand. Es hört sich dumm und banal an; wie bei Agatha Christie. Sie haben in meinen Sachen danach gesucht.«

Während sie suchten, wurde sie drei Stunden lang verhört. Schließlich ließ man sie widerwillig laufen mit der Auflage, Chicago nicht zu verlassen. Sie hatte Lotty in der Klinik angerufen und war dann zu mir gekommen.

Ich holte den Whisky aus dem Eßzimmer, aber sie schüttelte den Kopf. Um mich für das entgangene Bad zu entschädigen, schenkte ich mir einen gehörigen Schluck ein. »Und nun?«

»Ich möchte, daß du den Mörder findest. Die Polizei strengt sich nicht besonders an. Sie glauben, daß ich es war.«

»Haben sie einen Grund dafür?«

Sie wurde unerwartet rot. »Sie meinen, weil er mich nicht heiraten wollte.«

»Kein überzeugendes Motiv heutzutage, finde ich. Noch dazu bei deiner erfolgversprechenden Karriere. Wollte er wirklich nicht?«

»Im Gegenteil. Es war eher andersherum. Ich war noch unentschlossen, was ich tun sollte. Ob ich nach Chicago ziehen sollte. Weißt du – ich habe auch in Montreal Freunde. Und ich war immer der Ansicht, Ehe sei gleichbedeutend mit Monogamie.«

»Aha.« Die Affäre zwischen Paul und Penelope bekam für mich ein etwas anderes Gesicht. »Du hast ihn doch nicht umgebracht – möglicherweise aus einem anderen Grund?«

Sie zwang sich zu einem Lächeln. »Weil er in bezug auf Verantwortung eine andere Meinung vertrat als Lotty? Nein. Und auch aus keinem anderen Grund. Fragst du nun Lotty, ob sie es war?«

»Lotty hätte Sonntag abend irgend etwas vom Eßtisch gepackt und ihn damit zerfleischt. Sie hätte sich nicht mit einem Prügel in seine Praxis geschlichen.« Ich sah sie nachdenklich an. »Nur aus reiner Neugier: Was hast du heute früh gegen acht gemacht?«

Ihre schwarzen Augen funkelten mich an. »Eigentlich hatte ich Verständnis von dir erwartet, und nicht, daß du mir die gleichen blöden Fragen stellst, die ich schon den ganzen Nachmittag von der Polizei gehört habe!«

»Und was hast du nun heute früh um acht gemacht?«

Sie stürzte zur Tür, besann sich jedoch und verharrte in Türnähe vor dem Poster von Nell Blain. Mit dem Rücken zu mir sagte sie frostig: »Ich trank meine zweite Tasse Kaffee. Zeugen habe ich keine. Wie du weißt, ist Lotty um diese Zeit längst weg. Vielleicht hat mich jemand um halb neun aus dem Haus gehen sehen. Ich schlug vor, die Nachbarn zu befragen, aber die Polizei schien kein besonderes Interesse daran zu haben.«

»Verkauf sie nicht für blöd. Wenn sie dich nicht verhaften, stellen sie schon noch Fragen.«

»Aber du könntest Fragen zu meiner Entlastung stellen. Sie wollen mir bloß was anhängen.«

Ich preßte Daumen und Zeigefinger gegen meinen Nasenrükken und versuchte, den dumpfen Schmerz hinter den Augen loszuwerden. »Am wahrscheinlichsten ist, daß ihn ein erboster Patient umgebracht hat. Das ist dir doch sicher klar? Trotz deiner Befürchtungen wurden sie heute wahrscheinlich schon alle von der Polizei vernommen.«

Nichts konnte sie davon überzeugen, daß ihr keine unmittelbare Gefahr drohte, von korrupten Richtern im Schnellverfahren verurteilt zu werden – mit anschließender Exekution im Morgengrauen. Sie blieb bis nach Mitternacht, wobei sie mich abwechselnd beschwor, sie zu verstecken, und aufforderte, die Polizei bei der Suche nach Pauls Mörder zu unterstützen. Ich konnte sie nicht dazu bewegen, Lotty anzurufen und ihr zu sagen, wo sie sich aufhielt. Sie hatte Angst, Lottys Telefon könnte angezapft sein.

»Versteh doch, Penelope«, sagte ich schließlich entnervt, »ich kann dich nicht hier verstecken. Falls du wirklich verdächtigt wirst, ist dir die Polizei hierher gefolgt. Selbst wenn ich dich irgendwie rausschmuggeln und irgendwo verstecken könnte – ich würde es nicht tun. Ich würde wegen Behinderung der Rechtsfindung meine Lizenz verlieren, und es würde mir recht geschehen.«

Ich versuchte, ihr zu erklären, wie schwierig es war, eine gerichtliche Erlaubnis zur Überwachung des Telefons zu erlangen, aber es half alles nichts. Ich war kurz davor, Penelope anzuschreien, als Lotty zum Glück selbst anrief. Sie war völlig niedergeschmettert von Servinos Tod und machte sich Sorgen wegen Penelope. Die Polizei war mit einem Haussuchungsbefehl angerückt. Sie hatten eine Reihe von Haushaltsutensilien mitgenommen, darunter ihren Regenschirm. Normalerweise hätte sie eine solche Belästigung zur Weißglut gebracht; aber sie war zu bestürzt, um dem Vorgang allzuviel emotionale Beachtung zu schenken. Ich gab den Hörer an Penelope weiter. Was immer Lotty zu ihr gesagt hatte, es trieb ihr die Röte ins Gesicht; doch war sie danach bereit, sich von mir nach Hause fahren zu lassen.

Als ich – zum Umfallen erschöpft – zurückkam, wartete John McGonnigal im Streifenwagen vor meiner Tür. Er folgte mir über den Gehsteig und öffnete schwungvoll die Tür.

Ich sah ihn ungnädig an. »Danke, Sergeant. Es war ein langer Tag. Schön, daß nun noch einer den Portier für mich spielt.«

»Bißchen kalt zum Reden hier unten, Vic. Wie wär's, wenn Sie mich zu 'ner Tasse Kaffee einladen würden?«

»Ich möchte in mein Bett. Wenn Sie was zu sagen oder vielleicht sogar zu fragen haben, dann spucken Sie's aus.«

Es war nur leeres Gerede, und das wußte ich auch. Wenn ein Polizeibeamter sich nachts um eins mit mir unterhalten wollte, so würde er das auch tun. Mr. Contreras' Auftritt in einem magentaroten Bademantel beschleunigte nur meine Bereitschaft, ihm entgegenzukommen.

Während ich Käsebrote machte, fragte McGonnigal, was Penelope mir erzählt hatte.

»Sie hat sich mir nicht in die Arme geworfen und geschluchzt: ›Vic, ich habe ihn umgebracht! Du mußte mir helfen!‹« Ich röstete die Käsebrote mit etwas Olivenöl in der Pfanne. »Was habt ihr Jungs gegen sie vorzubringen?«

Die Empfangssekretärin und zwei Psychoanalytiker hatten gegen zwanzig vor acht eine kleine dunkelhaarige Frau in der Nähe von Servinos Praxis in einer Nische stehen sehen. Keiner hatte ihr viel Beachtung geschenkt. Als sie Penelope gegenübergestellt wurden, räumten sie ein, sie hätte es gewesen sein können; sicher waren sie jedoch nicht. Wäre sie eindeutig identifiziert worden, so hätte man sie bereits verhaftet, selbst wenn die Waffe noch nicht gefunden war.

»Gestern abend haben sie sich im Filigree laut gestritten. Dem Oberkellner war das ganz peinlich. Servino war Stammgast, und er wollte ihm nicht zu nahetreten; aber ein paar Gäste beschwerten sich. Dieses Mädchen, die Herschel –« McGonnigal warf mir einen wachsamen Blick zu. »Diese Frau, meine ich. Sie stürmte allein davon und schlief bei ihrer Tante. Ein Nachbar sah sie am Morgen gegen sieben weggehen – nicht um halb neun, wie sie behauptet.«

Das hörte sich nicht gut an. Ich fragte ihn nach der Todesursache. »Irgend jemand hat ihm eins seitlich gegen den Hals versetzt. Durch den Schlag wurde ein Halswirbel zertrümmert und eine Hauptschlagader verletzt. Er muß fast auf der Stelle tot gewesen sein. Servino war nicht besonders groß, wie Sie wissen. Die Herschel hätte keine Schwierigkeiten gehabt.«

»Aber womit?« fragte ich.

Das war der wunde Punkt. Alles kam dafür in Frage – angefangen beim Baseballschläger bis zum Stahlrohr. Der Gerichtsmediziner tippte eher auf das letztere, denn die Haut war an einigen Stellen verletzt. Sie hatten jeden Gegenstand aus Lottys Wohnung und Penelopes Gepäck mitgenommen, der sich als Waffe eignete. Die Sachen wurden gerade auf Blutspuren und Hautreste untersucht.

Ich prustete los. »Wenn Sie Lottys Wohnung durchsucht haben, hat sie Ihnen sicher ganz schön die Leviten gelesen.«

McGonnigal verzog das Gesicht. »Sie hat sich Luft gemacht, stimmt. Können Sie sich vorstellen, womit er umgebracht wurde?«

Ich schüttelte den Kopf. Der Gedanke an Pauls Tod war so abscheulich, daß ich nicht die Kraft aufbrachte, über die mögliche Waffe nachzudenken. Nachdem McGonnigal gegen halb drei gegangen war, lag ich im Bett und starrte ins Dunkel. Ich konnte nicht schlafen, obwohl ich völlig erschöpft war. So gut kannte ich Penelope auch nicht. Daß sie Lottys Nichte war, hieß ja nicht, daß sie keinen Mord begehen konnte. Um ehrlich zu sein: Ihr Theater am gestrigen Abend hatte mich nicht hundertprozentig überzeugt. Wer sonst kam einem so nahe, daß er ihm das Genick brechen konnte, wenn nicht der oder die Geliebte? Ich wälzte mich stundenlang im Bett herum und fiel gegen sechs in einen unruhigen Schlaf.

Lotty weckte mich um acht und beschwor mich, Servinos Mörder zu finden. Die Polizei war um halb acht noch einmal gekommen, um Penelope zu fragen, warum sie verschwiegen hatte, daß sie am frühen Morgen des Vortags in Pauls Wohnung gewesen sei.

»Und warum war sie da?« fragte ich sachlich.

»Sie sagt, nach ihrem Streit wollte sie die Dinge wieder ins Lot bringen, aber er war bereits auf dem Weg in seine Praxis. Bei der polizeilichen Vernehmung war sie zu verstört, um die Wahrheit zu sagen. Vic, ich habe furchtbare Angst, daß man sie verhaftet.«

Ich murmelte etwas vor mich hin. Mir schien, als hätte sie allen Grund dazu, aber mir war mein Leben zu lieb, als daß ich es laut zu Lotty gesagt hätte. Auch so verlief die Unterhaltung bald im Sande.

»Ich komme bei Wind und Wetter und flick' dich zusammen. Nie hörst du von mir ein Wort der Klage.« Das stimmte nicht ganz; aber ich widersprach nicht. »Wenn ich dich jetzt einmal um Hilfe bitte, zeigst du mir die kalte Schulter. Das werde ich mir merken, Victoria.«

Riesige schwarze Flecken tanzten vor meinen Augen. »Prima, Lotty.«

Ihr Hörer knallte auf die Gabel.

III

Verbissen machte ich mich an meine Tagesgeschäfte. Im Auto stellte ich den Lokalsender ein, um zu hören, ob Penelope eventuell verhaftet worden sei. Trotz aller nachteiligen Zeugenaussagen wollte der Staatsanwalt offenbar nichts unternehmen, solange man nichts über die Tatwaffe wußte.

Kurz nach sechs stapfte ich die Treppe zu meiner Wohnung hinauf und dachte an ein Bad, ein halb durchgebratenes Steak und an mein Bett. Auf dem obersten Treppenabsatz knirschte ich vor ohnmächtiger Wut mit den Zähnen: Vor meiner Tür saß eine Frau im Pelzmantel.

Als sie aufstand, erkannte ich, daß es nicht Penelope war, sondern Chaim Lemkes Frau Greta Schipauer. In dem dunklen Treppenhaus war mir ihr goldblondes Haar nicht gleich aufgefallen.

»Vic! Gott sei Dank, daß du da bist! Ich sitze seit vier hier, und in zwei Stunden habe ich ein Konzert.«

Ich hantierte mit den drei schweren Türschlössern. »Ich habe ein Büro in der Stadt, damit die Leute nicht vor meiner Tür auf dem Boden sitzen müssen«, sagte ich spitz.

»Tatsächlich? Und ich dachte mir immer, du würdest in deinem Wohnzimmer arbeiten.«

Sie folgte mir in die Wohnung, ging sofort ans Klavier und spielte ein paar Quinten herunter. »Du müßtest mal dein Klavier stimmen lassen, Vic.«

»Hast du deshalb zwei Stunden auf mich gewartet? Um mir zu sagen, daß mein Klavier gestimmt werden muß?« Ich hängte meinen Mantel in der Diele auf und setzte mich auf die Couch, um mir die Stiefel auszuziehen.

»Nein, nein.« Sie setzte sich hastig. »Ich komme natürlich wegen Paul. Ich habe heute mit Lotty gesprochen. Sie sagt, du weigerst dich, nach seinem Mörder zu suchen. Warum das, Vic? Wir brauchen dich alle ganz nötig. Du kannst uns jetzt nicht hängenlassen. Gestern wurde ich zwei Stunden von der Polizei vernommen. Meine Konzentration ist völlig dahin. Ich konnte überhaupt nicht üben. Das Konzert heute abend wird bestimmt eine Katastrophe. Sogar Chaim hat darunter zu leiden, und er ist drüben an der Westküste.«

Ich war zu erschöpft, um noch taktvoll sein zu können. »Woher weißt du das? Ich denke, du lebst mit Rudolph Strayarn zusammen?«

Sie sah mich überrascht an. »Was hat das damit zu tun? Chaims Musik interessiert mich immer, und die war fürchterlich. Rudolph rief heute früh an und hat es mir erzählt. Ich habe mir dann in der Stadt eine Zeitung aus Los Angeles gekauft.«

Sie hielt mir die *L. A. Times* mit der aufgeschlagenen Kulturseite vor die Nase. Die Schlagzeile lautete: *AEOLUS VOM WINDE VERWEHT*. Chaims Werbefoto illustrierte den Bericht.

Ich überflog die Meldung:

»Chaim Lemke, einer der brillantesten Virtuosen Amerikas, muß seine Klarinette zu Hause vergessen haben; er spielte, als halte er das Instrument zum erstenmal in der Hand. AEOLUS-Managerin Claudia Laurents erklärte, der Mord an einem Chicagoer Freund habe das Quintett aus dem Takt gebracht. Zwar gelang es den übrigen Solisten, dem Ganzen den Anstrich eines Konzerts zu geben, aber die Vorstellung von Amerikas bekanntestem Holzbläserquintett war eindeutig ein Mißklang.«

Ich gab Greta die Zeitung zurück. »Chaim hat einen so guten Ruf, daß ein solcher Verriß in zwei Tagen vergessen ist. Mach dir darüber keine Gedanken. Geh du zu deinem Konzert und konzentriere dich auf deine Musik.«

Sie starrte mich mit ihren leicht hervortretenden Augen an. »Ich hab's Lotty nicht geglaubt. Ich denke, ich höre nicht recht, Vic. Wir brauchen dich. Wenn es ums Geld geht, dann nenn uns deinen Preis. Nur sei nicht so herzlos und hilf uns.«

»Greta, die Polizei hält sich bloß deshalb noch zurück, weil sie die Mordwaffe nicht finden. Ich helfe ihnen nicht bei der Suche. Das beste für uns wäre, sie würde nie gefunden. Nach einiger Zeit lassen sie Penelope nach Montreal zurück, und euer Leben verläuft wieder in den üblichen Bahnen.«

»Nein, nein! Du glaubst, Penelope hat das Verbrechen begangen. Niemals, Vic, niemals. Ich kannte sie schon als kleines Mädchen. Ich bin nämlich in Montreal aufgewachsen. Dort habe ich auch Chaim kennengelernt. Du kannst mir glauben, ich kenne sie. Sie hat den Mord nicht begangen.«

Starrköpfig argumentierte sie weiter, bis sie auf die Uhr sah, einen Schreckensschrei ausstieß und sagte, sie müsse sich beeilen, sonst käme sie zu spät in den Konzertsaal. Als ich erleichtert die Tür hinter ihr verschloß, sah ich, daß sie ihre Zeitung vergessen hatte. Ich studierte noch einmal Chaims feingeschnittenes Gesicht. Er sah traurig aus, als hätte er im Augenblick der Aufnahme gewußt, daß es etwas zu betrauern gäbe.

IV

Als die Polizei am Donnerstag zu später Stunde Penelope des Mordes beschuldigte, gab ich schließlich den verschiedenen Bitten und Forderungen ihrer Freunde nach und begann mit einer unabhängigen Untersuchung. Die Polizei hatte keine Waffe gefunden, doch der Staatsanwalt nahm an, sie sei im Fluß gelandet.

Ich ließ mir die Namen der beiden Psychiater und der Empfangssekretärin geben, die die vermeintliche Mörderin am Dienstag in Servinos Praxis gesehen hatten. Sie waren so daran gewöhnt, nervöse Patienten hinter Trennwänden verschwinden zu sehen, daß sie die Frau kaum beachtet hatten. Keiner von ihnen war bereit, sie vor Gericht zu identifizieren. Diese Tatsache würde Freeman Carter entgegenkommen, der Penelopes Verteidigung übernommen hatte; aber sie wog nicht den Schaden auf, den Penelope mit ihrer Falschaussage angerichtet hatte.

Gegen eine Kaution von 100000 Dollar wurde sie auf freien Fuß gesetzt. Sie wurde von Verzweiflung und wilden Wutanfällen hin und her gerissen; ihre Geschichte klang nicht besonders überzeugend. Trotzdem war ich verpflichtet, ihre Unschuld zu beweisen. Ich tat für sie, was ich konnte, und im übrigen vertraute ich darauf, daß Freeman beschlagen genug war, sie nicht in den Zeugenstand zu rufen.

Einer meiner Zuträger bei der Polizei besorgte mir eine Liste von Pauls Patienten – auch den ehemaligen. Lotty, Max und Greta stellten Freeman und mir jeden Betrag zur Verfügung, den wir benötigten; ich konnte die Gebrüder Streeter zur Überprüfung der Alibis sämtlicher Patienten anheuern.

Ich sprach mit allen selbst und versuchte, jedem ernsthaften Anschein eines Vertrauensbruchs und jedem gravierenden Ärgernis nachzuspüren, das einen Mord rechtfertigen könnte. Ich las sogar Pauls Aufzeichnungen und fühlte mich dabei wie eine Voyeurin. Es faszinierte mich, wie er Greta charakterisierte. Ihre ausgeprägte Ich-Bezogenheit hatte mich immer gestört. Paul war wesentlich einfühlsamer. Offenbar bezweifelte er, daß sie sich je einer Selbstbetrachtung unterziehen würde.

»Wie hat Paul deine Affäre mit Rudolph beurteilt?« fragte ich Greta eines Nachmittags, als sie sich wieder einmal nach meinen Fortschritten erkundigte.

»Ach, du weißt ja, wie er war: Er respektierte mein künstlerisches Temperament, und er wußte, was man in meinem Beruf braucht, um zu überleben. Außerdem machte er mir plausibel, daß ich mich nicht dafür verantwortlich fühlen mußte. Der ausgeprägte Narzißmus meiner Eltern sei schuld daran, daß ich mich so nach Liebe und Zuneigung sehne. Und Rudolph ist als Liebhaber viel gelöster als der arme Chaim mit seinen endlos zur Schau gestellten Schuldgefühlen und Selbstzweifeln.«

Ich bekam eine leichte Gänsehaut. Ich verstand nichts von Psychoanalyse, aber ich konnte mir nicht vorstellen, daß Paul seine Bemerkungen über persönliche Verantwortung so interpretiert wissen wollte.

Chaims künstlerische Leistung hatte sich inzwischen weiter verschlechtert. Er beschloß, die restlichen Auftritte an der Westküste abzusagen. Das Aeolus-Quintett fand einen Ersatz – den zweiten

Klarinettisten des Chicagoer Symphonieorchesters. Aber sie bekamen nur mittelmäßige Kritiken in Seattle und spielten in Vancouver und Denver vor halbleeren Häusern.

Greta holte Chaim bei seiner Rückkehr vom Flughafen ab. Ich wußte das, weil sie die lokalen Fernsehsender informiert hatte; in den Zehn-Uhr-Nachrichten starrte sie mich vom Bildschirm an, während sie Chaim mit mütterlicher Fürsorge aus der Gepäckausgabe führte. Als die Kameraleute abgezogen waren, machte sie sich auf zu Rudolph und rief mich um halb elf von dort an, um sich zu versichern, daß ich ihr eheliches Getue mit angesehen hatte.

Ich war nicht überzeugt von Gretas Beteuerung, Chaim würde rascher zu sich selbst finden, wenn er auf sich allein gestellt sei. Am nächsten Tag schaute ich selbst einmal bei ihm vorbei. Trotz der frühen Nachmittagsstunde war er noch im Morgenmantel. Ich entschuldigte mich, weil ich ihn geweckt hatte, doch er versicherte mir mit einem lieben, tristen Lächeln, er sei schon länger auf den Beinen. Als ich ihm in das helle Wohnzimmer mit Ausblick auf den Michigansee folgte, erschrak ich über sein ungesundes Aussehen. Seine schwarzen Augen lagen wie riesige Höhlen in dem schmalen Gesicht. Offenbar hatte er seit einiger Zeit nicht geschlafen.

»Chaim, bist du beim Arzt gewesen?«

»Nein, nein.« Er schüttelte den Kopf. »Ich kann bloß seit Pauls Tod nicht mehr spielen, das ist alles. Ich versuche es, aber ich bringe weniger zustande als mit fünf. Ich weiß nicht, was schlimmer ist: daß Paul tot ist oder daß sie Penelope verhaftet haben. So ein liebes Mädel. Ich kenne sie seit ihrer Geburt. Ich bin sicher, sie hat ihn nicht umgebracht. Lotty sagt, du kümmerst dich um den Fall?«

»Ja, aber nicht sehr erfolgreich. Die Beweise gegen sie sind ziemlich dürftig. Ich glaube kaum, daß man sie verurteilt. Wenn die Waffe auftaucht...« Ich ließ den Rest offen. Wenn die Waffe auftauchte, könnte das der fehlende Stützpfeiler für die Anklage des Staatsanwalts sein. Ich versuchte redlich, für Penelope zu arbeiten, aber mir kamen immer wieder solche ketzerischen Gedanken.

»Du suchst nach der Waffe? Weißt du, was es für eine ist?«

Ich schüttelte den Kopf. »Der Staatsanwalt gab mir Aufnahmen von der Wunde. Ich ließ Vergrößerungen machen und zeigte sie einem Arzt. Ich hoffte, er hätte vielleicht eine Idee. Es muß so was wie ein Rohr oder ein Stock mit Zacken oder irgendwelchen Ausbuchtungen gewesen sein. So eine Art Keule, wie sie die Höhlenmenschen benutzt haben. Ich bin so ratlos, daß ich sogar im Field-Museum nachgefragt habe, ob sie irgendeine Idee haben oder ob sie vielleicht eine tödliche alte Waffe vermissen.«

Chaim war ganz grün geworden. Ich bekam ein schlechtes Gewissen. Er hatte so eine lebhafte Phantasie; ich hätte den Mund halten sollen. Nun hatte er bestimmt wochenlang Alpträume und mußte noch länger warten, bis er wieder spielen konnte. Um das Thema zu wechseln, überredete ich ihn, sich von mir etwas aus den kärglichen Vorräten in seiner Küche kochen zu lassen. Er aß nicht viel, aber er sah nicht mehr so fiebrig aus, als ich ging.

V

Am ersten Tag von Penelopes Gerichtsverhandlung fand ihn seine Putzfrau morgens in der Wohnung. Er war dem Tode nahe. Lotty, Max und ich hatten den Tag zusammen mit Lottys Bruder Hugo und seiner Frau im Gerichtssaal verbrachte. Gretas verzweifelte Hilferufe erreichten uns erst, als Lotty vor dem Abendessen in der Klinik vorbeifuhr.

Am Abend zuvor hatte Chaim zum erstenmal seit Wochen an einer Probe des Aeolus-Quintetts teilgenommen. Er hatte sich eine neue Klarinette gekauft. Vermutlich meinte er, es läge am Instrument. Blasinstrumente verhalten sich anders als Violinen; sie werden mit der Zeit schlechter. Ein aktiver Klarinettist muß sich etwa alle zehn Jahre ein neues Instrument kaufen. Trotz der neuen Klarinette – einer Buffet, wegen der er extra nach Toronto geflogen war, lief die Probe nicht.

Er verabschiedete sich früh, fuhr nach Hause und drehte am Küchenherd den Gashahn auf. Er hinterließ einen Zettel mit den Worten: »Ich habe mir meine Musik zerstört.« Die Putzfrau wußte über sein Privatleben soweit Bescheid, daß sie Greta in Rudolphs Wohnung anrief. Da Greta die Probe mitverfolgt hatte, während sie auf den Oboisten wartete, wußte sie von Chaims Versagen.

»Es überrascht mich nicht«, sagte sie am Telefon zu Lotty.

»Seine Musik war das einzige, was ihm blieb, nachdem ich ihn verlassen hatte. Da er nun beides verloren hatte, sah er keinen Grund mehr zum Weiterleben. Gott sei Dank hat mir Paul so oft auseinandergesetzt, weshalb wir für unser Tun und Lassen nicht verantwortlich sind. Sonst hätte ich jetzt furchtbare Gewissensbisse.«

Lotty rief den diensthabenden Arzt im Mitchell-Krankenhaus an und erfuhr, daß Chaim am Leben bleiben würde. Er hatte jedoch seine Lunge schwer geschädigt. Er konnte kaum reden und würde vermutlich nie wieder spielen können.

Schäumend vor Wut gab sie ihr Gespräch mit Greta wieder, während wir im Drake – in der Suite ihres Bruders – auf das Abendessen warteten. »Es hat den Falschen erwischt mit der Karriere«, sagte sie aufgebracht. »Ich konnte nie verstehen, wieso Chaim diese egozentrische Hure so leidenschaftlich liebte!«

Marcella Herschel verzog angewidert den Mund. Sie kamen schon im Idealfall nicht gut miteinander aus, aber wenn Lotty in Wut geriet, fand Marcella sie nahezu unerträglich. Penelope, bleich und niedergeschlagen, brachte ein Lächeln zustande und tätschelte beruhigend Lottys Schulter, während Max sie zu einem Schluck Wein zu überreden versuchte.

Nach dem Essen kam Freeman Carter vorbei, um die Strategie für den zweiten Verhandlungstag zu besprechen. Bald darauf löste sich die Gesellschaft auf; wir waren alle zu müde und zu bedrückt, um auch nur den Schein eines Gesprächs zu wahren.

Die Verhandlung dauerte vier Tage. Freeman zerpflückte brillant das spärliche Beweismaterial der Staatsanwaltschaft. Die Geschworenen berieten sich nur zwei Stunden, bevor sie ihr Urteil sprachen: nicht schuldig. Penelope fuhr am nächsten Morgen mit Hugo und Marcella nach Montreal. Lotty hatten die Ereignisse des Winters schwer zugesetzt. Sie suchte sich eine Vertretung für die Klinik und fuhr mit Max zwei Wochen nach Portugal.

Ich gönnte mir in Michigan ein verlängertes Wochenende mit meinem Hund, hatte aber weder Zeit noch Geld für einen längeren Urlaub. Als ich Montag abend nach Hause kam, lag Hugo Wolfs *Spanisches Liederbuch* noch aufgeschlagen auf dem Klavier – so wie an jenem Januarabend mit Chaim und Paul. Durch den Mord an Paul und die Vorbereitung auf Penelopes Prozeß war ich nicht mehr zum Singen gekommen. Ich versuchte es mit *»In dem*

Schatten meiner Locken«; aber Greta hatte recht: Das Klavier mußte unbedingt mal gestimmt werden.

Am nächsten Morgen rief ich Mr. Fortieri an und fragte, ob er es sich einmal ansehen könne. Der alte Mann reparierte unter anderem die Instrumente des Aeolus-Quintetts und ähnlicher Gruppen und stimmte für sie die Klaviere. Mir tat er nur den Gefallen, weil er meine Mutter gekannt und ihren Gesang bewundert hatte.

Er verabredete mit mir einen Termin für den folgenden Nachmittag, was mich überraschte. Normalerweise mußte man bei ihm vier bis sechs Wochen warten. Rasch waren meine Dienstagtermine entsprechend verlegt. Als er bei mir eintraf, erkannte ich, daß er nur so schnell gekommen war, weil ihn Chaims Selbstmordversuch so bestürzt hatte. Ich hatte keine große Lust, alles noch mal durchzukauen, aber ich sah, daß der alte Mann sich Gedanken machte und jemanden brauchte, mit dem er reden konnte.

»Ich zerbreche mir den Kopf darüber, was ich mit seiner Klarinette anfangen soll, Victoria. Ich habe sie reparieren können, aber ich habe gehört, daß er nie mehr spielen wird. Es wäre bestimmt gefühllos von mir, sie zurückzugeben, selbst wenn ich keine Rechnung stelle.«

»Seine Klarinette?« fragte ich verständnislos. »Wann hat er sie Ihnen gebracht?«

»Nach seiner verkorksten Tournee an der Westküste. Er sagte, sie sei ihm in den Dreck gefallen. Ich verstehe immer noch nicht, wieso er sie nicht im Instrumentenkoffer verstaut hatte und wie das passieren konnte. Aber er sagte, sie sei völlig verdreckt gewesen, und er habe sie reinigen wollen. Dabei habe er die Klappen so verbogen, daß sie nicht mehr richtig spielte. Es war ein wunderbares Instrument. Er hatte es erst ein paar Jahre, und es hatte so um die sechstausend Dollar gekostet. Deshalb wollte ich's mal mit der Reparatur versuchen. In Kalifornien mußte er seine alte Klarinette benutzen, und ich dachte mir, daß die Tournee aus dem Grund so schlecht lief. Und natürlich auch, weil ihm Pauls Tod so naheging.«

»Sie haben die Klarinette repariert und gründlich gereinigt«, sagte ich, als sei ich begriffsstutzig.

»Ja. Der Klang ist natürlich nicht mehr derselbe, aber für den Hausgebrauch ist es immer noch ein gutes Instrument. Aber es widerstrebt mir, ihm die Klarinette zurückzugeben, wenn er nicht mehr darauf spielen kann.«

»Lassen Sie sie hier«, sagte ich leise. »Ich kümmere mich darum.«

Mr. Fortieri schien erleichtert, seine Verantwortung an mich weitergeben zu können. Er machte sich ans Werk und stimmte das Klavier, ohne sich – wie sonst – darüber zu mokieren, daß es mir nicht gelungen war, das hohe musikalische Niveau meiner Mutter zu erreichen.

Sobald er das Haus verlassen hatte, fuhr ich ins Universitätskrankenhaus von Chicago. Chaim befand sich zur Beobachtung in der Psychiatrie, aber er durfte Besuch empfangen. Ich fand ihn im Aufenthaltsraum. Er saß da und starrte ins Leere, während *Menschen vor Gericht* über den Bildschirm lief.

Er produzierte sein liebes, tristes Lächeln und krächzte meinen Namen. Es klang wie die heisere Parodie einer Stimme.

»Können wir in dein Zimmer gehen, Chaim? Ich möchte unter vier Augen mit dir reden.«

Er streifte die leeren Gesichter um uns mit einem kurzen Blick, stand aber gehorsam auf und führte mich in ein spartanisch eingerichtetes Zimmer mit vergittertem Fenster.

»Mr. Fortieri hat heute nachmittag mein Klavier gestimmt. Er hat mir von deiner Klarinette erzählt.«

Chaim sagte nichts, aber er schien sich leicht zu entspannen.

»Wie hast du es gemacht, Chaim? Ich meine, du bist doch Montag früh nach Kalifornien geflogen. Bist du mit dem Lumpensammler zurückgeflogen?«

»Lumpensammler?« krächzte er heiser.

Sogar in dem kleinen Raum mußte ich mich vorlehnen, um ihn zu verstehen. »Mit dem Nachtflug.«

»Ach so. Lumpensammler. Ja. Ich bin um sechs auf dem O'Hare gelandet, bin mit der Hochbahn zu Pauls Praxis gefahren und war rechtzeitig zum Zehn-Uhr-Flug wieder am Flughafen. Keiner wußte, daß ich L.A. überhaupt verlassen hatte. Zu unserer Probe um zwei habe ich's mit Leichtigkeit geschafft.«

Als ich sah, wie ihn das Sprechen anstrengte, tat mir selbst der Hals weh.

»Ich bildete mir ein, Paul zu hassen – mit all seinen Bemerkungen über Verantwortung. Ich dachte, er hätte Greta zugeredet, mich zu verlassen.« Er hielt inne, um wieder zu Atem zu kommen. Dann redete er weiter.

»Ich gab ihm die Schuld an ihrer Einstellung, sie sei unserer Ehe in keiner Weise verpflichtet. Als ich dann zurückkam, sah ich, daß Lotty recht gehabt hatte. Greta war vollkommen ichbezogen. Narziß wäre ein besserer Name für sie gewesen. Sie verwendete Pauls Worte, ohne sie zu verstehen.«

»Und was ist mit Penelope?« fragte ich. »Hättest du sie tatsächlich für dich ins Gefängnis gehen lassen?«

Er lächelte verkrampft. »Ich bin nicht darauf aus gewesen, daß Penelope verhaftet wird. Ich dachte nur... Mir hat die Kälte schon immer zugesetzt, dieser Chicagoer Winter. Ich trage seit Jahren einen langen Pelz. Weil ich ziemlich klein bin, meinen die Leute oft, ich sei eine Frau. Ich dachte nur, wenn mich jemand sieht, hält er mich für eine Frau. Daß Penelope verhaftet wird, wollte ich auf keinen Fall.«

Ein paar Minuten lang saß er keuchend da. »Was wirst du jetzt machen, Vic? Gehst du zur Polizei?«

Traurig schüttelte ich den Kopf. »Du wirst nie mehr spielen können. Als Lebenslänglicher wärst du glücklicher gewesen. Ich möchte aber, daß du alles niederschreibst – unter welchem Namen du geflogen bist und so weiter. Ich habe die Klarinette. Wenn Mr. Fortieri sie auch gereinigt hat: in einem guten Labor könnte man doch noch Blutspuren entdecken. Die Klarinette und dein Geständnis gehen nach deinem Tod an die Presse. Penelope hat es verdient, daß sie von jedem Verdacht befreit wird. Ihr und Lotty muß ich es sowieso sagen.«

Seine Augen glänzten. »Du weißt nicht, wie furchtbar es war, Vic. Ich war rasend vor Wut. Es machte mir wenig aus, ihm das Genick zu brechen. Aber danach konnte ich nicht mehr spielen. Du liegst also falsch: Ich hätte nie wieder gespielt, selbst wenn man mich eingesperrt hätte.«

Ich konnte den quälenden Ausdruck in seinem Gesicht nicht ertragen und ging ohne ein weiteres Wort. Aber es dauerte Wochen, bis ich einschlafen konnte, ohne seine tränennassen schwarzen Augen vor mir zu sehen.

N wie Natur

Pam Houston Etwas Süßes, Wildes

Unter dem zweiten Vollmond in diesem Dezember sehen die hohen Uinta-Berge aus, als hätte Gott sie berührt. Überall liegt tiefer Schnee, bis zu anderthalb Metern. Michael und ich leben im Hochland, aber wir wollen noch höher hinauf, mitten ins Herz der Uintas, dem höchsten Gebirge im Staat. Wir kommen von Kamas durch den Canyon herauf. Eine Menge Schnee liegt auf der alten Straße, aber man kommt durch, selbst mit Zweiradantrieb. Wir befinden uns in einer Übergangszone, wo Canyons und Berge aufeinandertreffen und all die Felsformationen, die die Straße säumen, bedeutungsvoll und bizarr wirken. Jedesmal, wenn wir eine neue Figur am Horizont sehen, erzähle ich Michael eine Indianerlegende dazu: der tanzende Krieger, die Mutter mit dem Kind, die drei alten Männer auf der Himmelsleiter. Diese Legenden sind ganz und gar meine Erfindung, aber selbst wenn Michael dies ahnt, läßt er es sich nicht anmerken.

Bei Vollmond muß ich einfach hinaus in die wilde Natur, und Michael schließt sich mir an, wie er es bei fast all meinen Einfällen tut. Aber heute ist Silvester, und, mehr noch, heute ist Blauer Mond, der erste seit vielen Monaten, vielen Jahren sogar. Ich habe das Gefühl, als könne unter diesem Mond alles mögliche passieren, wenn man es nur ein bißchen zuläßt.

Die Bäume um uns herum sind nun höher, und die Straße wird schmaler. Ein Hase, strahlend weiß im Scheinwerferlicht, flitzt vor uns her und verschwindet dann dorthin zurück, woher er gekommen ist. Vor zwei Wochen, auf der Fahrt in den Grand Canyon, machte ich Michael weis, daß es die Wolpertinger, wie er sie auf den Postkarten in Mexican Hat gesehen hat, wirklich gibt. Er stammt aus einem anderen Teil der Welt, wo der *Playboy* verboten ist und wo mehr wilde Tiere als Menschen leben und niemand auf die Idee kommen würde, ein Bild von einem Hasen mit Geweih zu verschicken. Michael ist nicht auf den Kopf gefallen und es war nicht leicht, ihm etwas vorzumachen. Ich mußte eigenartige Paarungsrituale erfinden, bei denen Geweihe evolutionsbedingt die

Folge waren, ich mußte mir eine Jagdsaison einfallen lassen und einen Bau mit einem mindestens dreißig Zentimeter breiten Eingang.

»Kein Geweih«, sagt er, als der Hase verschwunden ist.

»Nicht in dieser Jahreszeit«, sage ich. »Sie stoßen es im Herbst ab, nach der Paarungszeit, wie die Elche.«

Michael ist ehrlich und gutaussehend, zärtlich und freiheitsliebend. Fast zehn Jahre lang ist er herumgereist, meistens alleine, auf der Suche nach etwas; manchmal nennt er es eine »Karriere«. Genau betrachtet unterscheidet sich seine Geschichte gar nicht so sehr von meiner. Er kam vor drei Monaten in meine Stadt, und obwohl wir nicht darüber gesprochen haben, ist zwischen uns etwas, womit wir rechnen müssen. Es ist kraftvoll, gesund und erschreckend zugleich, und obwohl *Langlebigkeit* kein Wort ist, das mir behagt, so ist hier doch etwas, trotz unser beider Geschichten, das *dauern* wird.

Die Straße windet sich in Serpentinen auf einen weiteren Kamm, ich lege einen niedrigeren Gang ein, und plötzlich schauen wir wieder in die Richtung, aus der wir gekommen sind, zu Timpanogos, der schlafenden Prinzessin.

»Schau mal, das große Schneefeld auf ihrer Brust«, sage ich zu Michael, »links unterhalb des Gipfels.« Michael stellt den Kassettenrecorder leiser.

»Wenn jenes Schneefeld beim Schmelzen die Form eines Pferdekopfes annimmt, ist es Zeit für die Leute in den Tälern, ihr Getreide zu säen.«

Michael lächelt mich an und drückt meine Hand. Ich weiß nicht, woher ich meine Geschichten habe. Manchmal mache ich nur den Mund auf, und schon sind sie da.

Michael stellt den Kassettenrecorder wieder lauter. Er hört die schmalzigste Musik seit Menschengedenken. Ich meine Gordon Lightfoot und Andrew Lloyd Webbers Musicalmelodien. Als ich zum ersten Mal in sein Auto stieg, sangen John Denver und Julio Iglesias gerade ein Duett mit dem Titel »Perhaps Love«, und Michael sang bei Julios Part carusomäßig mit.

Gerade singt Sarah Brightman »I Don't Know How to Love Him«, und kurz vor der höchsten Stelle des Canyons läuft uns ein Reh vor die Räder. Es ist eine Damhirschkuh, die sich am Mondschein freut. Lautlos macht der Truck eine Vollbremsung auf der verschneiten Straße, und die Hirschkuh springt über die Leitplanke und verschwindet im Wald. Der Truck dreht sich einmal um die eigene Achse und richtet sich dann von allein wieder aus. Ich fahre rechts ran, und Michael steigt aus und legt Schneeketten an. Ich fahre jetzt beträchtlich langsamer. Der Schnee auf der Straße wird immer tiefer.

»Weißt du, was es bedeutet, wenn ein Reh im Mondschein von Ost nach West deinen Weg kreuzt?« frage ich.

Er schwenkt seine Hand hin und her, um mir zu verstehen zu geben, daß er es nicht weiß. »Es bedeutet, daß großes Glück auf dich wartet«, erzähle ich. »Es bedeutet, daß sich Gutes ereignen wird.«

Mir schwebt eine Bergwiese vor, zu der ich auf Skiern fahren möchte, ein Ort, an dem Mitternacht werden soll und an dem wir unseren Champagner trinken. Aber ich bin diese Straße noch nie so tief im Winter hinaufgefahren, und so wie es aussieht, auch niemand anderes. Ich bin mir nicht sicher, wie weit wir kommen werden.

Beim vorletzten Vollmond sind wir nach Zion gefahren. Tagsüber wanderten wir bis Angel's Landing, und ich fotografierte Michael, eine Nahaufnahme mit meiner großen Linse. Als ich das Bild vom Fotoladen abholte, stach es zwischen den Aufnahmen der rot-orangenen Monolithen von Zion hervor wie eine Ikone inmitten von Ruinen. Er hat so einen bestimmten Blick, mit dem er mich ansieht, und den habe ich auf dem Foto festgehalten, einen Blick, aus dem gleichzeitig Begehren und Verführung und Liebe spricht, aber das ist noch nicht alles. Der Blick ist eine Frage, die eine Antwort fordert, er bricht etwas in mir auf, das erschreckend und tief und unbekannt ist: eine Unterwasserhöhle, ein Minenfeld, ein Gebet. Wenn ich mich besonders stark fühle, kann ich diesem Blick standhalten und ihn sogar erwidern. Meistens weiche ich ihm jedoch aus. Als ich die Fotos bezahlte, sagte ich zu dem Mädchen hinter der Ladentheke: »Das ist der Mann, den ich heiraten werde.« Ich schwöre es: das habe ich noch nie zuvor in meinem Leben gesagt.

Wir sind am höchsten Punkt des Weges angelangt, aber ich habe Angst, den Truck anzuhalten, bevor ich ihn gewendet habe. Also steige ich auf die Bremse, und wir machen noch eine 180-Grad-Drehung. Wir stehen mitten auf der Straße, und der Schnee reicht bis zu den Trittbrettern, aber nach Hause geht es nur noch abwärts, und heute abend wird bestimmt niemand mehr hier heraufkommen.

Draußen ist es kalt und kristallklar. Wir ziehen noch mehr Sachen über und wachsen unsere Skier. Michael hat sich Stiefel ausgeliehen, die schwer und ihm viel zu groß sind. Wir befinden uns noch immer unterhalb der Baumgrenze, aber bald werden wir mit den Skiern hinaufsteigen und fast darüber hinausgelangen, und dann werden wir die ganze Gebirgskette sehen und all die Täler, hell erleuchtet und glänzend unter diesem seltenen Blauen Mond.

Wir haben nur ein paar hundert Meter zurückgelegt, als gewaltiges Flügelschlagen mich erschauern läßt und drei große graue Eulen sich in die Luft erheben. Ich bremse und lasse Michael rund anderthalb Kilometer Vorsprung. Er und ich sind in dieser unberührten Natur aufeinander eingestellt wie Wölfe, die sich mit den Schultern anstoßen und wissen, was es bedeutet. Jedes Wort wäre zuviel. In diesem Punkt sind wir uns ähnlich wie in keinem anderen, waren wir uns schon ähnlich, bevor wir uns kennenlernten.

Michael fährt vor mir her, er gleitet vielmehr, und hält die Stöcke in einer Hand und die Champagnerflasche in der anderen. Über mehreren Pullovern trägt er die lederne Fransenjacke, die ich ihm zu Weihnachten gekauft habe, und eine Fischermütze aus Baumwolle, auf der *Victoria Falls* steht. Dort, von wo er herkommt, ist es nie kalt, aber wenn man ihn sich heute abend so ansieht, könnte man meinen, er sei hier in den Bergen aufgewachsen.

Er hält kurz an, damit ich ihn einhole, und dann sagt er laut und auf Tswana, der Sprache des Landes, wo er als letztes gearbeitet hat: »Ich bin so voller Lebensfreude«, was ich wiedererkenne, weil er es oft sagt und weil es klingt wie die Namen von drei oder vier Rentieren des Weihnachtsmanns, schnell hintereinander gesagt, ohne dazwischen Atem zu holen.

Mein Instinkt sagt mir, daß Michael genauso fühlt wie ich. Aber andere, vertrautere Stimmen in mir sagen, daß das nicht stimmt. Bedingungslose Liebe ist Menschen wir mir, die nicht daran gewohnt sind, fremd, immer wieder versuchen wir, sie neu zu benennen, in ihr etwas anderes zu sehen: Boshaftigkeit, Unaufrichtigkeit, Schmerz. Es ist wie Auto fahren in einem fremden Land: früher oder später kommt der Moment, wo du auf die falsche Straßenseite steuern willst.

Michael holt Filme aus dem Videoladen, und wir sehen sie uns zu Hause an: *The Sound of Music*, *An Officer and a Gentleman*, *The Man from Snowy River*, *Crocodile Dundee*. Von all seinen Lieblingsfilmen endet nicht einer damit, daß der Held seine Lebensaufgabe findet.

Wir lassen den dichten Wald hinter uns, und der Schnee funkelt wie Diamanten, Hunderttausende, so wie früher im Osten die Glühwürmchen im Sommer. Es ist kalt, wenn man sich nicht bewegt, und deshalb tun wir's, und zwar auf die Wiese zu, die ich mir in den Kopf gesetzt habe. Hektare unberührten Pulverschnees zwischen den letzten Kiefern und der Felswand nach Westen. Nach Osten reicht der Blick weiter, bis hinauf in das Herz der Berge.

Wir erreichen sie gerade vor Mitternacht, lassen den Champagnerkorken knallen, und trotz der Kälte, trotz des Schnees, der überall und bodenlos ist, lieben wir uns. Und danach, als Michael auf mir liegt, mich rauh küßt und versucht, mich in die Wärme seiner Jacke zu hüllen, erschüttern zwölf Kanonenschüsse die Luft, weit, weit drunten im Tal. Mitternacht. Neujahr.

»Ob wohl jemand dort unten wohnt?« sagt Michael.

»Schon möglich«, sage ich, »aber es könnte auch der Geist von Taylor Brown sein.« Ich hole tief Luft. »Taylor Brown besiedelte dieses Tal vor über hundert Jahren, auf der Suche nach Silber und Tierhäuten. Niemand weiß, was mit ihm geschah, ob eine seiner Minen einstürzte oder ein Grizzlybär ihn holte, oder ob die Einsamkeit ihn so verrückt machte, daß er einfach in den Wäldern verschwand. Dort unten in Kamas wissen sie nur, daß er eines Frühjahrs nicht mehr um Lebensmittelnachschub vom Berg herunterkam.«

»Und jetzt?« sagt Michael.

»Na ja«, sage ich, »das war 1902. Seit dem Winter 1903 – aber nur wenn es sehr, sehr kalt wird und nur bei Vollmond – hört man aus dem Dorf Kanonenschüsse, manchmal weit oben in den Bergen, manchmal unten, ganz in der Nähe des Dorfes, und die Leute schwören, daß es Taylor Browns Schwarzpulver-Büchse ist. Klang das in deinen Ohren wie eine Schwarzpulver-Büchse?« Das frage ich ihn, aber unglaublicherweise ist Michael hier, auf dreitausend Meter Höhe und bei mehr als zwanzig Grad minus, eingeschlafen.

Er ist kein ruhiger Schläfer. Jede Nacht, sogar zu Hause im Bett, bewegt sich sein Mund, und seine Hände, die nur ganz leicht auf mir liegen, spielen ein leises Lied. Früher hat mich das stundenlang wachgehalten, aber inzwischen habe ich mich daran gewöhnt, wie man sich an das regelmäßige nächtliche Pfeifen eines Zuges gewöhnt.

Es ist so still hier, und obwohl mir selbst noch nicht zu kalt ist, habe ich Angst, Michael schlafen zu lassen, Angst, ebenfalls einzuschlafen und daß wir hier gemeinsam erfrieren. Deshalb rüttle ich ihn wach, und er schreckt hoch.

»Du zeigst mir die schönsten Plätze«, sagt er, und ich lächle. »Wenn ich nur all diese Schönheit erfassen könnte.«

Immer wieder nimmt er mein Gesicht in seine Hände und sagt mir die Wahrheit, und was ich für ihn habe, sind nur Geschichten.

Wir schütteln den Schnee von unseren Kleidern und trinken den restlichen Champagner. Auf der langen Skifahrt zurück zum Auto spielt Michael mit seinen Skistöcken und den Bäumen, was er »Don Quichotte de la Mancha« nennt. Er ruft etwas, was sein Akzent und die Entfernung verzerren, dann höre ich das Schlagen des Skistocks, und dann das leisere Geräusch von Schnee, der von den Ästen der Bäume auf die schneebedeckte Erde fällt. Ich möchte, daß er mich wieder küßt, ich möchte wissen, ob *wir* die Kanonenschüsse ausgelöst haben, aber ich frage nicht. Ich habe zu große Angst davor, zu sagen, daß ich *alles* von ihm will: denn wenn ich ihn um eine Sache bitte, muß ich zugeben, daß ich *alles* will.

Wir kommen wieder dorthin, wo die Eulen waren, und wieder stören wir sie beim Jagen.

»Weißt du, was es bedeutet, wenn drei Eulen deinen Weg zweimal in einer Nacht im Mondschein kreuzen?«

»Was denn?« fragt er.

»Daß du vom Kleinen Bär gesegnet bist«, sage ich, »dem ersten Assistenten der Liebesgöttin.« Mehr will ich nicht sagen. Selbst hier, im Schnee und unter dem Blauen Mond, will ich nichts mehr als das sagen.

Beim Auto küßt er mich wieder, und ich warte auf die Kanonenschüsse, aber diesmal ist nichts zu hören. Das Mondlicht läßt mich seinen Gesichtsausdruck lesen. Er ist anders als sonst, weich und nicht ohne Traurigkeit, aber da ist auch etwas Süßes und Wildes.

Dann merken wir, daß wir unsere Mützen auf der Lichtung gelassen haben. Michael schlägt vor, sie zu holen, aber nachdem er mir schon gesagt hatte, daß seine Fersen von den geliehenen Skistiefeln wund sind, gehe ich an seiner Stelle. Ich fahre schnell, lautlos an den Eulen vorbei, ohne sie zu wecken, und als ich die Lichtung erreiche, ist der Mond schon weitergewandert. Bald wird er hinter dem Felsen sein. Ich sehe unsere Mützen bei dem Schnee-Engel, den unsere beiden Körper hinterlassen haben. Noch glitzert der Schnee im Mondlicht, und ich kann die Spuren von Koyoten sehen, ganz frisch, sie sind dorthin gegangen, wo die Mützen liegen, haben sie beschnüffelt und sind weitergezogen. Ich schaue, wo die Spuren zwischen den Kiefern verschwinden.

»Was bedeutet es, wenn ein Koyote deine Skispuren kreuzt«, sage ich zu der Lichtung.

Der Wind bewegt sacht die Zweige, und der Mond schlüpft hinter den Felsen. Aus der plötzlichen Finsternis kommt nun gar keine Antwort mehr.

Ich fahre zurück zum Truck, zurück zu dem, was vom Mondlicht übriggelassen wurde, und da sehe ich, daß Michael etwas in den Schnee gebaut hat. Zuerst denke ich, es ist ein Schneemann, aber als ich näher dran bin, erkenne ich eine Hochzeitstorte, dreistöckig, fast so groß wie ich, und er hat sie genau in die Mitte der verschneiten Straße gebaut. Er hat sie kunstvoll verziert: kleine Kiefernzweige umgeben jede Etage wie eine Girlande, glänzende Steine sprenkeln die Oberfläche jeder Schicht, zwei Kiefernzapfen stehen ganz oben drauf, Seite an Seite, unter einem Baldachin aus Ästchen.

Das Auto läuft gerade warm, aber durch die verschlossenen Türen und das Motorengeräusch kann ich Christopher Plummer und Julie Andrews singen hören: »But Somewhere In My Youth Or Childhood...«

»Das ist ein alter Eskimobrauch«, sagt Michael. »Der Bräutigam baut eine Hochzeitstorte aus Schnee, und an dem Tag, an dem das letzte bißchen davon geschmolzen ist, weiß er, daß es Zeit ist zu heiraten.«

Michael steht ganz nah bei mir, ohne mich zu berühren. Ich atme in die Nacht, und die Kälte läuft verrückt und klar durch mein Gehirn. Er sieht mich mit seinem Zion-Blick an, und diesmal blicke ich zurück.

Ich sage: »Michael, heirate mich, bitte.«

O wie Opfer

IWAN BUNIN Ein letztes Wiedersehen

1

An einem mondhellen, feuchten und kalten Herbstabend befahl Streschnjow, seinen Gaul zu satteln.

Das Mondlicht fiel als bläulicher Nebelstreif durch das längliche Fensterchen in den dunklen Kastenstand ein und ließ das Auge des Reitwallachs gleich einem Edelstein aufblitzen. Der Knecht legte ihm den Zaum und einen schweren, hohen Kosakensattel an, zog ihn am Zügel aus dem Stall und drehte ihm den Schwanz zu einem Knoten zusammen. Der Wallach war sanft. Er seufzte nur tief und blähte die Flanken, als er den Sattelgurt spürte. Der Gurt war auf der einen Seite zerrissen. Der Knecht hatte Mühe, ihn in die Schnalle zu zwängen, und zog ihn mit den Zähnen fest an.

Der kurzbeinige Wallach wirkte unter dem Sattel gleich eleganter. Der Knecht führte ihn bis vor das Haus, band den Zügel an einen morschen Pfahl vor dem Eingang und ging. Der Wallach nagte und biß lange mit gelben Zähnen auf dem Pfahl herum. Manchmal schmollte er auch, klagte und heulte irgendwoher aus dem Innern. In einer Pfütze neben ihm spiegelte sich grünlich der nicht ganz volle Mond. Durchsichtiger Nebel sank nieder im spärlichen Garten.

Streschnjow trat, eine Hetzpeitsche in der Hand, auf die Treppenstufen vors Haus. Adlernasig, breitschultrig und mager, mit kleinem, in den Nacken geworfenem Kopf, darauf die Kosakenmütze mit rotem Oberteil, wirkte er in seinem braunen, über der schmalen Taille mit einem silberverzierten Riemen zusammengehaltenen Rock hochgewachsen und gewandt. Aber man sah auch bei Mondschein, daß sein Gesicht welk und verwittert, das harte und krause Bärtchen grau untermischt, der Hals sehnig, seine Langschäfter alt und die Rockschöße mit dunklen Flecken von längst vertrocknetem Hasenblut bedeckt waren.

Im dunklen Fenster neben dem Eingang öffnete sich eine Lüftungsklappe. Eine schüchterne Stimme fragte: »Andrjuscha, wo willst du hin?«

»Ich bin kein Kind mehr, Mutter«, sagte Streschnjow und griff mit mürrischem Gesicht nach dem Zügel.

Die Lüftungsklappe schloß sich. Aber im Flur schlug eine Tür. Mit den Pantoffeln schlürfend, trat Pawel Streschnjow auf die Schwelle, aufgeschwemmt, mit verschwollenen Augen und grauem, nach hinten gekämmtem Haar, einen alten Sommermantel über der Wäsche, angeheitert und schwatzhaft wie meist.

»Wo willst du hin, Andrej?« fragte er heiser. »Bitte Wera Alexejewna meinen herzlichen Gruß auszurichten. Ich habe sie immer aufs höchste verehrt.«

»Als ob du fähig wärst, irgendwen zu verehren!« entgegnete Streschnjow. »Was mischt du dich dauernd in Dinge ein, die dich nichts angehen!«

»Oh, Verzeihung, Verzeihung!« sagte Pawel. »*Zur vereinbarten Begegnung strebt der Jüngling liebentbrannt!*«

Streschnjow biß die Zähne zusammen und machte sich ans Aufsitzen. Kaum hatte sein Fuß den Steigbügel berührt, als der Wallach auflebte und schwerfällig zu tänzeln begann. Streschnjow paßte den Augenblick ab, stieg leicht auf und schwang sich in den knarrenden Sattel. Der Wallach warf den Kopf zurück, zertrat mit seinem Huf den Mond in der Pfütze und setzte sich in munterem Paßgang in Bewegung.

2

Auf den Rainen zwischen den feuchten, mondbeschienenen Feldern schimmerte mattweißer Wermut. Lautlos und überraschend schwangen sich breitgeflügelte Enten von den Rainen auf, und das Pferd schnob und scheute. Der Weg trat in eine niedrige Waldung ein, die leblos und kalt war vom Tau und vom Mondschein. Der helle und gleichsam nasse Mond flimmerte zwischen den kahlen Wipfeln, und in seinem feuchten Glanz verschwammen, zergingen die kahlen Äste. Es roch bitter nach Espenrinde und nach Erdschluchten mit faulendem Laub. Da war der Abstieg zu den Wiesengründen; sie brodelten von dünnem weißem Dampf und schienen bodenlos. Weißen Dampf atmete auch der Wallach aus, während er durch die Sträucher drang, die voll gläserner Tautropfen hingen. Das Knacken der Zweige unter den Hufen hallte auf der anderen Seite wider, drüben im dunklen Hochwald, der sich längs des Hügelhangs hinzog. Plötzlich spitzte der Wallach die Ohren. Zwei breitnackige, dickhalsige, dünnbeinige Wölfe standen im hellen Rauch auf der Wiese. Sie ließen Streschnjow nahe an sich herankommen, fuhren herum und zogen in schwerfälligem Galopp davon, bergan über den weißen Bodenreif, über das regenbogenfarbig glitzernde Gras.

»Und wenn sie noch einen Tag bleibt?« sagte Streschnjow, der mit zurückgeworfenem Kopf zum Mond aufblickte.

Der Mond stand rechts über den öden, in silbrigen Nebel gehüllten Wiesen, Schwermut und Schönheit des Herbsts!

Der Wallach stieg, mit dem Sattel knarrend, sich anspannend und innerlich ächzend, durch eine tiefe, von Bächen ausgewaschene Mulde den Weg in den dichten Hochwald hinauf, trat plötzlich fehl und wäre beinahe gestürzt. Streschnjow verzog wütend das Gesicht und hieb ihm mit Wucht die Peitsche über den Kopf.

»Du alter Hund!« rief er ärgerlich und gelangweilt, daß es durch den ganzen Wald schallte.

Hinter dem Wald öffneten sich kahle Fluren. Auf einem Hang zwischen abgeernteten, dunklen Buchweizenfeldern stand ein ärmlicher Gutshof: einige wenige Wirtschaftsgebäude, ein Wohnhaus, mit Stroh gedeckt. Wie traurig das alles im Mondlicht aussah! Streschnjow hielt an. Es schien, als ob es spät, sehr spät wäre –

so still war es ringsum. Er ritt in den Hof. Das Haus war dunkel. Streschnjow warf die Zügel hin und sprang aus dem Sattel. Der Wallach blieb mit gehorsam gesenktem Kopf stehen. Zusammengerollt, die Schnauze auf den Pfoten, lag auf den Treppenstufen vor dem Eingang ein alter Jagdhund. Er rührte sich nicht, sah nur auf und hob die Brauen, wobei er zur Begrüßung einigemal mit dem Schwanz auf den Boden schlug. Streschnjow betrat den Flur, in dem es aus einem Verschlag nach einem alten Abtritt roch. Der Flur war dunkel; die Fensterscheiben, kalt überhaucht, schwitzten mit einem goldenen Schimmer. Eine Frau, klein, in leichtem, hellem Morgenrock, kam lautlos aus einem dunklen Gang herbeigeeilt. Streschnjow neigte sich vor. Sie umschlang seinen sehnigen Hals rasch und fest mit ihren entblößten Armen, preßte den Kopf an das harte Tuch seines Rocks und brach in ein leises, freudiges Weinen aus. Er fühlte das kindliche Pochen ihres Herzens, fühlte das Segenskreuzchen auf ihrer Brust: es war aus Gold, ein Erbe von Großmama, ein letztes Stück Reichtum.

»Bleibst du bis morgen?« fragte sie mit hastigem Flüstern. »Ja? Ich kann meinem Glück kaum trauen!«

»Wera, ich gehe das Pferd besorgen«, sagte Streschnjow und machte sich frei. »Ja, bis morgen, ich bleibe bis morgen«, fügte er hinzu, wobei er dachte: Mein Gott, sie wird mit jedem Tag verzückter! Und wieviel sie raucht, wie maßlos sie in ihren Liebkosungen ist!

Der Puder machte Weras Gesicht samtig und zart. Sie strich mit ihrer Wange vorsichtig an seinen Lippen hin, dann küßte sie ihn mit ihren weichen Lippen fest auf den Mund. Das Kreuzchen funkelte auf ihrer kaum verhüllten Brust. Sie hatte ihr feinstes Hemdchen an, ihr liebstes, das sie für ganz besondere Gelegenheiten aufhob, das einzige von dieser Art, das sie besaß.

Wie fest ich überzeugt war, dachte Streschnjow, während er sich zu erinnern versuchte, wie sie als junges Mädchen gewesen war, wie fest ich vor fünfzehn Jahren überzeugt war, ich würde fünfzehn Jahre meines Lebens hergeben, um nur ein einziges Mal mit ihr zusammen zu sein...

3

Es war vor dem Morgengrauen, auf dem Fußboden vor dem Bett brannte eine Kerze. Streschnjow lag in Pumphosen und aufgeknöpftem Russenhemd, so lang, wie er war, auf dem Rücken, die Arme hinter dem Kopf verschränkt, das hakennasige kleine Gesicht ernst vom Licht abgewandt. Wera saß neben ihm, den Ellenbogen aufs Knie gestützt. Ihre glänzenden Augen waren gerötet, verschwollen, verweint. Sie rauchte und starrte stumpf auf den Fußboden. Sie hatte ein Bein übers andere geschlagen. Ihr kleiner Fuß im leichten, teuren Pantöffelchen gefiel ihr selber sehr gut. Aber ihr Herzeleid war zu groß.

»Ich habe alles für dich geopfert«, sagte sie leise, und ihre Lippen bebten.

In ihrer Stimme war soviel Zärtlichkeit, soviel kindliches Leid! Aber Streschnjow öffnete nur die Augen und fragte kalt: »Was hast du für mich geopfert?«

»Alles, alles. Vor allen Dingen die Ehre, die Jugend...«

»So Gott weiß wie jung sind wir beiden nun auch nicht mehr.«

»Wie grob, wie wenig feinfühlig du bist!« sagte sie freundlich.

»Alle Frauen sagen überall in der Welt ein und dasselbe. Eine beliebte Wendung, die einmal so, einmal so ausgesprochen wird. Zuerst begeistert und voller Entzücken: ›Du bist so feinfühlig, so klug!‹ Später: ›Wie grob, wie wenig feinfühlig du bist!‹«

Leise weinend, als ob sie ihm nicht zuhörte, fuhr sie fort: »Also gut, es ist nichts Rechtes aus mir geworden. Doch die Musik habe ich leidenschaftlich geliebt, ich liebe sie auch noch heute und hätte, wenn auch nicht viel, aber einiges doch erreicht.«

»Ach, nicht die Musik hast du geliebt. Kaum hatte Podarskij...«

»Wie grob, Andrjuscha. Jetzt bin ich eine armselige Tanzstundenpianistin in einem Mädchenpensionat. Und wo? In derselben verdammten Stadt, die ich schon immer so gehaßt habe! Wäre ich nicht heute noch in der Lage, einen Menschen zu finden, der mich mit Frieden, mit einer Familie umgeben, mich lieben und verehren würde? Doch die Erinnerung an unsere Liebe...«

Streschnjow steckte sich eine Zigarette an und entgegnete langsam, mit Nachdruck auf jeder Silbe: »Wera, wir sind entarteter

Adel, der nicht mehr einfach zu lieben weiß. Die Liebe ist für uns Gift. Und nicht du bist es, ich bin es, der sich zugrunde gerichtet hat. Vor fünfzehn oder sechzehn Jahren kam ich täglich her, bereit, vor deiner Schwelle zu übernachten. Ich war damals noch ein dummer Junge, ein zärtlicher und verzückter Tor...«

Die Zigarette war ausgegangen. Er warf sie weit weg, streckte den Arm am Körper entlang aus und sah zur Decke.

»Die Liebe der Ahnen und ihre Bildnisse in den ovalen Rahmen – mit einem Streifen Goldpapier um einen Streifen Blau. Die Ikone mit Gurij, Samon und Awiw, den Beschützern unserer alten Geschlechter. Für wen war das alles bestimmt, wenn nicht für dich und mich? Ich schrieb damals Verse:

Ich liebte dich und träumte mich zu ihnen,
Die hier geliebt, geträumt vor langer Zeit,
Ging nachts zum stummen Garten, der geweiht
Vom Licht der Sterne, die sie einst beschienen...«

Er sah Wera an und wurde heftiger: »Weshalb bist du aus deinem Stamm, aus deinem Geschlecht davongegangen? Und mit wem!«

Er richtete sich halb auf und starrte mit bösen Augen unverwandt auf ihr trockenes schwarzes Haar.

»Ich habe mit Entzücken, mit Verehrung an dich gedacht, von dir immer nur als von meiner Frau geträumt. Aber wann hat uns das Schicksal zusammengeführt? Und was bist du mir dann geworden? Meine Frau vielleicht? Und dabei hat es einmal die Jugend, hat es Freude und Reinheit gegeben, die Wangen färbten sich dunkelrot, ich trug batistene Hemden. Täglich zu euch zu kommen, dein Kleid zu sehen – es war ebenfalls aus Batist, leicht, jugendlich –, deine nackten Arme zu sehen, die fast schwarz von der Sonne und vom Blut unserer Ahnen waren, die strahlenden Tatarinnenaugen, Augen, die mich nicht sahen, die gelbe Rose in deinem pechschwarzen Haar, dein Lächeln, das damals noch dumm und erstaunt, aber bezaubernd war, ja selbst zu sehen, wie du dich auf einem Gartenwege entfernst und an den anderen denkst, während du vorgibst, beim Spiel zu sein, und die Krocketkugel vor dir hertreibst, die beleidigenden Worte zu hören, die deine Mutter mir vom Balkon aus zuruft, das war für mich...«

»Sie war an allem schuld, nicht ich«, preßte Wera mit Mühe heraus.

»Nein! Erinnerst du dich, wie du das erste Mal nach Moskau fuhrst, wie du dich reisefertig machtest, zerstreut vor dich hin sangst, ohne mich auch nur zu sehen, wie du ganz aufgingst in deinen Träumen vom Glück? An einem klaren und kalten Abend begleitete ich euch zu Pferde. Es glänzten die hellen Wintersaaten, ein rosiger Hauch lag über den Stoppelfeldern und auf dem Vorhang am offenen Fenster eures Abteils. Ach!« sagte Streschnjow ärgerlich und unter Tränen und sank wieder aufs Kissen zurück. »Von deiner Hand, die nach Verbene duftete, blieb der Geruch auf meiner Hand zurück. Er vermischte sich mit dem Geruch des Zügels, des Sattels, dem Geruch von Pferdeschweiß, aber ich spürte ihn immer noch, ritt durch die Dämmerung auf der Landstraße dahin und weinte. Und wenn schon jemand alles geopfert hat, sein ganzes Leben, so bin ich es, ich alter Säufer!«

Und Streschnjow schmeckte auf seinen Lippen das warme Salz der Tränen, die über seine Wangen, über den Schnurrbart rollten, ließ die Beine vom Bette hinunter und ging aus dem Zimmer.

Der Mond ging unter. Weißer, lockerer Nebel lag über den Niederungen der Felder; er schimmerte leichenhaft blau. Weit weg hinter dem Nebel erwachte ein purpurner Morgen. Weit weg im kalten, jetzt tiefer dunkelnden Wald krähte im Flur einer Waldhütterhütte ein Hahn.

Streschnjow, in bloßen Socken, setzte sich auf die Treppenstufen vors Haus; er spürte, wie sich unter dem dünnen Hemd kalte Feuchtigkeit über seinen Körper ergoß.

»Hinterher wurden die Rollen dann aber natürlich vertauscht«, sagte er leise, mit Widerwillen. »Nun ja, das ist jetzt auch einerlei. Schluß. Aus.«

4

Am Morgen trank man den Tee im kalten Vorzimmer an einer riesigen Truhe und aß Brezeln dazu. Der Samowar, der auf der Truhe stand, war ungeputzt, grün angelaufen und längst erloschen. Das schwitzende, kalt überhauchte Fenster war an den oberen Scheiben wieder trocken und frei. Man sah in den sonnigen Glanz eines frostklaren Morgens, auf einen knorrigen Baum mit entfärbtem, hier und da noch erhaltenem Laub.

Ein rothaariges Mädchen, barfüßig und noch verschwollen vom Schlaf, trat ein und sagte: »Mitrij ist da.«

»Soll warten«, entgegnete Streschnjow, ohne aufzusehen.

Auch Wera blickte nicht auf. Ihr Gesicht war in der Nacht eingefallen, unter den Augen und um die Lider herum lag ein Anflug von Braun. Das schwarze Kleid machte sich jünger und hübscher, das schwarze Haar ließ den Puder auf ihrem Gesicht rosiger scheinen. Streschnjows hageres, hartes Gesicht war leblos, der Kopf nach hinten zurückgeworfen. Unter dem harten, kraus-grauen Bärtchen lugte der große Adamsapfel hervor.

Draußen auf dem Hof blendete die noch tief stehende Sonne. Der ganze Treppenvorbau war grau von Reif. Reif lag gleich Salz auch auf dem Grase und auf den Muscheln der Kohlblätter, die über den Hof verstreut waren. Ein Bauer, der Augen hatte wie Zinn, hielt mit dem Rollwagen voller Stroh, das ebenfalls bereift war, vor dem Eingang, ging, die Tabakpfeife zwischen den Zähnen, immer wieder um den Wagen herum und drückte das Stroh, das als Polster dienen sollte, zusammen; ein fliederfarbener Streifen Rauch zog sich nach rückwärts über seine Schulter hin. Wera trat in einem teuren und leichten, aber schon mitgenommenen altmodischen Pelz aus dem Haus; sie hatte einen Sommerhut aus schwarzem Stroh mit harten, rostroten Atlasblumen dazu aufgesetzt.

Streschnjow begleitete sie über die abgetauten Feldwege bis zur Landstraße. Er ritt hinter dem Wagen her. Den Wallach zog es zum Stroh. Streschnjow schlug ihn mit der Hetzpeitsche über die Schnauze, der Wallach riß den Kopf hoch und machte seinem Ärger mit einem schweren Schnauben aus der Tiefe Luft. Man zuckelte im Schritt dahin und schwieg. Ganz hinten trottete der alte Jagdhund vom Gutshof mit, der sich Streschnjow angeschlossen hatte. Die tief stehende Sonne gab ein wenig Wärme, der Himmel war sanft und klar.

In der Nähe der großen Landstraße sagte unvermittelt der Bauer: »Und ich, Fräulein, schicke Ihnen meinen Lümmel zum Sommer wieder hin. Er wird, so habe ich bestimmt, Hütejunge bei Ihnen sein.«

Wera wandte sich mit einem verschämten Lächeln zu Streschnjow um. Streschnjow zog die Mütze, beugte sich zu ihr vor, nahm ihre Hand und küßte sie mit einem langen Kuß. Sie drückte ihre Lippen auf seine ergrauende Schläfe und sagte mit leiser Stimme: »Leb wohl, Lieber! Sei mir nicht böse!«

Auf der Landstraße fuhr der Bauer sogleich Trab, und der Wagen begann zu poltern. Streschnjow wandte das Pferd und ritt ohne Weg und Steg zurück über die Stoppelfelder. Der Hund folgte ihm von ferne, blieb aber inmitten der goldenen Fluren deutlich erkennbar. Streschnjow hielt hier und da an und drohte ihm mit der Peitsche. Der Hund stand dann ebenfalls still und ließ sich nieder. »Wo soll ich denn hin?« schien er zu fragen. Und er lief, sobald sich Streschnjow in Bewegung setzte, aufs neue in gelassenem Trott hinter ihm her. Streschnjow dachte an den schon fernen Bahnhof, die glänzenden Gleise, den Rauch des nach Süden enteilenden Zuges zurück.

Auf den kahlen, teilweise steinigen Wiesen, zu denen er hinabritt, war es beinahe schon heiß. Lautlos strahlte der herbstliche Tag unter dem blauen, heiteren Himmel. Über den kahlen Feldern, über den Schluchten, über der ganzen riesigen russischen Steppe lag große Stille. Langsam segelten die Watteflocken des Kalmückengrases und der vertrockneten Klette durch die Luft. Auf den Kletten saßen Stieglitze. Den ganzen Tag würden sie nun so dasitzen, um nur von Zeit zu Zeit den Platz zu wechseln und ihr stilles, schönes und glückliches Leben irgendwo anders fortzuleben.

Ö wie Ödipus

Edgar Hilsenrath Ödipus

»Frau Doktor Zibulsky! Was ist mit meiner Analyse?«

»Die wird immer komplizierter, Herr Zibulsky.«

»Ist sie noch nicht fertig?«

»Die wird nie fertig.«

»Ich möchte Ihnen den Schädel einschlagen!«
»Das weiß ich, Herr Zibulsky.«
»Aber vorher möcht' ich Sie erst mal tüchtig ficken.«
»Ja, Herr Zibulsky.«

»Sie erinnern mich nämlich an meine Mutter!«
»Ich bin Ihre Mutter, Herr Zibulsky.«
»Und zugleich an meinen Vater!«
»Ich bin Ihr Vater, Herr Zibulsky.«

»Als Halbwüchsiger hab' ich nämlich meinen Vater umgebracht!«
»Das machen Sie jeden Tag seit fünfunddreißig Jahren.«
»Ich drehte ihm langsam den Hals um, so lange, bis es krachte. Dann gab ich meiner Mutter einen Gutenachtkuß, ging auf mein Zimmer und legte mich schlafen.«
»Ja, Herr Zibulsky.«
»Mitten in der Nacht kam meine Mutter zu mir. Offenbar glaubte sie, ich wäre mein eigener Vater. Sie legte sich zu mir und sagte, ich solle sie besteigen.«
»Haben Sie es getan?«
»Ja.«
»Und haben Sie es dann bereut? Machten Sie es so wie Ödipus, der sich selber blendete in seiner Verzweiflung?«
»Nein. Ich habe nichts bereut. Ich habe auch nicht Hand an mich gelegt und wurde weder blind noch sonstwas. Ich schlief friedlich ein, nachdem ich es mit meiner Mutter getan hatte. Und als ich am nächsten Morgen erwachte und die Augen aufschlug, war die Welt voller Licht. Nichts hatte sich verändert. Der alte Wecker auf dem Nachttisch tickte gemächlich. Meine Bücher standen nach wie vor auf dem Regal, auch der große Schulatlas. Das braune Schreibpult, auf dem ich meine Schularbeiten machte, hatte dieselben eingefressenen Tintenkleckse. Und mein Teddybär, den ich mal als kleiner Junge von meiner Mutter bekommen hatte, guckte freundlich aus der Sofaecke.«

Lyrisches Intermezzo II

Alexander Blok In den Dünen

Ich bin kein Freund entleerter Phrasen, deren
Die Liebe sich so jämmerlich bedient:
»Sei mein«, »Ich liebe dich«, »Die Deine«, »Dein
Auf immer«. Sklaverei ist mir verhaßt. Befreiten
Blicks schaue ich in schöne Augen, spreche:
»Die Nacht ist heute. Morgen aber
Kommt strahlend neu ein andrer Tag. Drum,
Leidenschaft,
Tritt ein und feiere Triumphe. Morgen
Bin ich schon fort – und singe anderswo.«

Unkompliziert ist meine Seele. Doch genährt
Vom Salz des Meerwinds und vom Duft
Harziger Kiefern. Alle Wind- und Wettermale,
Die mein Gesicht trägt, prägten sie.
Und meine Schönheit ist von jener bettelarmen Art
Nördlicher Meere und der Treibsanddünen.

So dachte ich, ein Vagabund an Finnlands Grenze,
Bemüht, die dunkle Rede zu verstehn, die unter
Bärtigen Finnen grünen Auges umging. Stille
Ergoß sich. Nur der fahrbereite Zug
Am Bahnsteigrand ließ letztmals Dampf ab.
Und Rußlands Zöllner ruhten träge
Auf steilem, sandbedecktem Abhang, der am Ende
Des Bahndammhügels sich erhob.

Dort tat sich neues Land auf – eine Kirche,
Russisch und einsam, reckte sich und blickte
Hinüber in das Fremde, Unbekannte.

So dachte ich. Und dann – kam sie,
Postierte sich auf steiler Böschung. Ihre Augen,

Rotbraun vor Sonne und vor Sand. Die Haare,
Pechschwarz, verloren sich gleich blauen Schatten
Der Kiefern auf den schönen Schultern.
Sie kam. Und kreuzte ihren animalisch wilden Blick
Mit meinem. Fiel in silberhelles Lachen, riß
Büschel von Gras aus, warf nach mir, und mich
Traf eine goldne Handvoll Sand.
Dann sprang sie auf und rannte, flog
Wie federleicht den Hang hinunter...

Ich jagte nach. Geriet ins Weite. Nadeln
Und Unterholz zerschrammten mein Gesicht, zerrissen
Mir Hände, Kleider. Und ich schrie, ich jagte
Sie wie ein Reh, schrie abermals und lockte, bis
Sich meine Stimme leidenschaftlich überschlug.
Sie hinterließ jedoch nichts als die leichte Spur
Im Sand der Dünen und verschwand, als blaue Nacht,
Die Silhouetten tilgte, zwischen Kiefern.

Ich liege atemlos, vom tollen Lauf erschöpft,
Allein, im Sand. Da läuft im Fieberbrand der Augen
Noch immer sie, und alles an ihr lacht:
Das Haar, die Schenkel und das Kleid, das sich
Gelächterhaft im Wind entfaltet...

Ich liege. Denke: »Nacht ist heute, Nacht
Wird morgen sein. Ich weiche nicht, bis ich
Sie eingefangen habe, bis mein Rufen
Und meine Stimme sie umzingeln. Bis
Ich sagen kann, was ich ihr sagen will:
›Sei mein! Sei mein!‹ – Und Himmel, füge, daß
Sie mir zur Antwort gibt: ›Ich bin es ganz. Bin dein!‹«

Anna Achmatowa Am Abend

Musik erklang im Garten leis
In solcher unnennbaren Schwere.
Es lagen frisch im Duft vom Meere
Die Austern auf der Schale Eis.

Und er berührte mein Gewand
Und sprach: Ich bin dir treu ergeben! –
Wie ohne Zärtlichkeit und Beben
War die Berührung dieser Hand.

So schaut man Katzen, Vögel an
Und so auf schlanke Frau'n zu Pferde.
Er lacht mit ruhiger Gebärde
Mich unter goldnen Wimpern an.

Und hinterm Rauche, aus dem Saal
Der Geigen Stimmen singend weinen:
Preis Gott! Es ist das erste Mal,
Daß mit dem Liebsten du alleine.

Wie zärtlich du dich auch geben magst,
Hüllst du in den Pelz mich ein,
Wie du selbst nach Zärtlichkeit streben magst,
Deine Zärtlichkeit ist doch nur Schein.
Laß das Reden, das nicht mehr beglücken kann,
Diesen kindischen Zeitvertreib;
Ich sehe es ja deinen Blicken an:
Du willst nichts als meinen Leib!

Jossif Brodskij Abend

Schnee hat das Heu überstäubt
durch einen Riß in der Wand.
Gewendet hab ich das Heu –
ein Falter flatterte auf.
Falter rot, Falter rot.
Entgangen bist du dem Tod,
im warmen Heu gut versteckt:
im Winterschlaf überlebt.

Benommen sitzt er und schaut,
wie meine Laterne blakt,
wie hell beleuchtet die Wand
aus rohen Baumstämmen ist.
Ich hebe ihn auf und seh
die Staubflügel aus der Näh,
seh klarer sie als das Licht,
als meine eigene Hand.

Hier im Dunkel der Nacht
sind wir zwei ganz allein,
meine Finger sind warm
wie ein Hochsommertag.

Jorge Luis Borges Das Warten

Bevor die eilige Klingel läutet
Und man öffnet und Du eintrittst, o
Sehnsüchtig Erwartete, muß das Weltall
Eine unendliche Reihe konkreter Handlungen
Ausgeführt haben. Niemand vermag
Dies Schwindelerregende zu berechnen,
Die Zahl von dem, was die Spiegel vervielfältigen,
Von Schatten, die sich verlängern und verkürzen,
Von Schritten, die auseinanderstreben und zusammenstreben.
Der Sand wüßte sie nicht zu zählen.
(In meiner Brust mißt die Blutuhr
Die zaghafte Zeit des Wartens.)

Bevor Du kommst,
Muß ein Mönch von einem Anker träumen,
Ein Tiger muß in Sumatra sterben,
Neun Menschen müssen auf Borneo sterben.

Pablo Neruda Deine Füße

Wenn ich dein Gesicht nicht betrachten kann,
so betrachte ich deine Füße.

Deine Füße aus gewölbtem Knochen,
deine kleinen, festen Füße.

Ich weiß, daß sie dich tragen,
und daß dein liebliches Gewicht
auf ihnen sich erhebt.

Deine Taille und deine Brüste,
der zwiefache Purpur
deiner Kuppen,
der Taubenschlag deiner Augen,
die eben noch flogen,
dein breiter Fruchtmund,
deine rote Mähne,
mein kleiner Turm du.

Aber ich liebe deine Füße
nur deshalb, deshalb allein,
weil sie über die Erde gewandert sind,
über das Wasser, den Wind,
bis sie zu mir gefunden.

Octavio Paz Zwei Leiber

Zwei Leiber Seite an Seite
sind manchmal zwei Wellen
Ihr Meer ist die Nacht.

Zwei Leiber Seite an Seite
sind manchmal zwei Steine
Ihre Wüste ist die Nacht.

Zwei Leiber Seite an Seite
sind manchmal zwei Wurzeln
Ihr Grund ist die Nacht.

Zwei Leiber Seite an Seite
sind manchmal zwei Klingen
Ihr Blitz ist die Nacht.

Zwei Leiber Seite an Seite
sind zwei Sterne, stürzend
vom leeren Himmel.

Juan Manuel Roca Epigramm für Maria

Man erzählt, Teiresias habe die Sprache der Vögel gesprochen.

Der alte Wahrsager, der der Vorsehung Stimme gab
Inmitten der rot gekrönten Hähne von Theben
Begrüßte er den Morgen mit einem Pfeifen.

Ich, weniger gesegnet als Teiresias, vermag kaum das
Kauderwelsch
Der geschwätzigen, eingesperrten Vögel zu stammeln.

Aber allein schon bei der Erinnerung an dich, die Landschaft
deines Gesichts,
Fliegt mein gefiedertes Herz.

Jorge Avila
Ich werde dir schreiben in der Sprache der Steine

Wie fortfahren
Wenn ich die Pforten des Tempels geöffnet
Im Herbst
Rose des Paradieses
Süß aus der Distanz, die fällt
Auf der Haut der Fledermäuse
Wie Mitleid zulassen im Schaum im Obsidian
Wenn das Seepferdchen verlassen
Das Träume erfüllt um neun Uhr abends
Wie fortfahren
Wenn ich dich ankommen gesehen
Und an deiner Seite geschlafen
Und die Pforten des Tempels geöffnet
Im Herbst
Ich werde dir schreiben in der Sprache der Steine.

P wie Partnerwahl

Carna Zacharias Kartenspiele

Wenn du nicht weißt,
wie und wo,
spiele stets Karo
Alte Bridgeregel

Teddy Schmöller war kein Mann, den man übersehen konnte. Mitte Vierzig, groß, muskulös, schon im Mai braungebrannt und stets bereit zu dröhnendem Gelächter. Auf seiner urwaldartig blond behaarten Brust, die unter dem nur halb zugeknöpften Hemd zum Vorschein kam, verschwand mühelos der kleine Anhänger, den er an einer Kette um den Hals trug. Er flirtete vom ersten Augenblick unserer Bekanntschaft an mit Diana, und sie, weniger aus einer gezielten Wahl als aus jener unbestimmten genetischen Prägung heraus, die Frauen auf sehr maskuline Männer automatisch reagieren läßt, erwiderte sein Interesse.

Anders als biologisch konnte ich mir jedenfalls Dianas Verhalten nicht erklären, denn Teddy war überhaupt nicht ihr Typ – wenn ich an Isaac dachte.

Er genierte sich, daß er zu uns kam, denn wie jeder Mann, der sich für einen ganzen Kerl hält, gab es für ihn auf dieser Erde keine *merkwürdigen Angelegenheiten*, sondern nur einen Haufen interessanter Probleme, die darauf warteten, gelöst zu werden.

Doch ich täuschte mich in ihm, er war sensibler, als er auf den ersten Blick erkennen ließ.

Seit Wochen hatte er unsere Anzeige mit sich herumgetragen, bis er endlich den Mut fand, Kontakt zu Enigma aufzunehmen. Und nun saß er, bei Weißbier und Butterbrezeln, in unserer Küche und versuchte zu erklären, warum er unsere Hilfe brauchte.

»Das muß aber eine schlimme Sache sein«, sagte Diana und schüttelte kockett ihre Locken. »Ein Mann wie Sie wird doch normalerweise alleine mit Problemen fertig.«

Ich schaute sie böse an. Teddy lachte dröhnend.

Sie übersetze gerade einen amerikanischen Krimi, fuhr Diana

ungerührt fort und spielte mit ihren klirrenden Armreifen. In dem komme ein Spion vor, der so gut im Bett sei, daß seine Gegenspielerin ihn entführen ließ, lediglich zu ihrem persönlichen Vergnügen.

Teddy grinste und erwiderte: »Auch mit einem Exportkaufmann kann man manchmal seine Wunder erleben.«

Ich holte noch ein Weißbier, knallte die Kühlschranktür zu und bestand darauf, zum Kern der Sache zu kommen.

Sofort wurde Teddy ernst und besorgt, und ich bemerkte zum erstenmal unter der rauhen Bärenhaut so etwas wie Zartheit.

Es ginge um seine Freundin. Er wisse einfach nicht, was er tun solle. Da komme man mit Logik nicht weiter. Ob wir vielleicht. Frauen könnten doch manchmal.

Er wand sich noch eine Weile verlegen, doch schließlich brachten wir ihn dazu, seine Geschichte zu erzählen.

»Ich sah sie zum erstenmal in einem Hotel. Sehr aufrecht und konzentriert saß sie in einem braunen Ledersessel in der Halle und legte auf dem kleinen Marmortischchen, das vor ihr stand, eine Patience. Ein engelsgleiches, zartes Geschöpf, vielleicht Anfang Dreißig, mit heller, weißer Haut und honigfarbenen, warm im Schein der Lampe schimmernden Haaren. In einem auffallenden Mißklang zu ihrer Zartheit stand das herausfordernd rote, enge Kleid, das sie trug, doch war es wohl gerade dieser Kontrast, der die Blicke aller anwesenden Männer auf sie zog. Nichts beschäftigt die Phantasie eines Mannes mehr als eine Frau, die er erotisch nicht einordnen kann.

Ich wartete in der Hotelhalle auf einen Kunden, der jedoch nicht erschien, und so hatte ich Zeit. Als ich bemerkte, wie sich ein anderer Mann, umständlich seine Zeitung zusammenfaltend, unter wiederholten Blicken auf diese Frau erhob, handelte ich. Ich sprang von meinem Sessel auf, ging schnell auf sie zu und verbeugte mich.

›Schmöller, Guten Tag. Sind Sie die Dame von der *Intertrade*?‹

Sie sah hoch, lächelte mich an und sagte mit einer warmen, leisen Stimme: ›Nein, die bin ich nicht. Aber wollen Sie sich nicht zu mir setzen, bis Ihre Geschäftspartnerin kommt? Als Frau allein in einer Hotelhalle fühlt man sich immer etwas unbehaglich.‹

Ich glaube, noch bevor ich Platz genommen hatte, war ich verliebt.

Während sie schweigend ihr Spiel beendete – es war Solitaire, wie ich jetzt sah –, indem sie schließlich das benötigte Herz-As zog, nahm ich die Gelegenheit wahr, meinem ausgestochenen Konkurrenten einen triumphierenden Blick zuzuwerfen. Er hatte sich verlegen an die Bar zurückgezogen.

Wir kamen ins Gespräch, zunächst über Belanglosigkeiten, doch sie war so unwiderstehlich in ihrem einfühlenden Interesse für mich, daß ich ihr mehr und mehr Persönliches anvertraute. Sogar die ungute Geschichte mit Marianne erzählte ich ihr.

›Spielen Sie Gin Rommé?‹ fragte sie plötzlich, und als ich den Kopf schüttelte, erklärte sie mir schnell die einfachen Regeln. Schon im allerersten Spiel hatte ich ungeheures Glück: Meine neun Karten waren eine einzige *Herzflöte*, von Zwei bis Zehn.

›Ach‹, sagte sie und berührte dabei leicht meinen Arm.

Sie heiße Sarita, ihre Mutter sei Mexikanerin und ihr Vater Deutscher.

›Er muß sehr blond und blauäugig sein‹, lachte ich. Sie nickte nur ernst.

Ich lud sie zum Essen ein, und wir gingen, nachdem sie sich umgezogen hatte, ins Hotelrestaurant.

Nun trug sie ein schwarzes Kleid mit Goldfäden, und ich dachte: als hätte sie ihr eigenes Haar in den Stoff gewirkt. Sie aß wie ein Vögelchen und erwiderte mein Drängen, mehr von all den guten Sachen zu nehmen, denn sie wäre sowieso viel zu dünn, mit einem unbeschreiblich süßen Lächeln. In der Entsagung liege das Glück, flüsterte sie. Dabei schaute sie mir so tief in die Augen, daß ich mir das genaue Gegenteil davon vorzustellen begann.

Zum erstenmal in meinem Leben fühlte ich mich grobschlächtig, geradezu gewalttätig in meinem sexuellen Begehren und fragte sie, weniger aus Interesse als um mich abzulenken, wo sie geboren sei.

›In Hameln‹, antwortete sie. ›Kennen Sie die Geschichte vom Rattenfänger?‹ Natürlich kannte ich die. Der lockte die Kinder aus der Stadt, und man hat nie mehr etwas von ihnen gehört.

Einen Monat später zog sie in meine schöne große Wohnung, die ich beibehalten hatte, nachdem Marianne gegangen war.

Eine scheußliche Sache war das gewesen. Bis zum Schluß hatte das Mädchen mit Tränen und Beschwörungen um unsere, wie sie sagte, große Liebe gekämpft, dabei war ich lediglich einer netten kleinen Bettgeschichte überdrüssig geworden.

Sarita war ganz anders. Sie lebte ihr eigenes Leben, ohne mich je dabei zu vernachlässigen. Finanziell war sie unabhängig, sie machte auf privater Basis Schmuckdesign für wohlhabende Damen und verdiente offenbar nicht schlecht damit. Mit viel Geschmack richtete sie meine, nein *unsere* Wohnung neu ein, und darüber hinaus hatte sie eine Fähigkeit, die ich an Frauen besonders bewundere: völlig unauffällig einen Haushalt in Gang zu halten.

Wie liebte ich sie für ihre Zartheit, ihre Verletzlichkeit und ihre Empfindsamkeit! Sex hielt sie für primitiv, und so lagen wir stundenlang beieinander und streichelten uns nur, wobei ich manchmal, an ihren Körper gepreßt, verschämt einen kleinen Erguß hinter mich brachte, um die Spannung loszuwerden.

Sie liebte Karten, und so vertrieben wir uns oft die Zeit mit Gin Rommé. Eines Abends fragte sie mich, ob wir nicht einmal, mit einem dritten Partner, Skat spielen könnten. Ich stimmte mit Begeisterung zu, denn das war ein Spiel, das ich liebte.

Und so brachte ich Fritz mit, einen alten Freund, doch sie sagte mir am nächsten Tag, daß sie ihn nicht haben wolle. Dann lud ich Dieter ein, einen Kollegen, doch auch der sagte ihr nicht zu. Ich verstand das nicht, denn beide waren ausgesprochen nette Kerle: verläßlich, solide und dazu treusorgende Familienväter.

Schließlich fragte ich Sabine, die neue Vertriebsleiterin unserer Firma. Ich mochte sie nicht besonders, weil sie laut und ordinär war, aber sie konnte prima Skat spielen, das hatte sie jedenfalls einmal versichert.

Größere Gegensätze als Sarita und Sabine konnte es wohl kaum geben, und zu Beginn des Abends verhielt sich meine Freundin auch recht reserviert. Sabine war wirklich unausstehlich in ihrer aggressiven Art, über Männer herzuziehen, besonders über ihren geschiedenen. Mir tat der Arme, unbekannterweise, richtig leid.

Doch die Stimmung schwang um, und Sarita wurde geradezu herzlich, obwohl wir beide *Schneider Schwarz* gegen Sabine verloren hatten. Aber was konnte man gegen *Herz Hand mit Vier* schon groß ausrichten!

Jedenfalls kam Sabine von da an jeden Donnerstagabend zum Skatspielen zu uns.

Die Sache zwischen Sarita und mir lief nach ein paar Monaten nicht mehr ganz so gut. Ich bezeichnete nun ihre Zartheit und Sensibilität insgeheim als verklemmt und sehnte mich immer mehr nach einer handfesten Vögelei.

Sabine mit ihren aufgeworfenen knallroten Lippen und den großen Brüsten unter engen T-Shirts mit Aufschriften wie *Fly me* oder *Leck mich doch* (die sie natürlich nicht im Büro trug) erschien mir immer begehrenswerter.

Eines Abends bat sie mich, sie nach Hause zu fahren, ihr Auto sei in der Werkstatt. Ich warf Sarita einen unsicheren, ja fast bittenden Blick zu, die Sache zu verhindern, vielleicht den Vorschlag zu machen, ein Taxi zu rufen, doch sie sagte liebenswürdig: ›Das macht Teddy doch gerne.‹

Es kam, wie es kommen mußte. Eine gequälte Rangelei auf dem Rücksitz meines Autos, lautes Gestöhne von mir und spitze, kleine Schreie von ihr, ein akustischer Aufwand, der die Nichtigkeit des Ganzen nur um so krasser hervortreten ließ. Ich war mir ziemlich klar darüber, daß sie ihren Orgasmus nur gespielt hatte, und nachdem wir uns unter gegenseitigen Versicherungen, wie wunderbar das Ganze gewesen sei, endlich getrennt hatten, brauste ich, wütend über mich selbst, nach Hause.

Sarita schlief tief und fest.

Um den Kontakt zu Sabine abbrechen zu können, schlug ich am nächsten Tag vor, in Zukunft Bridge zu spielen, das sei doch viel interessanter. Sarita war es recht, und so machte ich mich auf die Suche nach Bridgepartnern. Das war gar nicht so einfach, doch schließlich nahm ich Kontakt zu den Teilnehmern eines Bridgekurses auf und brachte mehrere Paare zu uns nach Hause. Alle jedoch mißfielen Sarita bereits nach dem ersten Abend.

Schließlich kamen Petra und Bernd. Ein Bilderbuch-Ehepaar, beide gutaussehend, charmant und immer gut gelaunt. Sie war Chefsekretärin, er Computerfachmann. Wieder einmal bewunderte ich Saritas Geschick, Menschen über ihre privatesten Dinge zum Sprechen zu bringen. Schon während des Abendbrots erfuhr sie alles über ihre Leidenschaft fürs Tanzen, ihre Lust an Fernreisen, die Probleme mit den jeweiligen Kindern aus erster Ehe. Mich langweilte das ziemlich, und ich war froh, als wir endlich zu spielen begannen.

Gleich am ersten Abend hatten sie sagenhaftes Glück. Bernd eröffnete mit *Herz-Zwei*, ich paßte. Petra antwortete mit *Karo-Drei*, Sarita paßte. Dann fragte Bernd mit dem Gebot *Vier ohne Trumpf* seine Partnerin, wie viele Asse sie habe, und sie antwortete ihm mit *Karo-Fünf*: eins. So spielte Bernd *Herz-Sieben* – einen Grand Slam!

Von da an lud Sarita beide regelmäßig zum Bridgeabend ein, und mir bereitete unser Arrangement ein doppeltes Vergnügen: Ich flirtete drei Wochen lang intensiv mit Petra, bis sie mir endlich zu verstehen gab, daß sie einem kleinen Zweiermatch nicht abgeneigt war. Wir trafen uns nachmittags in einem Hotel, und es wurde eine regelmäßige Einrichtung daraus. Petra war der sportlich-aktive Typ, und ich lernte einige neue Stellungen.

Derartig sexuell ausgelastet, konnte ich die unschuldigen Zärtlichkeiten mit Sarita wieder genießen. Ich hatte zwar ein schlechtes Gewissen, sagte mir aber immer wieder trotzig, daß ein Mann das Recht habe, sich anderswo zu holen, was er brauche, wenn die eigene Freundin es ihm nicht geben könne, und schließlich wären wir nicht verheiratet.

Eines Abends, wir saßen wieder beim Bridge, und Petra fuhr mir mit dem bloßen Fuß ins Hosenbein, beobachtete ich einen lasziven Blickwechsel zwischen Bernd und Sarita.

Da begriff ich. Mein Gott, war ich dumm gewesen! Natürlich hatte sie etwas mit Bernd, und sei es nur, um sich für Sabine, von der sie natürlich gewußt hatte, zu rächen!

Ich spielte so miserabel an diesem Abend, daß alle ärgerlich wurden. Doch ich konnte mich nicht konzentrieren, stellte mir immer wieder vor, wie sich Sarita mit Bernd leidenschaftlich im Bett wälzte.

Vielleicht war ich nur nicht der richtige Mann für sie gewesen, vielleicht wollte sie gegen ihren Protest einfach genommen werden. Manche Frauen wären so, behaupteten meine Kumpels, obwohl ich persönlich noch nie so einer begegnet bin. Heutzutage sagen die Frauen meistens recht deutlich, was sie wollen oder nicht wollen.

Ich mußte es wissen, in dieser Nacht. Nachdem wir ins Bett gegangen waren und Sarita mir einen zarten Kuß auf die Schläfe gehaucht hatte, drehte ich sie mit einem Ruck auf den Rücken und legte mich auf sie, während ich ihre Arme festhielt. Noch ehe ich Anstalten zu mehr machen konnte, biß sie mich hart ins Ohr. Ich ließ erschrocken los, und sie schob mich mit ganz unerwarteter Kraft von sich herunter.

›Tu das nie wieder‹, fauchte sie haßerfüllt und verließ, mit dem Bettzeug unterm Arm, das Zimmer.

Ich brauchte zwei Wochen, um sie mit demütigen Zärtlichkeiten in unser altes Schmuseverhältnis zurückzuholen. Was macht ein Mann nicht alles, wenn er verliebt ist...

Als Petra mir ein Buch über die Liebestechniken von Riesenkraken schenkte, sagte ich Sarita, daß mich Bridge langweilen würde.

Ich beobachtete sie dabei ganz genau. Würde sie für Bernds Bleiben kämpfen? Doch sie lächelte nur und sagte: ›Wir können es ja mit Poker versuchen, das ist ein echtes Männerspiel.‹

So suchten wir drei Partner für uns.

Sie gab eine Zeitungsanzeige auf, und ich litt Höllenqualen, bis endlich, nach vielen Testabenden, das passende Team zusammengestellt war. Ich hatte so meine Favoriten gehabt: den verpickelten Achtzehnjährigen, den offensichtlich schwulen Maler und vor allem die zwei Frauen.

Doch Sarita entschied sich, nachdem sie sich in ihrer bewährt charmant-vertraulichen Art mit ihnen unterhalten hatte, für drei gestandene, leidlich gutaussehende Männer, Heinz, Edwin und Karl.

Lag es an ihrem Spiel? fragte ich mich. Der eine hatte am ersten Abend einen *Flush* gehabt, der andere einen *Straight flush* und der dritte schließlich sogar einen *Royal flush*.

Alle in Herz. In *Herz*?!

Plötzlich lag die Wahrheit klar vor mir.

Sarita hatte ihre Partner ausgesucht, von Anfang an. Ein gutes Blatt in *Herz* – und sie wurden als Spielpartner akzeptiert. Die drei Pokermänner. Bernd, Petra, Sabine. Und... ich.

Sarita wählte mich, nachdem ich eine *Herzflöte* beim Gin Rommé gehabt hatte!

Sabine war ein Lockvogel, eine Ablenkung für mich gewesen, deshalb hatte sie uns die Gelegenheit so leicht gemacht. Und Petra? Die wurde genommen, um keinen Verdacht zu erregen. Und nun waren es schon vier Männer.

Poker ist ein Männerspiel, hatte sie gesagt, obwohl doch offenbar auch Frauen Spaß daran finden konnten.

Alle diese Kerle schwänzelten von Anfang an um sie herum, und sie behandelte sie mit gleichmäßiger Freundlichkeit. Aber war es wirklich nur Freundlichkeit? War da nicht ein höchst subtiler Flirt im Gange, ein ganz anderes Spiel, dessen Regeln ich nicht verstand? Spielte sie die Männer gegeneinander aus? Trieb sie es mit allen? Vielleicht mit mehreren zusammen? Oder schlief sie sogar auch mit den Frauen?

Ich hätte aus der Haut fahren können. Nachts schreckte ich immer wieder aus dem Schlaf, tastete nach Sarita. Tags erledigte ich meine Arbeit so unaufmerksam, daß mich schließlich mein Chef zur Seite nahm und fragte, was mit mir los sei. Ich stotterte ›nichts‹, und daß es wieder vorbeiginge.

Das ist der Stand der Dinge.

Im Bett hat sich zwischen Sarita und mir nichts geändert. Sie schmiegt sich gurrend an mich, tätschelt mir den Bauch, setzt kleine, schmatzende Küsse in meine Armbeuge. Ich wage nicht mehr, sie direkt sexuell zu attackieren, aus Angst, sie endgültig zu verlieren.

Wo ich gehe und stehe, male ich mir die wildesten Sexszenen zwischen Sarita und unseren Spielpartnern aus. Mit allen treibt sie es hemmungslos – außer mit mir. Warum? Weil sie mich liebt? Es soll ja Frauen geben, die mit allen, nur nicht mit dem Mann, den sie lieben, schlafen können. Obwohl ich persönlich nie so einer begegnet bin.

Doch das größte Rätsel ist: Wie hat sie ihre Spielpartner dazu gebracht, in *Herz* zu gewinnen? Ist Sarita eine Hexe? Immerhin ist ihre Mutter Mexikanerin, und bei diesen exotischen Ländern weiß man ja nie.

Neulich hat sie, Kräutertee trinkend, den Kopf anmutig über eine Stickerei geneigt, mit sanfter Stimme gefragt: ›Kann man Poker nicht auch zu sechst oder zu siebt spielen?‹«

Diana und ich saßen in der Küche und schälten, jede ihren Gedanken nachhängend, Spargel. Im Radio lief *Talk to me*, ein sentimentaler Country-Song von Mickey Gilley, und ich wünschte, er würde nie enden.

Es regnete, ein Wetter, das ich seit jeher liebe. Als Kind habe ich mich an langen, grauen Regentagen mit Wollsocken an den kalten Füßen in einen Sessel gekuschelt und stundenlang gelesen. Zwischen den Schauern zog ich Gummistiefel an und ging in den Garten, atmete die frische Luft ein und hörte den Tropfen zu, die in einem geheimnisvollen Rhythmus von den Blättern fielen. Drip-drip-dripdrip-drip... Alles war sanft und still und zur Ruhe gekommen. Bevor ich wieder ins Haus lief, winkte ich der großen, alten Kastanie zu, und sie drückte mich mit ihrem freundlichen Rauschen an ihr warmes Baumherz.

Als wir mit dem Spargelschälen fertig waren, zog ich mich in mein Zimmer zurück.

Ich arbeitete gerade an der *Kleinen Meerjungfrau*. Wie fühlt sich ein Wesen, das halb Frau, halb Fisch ist? Wasserfrauen haben keine Seele, sagt man in den Märchen und Sagen, aber wie können sie seelenlos sein, wenn sie lieben? Vielleicht sind sie Teil der großen, unendlichen Wasserseele und müssen deshalb immer wieder in ihr altes Element zurück, obwohl...

Diana klopfte kurz, riß die Tür zu meinem Zimmer auf und fragte: »Weißt du zufällig, was der Unterschied zwischen einer Luger 9 mm und einem Colt 45 ist?«

Auf meinen schafsdummen Blick hin murmelte sie unwillig, daß ich vermutlich nicht einmal Pistolen und Revolver auseinanderhalten könne, was bei Gott der Wahrheit entsprach, und verschwand wieder.

Am späten Nachmittag bat sie mich zu einer Konferenz in die Küche. Sie nahm ein großes Blatt Papier und schrieb folgendes darauf:

Solitaire: A
Gin Rommé: A + B
Skat: A + B + C
Bridge: A + B + D + E
Poker: A + B + F + G + H

»A ist Sarita, B ist Teddy«, erklärte sie. »Die anderen Buchstaben sind ihre Spielpartner. C Sabine, D Petra, E Bernd, F, G und H die Männer Heinz, Edwin und Karl. Das sind, außer Teddy, sechs Leute, die sie an Land gezogen hat.«

»Fürs erste«, warf ich ein.

Diana bestätigte das und erzählte dann, Teddy habe jedoch vehement Einspruch gegen zwei weitere Pokerpartner erhoben, und Sarita habe das akzeptiert.

»Also sechs«, sagte ich. »Die Frage ist: Was macht diese Leute so besonders?«

Eine Woche später waren alle Fälle überprüft. Sabine war von Diana in einer Disko angequatscht worden, Heinz in seiner Stammkneipe und Karl am Arbeitsplatz. Petra und Bernd hatte ich frühmorgens im Schwimmbad abgepaßt und einen kleinen Schwächeanfall vorgetäuscht, der ihre Hilfe erforderte. Edwin war am schwierigsten gewesen: Ich mußte ihn unter einem Vorwand zu Hause aufsuchen.

Wir saßen wieder in der Küche und besprachen die Ergebnisse. Diana hatte eine Liste gemacht.

So unordentlich sie im täglichen Leben war, so methodisch konnte sie in intellektuellen Dingen sein. Ihre These war, daß man immer nur entweder im Kopf oder in der Außenwelt ordentlich sein könne, beides zusammen würde dem Polaritätsprinzip unseres Universums widersprechen. (Was sie, nach dieser Regel, von der Ordnung in meinem Kopf hielt, verschwieg sie taktvoll.)

Die Liste:

1. *Sabine.* Beruf: Vertriebsleiterin in Teddys Exportfirma, 37 Jahre alt, geboren in Köln, Single, geschieden. Liebt Pferde, Diskos, Ibiza. Dominant, ordinär, kann gemein zu Untergebenen sein, speziell zu sensiblen Männern, die sie für Schlappschwänze hält. Hat einen Cockerspaniel.

2. *Petra.* Beruf: Chefsekretärin, 35 Jahre alt, geboren in Göttingen, seit drei Jahren verheiratet mit Bernd. Sehr sportlich, spielt u.a. Tennis, schwimmt, fährt Ski. War vor ihrer Ehe lange mit einem Jugendfreund liiert, hat eine Tochter mit ihm, die beim Vater lebt. Will unbedingt nach Australien auswandern.

3. *Bernd.* Beruf: Computerfachmann, 43 Jahre alt, geboren in München. Verheiratet mit Petra, s. o. Auch sehr sportlich, aber ebenso künstlerisch interessiert, geht oft in Galerien und Ausstellungen. Geschieden, zwei Söhne aus erster Ehe, die bei der Mutter leben. Will auf keinen Fall nach Australien auswandern.
4. *Heinz.* Beruf: Kranführer, 28 Jahre alt, geboren in Rosenheim. Verheiratet seit sechs Jahren, vier Kinder. Hat eine Freundin, will sich scheiden lassen. Liebt Boxen, Fußball und sammelt Bierdeckel. Ein netter Kerl, sehr kontaktfreudig.
5. *Edwin.* Beruf: Graphiker, 46 Jahre alt, geboren in Erlangen. Single, hat eine feste Freundin, aber auch andere Beziehungen. Spielt Geige, liest gern, kümmert sich intensiv um seine alte Mutter. Besitzt zwei Siamkatzen. Eigenbrötler, leidet unter Depressionen.
6. *Karl.* Beruf: Verkäufer, 33 Jahre alt, geboren in Dresden. Kam 1991 nach München, seine Frau und zwei Kinder blieben in Sachsen. Korrekt, intelligent, ehrgeizig, möchte es endlich »zu etwas bringen«, hat auch gute Aussichten dafür in dem Kaufhaus, in dem er arbeitet. Liebt schnelle Autos und Flugzeuge.

»Reichlich durchschnittlich«, sagte ich. »Außer dem Kartenspielen verbindet sie nichts.«

»Vielleicht ist das Gemeinsame nicht offensichtlich«, sinnierte Diana. »Könnte es nicht sein, daß Sarita sie für ... für eine geheime Mission ausgewählt hat?«

Ich amüsierte mich. »Meinst du Industriespionage? Bombenlegen? Gefangenenbefreiung? Oder eine Weltverschwörung? Du liest zu viele schlechte Krimis!«

Diana warf mir einen etwas unfreundlichen Blick zu und versicherte, daß sie etwas ganz anderes im Sinn habe. Sie glaube an eine Art esoterischen Geheimbund.

»Eine Sekte?«

»Na ja, eine Art Vorhut für etwas ganz Spezielles ... vielleicht sind sie die ersten Übermenschen auf diesem Planeten, und nun beginnen sie, langsam unser Bewußtsein zu verändern ...«

»Und Heinz?« warf ich ein, »verteilt an die zu Erweckenden Bierdeckel mit verschlüsselten Botschaften.«

Diana stöhnte. »Du bist zu prosaisch, Ruth. Schließlich ist es eine *merkwürdige Angelegenheit*, oder?«

»Bleiben wir mal ganz sachlich«, schlug ich vor. »Was haben alle diese Leute, einschließlich Sarita und Teddy, wirklich gemeinsam? Doch nur zwei Dinge.«

»Zwei?«

»Ja. Kartenspielen und Sex. Das Kartenspielen wurde offenbar dazu benutzt, auf welche Weise auch immer Sarita es anstellte, die Leute zu versammeln. Teddy hat mit allen Frauen Sex gehabt, und Sarita – wahrscheinlich – mit allen Männern. Das kann doch kein Zufall sein!«

Ich war so in meinen neuen Gedankengang vertieft, daß ich nicht merkte, wie Diana verstummte.

»Also«, fuhr ich fort, »ist es möglich, daß der Sex eine Bedeutung hat. Vielleicht soll etwas weitergegeben werden...«

Ich richtete mich kerzengerade auf: »Aids?!«

Diana zuckte zusammen und fuhr mich wütend an: »Quatsch!«

»Das kommt vor«, verteidigte ich mich, »vielleicht hat Sarita Aids und will...«

Ich unterbrach mich. Diana sah ungewöhnlich weiß aus.

Ich schnappte nach Luft. »Hast du etwa...?«

Sie nickte langsam und sagte dann kläglich: »Aber mit Kondom. Ich wußte doch, daß er in der Gegend rumvögelt.«

»Außerdem«, sagte sie plötzlich mit frischer Stimme, »kann das nicht sein. Sarita hat doch nie richtig mit Teddy geschlafen!«

Ich überlegte. Da hatte sie recht. Aber vielleicht sollte trotzdem eine Art Botschaft weitergegeben werden, die nicht ganz so direkt...

»War irgendwas Besonderes an dem Sex mit ihm?« fragte ich so sachlich, als würde ich Erkundigungen über Postversandwege einziehen.

Diana starrte mich an. »Wie meinst du das?«

»Na ja, irgendwas, das ein Geheimkode war. Eine neue Technik, fremde Wörter, eine ungewöhnliche Bewegung...«

Diana schüttelte beklommen den Kopf. »Außer daß er es zweimal hintereinander konnte, was ihn aber noch nicht zum Übermenschen macht, eigentlich nichts...«

Wir sahen uns an. Und brachen in lautes Gelächter aus.

Am nächsten Tag beschlossen wir, daß Diana zu Sarita gehen sollte. Vielleicht würde sich dieses mysteriöse Wesen spontan offenbaren oder zumindest einen Hinweis auf seine Absichten geben.

»Menschen verraten sich«, versicherte mir Diana, »wenn ihr Unterbewußtsein mächtig ist. Und das ist es bei sensiblen Menschen immer.«

Ich dachte über ihre These nach, kam aber zu dem Schluß, daß ein Unterbewußtsein, das Lügen nicht ertragen kann, doch mehr im Interesse von Krimiautoren liegt, die auf elegante Weise ihre Fälle gelöst sehen wollen.

Lange überlegten wir uns einen Vorwand, von der Altkleidersammlung bis zum Gasalarm, entschieden uns dann aber doch für etwas anderes.

Diana kam am späten Nachmittag einigermaßen verwirrt zurück, riß sich den engen schwarzen Rock, die Seidenstrümpfe und den apricotfarbenen Kaschmirpulli, den sie von mir geborgt hatte, vom Leib und begann sofort zu erzählen.

»Also, ehrlich gesagt wußte ich zuerst nicht, was Teddy in ihr sieht. Ich fand sie auf den ersten Blick in ihrer phlegmatischen Verträumtheit und bläßlichen Hübschheit eher fad. Sie räumte das rosa Babyjäckchen weg, an dem sie gerade gestrickt hatte, und ich dachte bösartig: Na warte, wenn Teddy das erfährt. Aber vielleicht war es ja auch gar nicht für sie selbst. Sie bot mir etwas zu trinken an, und ich nahm einen Whisky, um mir Mut zu machen. Dann sagte ich, daß man sie mir als Schmuckdesignerin empfohlen habe.

Wir sprachen längere Zeit über verschiedene Entwürfe für einen Ring, und ich suchte verzweifelt nach einem Anlaß, mit ihr über das Kartenspielen ins Gespräch zu kommen.

Da sie wiederholt von meinem Mann sprach, dem der Ring hoffentlich gefallen werde, sagte ich ihr schließlich, daß ich geschieden sei.

Merkwürdigerweise blitzte dabei zum erstenmal in ihrer Haltung so etwas wie echtes Interesse für mich auf, und ich spürte eine wachsame Spannung unter ihrer zur Schau gestellten Passivität. Ihre Wangen röteten sich, ihre vorher wäßrig blauen Augen wurden dunkel, und sie richtete sich mit einer geschmeidigen Bewegung auf. Plötzlich konnte ich verstehen, was Teddy so erotisch an ihr fand.

Und dann sagte sie unvermittelt: ›Spielen Sie eigentlich Karten? Das ist eines meiner Hobbys.‹

Ich war so erstaunt, daß ich einige Zeit brauchte, bis ich antwortete, daß ich Gin Rommé könne.

Sie runzelte leicht die Stirn und meinte, daß dies doch etwas für Altersheime sei. Wie es denn mit Black Jack wäre, dabei könne man mit einem einzigen Spiel auf volles Risiko gehen. Dabei sah sie mir direkt in die Augen.

Ich merkte, daß sich mir die Nackenhaare sträubten, und ich sagte abwehrend, ich wüßte nicht, wie das ginge.

›Es ist ganz einfach‹, sagte sie, während sie aufstand und Karten aus einer Schublade holte. Sie legte sie aus, um mir zu zeigen, daß sie in Ordnung waren, und erklärte dann die Spielregeln.

Sie sei die Bank und ich der Spieler. Ich müsse einen Einsatz leisten, der an die Bank ginge, wenn ich verlöre. Wäre ich der Gewinner, würde ich meinen Einsatz und noch einmal den gleichen Betrag von der Bank wiederbekommen.

Das Spiel jedenfalls läuft darauf hinaus, daß der Spieler seine zwei Karten offen bekommt, während die der Bank verdeckt sind. Ziel ist es, so nah wie möglich an die Summe 21 zu kommen; hat man auch nur einen Punkt mehr, ist das Spiel verloren. Man kann so viele Karten zusätzlich von der Bank bekommen, wie man will, oder auch ablehnen.

›Wer hat mich Ihnen eigentlich empfohlen?‹ fragte sie plötzlich, und ich antwortete: ›Frau von Bernsdorf‹ (einen Namen, den Teddy mir genannt hatte). Sie wollte wissen, wann das gewesen sei, und ich sagte aufs Geratewohl: ›Letzte Woche, im Golfklub.‹

Sarita sah mich kurz prüfend an und lächelte dann kaum merklich. ›Was ist Ihr Einsatz?‹

Ich zögerte, unsicher. ›Hundert Mark?‹

Sie verzog den Mund. ›Kein Geld. Ihr Einsatz ist Ihre Neugier. Falls Sie gewinnen, muß ich Ihnen eine Frage Ihrer Wahl ehrlich beantworten. Falls Sie verlieren, bleibt die Sache mein Geheimnis.‹

Ich fragte mich, wie sie darauf kam, daß ich aus Neugier zu ihr gekommen war, doch ich schwieg.

Wir begannen.

Ich bekam eine Herz-Dame und eine Zwei, was zusammen, da die Hofkarten zehn zählen, zwölf war.

Sarita nahm sich zwei Karten, verdeckt.

Ich rechnete, daß es noch neun Punkte bis einundzwanzig waren und ich eine gute Chance hatte, mich zu verbessern.

Ich ließ mir eine Karte geben. Es war eine Herz-Drei, machte fünfzehn Punkte.

Ich atmete tief und ließ mir noch eine Karte geben. Eine Herz-Fünf, machte zwanzig.

Ich grinste und lehnte eine weitere Karte ab.

Sarita deckte daraufhin ihre beiden Karten auf: Sie hatte eine Herz-Vier und einen Herz-König gehabt, machte vierzehn. Sie nahm eine Karte, zeigte sie mir. Es war eine Herz-Sieben. Machte zusammen einundzwanzig.

Sie hatte gewonnen.

Ich starrte auf unsere Karten und bemerkte erst jetzt, was das eigentlich Unglaubliche war: Aus einem Deck mit zweiundfünfzig Karten, davon je dreizehn Kreuz, Pik und Karo, hatten wir, gegen jede Wahrscheinlichkeit, ausschließlich Herzkarten gezogen.

Und ich konnte sie nicht einmal fragen, wie sie das gemacht hatte.

Wir tranken noch einen Whisky zusammen und plauderten über das Wetter und lohnende Urlaubsziele. Dann verabschiedete ich mich höflich.

An der Haustür sagte Sarita, daß Frau von Bernsdorf sie bestimmt nicht empfohlen habe, denn die sei vor einem halben Jahr mit ihrem Mann nach Hawaii gezogen. Aber es hätte sie trotzdem gefreut, meine Bekanntschaft zu machen, und ich würde ganz bestimmt von ihr hören.«

»Du bist ja dumm«, regte ich mich auf. »Wenn die Sache mit den Herzkarten ein Trick ist, kann sie dich auch verlieren lassen. Du hattest doch gar keine Chance, die Frage zu stellen, so wie sie das macht. Wenn du sie gehabt hättest, hätte die Frage ihren Sinn verloren, denn dann hätte sie es ja nicht gemacht.«

Ich fand plötzlich Gefallen am Irrwitz der Situation und fragte: »Ist das nicht ein schönes logisches Paradox?«

Doch Diana, logischen Paradoxa im allgemeinen nicht abgeneigt, starrte stumpf vor sich hin.

Ich verfiel wieder in Unmut. »Das mit Frau von Bernsdorf war unvorsichtig. Dadurch wußte Sarita, daß du nicht wegen des Schmucks gekommen bist, sondern um sie auszuforschen.«

Diana antwortete nicht.

»Was ist?«

Sie hob langsam den Blick. »Weißt du, was das Schlimmste ist? Mit diesem Herzspiel gehöre ich jetzt doch auch zu ihren Auserwählten. Ich komme mir vor wie ein Stück Vieh mit einem Brandzeichen.«

Zwei Tage später rief Teddy aufgeregt an und sagte, daß Sarita verschwunden sei. Mit allen ihren Sachen. Er könne sich nicht vorstellen, wohin, und sie habe auch keine Nachricht hinterlassen.

Diana wurde es richtiggehend schlecht. »Vielleicht hat sie uns allen ein langsam wirkendes Gift verabreicht«, flüsterte sie und wischte sich die Stirn. »Ich fühle mich seit vorgestern gar nicht wohl.«

Ich lachte und nannte sie einen Hypochonder, doch so ganz wohl war mir bei der Sache auch nicht. Irgend etwas mußte diese Flucht zu bedeuten haben.

Ich rief Teddy noch mal an und bat ihn, sich unter irgendwelchen Vorwänden nach dem Befinden der anderen Spielpartner zu erkundigen. Wir telefonierten abends wieder, und er sagte, daß alle, soweit er herausfinden konnte, o.k. seien, Petra und Bernd würden sich allerdings gerade auf den Cayman Islands aufhalten.

Den Abend brachte ich damit zu, Diana gut zuzureden und Griesbrei mit Zucker und Zimt ans Bett zu servieren. Sie starrte teilnahmslos in den Fernseher und schien wie unter Schock zu stehen.

»Sie ist eine Hexe«, flüsterte sie. »Wie in *Joringel und Jorinde*. Sie verzaubert die Leute und stürzt sie ins Verderben, ohne daß sie sich dagegen wehren können.«

Ich lachte etwas zu laut und fragte, wer denn hier die Märchentante sei, sie oder ich.

Später, in meinem Bett, grübelte ich über Diana nach. Es war, als gäbe es eine Todeslandschaft in ihrer Seele. Plötzlich, nach irgendeinem Auslöser, der ihr ein Gefühl der extremen Ungeborgenheit vermittelte, trat sie in diesen Bezirk ein, um hier, jenseits von Vernunft und Liebe, von einem schwarzen Nichts verschluckt zu werden.

Mit meiner etwas lächerlichen mütterlichen Fürsorge, die sie so sehr genoß, holte ich sie immer wieder ein Stück zu den Lebenden zurück.

Plötzlich spürte ich eine große Zärtlichkeit für sie. Diana, obwohl nur drei Jahre jünger als ich, war mein Kind. Das Kind, das Abel nie mit mir haben wollte.

Am nächsten Tag hatten wir unsere Nachbarin zum Kaffee, eine liebe, dicke Türkin, die eine Schar von Kindern großzog. Sie fragte wie immer nach unseren Ehemännern und konnte nicht begreifen, daß es keine gab. Nicht mal Babys? Sie würde uns gerne die Karten legen, ob das mit den Babys noch klappen würde, schon ihre Mama und Großmama hätten den Frauen Karten gelegt, und so was läge in der Familie. Einmal hätte sie einer Frau, die schon vierundvierzig war, ein Baby vorausgesagt, die habe es nicht glauben wollen, aber was solle sie uns sagen, zehn Monate später war sie da, die kleine Gülfer...

Diana und ich lehnten dankend ab.

Es klingelte, und Teddy kam herein.

Er habe heute mit der Post, anonym, eine Spielkarte zugeschickt bekommen. Winzig klein, so groß wie ein Radiergummi. Er holte sie aus seinem Portemonnaie, und wir starrten alle erstaunt darauf. Es war eine Herz-Sieben.

Unsere Nachbarin, die wir ganz vergessen hatten, blickte uns über die Schulter. Ich sagte freundlich, daß wir Geschäftliches zu besprechen hätten, und sie ging.

»Soll das eine Warnung oder eine Drohung sein?« Diana betrachtete noch immer die kleine Spielkarte.

»Hat dich Sarita im Black Jack nicht mit einer Herz-Sieben besiegt?« fragte ich.

Diana schaute mich alarmiert an, nickte dann.

Teddy holte sich ein Bier aus dem Kühlschrank, ließ sich schwer auf die Eckbank in der Küche sinken und sagte fröhlich: »Das ist noch nicht alles.«

Und dann erzählte er, daß er heute im Büro, kurz nach Eingang der Post, Besuch von einem Herrn erhalten habe. Seine Sekretärin wollte ihn kurz abfertigen, da er weder einen Termin hatte noch etwas über sein Anliegen sagen mochte, doch er sei einfach in sein Zimmer gekommen.

Ein schlanker, vollkommen durchschnittlich aussehender Typ, grauer Anzug, schwarze Brille, Aktenkoffer. Er habe sich unaufgefordert hingesetzt und leise, aber sehr bestimmt im Ton seine Dienste angeboten. Nun, wenn Teddy jetzt so darüber nachdenke, habe er diese Dienste nicht eigentlich angeboten, sondern *angekündigt*, wobei er sich über die Art dieser Dienste nicht näher ausließ. Ein Service, der für einen Mann in Teddys Position, der den Kopf mit wichtigeren Dingen voll habe, unverzichtbar sei. Dann war er, unter der Versicherung, daß er in Kürze von sich hören lasse, gegangen. – Was wir von der Sache hielten?

Wir vermuteten dieses und jenes, zuckten dann aber die Schultern und baten ihn, ganz überlegene Profis, uns auf dem laufenden zu halten.

In dieser Nacht schliefen wir beide schlecht. Ich hörte, wie Diana noch lange durch die Wohnung wanderte, und ich beschloß schließlich um ein Uhr, nachdem ich eine Stunde lang wachgelegen hatte, zu lesen. Ich schlug einen Band mit Erzählungen von Franz Kafka auf und begann, aufs Geradewohl, mit dem *Urteil*. Als ich die Geschichte beendet hatte, ließ ich das Buch sinken und starrte vor mich hin.

Der Mann mit dem Aktenkoffer. Was waren das um Himmels willen für Dienste, die er anbot? Vielleicht hatten auch andere der Kartenspieler eine solche kleine Herz-Sieben bekommen? Diana Gott sei Dank nicht, aber vielleicht ging ja alles der Reihe nach...

Ich war viel zu nervös, um bis zum Morgen zu warten, und wollte schon zu Diana gehen. Dann besann ich mich anders, ich mochte ihr nicht noch mehr Angst machen. Zwei Uhr. Ich beschloß, Edwin anzurufen. Er war der Grafiker mit den Depressionen, den ich damals überprüft hatte, nachdem ich durch Teddy als verrückte Kunstkritikerin bei ihm eingeführt worden war. Ich wußte, daß er nie vor zwei, drei Uhr nachts schlafen ging. Mir war etwas unwohl, als ich mit nackten Füßen in den Flur tapste und das Telefon in mein Zimmer holte. Edwin hatte auf eine schüchtern-charmante

Art, mit der er sicher große Erfolge bei Frauen hatte, sein erotisches Interesse an mir bekundet, seine Freundin hätte bestimmt nichts dagegen. Nun, ich hatte, und so war aus Edwin und mir nichts geworden.

Ich suchte seine Nummer heraus und rief an.

Eine fremde Stimme meldete sich mit einem harschen »Ja?«, und ich fragte nach Edwin. Daraufhin erkundigte sich der Mann am anderen Ende der Leitung, wer ich sei, und ich sagte, eine Bekannte und nannte meinen Namen. Nach einer Pause teilte mir der Mann mit, daß Edwin Möller heute abend tot aufgefunden wurde. Über die Todesursache könne er mir nichts sagen.

Geschockt ging ich sofort zu Diana und weckte sie auf. War es Mord? Sarita eine Mörderin? Würde sie alle Kartenspieler der Reihe nach umbringen? Oder umbringen lassen? Wer war der graue Mann mit dem Aktenkoffer? Mußten wir nicht zur Polizei gehen?

Schließlich waren wir zu erschöpft, um weiterzureden, und ich ging in mein Bett, wo ich sofort in einen tiefen Schlaf fiel. Ich träumte, ich hätte eine dreifarbige Katze, die langsam, bei lebendigem Leib, von Ameisen aufgefressen wurde. Am Morgen taumelte ich schweißnaß unter die Dusche.

Erstaunlicherweise war es diesmal Diana, die einen kühlen Kopf behielt. Sie rief gegen zehn Uhr Rolf, ihren geschiedenen Mann, in der Zeitung an und erfuhr so, daß Edwin Möller eindeutig Selbstmord verübt habe, mit Schlaftabletten. Es gebe einen Abschiedsbrief, der die Nichtigkeit der materiellen Welt verspotte und die einzige wirkliche Freiheit der Menschen, nämlich die Freiheit zum Tode, als bewußte Entscheidung für die metaphysische Welt preise. Die Polizei würde keine weiteren Ermittlungen anstellen.

Wir waren etwas erleichtert, aber keineswegs beruhigt. Gerade als ich die Waschmaschine füllte und mich wieder etwas besser zu fühlen begann, rief Rolf noch einmal an. Es hätte sicher keine Bedeutung, und, wie gesagt, die Polizei habe zweifelsfrei auf Selbstmord befunden, aber es gebe doch etwas Merkwürdiges an diesem Fall: Auf Edwins Abschiedsbrief lag eine winzig kleine Spielkarte, etwa so groß wie ein Radiergummi, eine Herz-Sieben.

Wir riefen sofort Teddy an und fragten ihn, ob der graue Mann mit dem Aktenkoffer wieder aufgetaucht sei. Er verneinte, berichtete aber, er habe, obwohl er so etwas nie bestellt hätte, einen Schußwaffenkatalog zugeschickt bekommen. Albern, nicht wahr? Er klang unbekümmert.

Psychologische Einschüchterung, sollte es denn eine sein, war an einen Mann wie Teddy gänzlich verschwendet.

Wir erzählten ihm nichts von Edwin, um ihn nicht doch noch zu beunruhigen, und baten ihn nur zu prüfen, ob seine Kollegin Sabine auch schon so eine kleine Spielkarte zugeschickt bekommen habe.

Seine Sekretärin rief wenig später zurück und sagte, Herr Schmöller sei in einer Konferenz und ließe ausrichten, daß die Antwort auf die Frage, die wir ihm gestellt hätten, »Nein« lautete.

Wir atmeten auf. Der Stein war noch nicht unwiderruflich ins Rollen gekommen.

Diana räkelte sich auf dem Sofa und knabberte an den noch warmen, knusprigen Madeleines, die ich gerade aus dem Ofen genommen hatte.

»Für die könnte ich einen Mord begehen«, sagte sie. »Ich möchte bloß wissen, ob Edwin vor seinem Tod Besuch von dem Mann im grauen Anzug bekommen hat. Ruth, du hast ihn doch damals überprüft. Hat er nicht eine feste Freundin? Vielleicht weiß die was.«

Ich war entsetzt. »Du glaubst doch nicht, daß ich zu dieser Frau gehe, die bestimmt unter Schock steht, und sie so etwas frage. Außerdem würde sie mir bestimmt die Tür vor der Nase zuschlagen.«

»Du bist zu sensibel für diesen Job«, meinte Diana, griff zum Telefon und bat Rolf in seiner Eigenschaft als Reporter, Erkundigungen einzuziehen. Er sagte offenbar, daß er Besseres zu tun hätte, als Diana auf Abruf zur Verfügung zu stehen, denn sie fauchte ihn an, zu irgend etwas, wenn schon nicht als Ehemann, müsse er doch zu gebrauchen sein, und knallte den Hörer auf.

Ganz gegen meine Erwartung rief Rolf, entweder getrieben von dem Wunsch nach Wiedergutmachung für sein eheliches Versagen oder in der Hoffnung auf eine gute Story, am Abend zurück. Die trauernde Witwe sei tatsächlich ergiebig gewesen. Edwin habe vor einigen Wochen die Bekanntschaft eines seltsamen Mannes gemacht, auf den unsere Beschreibung passe. Sie hätten sich oft getroffen, lange Gespräche geführt. Als seine Freundin wissen wollte, mit wem er da neuerdings so viel Zeit verbringe, habe Edwin, nach kurzem Zögern, gesagt: mit meinem philosophischen Berater. Er sei nach Edwins Tod übrigens spurlos verschwunden.

»Philosophischer Berater?« sagte ich zweifelnd, als Diana mir berichtet hatte.

Sie meinte: »Dann ist er keine Gefahr für Teddy. Bei dem gibt's nichts Philosophisches zu beraten.«

»Der Service, der Schußwaffenkatalog«, murmelte ich. »Merkwürdig.«

Wer immer er sein mochte: Sicher war jedenfalls, daß der Mann eine Verbindung zwischen Edwin und Teddy darstellte. Neben der kleinen Herz-Sieben-Spielkarte.

An diesem Nachmittag kam unsere türkische Nachbarin, um sich eine Tasse Rosinen von uns zu borgen. Nachdem ich ihr das Gewünschte gegeben und taktvoll bedeutet hatte, absolut keine Zeit für ein Schwätzchen zu haben, ging sie widerwillig. Bevor ich jedoch die Tür hinter ihr schließen konnte, drehte sie sich plötzlich um und raunte mir ins Ohr: »Sieben Herzen, nicht gut, gar nicht gut für die Liebe.« Ich rief Diana.

Und dann erfuhren wir, daß bei den alten Wahrsagerinnen – und die Mama und die Großmama in der Türkei waren die besten weit und breit gewesen – jede Karte eine bestimmte Bedeutung habe. Herzen seien immer Gefühle, und die Herz-Sieben zeige oft ein gebrochenes Herz oder zumindest Herzeleid an.

Herzeleid.

Wir hatten den gleichen Gedanken, aber Diana war schneller. Sie schoß in ihr Zimmer und kam mit der Liste der Kartenspieler wieder.

1. *Sabine:* Geschieden
2. *Petra:* War vor ihrer Ehe lange mit einem Jugendfreund liiert
3. *Bernd:* Geschieden
4. *Heinz:* Hat eine Freundin, will sich scheiden lassen
5. *Edwin:* Hat eine feste Freundin, aber auch andere Beziehungen
6. *Karl:* Seine Frau und seine Kinder blieben in Sachsen

»7. *Bernd*«, sagte Diana, »warf seine vorige Freundin aus der Wohnung.«

»8. *Diana*«, sagte ich, »geschieden.«

Wir sahen uns beklommen an, während unsere Nachbarin kopfschüttelnd verschwand. Sie hätte schließlich richtige Arbeit zu tun. Aber wir könnten jederzeit zum Kartenlegen zu ihr kommen. So was läge in der Familie.

»Das ist doch alles Quatsch!« sagte Diana mit Inbrunst.

Der Meinung war ich nicht. »Es ist eine Art Bestrafungsaktion! Sarita rächt sich an Leuten, von denen sie wegen ihrer Lebensumstände annimmt, daß sie anderen *Herzeleid* zugefügt haben.«

Dianas Zweifel steigerten sich zu Empörung. Sie und Rolf Herzeleid zugefügt? *Er* sei es gewesen, der...

»Ja, ja«, unterbrach ich sie, nicht erpicht darauf, die Schuldfrage dieses Falles ausgerechnet jetzt zu klären. »Aber Sarita glaubt es eben. Oder will es glauben.«

»Dann könnte es Rache sein«, meinte Diana. »Aber wenn das stimmt, fragt sich: Rache wofür?«

Ich überlegte. »Wahrscheinlich«, sagte ich schließlich, »weil ihr mal ein Mann das gleiche zugefügt hat. Ob Teddy etwas darüber weiß?«

Wir versuchten ihn anzurufen, doch seine Sekretärin sagte, Herr Schmöller sei jetzt unter keinen Umständen zu sprechen. Wir baten um Rückruf, setzten uns in die Küche, und ich fragte Diana, ob sie mir mehr über den persönlichen Eindruck erzählen könne, den Sarita auf sie gemacht hatte.

»Wenn du je das Sprichwort *Stille Wasser sind tief* illustrieren mußt, dann nimm sie als Modell«, begann Diana, während sie sich Kaffee aus der Thermoskanne eingoß. »Sie wirkt völlig gleichmütig und beherrscht, aber nicht angestrengt, sondern nachgiebig, so... als habe jemand alle Energie von ihr abgezogen.«

»Aber du hast doch gesagt, sie wäre plötzlich sehr lebendig geworden?«

Diana nickte. »Ja, das stimmt. Vielleicht könnte man es besser so ausdrücken: Sie selbst hat alle Energie von sich abgezogen... nein, zurückgezogen, und an einem geheimen Ort gebündelt. Das meinte ich mit dem *tiefen Wasser*. Da ist eine enorme Kraft, aber sie bleibt unter der Oberfläche, bis auf wenige Augenblicke.«

»Und jetzt wirkt die gebündelte Energie als Laserstrahl, schneidend scharf«, murmelte ich.

Wenig später klingelte das Telefon, und ein wutschnaubender Teddy war in der Leitung. Ein Sturzbach von Wörtern ging auf Diana nieder, bis sie schließlich sagte, sie würde ihn zurückrufen, und auflegte.

Sie atmete tief durch und berichtete mir dann, es hätte eine Riesenschweinerei in seinem Büro gegeben. Offenbar sei irgendein Hacker von außen in den Firmencomputer eingedrungen und habe die Lohnlisten so gefälscht, daß eine halbe Million auf Teddys Konto geflossen sei. Der Buchhalter glaube ihm, habe ihm aber gesagt, daß er das innerhalb von zwei Tagen in Ordnung gebracht haben müsse, sonst würde er dem Chef davon Mitteilung machen. Teddy habe jetzt Bernd angeheuert, den Bridgespieler, der Computerfachmann sei und die ganze Scheiße hoffentlich ausbügeln und das System sicher machen könne. Der Chef würde ihm seine Unschuld niemals abnehmen, und dann könne er sich gleich umbringen!

Diana hielt inne und sah mich an.

»Unser philosophischer Berater«, sagte ich langsam. »Er packt jeden an seiner weichen Stelle. Edwin bei seinen Depressionen, Teddy bei seiner beruflichen Existenz.«

Die brennende Frage war jetzt: Wie konnten wir diesen Kerl stoppen?

Polizei? Quatsch, wir konnten nichts beweisen. Zu Teddys Chef gehen? Der würde uns für verrückt erklären. Sarita ausfindig machen? Wie denn?

Nach einer Weile trennten wir uns ratlos, und ich ging langsam in mein Zimmer.

Was wäre gewesen, wenn wir uns niemals in Teddys *merkwürdige Angelegenheit* eingemischt hätten? Er wäre weiter von Eifersucht gepeinigt gewesen und hätte sich noch eine Zeitlang gefragt, ob seine Frau Hexenkräfte besäße, um die Karten zu beeinflussen. Dann hätte er die Situation entweder so akzeptiert, wie sie war, oder sich von dieser Frau getrennt. *So what?* Jetzt war sie nicht nur verschwunden – wofür Teddy vielleicht noch dankbar sein konnte –, sondern Diana war persönlich in die Sache verwickelt, und, was das Schlimmste war, ein gefährlicher Mann war aufgetaucht, den wir nicht unter Kontrolle hatten. Vielleicht wäre er sowieso auf der Bildfläche erschienen, nachdem sich Sarita schon so viel Mühe mit der Auswahl ihrer Spielpartner gegeben hatte, vielleicht aber auch nicht.

Ich fragte mich, ob wir die Rätsel, die zu lösen wir vorgaben, in Wirklichkeit nicht erst durch unsere Einmischung verursachten.

Zwei Tage später rief Teddy an und sagte, daß Bernd tatsächlich die Sache wieder in Ordnung gebracht habe. Der Buchhalter würde nichts unternehmen. Er war so erleichtert, daß er erst zum Schluß auf eine andere für uns wichtige Tatsache zu sprechen kam: Sabine, die Vertriebsleiterin, hatte auch eine kleine Spielkarte, die Herz-Sieben, zugeschickt bekommen.

Ich schoß in Dianas Zimmer und berichtete ihr die Neuigkeiten.

»Scheiße«, sagte sie. »Als was wird er sich wohl bei Sabine vorstellen?«

Einige Wochen lang geschah überhaupt nichts. Nichts Alarmierendes kam aus Sabines Richtung, keine Spur von Sarita. Teddy, der Sorge um seine berufliche Existenz enthoben und erstaunlich schnell den Verlust von Sarita verschmerzend, ließ sein Verhältnis mit Diana wieder aufleben.

»Du verletzt die therapeutische Grundregel«, sagte ich streng, als sie es mir erzählte. Aber eigentlich war ich froh über die Ablenkung. Denn wenn es uns nicht gelang, diesen Kerl unschädlich zu machen, bekam früher oder später wohl auch Diana die kleine Herz-Sieben zugeschickt...

Unschädlich zu machen. Ich schüttelte über mich selbst den Kopf. Das klang ja wie einem von Dianas Reißern entnommen. *Neutralisieren. Abknallen. Umlegen. Aus dem Weg räumen.* Scheußliche Worte, aber plötzlich von einer bestrickenden Endgültigkeit.

Ich seufzte. Niemand bereitete einen angehenden Enigmatologen darauf vor, wie schwierig der Job wurde, wenn man sich grundsätzlich zur Gewaltfreiheit entschlossen hatte.

»Ich weiß jetzt warum«, rief Diana ein paar Tage später triumphierend und stürzte wieder einmal, nach kaum wahrnehmbarem Anklopfen, in mein Zimmer.

»Aha«, sagte ich abweisend. Ich hatte mich gerade im *Großen Brockhaus* festgelesen.

Diana schnappte nach dem Band und knallte ihn zu.

»Teddy hat sich an eine Szene mit Sarita in einem Restaurant erinnert.«

Nun hatte sie meine Aufmerksamkeit und erzählte, daß Sarita beim Hinausgehen an der Garderobe von einem unglaublich gutaussehenden Mann gegrüßt worden sei. Ein Farbiger, aber mit den Zügen eines Weißen, blitzende Augen, pechschwarze lange, glatte Haare, dazu groß und schlank. Ein solches Bild von Mann hätte Teddy überhaupt noch nie gesehen, und natürlich wäre er vor Eifersucht fast geplatzt. Der Mann, vielleicht Ende Dreißig, sei in Begleitung einer jungen, schönen blonden Fee gewesen. Er grüßte, wie gesagt, Sarita, doch selbst der sprungbereite Teddy konnte an seinem Verhalten nichts Provozierendes finden.

Als Teddy jedoch Sarita angeschaut habe, sei sie weiß wie die Wand gewesen.

»Aha«, sagte ich. »Der schwarze Gott hat sie wegen einer dummen Blondine verlassen.«

»Aber warum hat sie sich nicht direkt an ihm gerächt?« fragte Diana. »*Ihm* hätte sie doch ihren philosophischen Berater auf den Hals hetzen müssen!«

Ich schüttelte langsam den Kopf. Nein, das konnte ich verstehen. Wenn man so tief getroffen ist, ist das einzige, was man noch hat, der Stolz. Man möchte den Verlust mit Würde tragen, wenigstens in den Augen des Geliebten großherzig erscheinen, ethisch makellos.

Als Abel gegangen war, hatte ich meiner Nachfolgerin, einer bildhübschen Tänzerin, Blumen zum Einzug in die gemeinsame Wohnung geschickt.

»Aber irgendwo mußten die Gefühle bleiben«, sinnierte Diana. »Und da hat sie sich Ersatzleute gesucht. Auf die hat sie dann ihren Haß gelenkt. Außerdem gibt ihr das Wissen, Macht über völlig fremde Menschen zu haben, einen erotischen Kick. Ich bin ziemlich sicher, daß sie mit den anderen Männern auch nicht geschlafen hat, einfach, um ihre Überlegenheit zu wahren. Das hat Teddy in seiner sexuellen Frustration nur herbeiphantasiert.«

Und wo hatte ich meine Haßgefühle gegen Abel gelassen, fragte ich mich spät abends, als ich im Bett lag. Nun ja, ich kannte die Antwort, wenn ich auch nur äußerst ungern an die betreffende Situation zurückdachte.

Als wir uns, einige Monate nach der Trennung, zufällig bei Freunden wiedertrafen, erklärte ich Abel, nachdem ich einige Gläser Wein heruntergestürzt hatte, laut und in aller Ausführlichkeit, was für ein eiskaltes, arrogantes Schwein er sei. Das letzte Glas Rotwein goß ich, leider, über das schneeweiße Kleidchen der bildhübschen Tänzerin.

Es machte mich nervös, daß sich gar nichts in unserer Angelegenheit zu bewegen schien. Als ich mich nicht einmal mehr auf die Arbeit an den Märchenbüchern konzentrieren konnte, beschloß ich, selbst etwas zu unternehmen. Ich bat Diana, Sabine, die sie ja aus der Disko kannte, zum Skatspielen einzuladen.

Diana zog die Stirn kraus und fragte: »Was gibt's zu essen?« Das bedeutete, daß sie meinen Vorschlag gut fand.

Es gab Fleischpflanzerl mit fränkischem Kartoffelsalat, und der Abend wurde ein voller Erfolg.

Sabine war wirklich fürchterlich. Sie trug ein quietschgrünes, enges T-Shirt, auf dem eine Katze abgebildet war, die über verschiedene Hindernisse turnte und schließlich ins Wasser fiel. Darunter stand *Merke: Je länger das Vorspiel, desto nasser die Muschi.*

Dazu war sie bester Laune, was sich darin äußerte, daß sie wiederholt versuchte, schon während des Redens von Lachen geschüttelt, dümmliche Witze zu erzählen. Ich unterbrach sie jedoch zweimal kurz vor der Pointe so rüde, daß sie es schließlich sein ließ.

Diana starrte Sabine nur aus großen Augen an. Es war, als würde eine Elfe mit einem Flußpferd konfrontiert.

Skat spielte Sabine übrigens wirklich sehr gut, und sie gewann haushoch. Bis es soweit war, erfuhren wir allerdings etwas, für das ich in einem T-Shirt mit zotiger Aufschrift in eine Staatsopernpremiere gegangen wäre.

Nachdem Diana einen *Null* verloren hatte, weil Sabine ihre Herz-Acht mit einer Herz-Sieben unterbieten konnte, wollte ich die Gelegenheit am Schopf packen und auf das seltsame kleine Präsent zu sprechen kommen, aber Sabine kam mir zuvor.

»Die Herz-Sieben scheint mir Glück zu bringen«, verkündete

sie strahlend. »Neulich bekam ich irgendso eine Reklame mit einer kleinen Spielkarte, und was glaubt ihr: am selben Tag lernte ich den Mann meines Lebens kennen!«

Sie blickte triumphierend in die Runde, aber Diana und ich warfen uns nur einen müden Blick zu.

»Das muß ja ein toller Typ sein«, sagte ich schließlich höflich.

»Der pure Wahnsinn«, versicherte Sabine und sah in ihr Blatt. »Wer kommt raus?«

»Selber«, sagte ich, aber Sabine machte keine Anstalten weiterzuspielen.

»Im Bett ist er auf einer Skala von 0 bis 10 eine 15«, verkündete sie. »Aber das ist es nicht allein. Er ist einfach ein Mann. Heutzutage laufen ja nur noch Schlappschwänze durch die Gegend.«

»Spielen wir Pik?« fragte ich, von Sehnsucht nach allgemeiner Harmonie getrieben.

Als niemand antwortete, sagte ich aus purer Verzweiflung *Kontra*, obwohl ich nichts als Könige, Damen und Neunen in der Hand hatte, doch Diana fiel mir in den Rücken.

»Das würde mich aber mal interessieren, was eine Frau wie Sie für einen echten Mann hält«, sagte sie maliziös.

Doch Sabine ließ sich nicht aus der Ruhe bringen. Sie schmetterte mir *Re* hin und meinte dann: »Er hat eine wahnsinnige Power. Er sagt, er kann jeden fertigmachen, wenn er nur will.« Dann lehnte sie sich zurück und spielte den Kreuz-Buben aus.

Diana bediente mit der Pik-Zehn, ihrem einzigen Trumpf, wie sich später herausstellte. Ich hatte auch nur zwei.

»Was für ein toller Kerl«, meinte sie spöttisch.

Das traf Sabine. Er habe schon mal jemanden zum Selbstmord getrieben, verteidigte sie sich hitzig. Dabei hätte er dem Mann nur gesagt, daß sich umzubringen die einzige wahre Freiheit sei, die dem Menschen auf dieser elenden Welt noch bliebe, oder so. Alles ganz philosophisch! Jedenfalls habe es funktioniert. Da müsse ihr Freund doch was auf dem Kasten haben.

Diana saß plötzlich wie eine Tigerin auf dem Sprung.

»Wirklich?« hauchte sie, tief beeindruckt. »Das ist ja ’n Ding. Und was kann er noch?«

Sabine grinste zufrieden über die endlich errungene Aufmerksamkeit. Er sage ihr natürlich keine Namen, aber einmal habe er jemanden fast ruiniert, weil er in den Firmencomputer eingedrungen sei, um die Lohnlisten zu manipulieren. Ein Spitzenjob, oder?

»Wahnsinn«, stimmte Diana zu.

Ich legte endlich einen kleinen Trumpf auf den Tisch.

»Und was hat er als nächstes vor?« erkundigte ich mich beiläufig.

Sabine nahm den Stich. »Erst mal heiraten wir. Er will fünf Kinder. Und dann macht er sich selbständig. Er sagt, er hat die Nase voll, immer die Dreckarbeit für andere zu erledigen. Er sagt, er hat jetzt genug Geld, um sich endlich einen Traum zu erfüllen, den er hat, seit er ein kleiner Junge ist. Er kauft sich viele große Transporter, die er vermieten will. Und einen Bulldozer. Und einen Kran.«

Wir fanden das großartig, ganz ehrlich.

Natürlich gewann Sabine das Spiel, dank meines dümmlichen Kontras, auch noch satt. Als sie notierte, sah sie irritiert von Diana zu mir.

Denn die Verlierer strahlten sie mit echter Herzenswärme an.

»Das Glück ist mit den Tüchtigen«, sagte Diana und ließ sich erschöpft in einen Sessel sinken. »Jetzt sind wir die Sache endgültig los.«

»Aber wir haben nur einen Teil des Rätsels gelöst, das Sarita uns gestellt hat«, wandte ich ein. »Wir wissen jetzt, warum sie diese Leute um sich versammelt hat, aber wir wissen noch immer nicht, wie. Ist sie nun eine Hexe mit übernatürlichen Kräften oder vielleicht nur eine geschickte Trickbetrügerin? Es gibt Leute, die mit Karten die tollsten Sachen machen können.«

»Muß man ein Rätsel um seiner selbst willen lösen?« fragte Diana. »Teddy ist zufrieden, er weint ihr keine Träne nach und sagt, wir hätten diese neurotische Zimtziege entschärft wie eine Bombe. Übrigens haben wir auch miteinander Schluß gemacht.«

»Bist du traurig?« sagte ich nach einer kurzen Pause.

Diana schüttelte den Kopf. »Nein. Es war einfach zu normal für mich. Ein solches Ausmaß an Abgründigkeit kann ich auf die Dauer nicht ertragen.«

Einige Wochen später rief Teddy an. Er müsse uns etwas erzählen. Diana war nicht da, und so sprach ich mit ihm.

Letzte Woche wäre er, wegen einer geschäftlichen Besprechung, in Wien gewesen. Gerade als er um die Mittagszeit sein Hotel verlassen wollte, sah er eine Frau in der Halle sitzen, die ihn an jemanden erinnerte. Auf den zweiten Blick erkannte er Sarita, nun mit feuerroten Haaren und stark geschminkt. In merkwürdigem, aufregendem Kontrast dazu stand ihr zart geblümtes Kleid mit weißem Kragen. Sie legte Karten auf einem Tischchen, das neben ihr stand. Wenig später kam zögernd und ein wenig unsicher ein Mann auf sie zu und stellte sich mit einer leichten Verbeugung vor. Mit einem Lächeln bedeutete Sarita ihm, Platz zu nehmen. Da floh Teddy.

Übrigens habe er sich verlobt, mit der Tochter seines Chefs.

Anfang Juli waren wir zur Hochzeit eingeladen, es war zufällig an Dianas sechsunddreißigstem Geburtstag. Teddy schenkte ihr eine Magnumflasche Champagner, und dann machten wir im Garten ein Foto. Seine nette, lustige Frau mit dem seltsamen Namen Immaculata saß auf seinem Schoß, während Diana und ich uns rechts und links an ihn lehnten. Das gefiel Teddy Schmöller.

Unser einziges Kartendeck verschenkte Diana an den ältesten Sohn unserer türkischen Nachbarin.

Q wie Querelen

Rubem Fonseca Valentinstag

Eines kann ich nun wirklich nicht vertragen, und das sind Erpresser. Sonst wäre ich an diesem Samstag für kein Geld der Welt aus dem Haus gegangen.

Der Anwalt Medeiros rief mich an und sagte, es geht um Erpressung, und mein Mandant will zahlen. Sein Mandant war der Bankier J. J. Santos.

Mandrake, fuhr Medeiros fort, die Sache muß ganz hundertprozentig erledigt werden, verstehen Sie?

Ja, aber das kostet einen Batzen, sagte ich mit einem Blick zu der blonden Prinzessin, die bei mir war.

Ich weiß, ich weiß, sagte Medeiros. Er wußte es wirklich, er war Politiker gewesen, sogar mal in der Regierung, jetzt war er Minister im Ruhestand, er wußte über alles Bescheid.

Dieser Samstag hatte schlecht angefangen. Ich war gereizt und mit Kopfschmerzen aufgewacht. Ein Kater nach einer durchzechten Nacht. Ich war durch die Wohnung gegangen, hatte Nelson Gonçalves gehört, den Kühlschrank aufgemacht und ein Stück Cavalo-Käse gegessen.

Dann hatte ich mich ins Auto gesetzt und war nach Itanhangá gefahren, wo die feinen Leute Polo spielen. Ich sehe gern zu, wenn die Reichen was tun. Da draußen war ich der Blondine begegnet. Sie sah aus wie eine taufrische Blume, klarer, reiner Teint, Augen, die vor Gesundheit strahlten.

Die Polospieler kommen alle in die Hölle, sagte ich.

Wieso? fragte sie.

Beim Jüngsten Gericht sind die Reichen geliefert, antwortete ich.

Ein romantischer Sozialist! Sie lachte verächtlich.

Und diese Blondine befand sich in meiner Wohnung, als der Anwalt Medeiros anrief.

J. J. Santos, der Bankier aus Minas, diskutierte am selben Samstag mit seiner Frau darüber, ob sie zu der Hochzeit der Tochter eines seiner Kompagnons gehen sollten oder nicht.

Ich gehe nicht, sagte die Frau von J. J. Santos, geh du. Sie wollte lieber fernsehen und Kekse essen. Nach zehn Jahren Ehe waren sie an dem Punkt, an dem der Mann entweder resigniert und sich für den Rest seines Lebens einsperren läßt oder die Frau zum Teufel jagt und sich befreit.

J. J. Santos zog einen dunklen Anzug, ein weißes Hemd und eine silberne Krawatte an.

Ich griff mir die blonde Prinzessin und sagte, komm mit. Es war Valentinstag.

Hast du schon mal Gedichte gelesen? fragte sie.

Weißt du, antwortete ich, ich habe noch nie ein Buch gelesen, von juristischen abgesehen.

Sie lachte.

Hast du noch alle deine Zähne? fragte ich.

Ja, sie hatte noch alle ihre Zähne. Sie machte den Mund auf, und ich konnte beide Reihen sehen, oben und unten. So ist das bei reichen Leuten.

Wir fuhren zu mir nach Hause. Ich sagte, was sich jetzt hier zwischen uns beiden abspielen wird, so was hast du noch nie erlebt, meine Prinzessin.

Dann gib 'ne Kostprobe, sagte sie.

Als ich geboren wurde, hat man mich Paulo getauft, so heißen auch Päpste, aber dann bin ich Mandrake geworden, einer, der nicht betet und wenig redet, aber das Notwendige tut. Mach dich auf was noch nie Dagewesenes gefaßt, Prinzessin.

In diesem Moment klingelte das Telephon. Es war der Anwalt Medeiros.

Der Altar war voller Blumen. Langsam schritt die Braut am Arm ihres Vaters zum Klang der reinen Stimmen eines Chores durch das Kirchenschiff. Der Bräutigam stand wie üblich mit blödem Gesicht am Altar und erwartete die Braut.

Um acht Uhr verließ J. J. Santos die Kirche, stieg in seinen Mercedes und fuhr zu den Brauteltern nach Ipanema. Das Apartment war voll. J. J. Santos begrüßte die Anwesenden, stieß mit dem Brautpaar an, und eine halbe Stunde später ging er unbemerkt. Er wußte nicht so recht, was er tun sollte. Aber eins wollte er ganz bestimmt nicht: nach Hause fahren und im Fernsehen alte synchronisierte Farbfilme ansehen. Er stieg in sein Auto und fuhr in Ipanema am Strand entlang in Richtung Barra da Tijuca. Er wohnte erst seit einem Jahr in Rio und fand die Stadt faszinierend. Nach etwa fünfhundert Metern sah er das Mädchen auf dem Bürgersteig stehen. Aus den Lautsprechern seines Wagens kam Musik in Stereo, und J. J. Santos war in der richtigen Stimmung. Er hatte noch nie ein so hübsches Mädchen gesehen. Ihm war, als habe sie ihn angesehen, aber da irrte er sich bestimmt, denn die sah nicht wie die üblichen Strandnutten aus, die sich Freier angeln, die im Auto vorüberfahren. Er war schon am Ende von Leblon, da beschloß er umzukehren, vielleicht war das Mädchen ja noch da, er wollte sie noch einmal sehen. Das Mädchen stand tatsächlich noch da, jetzt in die Tür eines Volkswagens gebeugt – beim Verhandeln über den Preis? J. J. Santos hielt etwa zwanzig Meter davor und blinkte mit dem Fernlicht. Das Mädchen blickte auf, sah den dikken Mercedes und ließ den Mann im VW allein weiterreden. Langsam kam sie auf ihn zu, mit gezielten Schritten ihr Gewicht auf die Muskeln verteilend, bewegte sie ihren Körper in vollendeter Balance.

Sie steckte den Kopf zur Tür herein und sagte, hallo. Ihr Gesicht war noch sehr jung, aber ihre Stimme verriet mehr Reife.

Hallo, antwortete J. J. Santos und sah sich aus Angst, jemand könne ihn dort stehen sehen, nach allen Seiten um, steig ein.

Das Mädchen stieg ein, und J. J. Santos fuhr los.

Wie alt bist du? fragte J. J. Santos.

Sechzehn, antwortete das Mädchen.

Sechzehn! sagte J. J. Santos.

Was ist denn, du Dummkopf? Wenn ich nicht bei dir einsteige, steige ich bei einem anderen ein.

Wie heißt du? fragte J. J. Santos mit etwas weniger schlechtem Gewissen.

Viveca.

In einem anderen Stadtteil, wo ich mich befand:

Ich heiße Maria Amélia. Sag nicht Prinzessin zu mir, so was Albernes! beschwerte sich die Blondine.

Scheiß drauf, antwortete ich.

Du bist vulgär, grob und ungebildet.

Richtig. Willst du aussteigen?

Was soll das heißen?

Willst du abzischen? Dann zisch ab.

Nicht mal reden kannst du?

So ist es.

Du bist ein Schwachkopf! Die Blondine lachte amüsiert los, daß alle ihre Zähne blitzten.

Ich lachte auch. Wir waren beide sehr aneinander interessiert. Ich bin ganz scharf auf reiche Frauen.

Wie heißt du nun eigentlich? Paulo, Mandrake, Picasso?

Das ist nicht die richtige Frage, erwiderte ich. Wer bist du eigentlich, so mußt du fragen.

Wer bist du eigentlich?

Weiß ich nicht, antwortete ich.

Jetzt wird auch schon die Unterschicht paranoid! sagte die Blondine.

J. J. Santos wußte, daß es an der Barra jede Menge Stundenhotels gab. Er selbst war da noch nie in einem gewesen, hatte aber Geschichten darüber gehört. Er fuhr zu dem bekanntesten.

Er ließ sich die Präsidentensuite geben.

Die Präsidentensuite hatte einen Swimmingpool, Farbfernseher, Radio, Eßzimmer und ein Schlafzimmer, das voller Lampen und ringsum mit Spiegeln verkleidet war.

J. J. Santos war in Stimmung.

Möchtest du etwas? fragte er das Mädchen.

Eine Limonade, antwortete sie bescheiden.

Der Kellner brachte Limonade und Chivas Regal.

J. J. Santos trank einen Schluck, zog das Jackett aus und sagte, ich gehe ins Badezimmer, mach es dir bequem.

Als er aus dem Badezimmer kam, lag das Mädchen nackt im Bett, auf dem Bauch. J. J. Santos zog sich aus und legte sich neben sie, liebkoste sie und betrachtete sich dabei in den Spiegeln. Da drehte das Mädchen sich mit einem Lächeln auf den Lippen herum.

Es war kein Mädchen. Es war ein Mann, und sein Penis spiegelte sich bedrohlich steif in den unzähligen Spiegeln.

Viveca legte sich wieder auf den Bauch, drehte ihr Gesicht herum, sah J. J. an und fragte sanft, willst du mich nicht?

Du sch-schamloser Pä-päderast, stotterte J. J., griff nach seinen Kleidern und floh ins Badezimmer, wo er sich hastig anzog.

Willst du mich nicht? fragte Viveca, noch immer in derselben Haltung, als J. J. Santos ins Zimmer zurückkam. J. J. Santos zog nervös sein Jackett an und zückte die Brieftasche. Er hatte immer viel Geld in der Brieftasche. An diesem Tag waren es zweitausend Cruzeiros in Fünfhunderterscheinen. So ist das bei Leuten aus Minas. Seine Papiere steckten in der Brieftasche. Das Geld war weg.

Und mein Geld hast du mir auch noch gestohlen!

Was? Was sagst du? Mich als Dieb zu beschimpfen! Ich bin kein Dieb! rief Viveca und erhob sich vom Bett. Plötzlich hatte er eine

Rasierklinge in der Hand. Mich als Dieb zu beschimpfen! Mit einer raschen Bewegung schlug er sich mit der Klinge auf einen Arm, und ein feiner Blutstrahl trat aus der Haut.

J. J. machte entsetzt eine angeekelte und ängstliche Bewegung.

Schwul bin ich, jawohl, ich bin SCHWU-UUUL! Viveca schrie so laut, als könnten davon sämtliche Lampen und Spiegel zerspringen.

Bitte, mach das nicht, flehte J. J. in Panik.

Du hast genau gewußt, was ich bin, du hast alles gewußt und mich mitgenommen, und jetzt behandelst du mich wie ein Stück Dreck, schluchzte Viveca und schnitt sich noch einmal mit der Rasierklinge in den Arm.

Ich habe keine Ahnung gehabt, du siehst aus wie ein Mädchen, mit diesem Make-up und der Perücke.

Das ist keine Perücke, das ist mein eigenes Haar, da siehst du, wie du mich behandelst. Wieder ein Schnitt in den Arm, der inzwischen vollkommen blutbeschmiert war.

Hör auf damit! bat J. J.

Nein! Ich höre nicht auf! Ich höre nicht auf! Als Dieb hast du mich beschimpft, als Dieb! Ich bin zwar arm, aber ehrlich. Weil du Geld hast, denkst du, alle anderen sind Dreck! Ich wollte schon immer ein großes Tier kaputtmachen, wenn ich sterbe, so wie die Schwarze Witwe in dem Film! Hast du die Schwarze Witwe gesehen, fragte Viveca und hielt sich die Rasierklinge an die Halsschlagader, die von der Anstrengung beim Schreien hervorgetreten war.

Entschuldige, sagte J. J.

Jetzt ist es zu spät, sagte Viveca.

Unterdessen kam ich mit der piekfeinen Blondine in meine Wohnung. Sie setzte sich in einen Sessel, und zwischen uns, zwei souveränen Menschen, entstand jenes bewußte Spannungsfeld, dessen Schwingungen ruhig von dem einen zum anderen wanderten.

Leg los, sagte sie.

Mach dich auf etwas gefaßt, was du noch nie erlebt hast, Prinzessin.

In diesem Augenblick rief der Anwalt Medeiros an.

Mein Mandant, der Bankier J. J. Santos, hat eine Frau von der

Straße in ein Stundenhotel mitgenommen und vor Ort dann festgestellt, daß es ein Transvestit ist. Der Transvestit hat meinem Mandanten zweitausend Cruzeiros gestohlen. Daraufhin ist es zum Streit gekommen, und der Transvestit hat eine Rasierklinge und droht mit Selbstmord, falls er nicht zehntausend Cruzeiros in bar bekommt. Mein Mandant hat mich gebeten, das Geld zu besorgen, ich habe es hier. Wir wollen das Geld übergeben und die Sache damit beenden. Sie haben mit solchen Verbrechen Erfahrung, wir möchten, daß Sie die Sache übernehmen. Keine Polizei, die Sache muß wirklich hundertprozentig erledigt werden, verstehen Sie?

Ja, aber das kostet einen Batzen Geld, sagte ich mit einem Blick zu der blonden Prinzessin neben mir.

Ich weiß, ich weiß, sagte Medeiros, Geld ist genug da.

J. J. und Viveca saßen im Mercedes, der am Strand stand.

J. J. saß totenbleich am Steuer. Neben ihm hielt Viveca sich die Rasierklinge an die Kehle. Er sah wirklich wie ein Mädchen aus. Ich brachte meinen alten Wagen neben dem dicken Mercedes zum Stehen.

Ich arbeite mit Dr. Medeiros zusammen, sagte ich.

Haben Sie das Geld mitgebracht? fragte Viveca schroff.

Es war nicht so leicht zu besorgen, heute ist Samstag, entschuldigte ich mich kleinlaut. Wir holen es jetzt ab.

Ich machte die Wagentür auf und zog J. J. heraus.

Ich stieg ein, fuhr mit noch offener Tür los und ließ J. J. verblüfft auf dem Bürgersteig stehen.

Ist es weit? Dahin, wo das Geld ist? fragte Viveca.

Nein, nicht weit, sagte ich und fuhr mit rasender Geschwindigkeit.

Ich will sofort mein Geld haben, sonst passiert was Schreckliches! schrie Viveca und ließ die Rasierklinge auf seinen Arm sausen. Die Bewegung war kurz und heftig, aber die Klinge streifte nur leicht die Haut, gerade so, daß es blutete und naive Gemüter davon in Panik geraten konnten.

Nein, um Gottes willen, laß das!

Es passiert was Schreckliches! drohte Viveca.

Offensichtlich kannte er Rio nicht gut oder aber er wußte nicht, wo sich die Polizeiwachen befanden. Vor der Tür der Polizeiwache von Leblon standen zwei Polizisten und unterhielten sich. Ich bremste ab, fuhr fast auf sie drauf, sprang raus und schrie: Vorsicht! Der Transvestit hat eine Rasierklinge!

Viveca kam aus dem Wagen. Die Situation war für ihn wirklich verwirrend. Einer der Polizisten kam näher, und Viveca stach auf ihn ein und schnitt ihm in die Hand. Der Polizist wich einen Schritt zurück, zog einen 45er aus dem Gürtel und sagte, wirf den Scheiß da weg, sonst erwischt's dich jetzt. Viveca zögerte. Der andere Polizist, der dazugekommen war, trat Viveca in den Bauch, so daß er hinfiel.

Wir gingen alle in die Wache hinein. Fünf Polizisten umringten uns.

Viveca weinte.

Ich bitte alle hier anwesenden Herren Polizisten um Entschuldigung, vor allem den, den ich verletzt habe, es tut mir ja so leid. Ich bin ein Mann, ja, aber meine Mutter hat mich von klein auf wie ein Mädchen angezogen, und ich habe immer gern mit Puppen gespielt. Ich bin ein Mann, aber nur, weil ich Jorge heiße, in meinem Herzen bin ich eine Frau und leide, weil ich nicht wie andere Frauen Kinder bekommen kann. Ich bin ein unglücklicher Mensch. Dann hat dieser Mann mit dem Mercedes mich am Strand angesprochen und gesagt, komm mit, mein Junge, und ich habe gesagt, ich bin kein Mann, ich bin eine Frau, und er hat gesagt, von wegen Frau, nun steig schon ein, mir ist heute nach was anderem. Er hat gesagt, er gibt mir fünfhundert Cruzeiros, und ich muß für meine Mutter und meine Großmutter sorgen, und deshalb bin ich mitgefahren. Als wir dann da waren, hat er nicht nur lauter unanständige Sachen mit mir gemacht, sondern mich auch noch geschlagen und mit der Rasierklinge geschnitten. Da habe ich die Rasierklinge genommen und gesagt, daß er mir die fünfhundert Cruzeiros geben soll, sonst würde ich mich umbringen. Er hat gesagt, daß er das Geld nicht dabei hat und seinen Freund angerufen, und dann ist der Mann da gekommen und hat gesagt, daß er mir das Geld gibt und mich hergefahren, und da habe ich den Kopf verloren, entschuldigen Sie bitte. Eigentlich bin ich zart besaitet, aber von all dem Unrecht und den Gemeinheiten, die man mir angetan hat, bin ich durchgedreht.

Wie heißt Ihr Mandant? fragte ein mißtrauischer Polizist.

Das darf ich nicht sagen. Er hat nichts Verbotenes getan. Der Kerl lügt, sagte ich.

In Wirklichkeit wußte ich gar nichts Genaues, aber Mandant ist Mandant.

Lügen! Ich?! Die Tränen liefen Viveca über das Make-up. Nur weil ich schwach und arm bin und der andere stark und reich, soll ich gemartert werden? schrie Viveca schluchzend.

Hier haben Reiche überhaupt nichts zu sagen, bemerkte einer der Polizisten.

Und der Wagen da? fragte der verletzte Polizist mitten in das Durcheinander hinein. Zum Glück hörte es sonst keiner.

Der gehört mir, ich habe ihn gestern gekauft, aber noch nicht auf meinen Namen angemeldet, sagte ich, während der Polizist auf einem Blatt Notizen machte.

Wir warten, bis der Kommissar kommt, sagte der Polizist.

Dieser Kerl hat meinem Mandanten zweitausend Cruzeiros gestohlen. Die muß er irgendwo am Körper versteckt haben, sagte ich.

Suchen Sie mich ab, los, fangen Sie an! rief Viveca herausfordernd mit ausgebreiteten Armen.

Keiner der Polizisten schien darauf Wert zu legen, Viveca abzusuchen. Da hatte ich einen Geistesblitz. Ich griff Viveca in die Haare und zog mit einem Ruck. Die Frisur löste sich, und vier Fünfhunderterscheine flatterten auf die Erde.

Das ist das Geld, das er meinem Mandanten gestohlen hat, sagte ich erleichtert.

Er hat es mir gegeben, er hat es mir selbst gegeben, ich schwöre es, sagte Viveca nicht sehr überzeugend.

Ehe sie Viveca in die Zelle sperrten, stellten sie fest, daß er auf beiden Armen eine Menge alter Narben hatte. Vermutlich hatte er schon etliche Male mit diesem Trick gearbeitet.

Sie müssen warten, bis der Kommissar kommt, sagte der verletzte Polizist.

Ich gab ihm meine Visitenkarte. Ich komme später noch mal vorbei, in Ordnung? Noch was, tun Sie so, als ob wir das Geld nicht gefunden hätten, okay? Meinem Mandanten macht das bestimmt nichts aus.

Wir müssen Sie noch mal sprechen, wenn nicht heute, dann an einem der nächsten Tage. Ich sah ihn an und merkte, daß er das nur so zum Abschluß sagte.

Alles klar. Anruf genügt, sagte ich.

Ich raste im Mercedes los. Im Hotel fragte ich nach dem Geschäftsführer. Ich zog zwei von den zwanzig Fünfhundertscheinen, die ich bei mir hatte, aus der Tasche, gab sie ihm und sagte, ich will die Eintragung von einem Gast sehen, der vor etwa zwei Stunden hier gewesen ist.

Das darf ich nicht, sagte er.

Ich gab ihm noch zwei Scheine. Der Mann ist mein Mandant, sagte ich.

Ich will keinen Ärger!

Her mit den Anmeldungen, verdammt, sonst kriegen Sie wirklich Ärger und zwar gründlich. Er hatte einen Minderjährigen dabei, und wenn das rauskommt, sind Sie beschissen dran.

Der Geschäftsführer brachte mir die Anmeldungen. Da stand der Name von J.J. ausgeschrieben. Beruf: Bankangestellter. Bankangestellter, war das Ironie oder Mangel an Phantasie? Auf dem anderen Zettel stand Viveca Lindfors, wohnhaft in Nova Iguaçu. Verdammt, wo hatte der nur diesen Namen her? Ich steckte die Zettel in die Tasche.

Dann raste ich nach Hause. Ein toller Wagen. Ich mußte ihn mit Datum vom Freitag auf meinen Namen ummelden, um meinen Mandanten zu schützen... Ich kam nach Hause, trat in die Tür und rief, Prinzessin, da bin ich. Aber die Blondine war verschwunden. Die Taschen voller Geld, einen Mercedes vor der Tür und nun? Ich war traurig und unglücklich. Die reiche Blondine würde ich nie wiedersehen, das war mir klar.

R wie Rätsel

Raymond Carver

Wovon wir reden, wenn wir von Liebe reden

Mein Freund Mel McGinnis hatte das Wort ergriffen. Mel McGinnis ist Kardiologe, und das gibt ihm manchmal das Recht dazu.

Wir saßen zu viert um seinen Küchentisch und tranken Gin. Das Sonnenlicht, das durch das große Fenster über der Spüle fiel, erfüllte die Küche. Außer Mel und mir waren noch Mels zweite Frau Teresa – wir nannten sie Terri – da und meine Frau, Laura. Wir lebten damals in Albuquerque, stammten aber alle von woanders her.

Auf dem Tisch stand ein Kübel mit Eis. Gin und Tonic-Water machten ständig die Runde, und irgendwie waren wir beim Thema Liebe gelandet. Mel vertrat die Ansicht, echte Liebe sei immer geistige Liebe. Er sagte, er habe fünf Jahre in einem Priesterseminar verbracht und sei schließlich ausgetreten, um Medizin zu studieren. Er sagte, diese fünf Jahre im Seminar seien für ihn noch immer die fünf wichtigsten Jahre seines Lebens.

Terri sagte, der Mann, mit dem sie zusammengelebt hatte, bevor sie mit Mel zusammenzog, habe sie so sehr geliebt, daß er sie umzubringen versuchte. Dann sagte Terri: »Eines Nachts hat er mich verprügelt. Er packte mich an den Füßen und schleifte mich durchs Wohnzimmer. Er sagte ununterbrochen: ›Ich liebe dich, du Schlampe. Ich liebe dich.‹ Und dann schleifte er mich weiter durchs Wohnzimmer. Mein Kopf schlug dauernd irgendwo an.« Terri sah in die Runde. »Was soll man mit so einer Liebe anfangen?«

Sie war spindeldürr, hatte ein hübsches Gesicht, dunkle Augen und braunes Haar, das über ihren Rücken fiel. Sie hatte eine Vorliebe für Halsketten aus Türkis und lange Ohrgehänge.

»Mein Gott, sei doch nicht albern. Das hat doch nichts mit Liebe zu tun, das weißt du ganz genau«, sagte Mel. »Ich weiß nicht, wie man so was nennt, aber als Liebe kann man es bestimmt nicht bezeichnen.«

»Du kannst sagen, was du willst, aber ich weiß, daß es Liebe war«, sagte Terri. »Das mag verrückt klingen, aber es stimmt. Es sind nicht alle Menschen gleich, Mel. Sicher – manchmal hat er sich vielleicht wirklich verrückt aufgeführt. Das geb' ich zu. Aber geliebt hat er mich doch. Vielleicht auf eine etwas sonderbare Art, aber geliebt hat er mich. Das war schon Liebe, Mel. Sag nicht, daß das nicht stimmt.«

Mel atmete hörbar aus. Er wandte sich, ein Glas in der Hand, an Laura und mich. »Der Mann wollte mich umbringen. Er hat mir gedroht«, sagte Mel. Er kippte seinen Drink hinunter und griff nach der Ginflasche. »Terri ist eine Romantikerin. Sie kommt aus der Schule, in der es heißt: Tritt-mich-dann-weiß-ich-du-liebst-mich. Terri, Schätzchen, sieh mich nicht so an.« Mel beugte sich über den Tisch und berührte Terris Wange mit den Fingerspitzen. Er grinste sie an.

»Jetzt möcht' er's wiedergutmachen«, sagte Terri.

»Was heißt da gutmachen?« sagte Mel. »Was soll ich denn wiedergutmachen wollen? Ich weiß, was ich weiß, und damit basta.«

»Wie sind wir überhaupt auf dieses Thema gekommen?« sagte Terri. Sie hob ihr Glas und trank einen Schluck. »Mel hat immer nur die Liebe im Kopf«, sagte sie. »Stimmt's Schätzchen?« Sie lächelte, und ich dachte schon, damit wäre dieses Kapitel abgeschlossen.

»Ich weigere mich bloß, Eds Verhalten als Liebe zu bezeichnen. Mehr wollte ich damit gar nicht sagen, Schatz«, sagte Mel. »Was meint ihr denn, Leute?« Mel hatte sich nun an Laura und mich gewandt. »Klingt das für euch etwa nach Liebe?«

»Mich darfst du nicht fragen«, sagte ich. »Ich hab' diesen Mann nicht mal gekannt. Ich kenn' ihn nur dem Namen nach. Ich kann dazu nichts sagen. Da müßte man schon Genaueres wissen. Aber ich glaub', du willst damit sagen, daß Liebe ein Absolutum ist.«

Mel sagte: »Zumindest die Art von Liebe, von der ich rede. Bei der Art von Liebe, von der ich rede, versucht man nicht, Leute umzubringen.«

Laura sagte: »Ich kenne weder Ed noch weiß ich was über die Umstände. Aber wer kann schon die Situation eines anderen beurteilen?«

Ich berührte Lauras Handrücken. Sie lächelte mir kurz zu. Ich griff nach Lauras Hand. Sie war warm. Die Fingernägel waren makellos manikürt. Ich schloß meine Finger um Lauras Handgelenk und hielt es fest.

»Als ich ihn verließ, hat er Rattengift genommen«, sagte Terri. Sie umfaßte mit den Händen ihre Arme. »Sie haben ihn in Santa Fe ins Krankenhaus eingeliefert. Wir haben damals da gelebt – vielleicht zehn Meilen außerhalb. Sie haben ihm das Leben gerettet. Aber dann hat auf einmal sein Zahnfleisch verrückt gespielt. Ich meine, es löste sich von den Zähnen, so daß sie auf einmal wie Fangzähne vorstanden. Mein Gott«, sagte Terri. Sie wartete einen Augenblick, dann ließ sie ihre Arme los und griff nach dem Glas.

»Was die Leute nicht alles tun«, sagte Laura.

»Er ist nicht mehr im Spiel«, sagte Mel. »Er ist tot.«

Mel hielt mir die Untertasse mit den Zitronenscheiben hin. Ich nahm mir eine, preßte sie in mein Glas und rührte die Eiswürfel mit dem Finger um.

»Aber es kommt noch schlimmer«, sagte Terri. »Er hat sich in den Mund geschossen. Und auch das hat er noch vermurkst. Armer Ed«, sagte Terri. Sie schüttelte den Kopf.

»Von wegen, armer Ed«, sagte Mel. »Der Bursche war gemeingefährlich.«

Mel war fünfundvierzig. Er war groß und sehnig und hatte weiches, lockiges Haar. Gesicht und Arme waren vom Tennisspielen gebräunt. Wenn er nüchtern war, waren seine Gesten und Bewegungen präzise und sehr bedächtig.

»Geliebt hat er mich aber trotzdem, Mel. Das mußt du zugeben«, sagte Terri. »Mehr verlang' ich gar nicht. Er hat mich nicht so geliebt wie du, das wollte ich auch nicht behaupten, aber geliebt hat er mich doch. Das kannst du doch zugeben, oder?«

»Was meinst du damit: Er hat es vermurkst?« sagte ich.

Laura beugte sich mit dem Glas in der Hand nach vorn. Sie stützte ihre Ellbogen auf den Tisch und hielt das Glas mit beiden Händen. Ihr Blick wanderte von Mel zu Terri. In ihrem offenen Gesicht lag ein Ausdruck der Verwirrung – als wäre sie bestürzt, daß so etwas in ihrem Freundeskreis passieren konnte.

»Inwiefern hat er es vermurkst, als er sich umbrachte?« sagte ich.

»Ich werd' dir jetzt sagen, was passiert ist«, sagte Mel. »Er benützte seine Zweiundzwanziger, die er eigens gekauft hatte, um Terri und mich einzuschüchtern. Oh, das ist mein Ernst. Der Bursche hat in einem fort gedroht. Ihr hättet mal sehen sollen, was für ein Leben wir damals führten. Wie Leute, die ständig auf der Flucht sind. Schließlich hab' ich mir sogar selbst eine Waffe zugelegt. Könnt ihr euch das vorstellen? Ich und eine Waffe? Aber es stimmt. Ich hab' sie zur Selbstverteidigung gekauft und immer griffbereit im Handschuhfach gehabt. Manchmal mußte ich mitten in der Nacht noch in die Klinik, versteht ihr? Terri und ich waren damals noch nicht verheiratet, und meine Frau hatte das Haus und die Kinder, den Hund – mit einem Wort, alles. Und Terri und ich lebten hier in diesem Apartment. Und ab und zu bekam ich, wie gesagt, mitten in der Nacht einen Anruf und mußte noch um drei oder vier Uhr morgens ins Krankenhaus. Auf dem Parkplatz draußen war's dunkel, und auf dem Weg zu meinem Wagen hatte ich schon den ersten Schweißausbruch. Ich war nie sicher, ob er nicht plötzlich aus dem Gebüsch oder hinter einem Wagen auftaucht und losballert. Ich meine, der Bursche war total übergeschnappt. Der war imstande, eine Bombe hochgehn zu lassen oder sonstwas. Der rief jede volle Stunde bei mir in der Klinik an und sagte, er müßte unbedingt den Doktor sprechen. Und wenn ich dann zurückrief, sagte er bloß: ›Deine Tage sind gezählt, du Scheißtyp.‹ Lauter so Scherze. Ich sage euch, das konnte einen ganz schön nervös machen.«

»Mir tut er trotzdem leid«, sagte Terri.

»Hört sich wie ein Alptraum an«, sagte Laura. »Aber was passierte tatsächlich, nachdem er sich in den Mund geschossen hat?«

Laura ist Sekretärin bei einem Rechtsanwalt. Ursprünglich hatten wir beruflich miteinander zu tun gehabt. Und bevor es uns überhaupt bewußt wurde, machten wir uns schon gegenseitig den Hof. Sie ist fünfunddreißig – drei Jahre jünger als ich. Wir sind nicht nur ineinander verliebt, sondern wir mögen uns auch und sind gerne zusammen. Sie ist unkompliziert.

»Was geschah dann?« sagte Laura.

Mel sagte: »Er hat sich in seinem Zimmer in den Mund geschossen. Jemand hörte den Schuß und meldete es dem Hausverwalter. Sie schlossen die Tür mit dem Hauptschlüssel auf, sahen die Bescherung und ließen einen Krankenwagen kommen. Ich hatte zufällig Dienst, als sie ihn einlieferten. Er hat zwar noch geatmet, war aber nicht mehr ansprechbar. Der Mann war noch drei Tage lang am Leben. Sein Kopf schwoll so an, daß er schließlich doppelt so groß war wie vorher. Ich hatte sowas noch nie gesehen und werd's hoffentlich auch nie wieder sehen. Terri wollte zu ihm und sich an sein Bett setzen, als sie davon erfuhr. Wir kriegten Streit deswegen. Ich fand, sie sollte ihn nicht in diesem Zustand sehen. Ich fand einfach, sie sollte ihn nicht sehen. Das find' ich heute noch.«

»Und wer hat den Streit gewonnen?« sagte Laura.

»Ich war bei ihm, als er starb«, sagte Terri. »Er ist nicht mehr zu sich gekommen. Aber ich hab' neben ihm gesessen. Er hatte ja nur mich.«

»Er war gemeingefährlich«, sagte Mel. »Wenn das für dich Liebe ist – bitte sehr.«

»Es war Liebe«, sagte Terri. »Sicher, für die meisten ist das anormal. Aber er war bereit, dafür zu sterben, und schließlich ist er ja auch dafür gestorben.«

»Es würde mir nicht im Traum einfallen, das als Liebe zu bezeichnen«, sagte Mel. »Ich meine, keiner kann wirklich sagen, wofür er's getan hat. Ich hab' schon viele Selbstmörder erlebt, aber ich kann nicht sagen, daß auch nur ein einziger von ihnen sich über sein Motiv im klaren war.«

Mel legte die Hände in den Nacken und kippelte mit seinem Stuhl. »Ich kann dieser Art von Liebe nichts abgewinnen«, sagte er. »Wenn das Liebe sein soll – bitte sehr.«

Terri sagte: »Wir hatten Angst. Mel hat sogar sein Testament gemacht und seinem Bruder in Kalifornien geschrieben, der früher mal ein Green Beret war. Mel teilte ihm mit, wo er danach suchen sollte – für den Fall, daß ihm etwas zustieß.«

Terri trank einen Schluck. Sie sagte: »Aber Mel hat recht – wir haben damals wirklich wie Menschen gelebt, die ständig auf der Flucht sind. Wir hatten Angst. Mel zumindest – oder etwa nicht, Schatz? Einmal hab' ich sogar die Polizei angerufen. Die konnten uns aber auch nicht helfen. Sie sagten, sie könnten erst was unternehmen, wenn Ed wirklich was angestellt hat. Ist das nicht ein Witz?« sagte Terri.

Sie goß sich den letzten Rest Gin ein und schwenkte die Flasche. Mel stand auf und holte die nächste vom Schrank.

»Also Nick und ich wissen, was Liebe ist«, sagte Laura. »Ich meine, was sie für uns ist«, sagte Laura. Sie stubste mich mit dem Knie. »He, du bist jetzt dran«, sagte Laura und lächelte mich an.

Als Antwort nahm ich Lauras Hand und führte sie an meine Lippen. Ich machte eine Riesenschau aus diesem Handkuß. Zur allgemeinen Erheiterung.

»Wir sind eben Glückspilze«, sagte ich.

»Ihr zwei da«, sagte Terri. »Hört endlich auf damit. Ihr macht mich krank. Ihr seid wohl noch immer in den Flitterwochen. Himmelherrgott. Ihr seid noch immer so plemplem, daß ihr's am liebsten in die Welt rausposaunen würdet. Aber wartet nur. – Wie lang seid ihr jetzt zusammen? Wie lange geht es jetzt schon? Ein Jahr? Oder länger?«

»Es sind jetzt eineinhalb Jahre«, sagte Laura errötend und lächelte.

»Aha«, sagte Terri. »Dann wart's mal ab.«

Sie hielt ihr Glas in der Hand und blickte Laura an.

»Ich mach' bloß Spaß«, sagte Terri.

Mel machte den Gin auf und ließ die Flasche reihum gehen.

»Leute«, sagte er. »Laßt uns anstoßen. Ich erhebe mein Glas auf die Liebe. Auf die wahre Liebe«, sagte Mel.

Wir stießen an.

»Auf die Liebe«, sagten wir.

Im Garten hinter dem Haus fing ein Hund an zu bellen. Die Blätter der Espe, die vor dem Fenster emporwuchs, tickten gegen das Glas. Die Nachmittagssonne stand im Raum wie eine Erscheinung – und alles war mit dem Licht der Ruhe und Großzügigkeit erfüllt. Wir hätten überall sein können, in irgendeinem verzauberten Land. Wieder erhoben wir unsere Gläser und grinsten uns an wie Kinder, die etwas Verbotenes ausheckten.

»Ich werde euch jetzt sagen, was wahre Liebe ist«, sagte Mel. »Ich meine, ich weiß ein gutes Beispiel dafür. Und ihr könnt daraus eure eigenen Schlüsse ziehen.« Er goß sich noch etwas Gin nach und warf Eiswürfel und Zitronenscheiben in sein Glas. Wir warteten und nippten an unseren Gläsern. Laura und ich berührten uns wieder mit den Knien. Ich legte eine Hand auf ihren warmen Oberschenkel und ließ sie da liegen.

»Wer von uns weiß denn schon wirklich was von der Liebe?« sagte Mel. »Mir kommt es so vor, als wären wir alle bloß Anfänger auf diesem Gebiet. Wir behaupten, daß wir uns lieben, und das stimmt wahrscheinlich auch. Ich liebe Terri, und Terri liebt mich, und ihr zwei liebt euch ebenfalls. Ihr wißt, von welcher Liebe ich jetzt rede. Körperliche Liebe. Dieser bestimmte Impuls, der uns zu jemand Bestimmtem hintreibt, und die Liebe zur Besonderheit eines anderen, zu seinem oder ihrem Wesen sozusagen. Fleischliche und – meinetwegen – sentimentale Liebe: die tagtägliche Fürsorge für den anderen. Aber manchmal fällt es mir schwer, zu akzeptieren, daß ich auch meine erste Frau geliebt haben soll. Und doch hab' ich sie geliebt. Ich weiß, daß ich sie geliebt habe. Vermutlich bin ich in dieser Hinsicht wie Terri. Terri und Ed.« Er dachte darüber nach und fuhr fort: »Es gab eine Zeit, da glaubte ich, ich würde meine erste Frau mehr lieben als mein Leben. Aber jetzt hasse ich sie wie die Pest. Ja, wirklich. Wie erklärt ihr euch das? Was ist mit dieser Liebe passiert? Was ist mit ihr passiert – das würde ich gerne wissen. Ich wär' dankbar, wenn es mir jemand verraten könnte. Und dann ist da noch Ed. Also gut – wir sind wieder bei Ed. Er liebt Terri so sehr, daß er sie umzubringen versucht und sich am Ende selber umbringt.« Mel hielt inne und nahm einen Schluck aus seinem Glas. »Ihr beide seid jetzt achtzehn Monate zusammen, und ihr liebt euch. Das sieht man euch an. Ihr glüht geradezu vor Liebe. Aber bevor ihr euch begegnet seid, habt ihr beide jemand anderen geliebt. Ihr seid beide schon mal verheiratet gewesen, genau wie wir. Und wahrscheinlich habt ihr davor auch schon jemanden geliebt. Terri und ich sind jetzt seit fünf Jahren zusammen, verheiratet sind wir seit vier. Und das Schreckliche, das Schreckliche daran – gleichzeitig aber auch das Gute, sozusagen die rettende Gnade – ist, daß – falls einem von uns beiden morgen etwas zustoßen sollte (entschuldigt, wenn ich das so sage), aber falls einem von uns beiden morgen etwas zustoßen sollte, daß dann der andere – daß dieser andere dann zwar eine Zeitlang trauern würde, versteht ihr, aber danach würde der, der überlebt hat, sich aufmachen und sich, schneller als man glaubt, wieder verlieben, einen anderen Menschen finden. Und all das, all die Liebe, von der wir jetzt reden, wär' bloß noch Erinnerung. Und vielleicht nicht mal das. Irre ich mich? Liege ich völlig falsch damit? Klärt mich auf, wenn ihr glaubt, daß ich mich irre. Ich würd' es gerne wissen. Ich meine, ich versteh' ja nichts davon und bin der erste, der bereit ist, das zuzugeben.«

»Mel, um Himmels willen«, sagte Terri. Sie streckte ihre Hand aus und packte sein Handgelenk. »Sag mal, bist du beschwipst, Schatz? Bist du betrunken?«

»Ich rede doch bloß, Schätzchen«, sagte Mel. »Einverstanden? Ich brauch' nicht betrunken zu sein, um zu sagen, was ich denke. Ich meine, wir reden hier doch bloß, oder?« sagte Mel. Er starrte sie an.

»Liebling, das war nicht als Kritik gemeint«, sagte Terri.

Sie griff nach ihrem Glas.

»Ich habe heute keinen Bereitschaftsdienst«, sagte Mel. »Ich möchte dich daran erinnern, daß ich heute keinen Bereitschaftsdienst habe«, sagte er.

»Mel, wir mögen dich doch alle«, sagte Laura.

Mel sah Laura an. Er sah sie an, als wüßte er nicht, wo er sie einordnen sollte. Als wäre sie nicht sie.

»Ich mag dich auch, Laura«, sagte Mel. »Und dich, Nick, dich auch. Wißt ihr was, Leute«, sagte Mel. »Ihr seid echte Kumpel.«

Er griff nach seinem Glas.

Mel sagte: »Ich wollte euch gerade etwas erzählen. Ich meine, ich wollte etwas unter Beweis stellen. Die Geschichte ist vor ein paar Monaten passiert, versteht ihr, aber sie ist noch immer nicht zu Ende. Und wir sollten uns deshalb in Grund und Boden schämen, wenn wir reden, als wüßten wir, wovon wir reden, wenn wir von Liebe reden.«

»Jetzt hör endlich auf«, sagte Terri. »Sprich nicht, als wärst du betrunken, wenn du's nicht bist.«

»Halte jetzt bitte ein einziges Mal in deinem Leben die Klappe«, sagte Mel leise. »Würdest du mir bitte den Gefallen tun und einen Augenblick lang still sein? – Da ist also, wie gesagt, dieses alte Ehepaar, das auf der Autobahn Totalschaden hatte. Ein Junge ist in sie reingefahren, und von den beiden war nur noch ein Haufen Scheiße übrig. Keiner hat dran geglaubt, daß sie durchkommen.«

Terri ließ ihren Blick von uns zu Mel wandern. Sie schien Angst zu haben – aber vielleicht ist Angst ein zu starkes Wort.

Mel ließ die Flasche reihum gehen.

»Ich hatte in dieser Nacht Bereitschaftsdienst«, sagte Mel. »Es war Mai oder vielleicht Juni. Terri und ich wollten gerade zu Abend essen, als das Krankenhaus anrief. Auf der Autobahn war was passiert. Betrunkener Jugendlicher, Teenager – braust mit Papis Lieferwagen direkt in den Camper mit dem alten Pärchen drin. Die beiden waren Mitte siebzig, der Junge vielleicht achtzehn oder neunzehn. War schon tot, als wir hinkamen. Hatte sich das Lenkrad ins Brustbein gerammt. Die beiden Alten lebten noch, versteht ihr? Ich meine, kaum noch. Hatten einfach alles abgekriegt – mehrfache Brüche, innere Verletzungen, Blutsturz, Quetschungen, Fleischwunden, die ganze Scheiße. Und dazu hatten alle beide noch 'ne Gehirnerschütterung. Waren in einem verdammt miesen Zustand, das könnt ihr mir glauben. Und bei ihrem Alter standen die Chancen natürlich schlecht. Ich würde sagen, sie war noch mieser dran als er. Sie hatte zu allem Überfluß nämlich noch einen Milzriß, und beide Kniescheiben waren zertrümmert. Aber sie waren angeschnallt, und das hat ihnen erst mal das Leben gerettet.«

»Herrschaften, Sie hören soeben eine Werbesendung der Gesellschaft für Nationale Sicherheit«, sagte Terri. »Am Mikrofon ist Dr. Melvin R. McGinnis.« Terri lachte. »Mel«, sagte sie, »manchmal bist du wirklich nicht zu retten. Aber ich liebe dich, Schätzchen«, sagte sie.

»Schatz, ich liebe dich auch«, sagte Mel.

Er beugte sich über den Tisch, Terri ebenfalls. Sie trafen sich in der Mitte und küßten sich.

»Terri hat recht«, sagte Mel und setzte sich wieder hin. »Ihr solltet euch anschnallen! Jetzt aber im Ernst. Die beiden Alten waren furchtbar zugerichtet. Als ich hinkam, war der Junge, wie gesagt, tot. Er lag etwas abseits auf einer Bahre. Ich sah mir die beiden Alten kurz an und sagte der Notschwester, sie solle einen Neurologen und einen Orthopäden und ein paar Chirurgen kommen lassen.«

Er nahm einen Schluck. »Ich werde versuchen, mich kurz zu fassen«, sagte er. »Wir brachten die beiden also in den OP und flickten fast die ganze Nacht wie die Verrückten an ihnen rum. Die beiden hatten unglaubliche Reserven. Das gibt's manchmal. Also versuchten wir alles Menschenmögliche, und gegen Morgen standen die Chancen fünfzig zu fünfzig – bei ihr vielleicht ein bißchen schlechter. Und was glaubt ihr? Am nächsten Morgen haben sie immer noch gelebt. Also gut, wir bringen die beiden auf die Intensivstation und hängen sie zwei Wochen lang an den Tropf, bis es ihnen in jeder Beziehung besser geht. Und dann verlegen wir sie in ein Zweierzimmer.«

Mel unterbrach seine Rede. »Los«, sagte er, »laßt uns diesen Fusel runterspülen. Und dann gehen wir was essen, einverstanden? Terri und ich kennen da ein neues Lokal. Da gehen wir hin, in dieses neue Lokal. Aber wir gehen erst, wenn wir diesen lausigen Sonderangebots-Gin leer haben.«

Terri sagte: »Wir haben da, ehrlich gesagt, noch nie gegessen. Aber es sieht ganz gut aus. Zumindest von außen.«

»Ich esse gern«, sagte Mel. »Wenn ich noch mal von vorne anfangen müßte, dann würde ich Küchenchef werden. Stimmt's, Terri?« sagte Mel.

Er lachte. Er spielte mit dem Eis in seinem Glas.

»Terri weiß das«, sagte er. »Sie kann's euch bestätigen. Ich sag' nur eins: Wenn ich noch mal auf die Welt kommen könnte, in einem anderen Leben, zu einer anderen Zeit und so – wißt ihr was? Dann würd' ich am liebsten als Ritter wiedergeboren werden. In so einer Rüstung war man ziemlich sicher, und Rittersein war gar nicht so schlecht, solang das Schießpulver und die Musketen und Pistolen noch nicht erfunden waren.«

»Mel würde gerne mal auf einem Pferd sitzen und eine Lanze tragen«, sagte Terri.

»Und den Schal einer Dame überall mit sich tragen«, sagte Laura.

»Oder bloß die Dame«, sagte Mel.

»Schäm dich«, sagte Laura.

Terri sagte: »Aber stell dir vor, du würdest als Leibeigener wiedergeboren. Den Leibeigenen ging's damals nicht so besonders«, sagte Terri.

»Den Leibeigenen ist's nie besonders gegangen«, sagte Mel. »Aber ich nehme an, daß die Ritter ja auch bloß so Landsleute von irgendwelchen anderen Leuten waren. So hat's doch damals sicher funktioniert? Aber wiederum – ist im Grunde nicht jeder nur der Landsmann von jemand anderem. Hab' ich nicht recht, Terri? – Trotzdem, was mir an den Rittern gefällt – jetzt mal abgesehen von den Damen –, das ist, daß sie diese Rüstungen hatten, versteht ihr, und daß man sie deshalb nicht so leicht verletzen konnte. Damals gab's ja noch keine Autos. Und keine betrunkenen Teenager, die einem den Arsch aufreißen konnten.«

»Lehensleute«, sagte Terri.

»Was?« sagte Mel.

»Lehensleute«, sagte Terri. »Die hießen Lehensleute – und nicht Landsleute.«

»Lehensleute, Landsleute«, sagte Mel. »Wo zum Teufel ist da der Unterschied? Du hast trotzdem kapiert, was ich meine. Also gut«, sagte Mel. »Ich weiß, ich bin ungebildet. Ich hab' nichts gelernt als mein Handwerk. Klar, ich bin Herzchirurg, aber im Grunde bin ich bloß ein Flickschuster. Ich wühl' mich rein, fummel' ein bißchen herum und flick' das ganze Zeug wieder zusammen. Scheißdreck«, sagte Mel.

»Bescheidenheit steht dir nicht«, sagte Terri.

»Er ist bloß 'n armseliger Knochenklempner«, sagte ich. »Trotzdem – ab und zu sind sie auch erstickt in ihrer Rüstung, Mel. Und wenn's zu heiß wurde oder wenn sie zu müde und kaputt waren, dann kriegten sie sogar 'nen Herzanfall. Ich hab' gelesen, daß sie manchmal vom Pferd fielen und einfach nicht mehr hochkamen, weil sie zu müde waren und sich nicht mehr auf den Beinen halten konnten in ihren Rüstungen. Hin und wieder wurden sie sogar von den eigenen Pferden zu Tode getrampelt.«

»Ist ja scheußlich«, sagte Mel. »Das ist ja eine abscheuliche Geschichte, Nicky. Vermutlich haben sie dann bloß so dagelegen und gewartet, bis irgendeiner vorbeikam und Hackfleisch aus ihnen gemacht hat.«

»'n andrer Landsmann«, sagte Terri.

»Richtig«, sagte Mel. »Irgend so 'n Lehensmann kam dann vielleicht vorbei und spießte den Scheißkerl im Namen der Liebe auf –

oder wegen irgendeiner anderen Scheiße, für die sie sich damals die Köpfe eingeschlagen haben.«

»Für dasselbe, wofür wir uns heute die Köpfe einschlagen«, sagte Terri.

Laura sagte: »Nichts hat sich geändert.«

Lauras Wangen waren noch immer gerötet. Ihre Augen glänzten. Sie führte ihr Glas an die Lippen.

Mel schenkte sich noch ein Glas ein. Er sah sich das Flaschenetikett genau an, so als studierte er eine lange Zahlenreihe. Dann stellte er die Flasche langsam auf den Tisch zurück und griff nach dem Tonic-Water.

»Was war mit dem alten Ehepaar?« sagte Laura. »Du hast deine Geschichte nicht zu Ende erzählt.«

Laura versuchte verzweifelt, sich eine Zigarette anzuzünden. Ihre Streichhölzer gingen dauernd aus.

Das Sonnenlicht im Zimmer sah nicht mehr wie vorher aus, es veränderte sich und wurde dünner. Aber die Blätter draußen vor dem Fenster schimmerten noch, und ich starrte auf das Muster, das sie auf das Fenstersims und die Plastiktheke warfen. Es waren natürlich nicht dieselben Muster.

»Was war mit dem alten Ehepaar?« sagte ich.

»Alt, aber weise«, sagte Terri.

Mel starrte sie an.

Terri sagte: »Erzähl' die Geschichte weiter, Schatz. Ich hab' doch nur Spaß gemacht. Also, was war dann?«

»Terri, also manchmal«, sagte Mel.

»Bitte, Mel«, sagte Terri. »Sei doch nicht immer so ernst. Verstehst du denn keinen Spaß?«

»Was soll daran spaßig sein?« sagte Mel.

Er hielt sein Glas fest und starrte seine Frau unverwandt an.

»Was passierte dann?« sagte Laura.

Mel heftete den Blick auf Laura und sagte: »Laura, wenn ich Terri nicht hätte und wenn ich sie nicht so sehr lieben würde und wenn Nick nicht mein bester Freund wäre, dann würd' ich mich in dich verlieben. Ich würd' dich wegtragen, Schatz.« sagte er.

»Erzähl deine Geschichte«, sagte Terri. »Danach gehn wir in dieses neue Restaurant, okay?«

»Okay«, sagte Mel. »Wo war ich stehengeblieben?« Er starrte auf den Tisch und erzählte weiter. »Ich hab' jeden Tag bei ihnen reingeschaut, manchmal sogar zweimal – wenn ich sowieso da war, bei der Visite. Nichts als Gips und Verbände – von Kopf bis Fuß. Alle beide. Ihr kennt das ja aus dem Kino, und genau so haben sie auch ausgesehen: genau wie im Kino. Kleine Löcher für die Augen, für die Nase und den Mund. Und außerdem mußten wir ihr die Beine noch mit Gewichten hochziehen. Der Mann war natürlich die meiste Zeit schwer deprimiert, und daran hat sich auch nichts geändert, als er rausgefunden hat, daß seine Frau es schaffen würde. Er kriegte die Depressionen einfach nicht weg. Aber nicht wegen dem Unfall. Ich meine, der Unfall war auch dran schuld, aber er war eben nicht alles. Ich hielt mein Ohr an den Schlitz vor seinem Mund, versteht ihr, und er erklärte mir, nein, es sei eigentlich nicht der Unfall, es sei, weil er sie durch seine Augenschlitze nicht sehen könnte. Und deswegen würde es ihm so schlecht gehen. Stellt euch das nur mal vor! Ich schwör' euch – diesem Mann brach das Herz, weil er seinen gottverdammten Schädel nicht so drehen konnte, daß er seine gottverdammte Frau sah.«

Mel ließ seinen Blick reihum wandern und schüttelte den Kopf über das, was jetzt kam.

»Ich will damit sagen: Es hat diesen alten Scheißer beinahe umgebracht, bloß weil er seine gottverdammte Alte nicht *ansehen* konnte.«

Wir alle sahen Mel an.

»Kapiert ihr, was ich damit sagen will?« sagte er.

Kann sein, daß wir da schon leicht betrunken waren. Ich erinnere mich noch, daß wir Mühe hatten, bei der Sache zu bleiben. Das Licht sickerte aus dem Zimmer. Es zog sich durch das Fenster zurück, durch das es gekommen war. Trotzdem machte keiner Anstalten, aufzustehen und das Licht anzumachen.

»Paßt mal auf«, sagte Mel. »Wir trinken jetzt diesen verdammten Gin aus. Reicht gerade noch für 'nen Schuß für jeden von uns. Und dann gehen wir essen. Wir gehen in dieses neue Lokal.«

»Er ist deprimiert«, sagte Terri. »Mel, warum nimmst du nicht eine Tablette?«

Mel schüttelte den Kopf: »Ich hab' bereits alles genommen, was man nehmen kann.«

»Ab und zu braucht jeder von uns eine Tablette«, sagte ich.

»Es gibt Leute, die brauchen schon welche, wenn sie auf die Welt kommen«, sagte Terri.

Sie rieb etwas mit dem Finger vom Tisch. Dann hörte sie auf zu reiben.

»Ich glaub', ich würde jetzt gern meine Kinder anrufen«, sagte Mel. »Wenn keiner was dagegen hat, dann ruf' ich jetzt meine Kinder an«, sagte er.

Terri sagte: »Und was ist, wenn Marjorie abhebt? – Haben wir euch das von Marjorie erzählt? Schätzchen, du weißt doch, daß du nicht mit Marjorie reden willst. Dann geht's dir bloß noch schlechter.«

»Ich will ja auch nicht mit Marjorie reden«, sagte Mel, »sondern mit meinen Kindern.«

»Es vergeht kein Tag, wo Mel nicht sagt, er wär' froh, wenn Marjorie wieder heiraten würde. Oder krepieren«, sagte Terri. »Erstens«, sagte Terri, »macht sie uns bankrott: Mel behauptet, daß sie bloß aus Trotz nicht wieder heiratet. Sie hat einen Freund, der mit ihr und den Kindern zusammenlebt. Also zahlt Mel auch für den Freund Unterhalt.«

»Sie ist allergisch gegen Bienen«, sagte Mel. »Wenn ich mal nicht bete, daß sie wieder heiratet, dann bete ich, daß sie von einem ganzen Bienenschwarm gestochen wird.«

»Schäm dich«, sagte Laura.

»Bzzzzzzzz«, machte Mel, und aus seinen Fingern wurden Bienen, die auf Terris Hals losgingen. Dann ließ er die Hände sinken.

»Sie ist bösartig«, sagte Mel. »Manchmal stell' ich mir vor, daß ich mich als Imker verkleide und ihr einen Besuch abstatte. Ihr wißt schon – mit diesem Hut, der wie ein Helm aussieht, mit diesem Visier, das man übers Gesicht klappt, und mit diesen Riesenhandschuhen und dem gepolsterten Mantel. Ich klopf' einfach an die Tür, und dann laß ich im Haus einen ganzen Schwarm Bienen los. Davor würde ich mich natürlich vergewissern, daß die Kinder nicht da sind.«

Er schlug ein Bein über das andere. Er schien unendlich lange dafür zu brauchen. Dann stellte er beide Füße auf den Boden und beugte sich vor, die Ellbogen auf dem Tisch und das Kinn in beide Hände gestützt.

»Vielleicht ruf' ich die Kinder doch nicht an. Vielleicht ist die Idee doch nicht so besonders. Vielleicht gehen wir bloß was essen. Was meint ihr?«

»Hört sich gut an«, sagte ich. »Essen oder nicht. Oder einfach weitertrinken. Oder geradeaus in den Sonnenuntergang fahren.«

»Was meinst du damit, Schätzchen?« sagte Laura.

»Was ich gesagt hab'«, sagte ich. »Ich meine, ich könnte ruhig auch so weitermachen. Das ist alles.«

»Ich könnte schon was zu essen vertragen«, sagte Laura. »Ich glaub', ich hab' in meinem ganzen Leben noch nie solchen Hunger gehabt. Habt ihr nichts zum Knabbern da?«

»Ich hol' Käse und Kräcker«, sagte Terri.

Aber Terri rührte sich nicht vom Fleck. Sie stand nicht auf, und sie holte nichts.

Mel drehte sein Glas um und leerte es auf dem Tisch aus.

»Der Gin ist alle«, sagte Mel.

Terri sagte: »Und? Was jetzt?«

Ich konnte mein Herz schlagen hören. Ich konnte die Herzen von allen schlagen hören. Und ich konnte die Menschengeräusche hören, die wir erzeugten, als wir reglos dasaßen. – Und als es dann dunkel wurde im Zimmer, saßen wir noch immer so da.

S wie Sehnsucht

Wassili Schukschin Der Weiberheld

Kostja Schigunow hatte dienstlich in der Kreisstadt zu tun. Dort besuchte er Saschka Kowaljow, der war aus demselben Dorf.

Saschka arbeitete auf dem Bau und lebte in einem Wohnheim, zwei Mann in einem Zimmer. Saschka freute sich lautstark über den Besuch.

Zu dritt saßen sie zusammen, sprachen über dies und das, über die Löhne.

»Was kriegt ihr denn im Schnitt so raus?« fragte Kostja.

»Hundertfünfzig, wenns hoch kommt – mehr ist nicht drin.«

»Also, hört mal! Ihr habt vielleicht Ansprüche! Ich war auf dem Technikum, hab eine ganze Kfz-Werkstatt unter mir und krieg trotzdem nicht so viel.«

»Ist doch kein Vergleich«, sagten die Bauarbeiter nur. »Hier sind wir schließlich in der Stadt.«

»Was macht meine Familie daheim?« wollte Saschka wissen.

»Die hab ich schon lange nicht mehr gesehen... Ach doch, deine Schwester, so ein-, zweimal. Der gehts wohl ganz gut. Kommst du im Urlaub nach Haus?«

»Weiß nicht. Gehn wir zu den Weibern?«

»Wie das?«

»Na, wie wohl? Ich hab da eine, der sagen wir Bescheid, die holt noch welche. Was machen wir sonst mit dem angebrochenen Abend? Also los.«

Kostja war an die fünf Jahre verheiratet und noch kein einziges Mal fremdgegangen, ja, es war ihm nicht einmal in den Sinn gekommen. Auch hatte sich keine passende Gelegenheit geboten.

»Hm...«

»Was ist? Gehn wir?«

»Meinetwegen. Also los.«

Und los gings. Es war gleich nebenan, wie sich zeigte – auch ein Wohnheim, und auch mit Zweierzimmern. ›Das ist vielleicht ein Leben!‹ dachte Kostja. ›Nicht mal weit laufen braucht man.‹

Saschkas Zimmergenosse hat sich abgesetzt, Saschka und Kostja aber blieben vor einer kunstlederbezogenen Tür stehen und klopften an.

»Immer polstern sie die Türen – die Pfoten haust du dir ein an den Griffen«, bemerkte Saschka mürrisch. »Wenn einer schon die Tür bezieht, muß er auch eine Klingel anbringen! So seh ich das jedenfalls. Aber nein, eine Klingel würde ja was kosten – sollen sich die Leute doch die Finger kaputthauen.«

»Ist wohl wegen den Freiern...«

»Wie?«

»Nicht wegen den Leuten – wegen den Freiern.«

»Kommen ja nicht nur Freier zu ihnen.« Wieder klopfte Saschka.

Hinter der Tür blieb es still.

»Vielleicht sind sie nicht da?«

»Doch. Die sind nackig.« Saschka klopfte noch einmal an den eisernen Griff. Und runzelte die Stirn.

»Wer ist da?« klang es dünn durch die Tür.

»Wi-ir!« Saschka äffte die dünne Stimme nach.

»Moment!«

»Ich sags ja, die sind nackig.«

»Wieso denn?«

»Die kommen doch von der Arbeit... Ziehen sich um, waschen sich.«

»Arbeiten die auch auf dem Bau?«

»Klar.«

»Vielleicht kommen wir zu früh?«

»Schon in Ordnung«, beruhigte ihn Saschka. Und rief: »Dauerts noch lange?«

Hinter der Tür klackte der Riegel, die beiden Helden traten ein. Kostja bekam auf einmal Herzklopfen, als er die für einen Mann seines Standes verbotene Schwelle überschritt.

»Ninon?« Saschka wundert sich. »Du bist zurück?«

Ninon war ein hochgewachsenes, vollbusiges Mädchen mit schwarzen Brauen. Sie brachte Kostja ganz aus der Fassung.

In dem Zimmer wohnten zwei Mädchen – Nina und Walja. Kostja kombinierte: Saschka hat nicht gewußt, daß Nina zurück ist, also muß Walja die sein, mit der er... na ja, mit der er geht. Walja ist auch ein nettes Mädchen, aber Nina... Verstohlen betrachtete Kostja das Mädchen mit den schwarzen Brauen und konnte einfach nicht fassen, daß ihm das Schicksal einfach so – mir nichts, dir nichts und ohne sein Zutun – eine solche Schönheit beschert. Aber so wars wohl: Saschka hatte dem Freund zugezwinkert und vielsagend auf Nina geblickt.

Saschka machte inzwischen Konversation, und das machte er prima.

»Na, Nina, wie wars denn im Urlaub?«

»Schön, Saschka, wunderschön.« Ninas singender Tonfall ließ die Wörter runder werden; sie gab ihnen einen kleinen Stoß, und die Wörter rollten dahin wie leichte, kleine Räder. »Ich hab im Fluß gebadet... War das schön!«

»Was ist denn daran so schön? Ist das nicht langweilig?«

»Ach Gott, mir hats gefallen. Im Kino war ich, vielleicht dreimal tanzen – reizt mich gar nicht. Ich hab 'n bißchen was im Garten gemacht. Und Beeren gesucht.«

Kostja hörte dem Mädchen zu ... Bis in alle Ewigkeit hätte er ihr so zuhören können. ›Zum Teufel mit der Poussiererei!‹ dachte er. ›So eine wär was zum Heiraten.‹

Walja hatte eine flinkere Zunge, schlagfertig war sie und ein wenig geschwätzig.

»Und bei uns ... Hast du die Sinka Chromowa gekannt? So 'ne Bohnenstange, gebleichte Haare ...«

»Klar.«

»Die hat den Waleri Semjonow geheiratet, den Brigadeführer ...«

»Aber der ist doch verheiratet!«

»Die Frau hat er sitzengelassen. Hat sich eben verknallt! Die sieht aus wie ein Brett, nichts dran, aber bitte – da hast dus!«

»Hatte er denn Kinder? Ich meine, der Waleri?«

»Nein. Und jetzt tönt er überall rum: Deshalb hab ich ja auch Schluß gemacht – weil sie keine Kinder kriegen kann. Lachhaft! Mal sehen, wie viele diese Bohnenstange zur Welt bringt! Das hat er sich ausgedacht, weils ihm peinlich war.«

›Und zu denen geht man wie in den Puff?‹ Kostja wunderte sich immer mehr. ›Der spinnt wohl, der Saschka, spielt sich auf. Das sind keine von der Sorte ... Ganz gewöhnliche Mädchen. Die denken wie alle Frauen.‹

Saschka beschleunigte den Gang der Ereignisse.

»Wißt ihr was – trinken wir einen!« schlug er vor. Der hat Köpfchen! »Wo doch heute mein Freund da ist.«

Zu Kostjas Verblüffung waren die Mädchen gleich einverstanden.

»Walja, wir laufen rüber in den Laden, Nina und Kostja kümmern sich um die Kartoffeln. Schnell! Ich hab einen fürchterlichen Brand.«

Und so blieben Nina und Kostja allein.

›Was soll ich jetzt bloß tun?‹ Kostja wurde nervös. ›Vielleicht einen Witz erzählen?‹

Er überlegte, welche Witze er kannte – nichts Passendes dabei.

Nina breitete auf dem Boden eine Zeitung aus und fing an, Kartoffeln zu schälen.

»Sie sind dienstlich hier?« fragte sie.

»Mhm. Muß ja...« Dann war Schweigen.

›Ein schöner Freier bin ich!‹ Kostja litt tausend Qualen. ›Stumm wie ein Klotz.‹ Das Schweigen dauerte an.

»Diese Sinka!« sagte Nina auf einmal. »So was... die hat geheiratet.« Sie schüttelte den Kopf. Und lachte auf.

›Oje!‹ Kostja bekam einen Schreck. ›Da sitz ich neben ihr, und sie führt Selbstgespräche. Klar – sie hält mich bestimmt für 'nen Holzkopf.‹

»Bei uns ist neulich was passiert.«, fing er an. »Die Frauen sind auf die Insel, in die Himbeeren. Also, da pflücken sie. Und auf der anderen Seite der Insel ist so ein Flußarm – im Sommer ganz schön seicht. Na, und da ist der Bär durch...«

»Der Bär?«

»Genau. Also, der ist da durch, und auch in die Himbeeren. Das mögen sie nämlich. Und eine von den Frauen – bißchen komisch ist die – also, die kommt an einen vollen Strauch, langt zu, so mit beiden Händen. Plötzlich hört sie: auf der anderen Seite ist jemand am Strauch. Es ist aber ein großer Strauch – nichts zu sehen. Sagt sie, also die Frau: ›Njura, bist dus?‹ Sie hat gedacht, die Freundin ist an der anderen Seite. Mensch, und der Bär, wie der gebrüllt hat!« Kostja fing an zu lachen. Nina hörte zu. »Wie der anfängt zu brüllen, schmeißt die Frau den Eimer hin und – los! Rennt und kreischt: ›Bitte tu mir nichts, ich hab doch kleine Kinder!« Wieder lachte Kostja, lachte lange und stellte sich dabei vor, wie die erschreckte Frau durchs Gebüsch preschte.

»Ja, und ist er hinter ihr her?«

»Ach was – der rannte in die andere Richtung, zum Fluß. Der ist selber erschrocken. Aber sie dachte, er rennt ihr nach. Darum hat sie auch das mit den Kindern geschrien...«

»Klar, da schreit man.« Nina verzog keine Miene. »Ist ja kein Scherz, so ein Bär!« Und schälte weiter Kartoffeln. »Nein, Bären gibts bei uns nicht. Bei uns gibts Schlangen.«

»Vipern?«

»Na – und was für welche! Wenn du da Beeren pflückst, denkst du auch ständig: ›Gleich beißt sie dich, jetzt gleich.‹«

»Da muß man Igel aussetzen. Irgendwo – in Bulgarien, glaube ich – war ein Ort, wo es von Schlangen nur so wimmelte. Dabei wars da gar nicht so übel – man hätte gut einen Kurort daraus machen können. Also, was haben sie gemacht – einfach Igel ausgesetzt, das wars.«

»Was – die fressen Schlangen?«

»Und wie! Igel und Schweine – die fressen auf Deubel komm raus. Und Wildschweine erst! Mein jüngerer Bruder ist Soldat im Kaukasus, der hat mir mal was geschrieben. Auch was von Wildschweinen. Nämlich, ein Kolchos hatte Schweine in der Mast – weit weg von den Häusern. Die waren also draußen im Freien, ganz alleine, und abends kamen sie von selbst zurück ins Gatter. Aber einmal sind sie nicht gekommen. Wie sich herausstellte, sind sie auf Wilschweine getroffen, und die haben sie fortgelockt. Drei Tage waren sie weg. Man hat nach ihnen gesucht, alles zwecklos: sie waren zu weit weg. Dann sind sie wiedergekommen, aber nicht alle. Nur so fünfhundert Stück von tausend...«

»Und die anderen sind weggeblieben?«

»Ja. Aber die, die zurückgekommen sind, haben so viel Zuwachs mitgebracht, daß sich der Kolchos sogar noch gefreut hat.«

Nina lachte. »Wie man so sagt: Man weiß nie, wozu es gut ist.«

»Richtig. Es heißt ja auch: Glück im Unglück. Ein Schwager von mir ist mit diesem Satz auf den Lippen gestorben.«

»Wie kam das denn?«

»Er hat immer so Kopfweh gehabt... Es will und will nicht besser werden, aber zum Arzt, wie das so ist, hats ihm nie gereicht, na vielleicht gehts ja wieder vorbei... Und schließlich kams so weit, daß er das Bewußtsein verlor. Also ins Krankenhaus. Meine Schwester hat später erzählt: ›Ich komm zu ihm hin‹, sagte sie, ›und da sagt er zu mir: Das war wieder mal Glück im Unglück. Jetzt werd ich wenigstens ganz gesund.‹ Hat sich gefreut, daß er ins Krankenhaus gekommen ist. Lag da ganz fröhlich... Dann ist er gestorben. Und die wohnten weit weg, noch hinter Nowosibirsk. Was nun – holen muß man ihn. Er war aus unserem Dorf, Saschka hat ihn gekannt. Man muß in der Heimat begraben werden. Ich bin also losgefahren. Es war Anfang November, der Fluß erst leicht gefroren. Und wir hatten doch nur eine Schwimmbrücke, die wurde im Winter abgebaut. Nichts zu machen. Der Hinweg ging noch, mit dem Motorboot, aber zurück – das war schon wieder vier Tage später, der Fluß war zu. Für Fußgänger sind Planken gelegt – kein Problem. Aber mit einem Sarg? Also, die Schwester und die Kinder hab ich auf den Planken rübergebracht, dann bin ich zurück, hab ein Fuhrwerk gemietet und bin am Fluß hochgefahren – dort war das Eis angeblich fester. Und da hab ich mit dem Fuhrmann eine Stelle ausgesucht – sah ganz gut aus, müßte gehen. Wir haben das Pferd angetrieben, sind zur Seite und auf Abstand neben dem Schlitten hergelaufen. Das Eis knirscht und kracht, wir rennen und schreien auf das Pferd ein – das läuft, als wär der Teufel hinter ihm her, wollte wohl selbst lebendig ans Ufer kommen. Ich weiß heut noch nicht, wie wirs geschafft haben. War ein prima Kerl, der Schwager. Schad um ihn. War erst dreiunddreißig. Zwei Kinder hat er hinterlassen...«

Diese traurige Geschichte, das merkte Kostja selber, war hier völlig fehl am Platz. Er verstummte. Eine Zeitlang vergaß er Nina und auch, warum er hier war; er dachte an Dmitri, den Schwager, dachte an die kleinen Kinder, seine Neffen – und schämte sich. Er zündete sich eine Papirossa an.

Da kamen Saschka und Walja. Die waren vielleicht aufgekratzt. Saschka hatte nur noch Flausen im Kopf.

»Wetten wir?« rief er. »Los, wetten wir!«

»Was ist denn?« fragte Nina.

»Sie will nicht glauben, daß ich eine ganze Flasche Wein trinken kann, ohne sie mit den Händen anzufassen.«

»Wer wettet, der...«

»Kennen wir, kennen wir! Ich hab bloß keine Lust, mir einen anzusaufen, sonst würde ichs euch vormachen.«

»Aber wie denn?«

»Guck mal, die Teekanne! Da würde ich jetzt den Wein reingießen, und dann die Tülle zwischen die Zähne...«

»Ach so!«

»Tja, da staunt ihr. Na, und wie siehts bei euch aus?«

»Ich bin eben erst mit Kartoffelschälen fertig.«

»Also wirklich! Ich möcht ja nicht wissen, was ihr hier getrieben habt. Nina, was habt ihr hier getrieben?«

›Angeber!‹ dachte Kostja grimmig, ›die Tülle zwischen die Zähne...‹

»Dauert lange mit den Kartoffeln«, sagte Walja. »Ach, was solls! Essen wir halt was anderes...«

»Gute Idee!« stimmte Saschka zu. »Wir trinken einen, und dann gehen wir tanzen.«

Nina blieb stehen, die Schüssel in der Hand. »Na?«

»Kostja, was meinst du?«

»Ich? Mein Gott! Ich bin nicht scharf auf die Kartoffeln.«

So war es denn beschlossene Sache, sich nicht mit den Kartoffeln abzugeben. Man setzte sich an den Tisch.

Nach zwei Glas Wein wurde Kostja munterer.

»Wo kann man denn hier tanzen? Ist es weit?«

»Im Park.«

»Kommst du mit, Nina?«

»Eigentlich hab ich keine Lust. Reizt mich nicht. Wir können ja hin, aber tanzen werde ich nicht.«

»Warum?«

»Ich kanns nicht so gut wie die. Das geniert mich.«

»Quatsch!« Kostja plusterte sich auf. »So gut wie die tanz ich schon lange.«

Sie beschlossen, zu Fuß zum Park zu gehen.

Walja und Saschka gingen voraus, Nina und Kostja hinterdrein.

Kostjas Elan verpuffte allmählich. Wieder stiegen Scham und Verlegenheit in ihm auf, und wie sehr er sich auch am Riemen riß und sich bemühte, so unbeschwert zu sein wie die anderen – es wollte einfach nicht gelingen. Er nahm Ninas Arm und schwieg. Dafür ratterte Saschka da vorne wie ein Maschinengewehr. Walja brach immer wieder in lautes Gelächter aus. Kostja beneidete den Kameraden: das war jetzt das einzig richtige – einfach ins Blaue hinein schwätzen, daß einem Hören und Sehen vergingen. Das einzig richtige. Aber er hatte Angst, den Mund aufzumachen – sicher würde wieder was Unpassendes dabei rauskommen. Da hatte er vorhin tatsächlich von dem Sarg angefangen!

»Erzähl doch was«, bat er Nina.

»Was denn?«

»Ach – irgendwas Lustiges. Sonst gehst du mir noch ein vor lauter Trübsinn.«

»Aber das mag ich ja gerade: spazierengehen und mir die Leute anschauen. Und mir über sie Gedanken machen...«

»Was, du kannst Gedanken lesen?« Kostja lachte krampfhaft und hatte wieder das quälende Gefühl, daß das dumm war, sein Kichern.

»Nein, das nicht«, sagte Nina ernsthaft, »ich gehe einfach spazieren und mache mir Gedanken: der hier hat einen Kummer, der dort will nichts wie heim ins Bett, er kommt von der Arbeit. Bei anderen weißt du gleich, hier lohnt sichs nicht, lange nachzudenken: die werden schon irgendwo ankommen...«

›Damit meint sie bestimmt mich.‹

Plötzlich blieb Nina stehen. »Weißt du was – laß uns zum Fluß gehen. Da ist es schön.«

»Und die anderen?«

»Die anderen – wieso?«

»Ich meine – sollen wir die allein lassen?«

»Warum nicht?« Nina sah ihren Kavalier an, und dem kams so vor, als ob sie schmunzelte.

›Gib dir einen Ruck, Kostja‹, sagte er ganz ernsthaft zu sich selbst, ›sei keine Flasche, jetzt muß dir das Mädchen schon auf die Sprünge helfen. Bist du denn total verblödet?‹

»Ich weiß eine Bank, da kann man sitzen und nachdenken – schön ist das. Manchmal sitze ich da, bis es dunkel wird.«

»Allein?« Kostja hüpfte fast vor lauter Eifer, neckisch zu erscheinen.

»Ja.«

»Und woran denkst du?«

»Weiß ich nicht.«

»Also sowas! Wie denn das? Sitzt und denkt – aber woran, weiß sie nicht.«

»Wirklich nicht. Ich denke wohl nach, aber wenn du mich fragst, worüber – ich weiß es einfach nicht. Vielleicht denk ich an früher – als Kind war ich übermütig, hab in der Schule alles mögliche angestellt.«

»Und jetzt?«

»Jetzt bin ich anders.«

»Wird Zeit, daß du heiratest«, platzte Kostja heraus.

»Ich war schon verheiratet«, erwiderte Nina schlicht.

»Was? Wo, hier?«

»Ja. Anderthalb Jahre lang war ich Ehefrau...«

»Und?«
»Jetzt nicht mehr. Du siehst ja, ich geh wieder zum Tanzen.«
»Und warum?«
»Wir haben uns scheiden lassen.«
»Wie das?«
»Was?«
»Warum habt ihr euch scheiden lassen?«
»Ach, lassen wir das«, bat Nina. »Kommt doch vor, oder?«
Traurig oder bekümmert klang das im Grunde nicht, doch in ihrer Stimme, die ganz ruhig war, lag Erschöpfung. Wie ein Mensch, der am anderen Ufer des Flusses lange gerufen, sich die Seele aus dem Leib geschrien hat und dann leise und ohne Bitterkeit zu sich sagt: ›Es hört mich keiner.‹

Eine Zeitlang gingen sie schweigend weiter.

Sie liefen am Ufer entlang. Nina schaute aufs Wasser, Kostja betrachtete sie von der Seite. So sehr war er in ihren Anblick versunken, daß er seine Verlegenheit vergaß und ihren Arm fest an sich drückte. Nina wandte sich zu ihm.

»Warum habt ihr euch bloß scheiden lassen?« entfuhr es Kostja. Er hatte nicht wieder davon anfangen wollen. Er hätte heulen können vor Verzweiflung. War ihm doch einerlei, warum Nina und ihr Mann sich getrennt hatten. Eigentlich hatte er etwas Liebevolles und Zärtliches sagen wollen, und jetzt... Idiot!

Nina lächelte – und sagte kein Wort. Inzwischen waren sie bei der Bank angelangt, auf der Nina so gerne saß. Sie setzten sich.

Hinter den Häusern am anderen Ufer ging die Sonne unter. Dunkel und trüb war der Himmel, der Fluß schwarz. Nur wo die Sonne unterging, zeigte sich ein schwacher rötlicher Schimmer. An beiden Ufern flammten die Laternen auf, und feine Lichtstreifen züngelten über das Wasser, quer über den Fluß... Vom Wasser kam es kalt. Kostja zog seine Jacke aus und legte sie Nina um die Schultern. Dabei wollte er sie auch gleich ein bißchen an sich drücken. Nina machte sich los und sagte ruhig: »Laß nur.«

Behaglich schmiegte sie sich in die Jacke und sah weiter aufs Wasser. Kostja zündete sich eine Papirossa an.

Lange Zeit schwiegen sie.

»Wärs nicht besser, du gehst wieder heim aufs Dorf?« sagte Kostja.

»Bleibt sich gleich«, meinte Nina nach einer Weile. Sie schwieg, und dann sagte sie noch: »Irgendwie bin ich müde.«

»Heim müßtest du«, beharrte Kostja.

»Daheim ist es schön«, stimmte Nina zu.

»Wie alt bist du?«

»Dreiundzwanzig.«

Kostja wußte nicht, worüber er noch reden sollte. Er sagte nichts weiter. Aber irgendwie bedrückte es ihn jetzt nicht mehr, daß er schwieg.

›Muß man sich denn immer abknutschen?‹ dachte er unwillig.

Der rötliche Schimmer hinter dem Fluß war erloschen. Drüben glomm nur noch blasse Helligkeit. Das Wasser wurde vollkommen schwarz, ölig-schwarz; in der Mitte floß es geräuschlos dahin, hier am Ufer aber schwappte es schläfrig, leckte am ölverschmierten Granit hoch und seufzte.

»Gehen wir allmählich nach Hause«, sagte Nina. Sie stand auf. »Frierst du nicht, so ohne Jacke?«

»Nein.«

»Dann laß ich sie an. Mir ist kalt.«

»Hast dich doch nicht erkältet?«

»Nein, nur so.«

Sie gingen langsam zum Wohnheim.

Jetzt war Kostja selber ins Grübeln gekommen – es war alles so trostlos.

»Wir sind da«, sagte Nina.

»Auf Saschka brauch ich sowieso nicht mehr warten...«

»Die kommen noch lange nicht.«

»Sag ihm, ich bin ins Hotel. Und morgen fahr ich heim.«

»Machs gut.«

Kostja drückte die feste Hand des Mädchens und hielt sie einen Moment. Nina lächelte kurz, zog die Hand zurück und sagte noch einmal: »Machs gut.« Und ging. Verschwand im Eingang, ohne sich umzusehen.

Kostja lief aufs Geratewohl durch die Gassen – auf einer großen Straße könnte er später fragen, wo es zum Hotel geht. Er dachte an Nina. Etwas wie Mitleid regte sich in ihm – oder versuchte er nur, sie zu bedauern? –, er wollte zu gerne, daß in ihrem Leben auch mal was passiert, woran sie sich freuen kann.

›Was sind wir doch alle für ...‹ Diesen Gedanken führte er nicht zu Ende; auch sich selber hatte er damit gemeint. Er horchte; von einem Hof oder aus einer Gasse klangen Mädchenstimmen herüber:

... schwer macht es das Herze mir
Ja, Liebste, ich werd mit dir gehen,
Was kommen mag, ich steh zu dir.
Ja, Liebste, ich werd mit dir gehn ...

»Geh nur, geh«, sagte Kostja. Er schüttelte sich, als wollte er das Peinliche und Dümmliche des heutigen Abends abwerfen; seine Geschichten von dem Bären und dem Sarg fielen ihm wieder ein ... Idiot!

T wie Trennung

Jürg Amann Nachgerufen

Frankfurt am Main,
Juni 1802

Wenn ich gewußt hätte, Hölder, wie alles kommt ...

Daß ich dich eines Tages so würde ganz lassen müssen, wie es jetzt so rasch schon und unvermutet gekommen ist, wie wir es niemals geahnt haben, selbst in den schwärzesten Nächten nicht, die uns die Verzweiflung bereithielt; diese Verzweiflung über die Wirklichkeit, welche uns nie gewachsen war; über den Mann, über diese Trivialität meines Mannes, dessen Männlichkeit in der Kaufmännlichkeit aufging; an den ich verkauft war, an den ich verkauft bin, an den ich gekettet bin durch meine vier Kinder, die er mir beschert hat, ich weiß nicht mehr wie, ich habe diese unabwendbaren Stunden aus meinem Gedächtnis getilgt; die ich trotzdem geliebt habe; die ich getragen, geboren, gehegt und gepflegt habe;

von dir habe hegen und pflegen lassen, zu meiner eigenen Freude; die du erzogen hast, zu dir heran gezogen; wie du mich, von der ersten Stunde an, an jenem Weihnachtstag, erinnerst du dich, zu dir heran gezogen, angezogen hast; wie ich dich; du kamst auf mich zu, und ich kam dir entgegen; denen wir uns verdanken; uns, nur du und ich wissen, was in diesem Wort liegen kann; denen ich dich verdanke, ohne sie wärst du ja nicht, als ihr Lehrer; dich verdanke, du, Lieber, du, danke...

Und daß ich nun sterben würde; vor meiner Zeit, vor unserer Zeit, bevor das, was zwischen uns in der Luft war und was wir mit den Lippen berührten und mit den Körpern berührten, wenn wir die Luft im Kuß und in der Umarmung zwischen uns drückten, in der Umarmung, was in der Luft war, bevor das ganz heruntersteigen konnte zu uns; auf den wackligen Boden, auf dem wir standen, mit zitternden Knien; mit zitternden Knien und zitternden Leibern und zitternden Seelen; weil ja mein Mann...

Und zitternden Seelen. Und daß ich nun sterbe, vor meiner Zeit; vor deiner Zeit; ohne dich wiedergesehen zu haben; bevor die Zeit reif wird für uns. Stell dir vor, an den Röteln. An dieser Krankheit der Kinder. Welche die Kinder doch überleben. Welche die Kinder doch überlebt haben. Durch die ich die Kinder doch durchgebracht habe. Mit bangem Herzen. Nur mich nicht. Nur mich dann nicht mehr. Weil ich mich angesteckt habe. An diesen Kindern. An diesem Mann, von dem ich sie habe. Und sterbe nun. Ohne dich. An diesen Röteln. Nicht an der Trennung, nicht an der Sehnsucht, nicht an der Liebe...

Und daß du darüber den Kopf verlierst...

...wenn ich gewußt hätte, daß es so kommt, ich hätte dich ganz gewollt.

U wie Untreue

Raymond Carver Tüten

Es ist Oktober, ein regnerischer Tag. Von meinem Hotelfenster aus kann ich zuviel von dieser Stadt im Mittelwesten sehen. Ich kann sehen, wie in manchen Gebäuden die Lichter angehen, wie dicker Rauch aus den großen Fabrikschornsteinen nach oben steigt. Wenn ich mir das bloß nicht anschauen müßte.

Ich möchte eine Geschichte weitergeben, die mir mein Vater letztes Jahr erzählt hat, als ich in Sacramento Zwischenstation machte. Sie handelt von Dingen, die ihm zwei Jahre davor passiert waren, das heißt, bevor er und meine Mutter geschieden wurden.

Ich bin Verlagsvertreter. Ich vertrete ein bekanntes Unternehmen. Wir sind ein Schulbuchverlag mit Sitz in Chicago. Mein Gebiet ist Illinois und ein Teil von Iowa und Wisconsin. Während einer Konferenz der Western Book Publishers Association in Los Angeles kam mir plötzlich die Idee, daß ich meinem Vater einen kurzen Besuch abstatten könnte. Ich hatte ihn nämlich seit seiner Scheidung nicht mehr gesehen. Also holte ich seine Adresse aus meiner Brieftasche und schickte ihm ein Telegramm. Am nächsten Morgen schickte ich mein Gepäck nach Chicago und stieg ins Flugzeug nach Sacramento.

Es dauerte eine Weile, bis ich ihn entdeckte. Er stand da, wo alle standen – hinter der Sperre nämlich: weiße Haare, Brille, braune Trevirahose.

»Dad, wie geht's dir?« sagte ich.

Er sagte: »Les.«

Wir gaben uns die Hand und gingen Richtung Terminal.

»Wie geht's Mary und den Kindern?« sagte er.

»Denen geht's gut«, sagte ich, was nicht stimmte.

Er öffnete eine weiße Bonbontüte. Er sagte: »Ich hab' eine Kleinigkeit mitgebracht. Vielleicht kannst du ihnen das geben. Nichts Besonderes. Mandelsplitter für Mary und Gummibärchen für die Kinder.«

»Danke«, sagte ich.

»Vergiß die Tüte nicht, wenn du gehst«, sagte er.

Wir wichen ein paar Nonnen aus, die zur Abflughalle rannten.

»Einen Drink oder eine Tasse Kaffee?« sagte ich.

»Was du möchtest«, sagte er. »Aber ich hab' kein Auto«, sagte er.

Wir machten den Wartesaal ausfindig, holten Drinks, zündeten uns Zigaretten an.

»Da wären wir also«, sagte ich.

»Ja«, sagte er.

Ich zuckte die Schultern und sagte: »Ja.«

Ich lehnte mich zurück und holte einmal tief Luft. Dabei atmete ich von der Luft ein, die um seinen Kopf kreiste und die mir vorkam wie eine Luft des Leids.

Er sagte: »Ich glaube, der Flughafen in Chicago ist viermal so groß.«

»Sogar noch größer«, sagte ich.

»Hab' ich mir gedacht«, sagte er.

»Seit wann hast du eine Brille?« sagte ich.

»Seit einer Weile«, sagte er.

Er schluckte gründlich, und dann kam er direkt zur Sache.

»Ich wär' am liebsten gestorben bei dem Ganzen«, sagte er. Er stützte die kräftigen Arme auf, rechts und links neben sein Glas. »Du bist ein gebildeter Mann, Les. Du wirst bestimmt schlau aus der Sache.«

Ich stellte den Aschenbecher hochkant, weil ich lesen wollte, was auf der Rückseite stand: HARRAHS CLUB / RENO UND LAKE TAHOE / FÜR IHR VERGNÜGEN WIE GESCHAFFEN.

»Sie arbeitete für Stanley Products. Eine kleine Frau, kleine Füße und Hände und kohlrabenschwarzes Haar. Sie war keine Schönheitskönigin, aber sie war wirklich nett. Sie war dreißig und hatte Kinder. Und sie war trotz allem eine anständige Frau.

Deine Mutter hat ihr immer was abgekauft, einen Besen, einen Mop, irgendeine Pastetenfüllung. Du kennst ja deine Mutter. Es war Samstag, und ich war zu Hause. Deine Mutter war irgendwo hingegangen. Wohin, weiß ich nicht, jedenfalls nicht zur Arbeit. Ich war im vorderen Zimmer, las die Zeitung und trank Kaffee. Da klopfte es, und die kleine Frau stand vor der Tür. Sally Wain. Sie sagte, sie hätte ein paar Sachen für Mrs. Palmer. ›Ich bin Mr. Palmer‹, sag' ich. ›Mrs. Palmer ist nicht da.‹ Ich frage sie also, warum sie nicht reinkommt, dann könnte ich die Sachen bezahlen. Sie wußte nicht, ob sie das tun sollte. Steht nur da, mit der kleinen Papiertüte in der Hand und der Quittung.

›Ich nehm' das schon‹, sag' ich. ›Warum kommen Sie nicht rein und setzen sich kurz. Ich such' dann in der Zwischenzeit das Geld.‹

›Das geht in Ordnung‹, sagt sie, ›Sie können es anschreiben lassen. Das machen viele. Ist gar kein Problem.‹ Sie lächelt als Zeichen dafür, daß es in Ordnung ist, verstehst du.

›Nein, nein‹, sag' ich. ›Ich hab' das Geld. Ich möcht' lieber gleich bezahlen. Dann müssen Sie nicht noch mal kommen, und ich muß nicht anschreiben lassen. Kommen Sie rein‹, hab' ich gesagt und ihr die Fliegentür aufgehalten. Es war unhöflich, sie draußen stehen zu lassen.«

Er hustete und nahm sich eine von meinen Zigaretten. Hinten an der Bar lachte eine Frau. Ich sah sie an, und dann las ich noch mal, was auf dem Aschenbecher stand.

»Sie kommt also rein, und ich sage ›Einen Moment, bitte‹, und gehe ins Schlafzimmer, mein Portemonnaie suchen. Ich sehe auf der Frisierkommode nach, finde es aber nicht. Ich finde ein bißchen Kleingeld und Streichhölzer und meinen Kamm, aber das Portemonnaie kann ich nicht finden. Deine Mutter hat wie üblich morgens aufgeräumt, weißt du. Also gehe ich wieder ins vordere Zimmer und sage: ›Also, ich treib' das Geld schon noch auf.‹

›Das ist wirklich nicht nötig‹, sagt sie.

›Macht gar nichts‹, sage ich. ›Ich brauch' mein Portemonnaie sowieso. Machen Sie sich's bequem.‹

›Oh, ich fühl' mich sehr wohl‹, sagt sie.

›Hier‹, sage ich. ›Haben Sie von dem Raubüberfall an der Ostküste gehört? Ich hab' gerade darüber gelesen.‹

›Ich hab's gestern abend im Fernsehen gesehen‹, sagte sie.

›Die sind spurlos verschwunden‹, sage ich.

›Ganz schön gewieft‹, sagt sie.

›Das perfekte Verbrechen‹, sage ich.

›Das schaffen nicht viele‹, sagt sie.

Mir fiel nichts mehr ein. Wir standen bloß da und sahen uns an. Dann bin ich raus auf die Veranda und hab' im Wäschekorb nach meiner Hose geschaut. Ich dachte, deine Mutter hätte sie vielleicht da hineingetan. Ich fand das Portemonnaie in der hinteren Hosentasche, ging zurück ins andere Zimmer und fragte, was ich zu bezahlen hätte.

Es waren drei oder vier Dollar, und ich gab sie ihr. Dann, wieso, weiß ich auch nicht, fragte ich sie, was sie machen würde, wenn sie das ganze Geld hätte, mit dem die Bankräuber entkommen waren.

Sie lachte, und ich sah ihre Zähne.

Ich weiß auch nicht, was dann über mich kam, Les. Fünfundfünfzig Jahre. Erwachsene Kinder. Ich war ja nicht doof. Diese Frau war halb so alt wie ich und hatte kleine Kinder, die zur Schule gingen. Sie arbeitete nur die paar Stunden, solange sie in der Schule waren, nur damit sie eine Beschäftigung hatte. Sie brauchte nicht arbeiten. Sie kamen gut über die Runden. Ihr Mann war Fahrer bei der Consolidated Freight. Verdiente genug. LKW-Fahrer, weißt du.«

Er hielt inne und wischte sich das Gesicht ab.

»Jeder macht mal einen Fehler«, sagte ich.

Er schüttelte den Kopf.

»Sie hatte diese zwei Söhne, Hank und Freddy. Ungefähr ein Jahr auseinander. Sie hat mir Bilder gezeigt. Jedenfalls lacht sie, als ich das mit dem Geld sage, und sagt, wahrscheinlich würde sie dann keine Stanleysachen mehr verkaufen und nach Dago ziehen und ein Haus kaufen. Sie hat gesagt, daß da Verwandte von ihr wohnen.«

Ich zündete mir die nächste Zigarette an. Ich sah auf die Uhr. Der Barkeeper hob die Augenbrauen, und ich hob mein Glas.

»Sie sitzt jetzt also auf der Couch und fragt, ob ich eine Zigarette habe. Ihre wären in der anderen Handtasche, und sie hätte seit zu Hause keine mehr geraucht. Sic sagt, sie kann es nicht leiden, sich welche am Automat zu holen, wenn sie eine ganze Stange zu Hause hat. Ich gab ihr eine Zigarette und hielt ihr ein Streichholz hin. Aber ich sage dir, Les, meine Finger haben gezittert.«

Er hielt inne und studierte die Flasche eine Weile. Die Frau, die so gelacht hatte, hatte sich bei den beiden Männern links und rechts untergehakt.

»Danach wird es verworren. Ich weiß noch, daß ich sie gefragt habe, ob sie einen Kaffee wollte, ich würde neuen machen. Sie hat gesagt, sie müßte gleich gehen. Aber auf eine Tasse könnte sie vielleicht bleiben. Ich bin in die Küche und hab' gewartet, bis der Kaffee durchgelaufen war. Ich sag' dir, Les, ich schwör' bei Gott, daß ich deine Mutter kein einziges Mal betrogen habe. Nicht ein einziges Mal in unserer gesamten Ehe. Es gab Zeiten, da hatte ich Lust dazu und auch die Gelegenheit. Ich sag' dir, du kennst deine Mutter nicht so wie ich.«

Ich sagte: »Du brauchst dich nicht näher drüber auszulassen.«

»Ich hab' ihr den Kaffee gebracht. Sie hatte inzwischen den Mantel ausgezogen. Ich hab' mich ans andere Sofaende gesetzt, und dann sind wir persönlicher geworden. Sie hat mir erzählt, daß ihre zwei Kinder in die Rooseveltgrundschule gehen und daß Larry Fahrer ist und manchmal ein, zwei Wochen nicht heimkommt. Daß er nach Seattle oder nach L. A. fährt oder auch nach Phoenix. Daß er immer irgendwo ist. Kennengelernt hätten sie sich auf der High-School. Und daß sie stolz drauf ist, daß sie schon so lange zusammen sind. Na ja, als ich dann was sage, lacht sie kurz drüber. Kann sein, daß es was Zweideutiges war. Dann fragt sie mich, ob ich schon den mit dem Schuhvertreter kenne, der bei der Witwe vorbeischaut. Wir haben gelacht, und dann hab' ich ihr einen erzählt, der ein bißchen derber war. Über den hat sie dann auch laut gelacht und sich noch eine Zigarette angezündet. Es kam, wie es kommen mußte, verstehst du.

Na ja, und dann hab' ich sie geküßt. Ich hab' ihren Kopf aufs Sofa gelegt und sie geküßt, und ich konnte spüren, daß ihre Zunge unbedingt in meinen Mund wollte. Verstehst du, was ich da sage? Ein Mann kann sich immer an die Regeln gehalten haben, und plötzlich ist alles scheißegal. Er hat einfach Pech, verstehst du?

Aber es ging ruck, zuck. Und danach hat sie gesagt: ›Sie halten mich jetzt wahrscheinlich für eine Hure oder so.‹ Und ist einfach gegangen. Ich war sehr aufgeregt, verstehst du? Ich hab' das Sofa wieder in Ordnung gebracht und die Kissen umgedreht. Ich hab' die Zeitungen zusammengelegt und sogar die Tassen abgewaschen, die wir benutzt hatten. Dann hab' ich die Kaffeekanne saubergemacht. Dabei hab' ich nur noch an eins gedacht: wie ich deiner Mutter unter die Augen treten soll. Ich hatte Angst.

Na ja, so fing das Ganze an. Deine Mutter und ich machten weiter wie bisher. Aber ich hab' mich von da an regelmäßig mit dieser Frau getroffen.«

Die Frau an der Bar hinten stieg von ihrem Hocker. Sie machte ein paar Schritte bis in die Mitte der Tanzfläche und fing an zu tanzen. Sie warf den Kopf hin und her und schnalzte mit den Fingern.

Der Barkeeper hielt inne. Die Frau hob die Arme über den Kopf und tanzte in einem kleinen Kreis in der Mitte der Tanzfläche. Aber dann hörte sie auf, und der Barkeeper machte sich wieder an die Arbeit.

»Hast du das gesehen?« sagte mein Vater. Aber ich schwieg.

»So lief das also«, sagte er. »Larry hatte seine festen Fahrzeiten, und ich war zu jeder Gelegenheit drüben. Zu deiner Mutter hab' ich immer gesagt, ich müßte irgendwohin.«

Er setzte die Brille ab und schloß die Augen. »Das hab' ich noch nie jemand erzählt.«

Es gab nichts dazu zu sagen. Ich sah aufs Feld hinaus und dann auf die Uhr.

»Hör mal«, sagte er. »Wann geht deine Maschine? Kannst du nicht eine andere nehmen? Ich will uns noch einen ausgeben, Les. Bestell uns noch zwei Drinks. Ich werd's kurz machen. Die Geschichte ist gleich zu Ende. *Hör zu*«, sagte er.

»Im Schlafzimmer neben dem Bett hatte sie ein Foto von ihm stehen. Zuerst hat es mir was ausgemacht, das Bild da und so. Aber nach einer Weile hab' ich mich dran gewöhnt. Wie leicht man sich doch an was gewöhnt.« Er schüttelte den Kopf. »Kaum zu glauben. Na ja, es ist schlecht ausgegangen. Das weißt du ja. Das kennst du ja alles.«

»Ich weiß nur, was du mir erzählt hast«, sagte ich.

»Ich will dir was sagen, Les. Ich will dir sagen, was das Wichtigste an dieser ganzen Sache ist. Weißt du, da ist noch was. Was Wichtigeres, als daß deine Mutter mich verlassen hat. Und jetzt hör mir zu. Einmal lagen wir im Bett. Es muß um die Mittagszeit gewesen sein. Wir lagen bloß so da und redeten. Kann sein, daß ich gedöst hab'. Dieses komische Dösen, bei dem man träumt, weißt du. Dabei sag' ich mir noch, daß ich wohl besser aufstehe und gehe. Aber da biegt auch schon dieser Wagen in die Auffahrt, und jemand steigt aus und knallt die Tür zu.

›O Gott‹, schreit sie. ›Das ist Larry!‹

Ich muß durchgedreht sein. Ich entsinne mich noch dunkel, wie ich dachte, wenn ich durch die Hintertür rausrenne, drückt er mich an diesen großen Zaun im Hof und bringt mich womöglich um. Sally hat ganz komische Geräusche gemacht, so als würde sie nach Luft schnappen. Sie hat ihr Hauskleid an, aber es ist nicht ganz zu, und sie steht in der Küche und schüttelt den Kopf. All das passiert gleichzeitig, verstehst du. Und dann ich, fast nackt, mit meinen Kleidern in der Hand, und Larry kommt zur Haustür rein. Na, und da springe ich. Ich springe direkt durch ihr Riesenwohnzimmerfenster, mitten durch die Scheibe.«

»Du bist entwischt?« sagte ich. »Er ist dir nicht hinterhergerannt?«

Mein Vater sah mich an, als wäre ich übergeschnappt. Er starrte sein leeres Glas an. Ich sah auf die Uhr und streckte mich. Ich spürte einen leichten Kopfschmerz hinter den Augen.

Ich sagte: »Ich glaub', ich muß bald los.« Ich fuhr mir mit der Hand übers Kinn und strich mir den Kragen glatt. »Ist die Frau noch in Redding?«

»Du hast keine Ahnung, was?« sagte mein Vater. »Du hast von nichts eine Ahnung. Das einzige, wovon du eine Ahnung hast, ist das Bücherverkaufen.«

Ich hatte nur noch ein paar Minuten Zeit.

»Komm, tut mir leid«, sagte er. »Der Mann war am Boden zerstört. Er legte sich auf den Fußboden und weinte. Sie blieb draußen in der Küche. Sie weinte dort. Sie kniete nieder und betete zu Gott, schön laut, so daß der Mann sie auch hörte.«

Mein Vater machte Anstalten, noch etwas zu sagen. Aber dann schüttelte er statt dessen den Kopf. Vielleicht wollte er, daß ich etwas sagte.

Aber dann sagte er: »Nein, du mußt dein Flugzeug kriegen.«

Ich half ihm in den Mantel, und wir gingen los. Dabei führte ich ihn mit der Hand am Ellbogen.

»Ich setz' dich in ein Taxi«, sagte ich.

Er sagte: »Ich komm' noch mit.«

»Nicht nötig«, sagte ich. »Vielleicht das nächste Mal.«

Wir gaben uns die Hand. Danach habe ich ihn nicht mehr wiedergesehen. Auf dem Weg nach Chicago fiel mir ein, daß ich die Tüte mit den Geschenken an der Bar vergessen hatte. Auch gut. Mary brauchte keine Süßigkeiten, weder Mandelsplitter noch sonstwas.

Das war letztes Jahr. Heute braucht sie sie noch viel weniger.

Ü wie Überdruck

Uwe Saeger Mitten im Wald ein Baum

Blöderblöderblöderblöder Hund ich, dachte Micha. Und der Diesel unter ihm zitterte von den Stößen des überforderten Motors, und dahinter sprangen die sechsunddreißig Loren über die Schienen wie eine Herde aufgescheuchter Gazellen und lärmten, daß das Fleisch und die Haut darauf, die sich ungefähr dort befanden, wo er seine Leber vermutete, zu schmerzen begannen und zuckten. Es flimmerte vor seinen Augen. Blöder Zug, stöhnte er, blödes Stück Strecke. Er sah durch's Heckfenster auf die Loren, die er hinter sich herzog, und dachte wieder: Wie Gazellen – Gazellen war etwas, das er mochte, das Wort eigentlich nur, denn obwohl er im Fernsehen einen Film drüber gesehen hatte, schlanke schöne Tiere, die, weil sie so schnell sein konnten, sicher nie den Wunsch brauchten, fliegen zu wollen; aber das Wort war eben das eigentlich Schöne, wie eine nahe Illusion war es oder ein fast erfüllter Traum. Bleib im Gleis, dachte er, als er so auf seinen Zug blickte, bleib ja im Gleis! Bei der Hitze und mit dem vielen Bier im Bauch von gestern abend noch hatte er keine Lust, sich damit abzuschuften, die ausgesprungenen Loren wieder ins Gleis zu wuchten. Und eigentlich hatte er nie eine Lust, sich für irgendwas abzuschuften. Und meistens ließen sie auch – er und Krotz, der den anderen Zug fuhr und ihm bald entgegenkommen mußte, ja, der sollte nur bald kommen, denn sonst mußte er wieder so lange an der Ausweichstelle warten und bekam dann Hudelei mit dem Meister im Werk, und sowieso ließ Krotz ihn immer warten, wenn der voll beladen von der Tongrube kam und er, Micha, leer hinauffuhr –, aber meistens ließen sie die aus den Schienen gesprungenen Loren ja doch da liegen, wo sie hinfielen, rückten sie nur vom Gleis; wie Kadaver lagen sie entlang des Schienenstrangs, und im Nebel machten sie Micha, ohne daß er sagen konnte, warum, irgendwie Angst. Aber heute war heißester August und nicht zu denken an Nebel, auch hatte er das schlechte Stück Gleis bald hinter sich und dachte nicht mehr ganz so boshaft, daß die von oben sowieso ja immer erst was ändern ließen, wenn was passiert war, war ja immer so. Und, dachte Micha, heut abend trink ich nichts, werd nur dicker davon, und der halbe nächste Tag ist auch 'ne Quälerei. Und wieder zuckte ein feiner Schmerz dort, wo er seine Leber vermutete.

Auf dem geraden Stück Gleis, das Micha jetzt vor sich hatte und das die übermannshohe Kiefernschonung durchschnitt, fiel ihm die Sonne voll ins Gesicht, so daß er die Augen beschatten mußte, wollte er bis zur Biegung kurz vor Wrassow hinuntersehen; aber von Krotz keine Spur. Er fuhr langsam auf das Ausweichgleis, stellte den Diesel ab, hockte sich auf das Aufstiegsbrett und rauchte. Er schwitzte. Unter der breiten umlaufenden Speckfalte über seinem Gürtel sammelte sich das Wasser und näßte durch das Hemd. Ich muß ja blöde sein, dachte er wieder, nur so 'n blöder Hund wie ich hält's aus bei diesem Stumpfsinn, ist ja schlimmer als die acht Jahre Schule. Über der Schonung vor ihm lärmten zwei Eichelhäher, zuweilen sah er sie aufsteigen und mit frischem Lärm wieder einfallen. Eine Zeitlang achtete er darauf, döste dann aber vor sich hin, vergaß sogar die Zigarette. Er wurde sehr müde. Die Nacht muß ich unbedingt ausschlafen, dachte er noch, darf nicht trinken, weiß auch nicht, warum ich nicht mehr schlafen kann nach 'n paar Bier, und das mit neunzehn – neunzehn – bin ich überhaupt schon mal neunzehn gewesen, und am besten wär, ich könnt überhaupt aufhörn mit dem Trinken, aber was hab ich weiter als 'n Gang in die Kneipe oder am Wochenende in die Stadt; und wenn ich nicht so 'n blöder Hund wär, hätt ich was auf'm Bau lernen können und wär jetzt mit 'nen paar Kumpeln nach Berlin, kann jetzt jeder vom Bau nach Berlin, aber nee!

Micha schlief und war kurz vorm Vorneüberkippen, als Robert ihn anrief. Eh, rief er und stieß Micha mit der Schuhspitze vors Schienbein.

Bist'n blöde, brummte Micha, mich hätt der Schlag treffen können vor Schreck! Robert grinste. Komm in'n Schatten, sagte er, schmoken wir eine!

Sie setzten sich unter die hohen Kiefern rechterseits und rauchten. Daß du dich noch so weit raus traust, sagte Micha, bist doch bald hundert, und dann bei der Hitze! – Hitze macht mir nischt, sagte Robert, hab 'n paar Pepperling gesucht und Maronen. Er rückt die schmutzige Segeltuchtasche nach vorn und zeigte Micha die Pilze. Ich dachte, bei dem Wetter lohnt's sich nicht, sagte Micha, aber du bist eben 'n Fuchs. Ja, ja, grinste Robert, mußt eben wissen, wo was zu finden ist, hab die Stelle schon seit zwei Wochen gehütet, weißt ja, heut nachmittag mit'm Bus um fünf kommt Irmeken, kommt mit ihr'm Mann und 'nem Kleinen, weißt ja, hab dir doch erzählt, daß sie 'nen Sohn hat, bin Urgroßvadder, ja, ja, aber freu mich, hoffentlich ging alles glatt, müssen ja zwei Tage mit'm Zug fahrn, zwei Tage von Kiew bis Berlin, aber nach Hause is eben nach Hause.

Zwei Tage auf'm Zug, um in unser Kaff zu kommen, na, ich wüßt was Besseres, nich 'ne Stunde würd ich dafür geben.

Ob Kaff oder Großstadt, Heimat is Heimat – Robert putzte an den Pilzen –, hier is se groß geworden, und ich bin der einzige, den sie noch hat, ich hab für sie gespart, daß sie auf die Hohe Schule konnte und..., du, ich bin schon einundneunzig und hätt vor zehn Jahren schon von der Welt gemußt, ohne Irmeken wär's mir schon lange über gewesen.

Ja, sagte Micha, wird einem über manchmal.

Spunt, du, lachte Robert, red'st wie 'n Oller.

Red wie' mir ankommt, mehr nich.

Micha wühlte mit dem Hacken ein Loch in den lockeren Waldboden und warf die halb angerauchte Zigarette hinein. Nich mal der Rauch schmeckt mehr, sagte Micha, hab alles über.

Bin gespannt, was sie mir für einen anbringt, sagte Robert, was sie sich für einen gesucht hat, bloß keinen, der säuft und sie schlägt, sie schreibt, ich soll mich überraschen lassen; hab aber die Pilze gesucht, wenn er die nich mag, isser sowieso erledigt für mich. Robert putzte immer noch an den sauberen Pilzen. Weißt, Micha, fing er wieder an, manchmal, wenn ich dran denk, wie er wohl sein wird, denk ich, daß er bestimmt so is, wie ich als Jungscher war, du, ich war'n schmucker Kerl, die Weiber war'n hinter mir her.

Sie lachten beide.

Nee, lachte Robert, Zeiten sind's geworden, das hätt sich früher einer trauen sollen und schreiben; bringt dir 'n Mann mit und 'n Urenkel, na, Hauptsache is, ihr paßt's, ich nehm's schon hin, und überhaupt, wenn ich so überleg, eigentlich kann ihr ja nur einer gefallen, der so ist, wie ich mal war; na, werd ja sehen heut nachmittag. Und du?

Was, fragte Micha, was und du?

Mußt dir doch auch bald eine suchen, sagte Robert, bist doch bestimmt schon fünfundzwanzig, wird Zeit für dich.

Quatsch, redest blöden Quatsch, sagte Micha, hab noch Zeit damit, und überhaupt von wegen fünfundzwanzig, und warum sollte ich, und wenn ich eine brauch, dann find ich schon eine, in der Stadt kann ich mir jeden Sonnabend eine aussuchen.

Stimmt, sagte Robert, fündundzwanzig kannst du noch nicht sein, aber wenn ich dich anguck, würd ich sagen, siehst noch älter aus. Bin neunzehn, sagte Micha, neunzehn und hab alles so satt, ich könnt mich an 'n Baum hängen, und nischt wär anders.

Komm doch mal rüber zu uns, sagte Robert, so wie früher, kommst ja nicht mehr, Irmeken freut sich bestimmt, und du guckst ihn dir mal an, meinen Kronsohn.

Mal sehen, wenn ich's nich vergeß, knurrte Micha, und warum sollt sie sich freuen, is doch was Beßres jetzt, studiert, was soll ich da noch, spiel'n beide keine Murmeln mehr, und wo sie ja doch den andern hat.

Na, überleg dir's, sagte Robert, aber wenn's dir in der Kneipe besser gefällt.

Gefällt mir nich besser, hab bloß nichts andres.

Die Kiefern dufteten und knackten unter der Sonne. Robert putzte wieder an den Pilzen.

Du, sagte Micha, Rob, du, ich hab sie mal..., ja, ich hab sie mal verdammt gern gemocht.

Ich wüßt keinen, der sie nich gern haben könnte, freute sich Robert, wer Irmeken nich gern hat, der is kein richtiger Mensch nich.

Micha lag still auf dem Rücken und beobachtete das Schattenspiel des Kieferngeästes auf seinem Bauch und dachte, ich muß unbedingt mal eine haben, red nur immer drüber und tu so, als ob ich's ganz genau wüßte, und dabei! – Wenn's mal hätt klappen können, dann sauf ich mir vor Angst oder weiß der Teufel, warum, einen an, aber ich muß bald mal mit einer mit und wissen, wie's ist, früher, als ich noch jung war, dachte er, und wir die Mädchen abpaßten nach der Schule, da war ich doch schon oft nahe dran, die hätten doch schon stillgehalten, hab's doch gespürt.

Du, sagte Robert, ich geh jetzt, muß noch aufräumen, seit der Brief gekommen is vor zwei Wochen, räum ich schon allen Kram von einer Ecke in die andere und komm nich zurecht.

Bist ja sowieso nich zu retten, sagte Micha, hält'st dir so 'n Riesenhof noch in deinem Alter, verfällt dir doch unter den Händen, aber du mußt dir noch 'n halben Tierpark halten, Hühner und Enten und Schweine und Ziegen, heutzutage noch, für wen denn, du brauchst's doch nich mehr.

Warst schon immer 'n Dussel, sagte Robert, hast auch noch die richtige Arbeit gefunden, kannst am hellichten Tag in der Sonne liegen und denken, daß du 'n schweren Tag hast; Zeiten sind das! – Kann ich dafür, wenn's nich klappt, sagte Micha scharf, klappt doch hinten nich und vorne nich, aber solange es woanders nicht besser läuft, kümmert's doch keinen, unsere Ecke kümmert doch sowieso keinen, und wer will uns schon was, wir haben kein Dach überm Kopf bei der Arbeit, können alles Petrus zuschieben.

Muß gehen, sagte Robert, bring dich bloß nich um.

Robert stapfte quer durch den Wald auf Wrassow zu, das trokkene Sprockholz knackte unter seinen Sohlen, und die Häher begannen drüber zu lärmen.

Selber Dussel, dachte Micha, anstatt neben den Gleisen zu gehen, wo's eben ist und kürzer.

Gleich sag ich ihr, daß sie's Maul halten soll, dachte Micha, das Maul soll sie halten und nie wieder Bratkartoffeln auf den Tisch bringen zum Abendbrot.

Wie er sich herausgeputzt hatte, sagte die Mutter, du hast ja keine Vorstellung nich; bloß der Zylinder hat ihm noch gefehlt für 'n Kloon, um halb fünf stand er schon an der Haltestelle, stellt sich 'ne halbe Stunde in die Sonne für 'n Witz, wird eben auch schon wunderlich, für 'n Witz sag ich, straßauf und straßab haben die Leute in den Fenstern gelegen und gegrient, nich mal 'n Ersten Mai siehst du so viel Leute auf der Straße; und dann kommt der Bus, und er macht sich kasch wie'n ausgeputzter Pfingstochs, und Irmeken steigt aus, das Balg auf'm Arm und – schon von hier hab ich gesehn, dasses schwarz war, richtig schwarz, Junge, und der Kronsohn erst, auch schwarz, rabenschwarz, und so 'n Lütter, dabei denkt doch jeder, dasses Kerle sind wie Bäume, ich dacht immer, die wär'n lang, daß sie aus'n Dachrinnen saufen könnten, und auch sonst, aber dem Männeken ist doch kaum zu glauben, daß er den Balg gemacht hat, reicht ihr doch man grad bis ans Ohr, und wie der die Koffer geschleppt hat, ich denk, dem reißt's die Arme aus.

Is mir doch alles egal, sagte Micha, was interessiert mich das denn, denkst du, sie fährt nach Kiew, um mit einem von uns zurückzukommen, dann wär sie ja genauso blöde wie wir, 'n Indianer hätt sie sich mitbringen müssen, das wär mal was gewesen.

Hast Ärger gehabt heute, fragte die Mutter, tust, als ob's dir nich schmeckt?

Mag keine Bratkartoffeln mehr, jeden Tag Bratkartoffeln, schlecht wird mir, wenn ich's schon riech; jeden Abend, wenn ich auf'n Hof komm, riech ich's schon und möcht umkehrn.

Aber, die Mutter stotterte, ich mach dir doch schon so lange Bratkartoffeln, wie du auf Arbeit bist, so lange schon, und du hast noch nie was gesagt.

Einen Schwarzen hat sie sich mitgebracht, dachte Micha, so einen also, und ich hab noch nie 'nen Schwarzen gesehn, und Irmeken hat nun einen, kann mir das nich vorstellen mit ihr und so einem. Armes Schwein, Robert, sagte Micha, er hat sich das ganz anders vorgestellt, er hat sogar Pilze gesucht; und essen die überhaupt so was?

Weiß ich nich; aber schaden tut's ihm nich, fing die Mutter wieder an, seine Irmeken war ja immer was Beßres, hat zusammengekratzt, der Alte, wo und was er nur konnte, lernen mußte sie, immer die Schlaueste sein, die Bravste, hat sie gehütet wie 'n Zicklein, und, so hat er nich nur einmal gesagt, für einen aus'm Dorf ist sie zu schade, na, nu hat sie ihm ja den Richtigen gebracht, nu hat er was zum Prahlen, hätt'st sehn soll'n, wie sie vom Bus nach

Hause sind, wie 'n Trauerzug, wie 'n richtiger Trauerzug, bloß der schwarze Balg hat geplärrt, daß es die Hunde verrückt gemacht hat, und er, Robert, wie 'n Pfingstochs vornweg, aber wie blind, sag ich dir, er is vornweg und geradewegs an seinem Tor vorbei, wie 'n Blinder du, Irmeken mußt's ihm erst sagen.

Halt doch dein Maul, schrie Micha, halt doch endlich dein Maul. Er ging in den Hof, wusch in Eile sein Moped und fuhr seine gewohnte Sommerrunde durch's Dorf. Doch erst bei der alten Kuhle traf er einige von den Kumpeln, aber sowieso war um diese Zeit das halbe Dorf da und badete, die Enten verzogen sich dann an das schon mit Schilf bewachsene Ufer. Micha setzte sich zu Martin, der auf der Hälfte des Hangs saß und sein eingegipstes Bein sonnte und rauchte.

Warum gehst'n nicht rein, sagte Martin, bist zu fein, oder?

Wenn sie mitkriegen, daß ich mich schäm in der Badehose, dachte Micha, fahr ich hier überhaupt nich mehr her, seh aus wie'n Bierglas dann, und braun bin ich auch nich.

Hast du Irmeken gesehn, fragte Micha, Irmeken und ihr'n Schäks?

Noch nicht, aber wir woll'n ihn uns noch angucken, wir woll'n heute abend einfach hingeh'n und ihn uns angucken; ich hab noch nie 'n Neger gesehen, du?

Bloß auf Bildern in der Schule mal und im Fernsehen.

Ich auch, sagte Martin, und der einzig richtige Neger is sowieso Stevenson, wenn der mal hinlangt, die andern sind ja doch bloß nachgemachte; und Irmekens soll ja auch so'n Wichtelmann sein.

Ich will ihn nicht sehen, dachte Micha, ihn nicht und Irmeken nicht und das Kind nicht.

Daß sie sich so einen aussucht, sagte Martin, wenn ich 'n Weib wär, ich hätt Angst mit so einem, glaub ich.

Hast doch keine Ahnung, sagte Micha, die sind doch scharf auf'n Schwarzen, warum, weiß der Teufel.

Na klar, sagte Martin, du hast Ahnung, du mußt es ja wissen, weißt ja alles, sollst ja so 'n ganz Schlauer sein, ist ja bekannt.

Du..., du, sagte Micha, reiz mich nicht, fang nich so an.

Ich reiz dich nicht, Martin lachte, ich sag doch nur, wie's ist.

Micha bemerkte nicht, daß ein paar von den Jungen seitwärts an ihn heranschlichen, er spielte mit Gräsern, die er in die Behaarung an seinen Unterschenkeln eindrehte, er freute sich an dem kleinen Schmerz, der dort aufflammte, wenn er sie herausriß, und daß er ihn ohne Regung ertragen konnte und dachte auch, daß es besser wäre, wenn er nach Hause führe, daß er wieder einmal in den Garten gehen könnte, die Mutter würde sich freuen, und sicher würde er dann auch nicht in der Kneipe landen; und er wollte sich schon erheben, als sie auf ihn stürzten; sie packten ihn, zerrten ihn den Hang hinunter und hatten ihn schon im Wasser, bevor er sich überhaupt wehren konnte, bevor er wußte, was und wie ihm geschah, sie drückten ihn unter Wasser, hielten ihn... Und er hörte ihre Stimmen über sich, ihr Lachen, hörte das Rauschen des bewegten Wassers und sein Herz: Er wehrte sich nicht, nur als er zum erstenmal einatmen mußte und das Wasser in sich sog, würgte ihn der heftige Geschmack vom Gebratenen, so daß er es herausbrachte – dann war auch das vorbei. Als sie endlich von ihm abließen, war es still und leicht um ihn. Und als sie ihn dann aus dem Wasser hoben und auf die Beine stellten, war die Luft kalt und schwer und das Licht so hell wie nie. Um ihn herum lachten sie. Mann, bist du fett geworden, sagte einer, als du im Kullern warst 'n Berg runter, gab's kein Halten mehr. Und ein anderer sagte, zwei Zentner hast du bestimmt schon drauf. Und noch einer sagte, aber Puste hat er, ich hätt nicht so lange ausgehalten.

Ja, ich hab Puste, dachte Micha, ich hab die meiste Puste von euch allen. Er versuchte zu lächeln. Einer klopfte ihm auf die Schultern. Dann ging er die paar Schritte bis ans Ufer, schaukelte den Oberkörper und wischte mit den Händen das Wasser vom Gesicht, und irgendwie war ihm das alles schon bekannt, als hätte er sich so schon einmal gesehen. Er ging wieder bis zu Martin und setzte sich. Warum lachst du nicht, sagte Micha, jetzt hast du doch was zum Lachen!

Ich dachte, du säufst ab, sagte Martin, Mensch, ich hätte bald geschrien, sah aus, als würdest du absaufen, hab richtige Angst gekriegt.

Sauf nich ab, sagte Micha, ist doch 'n Klacks, hab doch Puste.

Aber es sah tatsächlich so aus, sagte Martin, ohne Witz.

Und warum bin ich nicht abgesoffen, dachte Micha, warum nicht, ich hab mich doch nicht gewehrt, es war doch so leicht, und irgendwie müssen's die andern doch gemerkt haben, sie müssen's doch auch gewollt haben, und es war einfach so, ich brauchte nichts tun, nichts dafür und nichts dagegen, und das wär schön.

Die Küchentür war halb geöffnet, und drinnen saß die Mutter und putzte Gurken zum Einwecken. Wachhund, dachte Micha, wie 'n Wachhund.

Michael, rief die Mutter, du?

Wer'n sonst, rief er zurück und versuchte schnell die Treppe raufzukommen. Aber sie war wie immer schneller.

Warum bist du so naß, fragte sie, du bist ja ganz naß, Junge, ist dir was passiert? Sie kam halb die Treppe hinauf. Du wirst dich erkälten, sagte sie, wie kannst du nur!

Quatsch, sagte er, wir haben was gewettet, was soll'n passiert sein; leg mir frische Wäsche raus.

Daß du immer solche Sachen machen mußt, sagte die Mutter, mußt überall dabeisein, gibst keine Ruhe.

Sie legte ihm ein frisches Hemd raus und eine Hose.

Geh jetzt, sagte er, ich will mich umziehen.

Ich bin doch deine Mutter; schämst du dich vor mir?

Ich mag's nicht, sagte er, ob ich mich schäm oder nich, is doch egal, ich mag's nicht. Und er dachte, warum begreift sie nichts, sie begreift nie was von mir, warum muß sie mich immer wütend machen?

Schon an der Tür, fragte sie noch: Willst du denn noch weg?

Was denn sonst.

Wieder in die Kneipe?

Weiß noch nicht, aber was andres bleibt einem ja nicht, was hab ich hier schon weiter.

Und wieder so lange, fragte sie, muß das denn immer so lange sein, und mußt du immer so viel trinken; das kann doch nicht gut sein, Junge.

Er schob sie hinaus und zog sich schnell um. Er blieb dann eine Weile am Fenster, von dem aus er auf Roberts Haus und Hof sehen konnte; auf dem sich nichts weiter regte als die großen schlaffen Blätter der Kastanie in der Mitte des Hofes. Ihm war zum Heulen. Die Sonne stand noch sehr rot und groß über den Feldern wie zum Anfassen nah. Er drückte die Stirn gegen das Glas, schloß die Augen und dachte wieder: Ich muß hier weg, ich muß unbedingt hier weg, und wenn ich nich so 'n blöder Hund wär, hätt ich's schon lange geschafft, warum komm ich hier denn nicht weg. Und wieder, ohne daß er sich dessen bewußt war, erst als der Reiz davon in seine Gedanken wanderte und sie entschärfte, konzentrierte er sich darauf, spielten seine Hände, die er in den Taschen hielt, mit seinem Geschlecht. Aber sonderbarerweise konnte er widerstehen und legte sich nicht aufs Bett und brachte es zu Ende.

Die Mutter war schon mit seinem Zeug an der Pumpe. Sie wühlte in einer Schüssel voller Schaum, und Micha sah ihr so lange zu, bis sie ihn fragte: Brauchst wieder Geld, was?

'n Zehner reicht, sagte er, am Freitag gibt's Abrechnung, dann kriegst du's zurück.

Und wenn ich's nicht tu? Sie starrte in die Schüssel, in der sie hartnäckig mit der Wäsche kämpfte. Wenn ich's nicht mehr tu, is doch jeden Monat das gleiche, so kriegst du nie das Geld für 'n Motorrad zusammen.

Dann borg ich's eben von jemand anders, sagte er, ich leg ja sonst auch was aus, borgt mir schon einer was. Bis zur Pforte hatte er zehn Schritte, und als er dran war, war sie auch schon bei ihm. Da, sagte sie, das fehlt noch, von andern borgen, sind bis heute ohne was von andern ausgekommen, und so wird's auch bleiben. Und ihre schaumfeuchte Hand fuhr in seine linke Hosentasche und ließ den Zehner dort zurück. Paß auf dich auf, sagte sie und klopfte ihm den Rücken, mit denen du da zusammen bist, die sind nicht gut für dich, saufen und huren, werd nie wie die, Junge, laß dir doch was sagen.

Is ja gut, sagte er, am Freitag hast du's wieder. Er ging und vermied, da er wußte, daß sie noch an der Pforte stand und ihm nachsah, sich noch einmal umzusehen, sie würde dann winken, manchmal hatte sie es sogar fertiggebracht, in ihre Hände zu küssen und – wie man es zu kleinen Kindern tut – die Küsse ihm zuzuwerfen; und es hatte immer einer gesehn von den andern, und sie hatten ihn Abende lang gehänselt damit.

Natürlich versackte er wieder. Beim Würfeln bekam er vier Lagen hintereinander, so daß der Zehner sowieso nicht reichte, und ob er nun zwei Mark anschreiben ließ oder zwanzig, war doch egal. Der Stammtisch war so voll besetzt wie selten in der letzten Zeit. Irmeken und ihr Schatz – Schwarzer Schatz, sagte Martin – lieferten immer wieder den Tratsch.

Wir waren ihr ja doch zu gewöhnlich, hat sich doch nie von einem von uns ankommen lassen, sagte Frank, hab's ja selbst mal versucht, 'n paarmal sogar, hab ihr sogar den ganzen Schnee erzählt, den sie doch immer hören wollen, die Miezen, jede, die ich haben wollte, hab ich hier damit gekriegt, aber sie kichert und sagt: Ach Frank, das ist doch Unsinn, ich bin kein Mädchen für so was; und ich sag, und es war so gelogen gar nicht, glaub ich, denn mir war zum Heulen n' paar Tage lang danach: Aber ich lieb dich, sage ich, tatsächlich, ich hab's so gesagt, im vergangenen Sommer war's noch, als sie die letzten Ferien hatte von der Penne, und sie: Ach Frank, das geht vorüber, glaube mir; nee, sagt, was ihr wollt, aber sie ist schon immer auf so was ausgewesen!

Warum geh ich denn nicht nach Hause, dachte Micha, was sitz ich hier, spinnt ja doch jeder seins, und ich blöder Hund bin dazu da, ihnen die Sauferei zu bezahlen, und dabei wollte ich heut doch auf keinen Fall hierher, und warum bring ich's nicht über mich, und warum denk ich immer, ich versäum was, wenn ich nicht hergeh, daß mir was verlorengeht von der Welt, von welcher Welt denn bloß? Er sah sich um; von seinem Stammplatz an seinem Stammtisch sah er sich in seiner Stammkneipe um und dachte; das ist also die Welt, die ich versäum sonst, nichts weiter.

Jemand schlug auf seine Schulter, und er schüttete sich Bier über beide Knie. Er machte keinen Lärm drum, dafür gab's ja doch nur Gelächter, auch war er mit 'm Würfeln dran; aber wie den ganzen Abend schon kam er auch diesmal nicht auf einen Chicago, und letztendlich verlor er auch die Runde wieder. Ringsum lachten sie. Idioten, sagte Micha, kann doch jeder mal verliern, oder?

Wir lachen doch nicht, weil du verlierst, lachte Martin, sondern weil du's nie begreifst, weil du nicht mal einen Chicago begreifst, bestell schon!

Gib nich an, sagte Micha, gibst an mit deinen zehn Klassen, aber in der Lehre, da haben sie dich nur zum Bierholn gebrauchen können, zwei Stunden haste gerechnet, um 'n bißchen Eisen für 'n Zaun zusammenzubringen – aber ich konnt nicht zehn Klassen machen, bin mit meiner Mutter allein, hab keinen Alten mit soviel Kies wie du, mußt Geld verdienen.

Und versaufen, erwiderte Martin schnell, versäufst's doch nur, das Geld und deinen Verstand, das bißchen, und überhaupt, ob zehn Klassen oder nicht, was hat das hiermit zu tun?

Laß den doch, sagte Frank, Hauptsache, er bestellt.

Und Micha bestellte. Wenn ich die nächste Runde wieder kriege, dann geh ich, dachte er, die nächste Runde noch.

Aber er blieb mit den andern, bis Erna nicht mehr mit sich reden ließ und sie raussetzte. Es war halb zwölf schon. Sie nahmen sich wie üblich bei warmem Wetter jeder ein paar Flaschen Bier mit raus und setzten sich damit auf die Steinmauer, die vor hundert Jahren oder länger schon um den Löschteich gesetzt worden war. Sie saßen still und tranken. Die Nacht war warm wie der Tag, die Sterne wie frisch geputzt. Sogar die Hunde waren einmal ruhig. Nur wenn einer die ausgeleerte Flasche hinter sich in den Teich warf, schreckten die Enten auf und schnatterten kurz und verschlafen darüber.

Ist das nicht schön, sagte Frank, Jungs, ist das nicht schön, gibt's woanders denn überhaupt noch so 'ne Nacht, ich könnt's nirgendwo anders aushalten, glaub ich.

Quatsch, sagte Martin, Quatsch mit Soße, hab schon viele so reden hören, und später? Er klopfte an das eingegipste Bein. Und später; denk bloß mal an Buttl, Buttl Pfaff, der war schon vierunddreißig und hat jeden Abend bei Erna sein Pensum gemacht, was brauch ich die Welt, hat er gesagt, hab schon 'ne Stelle auf'm Friedhof; und dann, vor zwei Jahren, he, da fährt er wie jeden Sonnabend in die Stadt und ist ins »Lindenblatt« und lernt da eine von den Urlaubern kennen, und was für eine, hatte zwar zwei Kinder, aber sonst, Zucker, wir war'n alle einer Meinung, und weg war er, nach zwei Wochen ist er mit ihr weg und fertig, läßt sich nie wieder sehen hier.

Wozu auch, sagte Micha und hatte schon Mühe, die Worte richtig von der Zunge zu bringen, wenn ich hier mal wegkomm, und ich komm noch mal weg, ich wüßt nich, wozu ich noch mal her sollte?

Ach Quatsch, sagte Martin, ihr redet doch nur, wir alle reden doch nur; kommt daher, weil nichts los ist hier, woanders haben sie 'nen Klub oder wenigstens irgendwas für 'n Sport, aber bei uns, wir reden eben nur, anstatt uns zu rühren.

Es blieb ihnen nichts weiter, als zu schweigen.

Ich hau ab, sagte Micha schließlich, hab schon lange genug heute und muß auch früh raus morgen, und überhaupt, is doch alles zum Piepen.

Bist du krank, fragte Martin, bist doch nie vorm letzten nach Hause gekommen, deine Mutter denkt, ’s is Weihnachten.

Hab die Schnauze voll, sagte Micha, er war schon von der Mauer runter und versuchte, sich nicht unnötig zu bewegen, denn dann würde er das fürchterliche Zeug, das da wieder in seinem Magen zu wüten begann, auf keinen Fall dort halten können, er hatte das ja schon eine Zeitlang so und versuchte damit fertig zu werden, hab die Schnauze voll, von euch und von allem. Und sie lachten hinter ihm her, machten die üblichen Witze, aber das ging an ihm vorbei, er konnte das schon an sich vorbeilassen, er wollte nur noch bis zur Ecke kommen, um die Ecke oder hinter die Kastanie davor. Braucht keiner zu sehen von denen, dachte er, warum kann ich nicht aufhörn damit, warum lauf ich immer wieder zu denen und bleib da hängen, warum, mein Gott, warum denk ich, daß ich nich weiß, was Leben is, was ’n Leben überhaupt is, jeder weiß es oder tut wenigstens so, als ob und so, daß man’s ihm glaubt, aber bei mir kriegt jeder gleich mit, daß ich nichts drauf hab, aber jetzt komm ich bis zur Ecke, ich muß, ohne zu fallen, und mit der Bombe im Leib bis dahin kommen oder wenigstens hinter die Kastanie.

Wenn er den Kopf aufs Kissen runterlegte, würde sein Magen explodieren, und diesmal, er war sicher, es gab dann keine andere Möglichkeit, würde er es nicht mehr überstehen. Und wenn’s der Magen nich is, dann ist’s auf alle Fälle der Kopf, dachte er, irgendwas geht dann kaputt von mir, is schon kaputt.

Doch kaum daß der Schmerz und die Krämpfe im Bauch etwas nachließen, legte er sich runter, und wieder, genau wie die sieben- oder achtmal zuvor schon, trieb es ihn aus dem Bett und nach unten in den Hof, wieder hockte er sich, nachdem das Schlimmste vorüber war, neben die Pumpe, hielt den Kopf unter die Tülle und pumpte das kalte Wasser über sich. Er hörte, daß die Mutter wieder am Fenster war, daß sie wieder die Vorhänge zur Seite zog und es öffnete. Du holst dir was weg, Michael, sagte sie, das kann doch nicht gut sein, das kalte Wasser, du holst dir noch den Tod.

Was is das schon, dachte er, 'n Tod hol'n, hol ich mir wenigstens mal was. Michael, sagte sie wieder, Michael, denk doch nur, wenn dich einer so sieht, du bist nackicht, Michael, wenn sie dich so sieht, sie kann doch auf unsern Hof sehen!

Der Schreck darüber kam mit Verspätung; erst dachte er noch: zieh doch den Kopf ein, Alte, was geht dich denn das an, geht das überhaupt einen was an, und wenn schon... Aber dann war der Schreck schon da, wie eine Angst eigentlich; sie sieht mich, oh, oh, sie sieht mich, dachte er, sie darf mich so nicht sehen. Er hielt die Hände über sein Geschlecht, aber auch noch etwas so, daß er den Bauch mit verdeckte, und sprang ins Haus. Die Mutter stand, wie auch bei den hundert oder tausend Malen zuvor schon, mit einer Decke im Flur und hielt sie ihm entgegen. Junge, sagte sie – weinte sie, was soll das nur noch werden mit dir, von wem hast du das denn nur, Junge, du bringst dich noch um damit, jeden bringt der Suff um! Weck mich um fünf, sagte er, weck mich so lange, bis ich aufsteh!

Die Treppe hinauf hörte er, daß sie in den Hof ging. Und im Zimmer dann und am Fenster hörte er, daß sie ES zusammenfegte und einen Eimer Wasser über die Stelle schwappte. Is doch Unsinn, dachte er, wenn die Sonne drauf scheint, stinkt's sowieso bis Mittag, aber sie denkt jedesmal, daß sie's wegschafft, daß sie schafft, daß keiner merkt, daß ich wieder einen reingeplumpst habe. Solange die Kühle auf der Haut und im Kopf anhielt, war sein Zustand erträglich, er glaubte sogar, daß sich etwas regte bei ihm, aber – auch das war keine Enttäuschung mehr, eine Gewöhnung schon – er brachte nichts zustande. Dann, als er glaubte, daß er sich würde hinlegen können, wurde gegenüber in Irmekens Zimmer Licht eingeschaltet. Er hörte das Weinen des Babys und eine fremde dunkle Stimme. Das ist, dachte Micha, das ist seine Stimme. Er öffnete das Fenster und wollte sich hinauslehnen; ließ es dann aber, weil die dunkle Stube hinter ihm in ängstigte und er auch nicht außerhalb ihrer Geborgenheit sein mochte, er stellte sich sogar seitlich hinter die Vorhänge und verdeckte seinen weißen Körper damit. Das Baby schrie lauter und ohne Atempause jetzt. Die fremde dunkle Stimme war bald nicht mehr zu hören. Gut so, dachte Micha und packte mit beiden Händen den Fensterrahmen, gut, so, gib's ihm, schrei ihm die schwarzen Ohren voll.

Und er dachte sich das Baby, dachte es sich weiß und rundum mollig wie Irmeken, dachte es mit ihrem großen flachen Gesicht und mit rotblonden Haaren schon. Und das Geschrei des Babys freute ihn so, daß es ihn schüttelte und er die Arme um den Leib preßte, ohne zu frieren. Endlich war Irmeken im Fenster zu sehen, vom Kopf bis etwas unterhalb des Nabels sah er sie. Micha stellte sich auf die Zehenspitzen. Er hatte sie noch nie so nackt und groß und weiß gesehen. Sie ist ja gewaltig, dachte er. Sie beugte sich zur Seite, nur ihr gekrümmter Rücken zerschnitt wie ein öder Hügel die untere Fensterhälfte, und als sie sich aufrichtete, hielt sie etwas Schwarzes im Arm, es zappelte und schrie, und Irmekens weiße Arme, die es hielten, wirkten wie Fesseln. Mein Gott, flüsterte Micha, mein Gott, Robert, du armes Schwein. Und er sagte das und dachte das, und gegenüber trug Irmeken das Baby durchs Zimmer und küßte es und sprach auf es ein. Und dann, ohne vorher im Geschrei nachzulassen oder daß Irmeken etwas anderes gemacht hätte, schwieg es; Irmeken beugte sich wieder zur Seite, und – Micha erschrak, denn er wußte für den Augenblick nicht, was er sah – etwas Schwarzes legte sich auf ihren Rücken, zwei schwarze, an den Enden gefiederte Blätter eigentlich, die an schlanken Stielen schnell bis zur ihren Schultern hinaufwuchsen und sich dort zu verankern schienen und Irmeken, ohne daß ihr noch eine Möglichkeit blieb, sich aufzurichten, nach hintenüber zogen. Und erst später, Micha wußte nicht, wieviel Zeit darüber vergangen war, eine Minute nur oder schon die halbe Nacht, dann erst, als eine kleine schwarze Sichel rhythmisch und mit nur zu ahnender Spannung unaufhörlich über die untere Fensterkante stieß, dachte er: Das war Er. Und wieder viel zu spät, als das schwarze Stück Fleisch schon von Mal zu Mal länger da irgendwo unterhalb der Fensterkante verweilte und, wenn es dann auftauchte, immer mehr Kraft in sich zu sammeln schien und er Irmekens Stimme hörte, wie er noch nie eine Stimme gehört hatte, die sich selbst fremd nach etwas Fernem und Fremdem zu rufen schien, heimlich erst und dann hemmungslos, das kein Weinen war und kein Lachen, kein Fluch und kein Schrei und mit nichts ihm Bekannten zu vergleichen, erst als nur noch das Licht im Fenster war, begriff er, was er sah, was er gesehen hatte; und er spürte den Schmerz von seinem Biß im rechten Unterarm und darauf dann eine nie gekannte Erbärmlichkeit, wie nie nach einer Sauferei oder nach einem Sonnabend in der Stadt, an dem er wieder keine abbekommen hatte: Er weinte.

Zum Frühstück wehrte sich sein Magen immer noch gegen Brot und Tee, er versuchte zwar ein paarmal, es runterzubringen, aber ohne Erfolg. Krotz und die vier von der Grube lachten, und Krotz, der es immer prima verstand, sich so einzurichten, daß er zum Frühstück mit seinem Zug an der Grube war und Micha es war, der als erster auf die Strecke mußte, natürlich am lautesten; schließlich warf er das Brot hinter sich auf den Abraumsand. Die Sonne brannte auf seinem Brummschädel, aber er mochte dennoch nicht in den Schuppen rein, da ging kein Luftzug durch, weil der noch neu war und sich noch keiner getraut hatte, die Fenster einzuschlagen, und es stank schon nach Pisse und dem sauren Erbseneintopf von vorgestern, und er mochte auch nicht allein dort sein. So blieb er also in der Sonne und hielt aus. Der vor Minuten erst gebaggerte, noch feuchte und glänzende Ton duftete wie ein frisch aufgebrochenes Tier. Er griff sich einen Klumpen davon vor seinen Füßen, drückte ihn platt und legte sich das kühle Stück Erde auf die Stirn und hielt es dort fest. Krotz und die beiden Baggerführer und die zwei Grubenarbeiter redeten, seit gestern nachmittag gab's ja in der Umgebung kein anderes Thema mehr, über Irmeken und ihren, wie Krotz sagte, »schwarzen Kater«, sie wußten wie immer in solchen Angelegenheiten alles ganz genau. Mensch, sagte Krotz, so 'n Wichtelmann, den schluckt so 'n Weib wie Irmeken, Mensch, hat die ausgelegt, den schluckt die doch wie…, wie…, wie Micha seinen Korn. Und sie lachten wieder und nickten. Und Plönzke, der Vollidiot, der fünf Klassen hatte und dazu gut war, die Schwellen unter den Gleisen zurechtzurücken oder die schweren Kabelhunde übern Dreck zu ziehen, der warf ihm gezielt und mit gewollter Kraft einen Tonbatzen aufs Ohr. Alle Geräusche, die er in seinem Leben schon wahrgenommen hatte, schienen noch einmal über ihn zu kommen, alle auf einmal und gnadenlos. Micha hatte bis zu Plönzke vielleicht fünf Meter, und er nahm sie in einem Satz, prallte dem vor die Brust, warf ihn hintenüber und klammerte sich an dessen Hals. Aber Plönzke, mit seinem Fleisch wie ein dreijähriger Bulle, warf ihn ab, hob ihn von sich runter und ließ ihn fallen und war dann schon über ihm und hockte sich auf seinen Leib. Micha schloß die Augen und wartete auf die Schläge und auf den Schmerz davon. Warte, keuchte Plönzke, na warte, du kleiner Fettsack! Er hockte sich fester auf Micha, bog ihm die Arme nach hinten und unter dessen Rücken, wo er sie durch beider Gewicht fest hatte, und begann ihn, langsam erst, zärtlich fast, dann aber bald mit vollen und schweren Händen, die er fest auf die Haut preßte, an der Brust und unter den Achseln zu streicheln. Micha versuchte, etwas zu denken, etwas zu tun, aber er konnte nur stilliegen und seine Unterlippe zwischen die Zähne nehmen, und der Schmerz im Ohr war jetzt ein Rauschen geworden, das alles Äußerliche überlagerte. Und dann fühlte er Plönzkes Zigarettenatem auf seinem Gesicht und wie der sich über ihn beugte und mit dem Gesäß auf seinen Hüften hin und her scheuerte. Da spürte er die Röte in sein Gesicht kommen, als träte das Blut über die Haut. Du Schwein, schrie er, du Schwein! Plönzke ließ sich zur Seite fallen und lachte, lag da zusammengerollt wie nach einem Schlag in den Unterleib, die Hände zwischen die Schenkel gepreßt; auch die anderen hielten sich die Seiten, daß ihnen die Tränen kamen. Ich bin nicht hier, dachte Micha, ich bin dort auf der Wiese, wo die Schlehen über den Graben wachsen, mit Irmeken war er, sie beide, und nicht er hier und allein und mit dem Tode ringend, nein, dort war er, und Irmeken nackt und frierend unter dem Schatten der Sträucher, denn es durfte sie ja keiner sehen, schon gar nicht Robert, Irmeken sagt: Mach schnell, Micha, ich frier, und er macht schnell, beguckt sich alles an ihr und befühlt es und schnuppert daran, und dann macht sie das gleiche mit ihm, und als sie fertig sind damit und wieder angezogen und raus können in die Sonne und sich wärmen, sagt sie: Aber wenn ich zur Schule geh, Micha, dann mach ich das nicht mehr! Und sie laufen lange Tage und Nächte den Weg durch die Wiesen ins Dorf... Los, steh auf, sagte Krotz und hatte noch das Nachlachen in der Stimme, bist dran zu fahren! Und Plönzke, den er aufstehen hörte neben sich, sagte, wärst besser 'n Weib geworden, hattest mich bald so weit, wenn ich so 'ne Dinger hätte an der Brust, ich würd mich selber besteigen. Und schon lagen sie wieder im Sand, stöhnten und warfen sich zur Seite, mordeten sich fast mit ihrem Lachen. Micha stand auf und ging zu seinem Zug. Er wünschte, daß die fünf auf seinem Gleis sitzen möchten und nicht hören und sehen dürften, wenn er mit dem Diesel unter sie kam, daß er sie so vor sich bekäme und über sie hinstampfte, wünschte er, oder daß er sie zusammenschieben könnte und in die Grube rein, er wünschte sich stark und furchtlos, wie er glaubte als Kind einmal gewesen zu sein, er wünschte sich weit weg, weg von der Grube und denen, weg vom Dorf, von hier oder von der Welt überhaupt, er wünschte, daß er ein anderer sei oder ein Kerl wenigstens.

Robert stand kurz vor der Weiche zum Ausweichgleis zwischen den Schienen und, so deutete es Micha von weitem, denn er sah ihn schon, als er hinter dem Dorf auf die lange Gerade bog, wartete auf ihn. Und Micha hupte den halben Weg bis zu ihm wie 'n Verrückter, er war knapp mit der Zeit, denn gleich hinter der Grube war ihm, weil er in seiner Wut zu scharf angefahren war, eine Lore gekippt, und er hatte das allein in Ordnung bringen müssen, da er noch nicht zu den andern mochte und sie bitten; aber Robert stand wie eingegraben.

Bist du taub und blind, brüllte Micha, als er den Zug einen knappen Meter vor Robert zum Stehen brachte, geh von den Schienen, hab keine Zeit für so was! Warum fährst'n mich da nich übern Haufen, sagte Robert, sei du doch taub und blind und fahr drauf zu! Geh zur Seite, Rob, sagte Micha. Und dann sagte er es noch einmal, weil doch der Diesel so laut war und Robert ihn kaum gehört haben konnte. Geh schon, sagte er, geh in 'n Schatten, das is die Hitze. Micha sah ihm ins Gesicht. Kein Schweiß war darauf, schien wie aus Holz. Die Segeltuchtasche hing ihm schlaff über der Schulter, und die Hände, die er daraufstützte, waren wie zwei ausgegrabene Wurzeln. Du, sagte Micha, was is'n mit dir? Hast du ihn gesehn, fragte Robert, ihren Mann? Nein, sagte Micha, wir warn gestern wieder bei Erna, aber ich weiß Bescheid. Robert setzte sich dort, wo er gestanden hatte, zwischen die Schienen. Dann also, sagte er, wenn du Bescheid weißt, dann fahr drauf zu, wenn du weißt, wer ich bin und warum noch, dann fahr!

Micha stellte den Diesel ab, kletterte aus der Kabine und stellte sich neben den Alten. Komm, Rob, sagte er wieder, komm in den Schatten, das ist doch Unsinn, das geht doch nich, und ich muß auch weiter, komm doch, Krotz kommt mir bald nach mit seinem

Zug, ich kann hier nich die Zeit vertrödeln so. Er griff Robert unter die Achseln und versuchte ihn hochzuziehen, aber der knuffte ihm seine harten und spitzen Ellenbogen vor die Knie. Weg, sagte er, geh weg du! Und du auch, zischte Micha, und fast hätte er ihn mit den Füßen getreten, geh jetzt von den Gleisen, oder... Die Wut plötzlich nahm ihm den Blick, die Wut auf Plönzke und Krotz und sich, die Wut auf den Tag wieder, wie jeden Tag eigentlich. Geh doch, Rob, flüsterte er, geh, oder ich weiß nich, was ich tu, ich bin heut nich mehr wie gestern, Rob!

Robert sah zu ihm herauf und dann über die Kiefernschonung rechts. 'n guter Baum, sagte Robert und nickte zu einer Birke hin, die, weil sie nahe am Rand wuchs, noch sichtbar war und gelb schon und reglos dastand, 'n guter Baum für einen, der in 'n Schatten will. Er stand auf und stolperte die paar Schritte unter die hohen Kiefern rechts, lehnte sich an einen Stamm und lachte ihm zu. Na, fahr schon, rief er und grinste wie sonst, mußt dich beeilen, 's wird bald Regen geben.

Regen, dachte Micha und kletterte in die Kabine zurück, startete und fuhr an, woher soll's bei solchem Himmel wohl Regen geben! Solange er mit dem Zug nicht an Robert vorbei war, sah er aus dem Heckfenster und beobachtete ihn. Wer weiß, was mit ihm ist, dachte Micha, was der jetzt im Kopf hat, sie hat ihm ja alles kaputtgemacht, und vielleicht hat sie ihm sogar mehr kaputtgemacht als Vater uns damals, damals am Karfreitag – und er hatte die Erinnerung an einen Tag, die er nie gewollt hatte, die er schon vergessen und überwunden geglaubt hatte, hatte sie trotz seiner Schwäche vom Suff gestern und der Scham noch von vorhin und der Wut darauf, hatte sie trotz Robert, den er nur winzig noch und weit hinten unter den Kiefern sah, hatte die Erinnerung an den Karfreitag, als der Vater wie gewöhnlich zum Osterfest von der Baustelle nach Hause kam und in die Küche rein und dastand, in der kleinen niedrigen Küche wirkte er riesig, ein Kerl zum Träumen und zum Fürchten, ja, dachte Micha, zum Fürchten auch, wenn er weg war, zum Träumen, und wenn er da war, zum Fürchten, stand also da wie sonst und sagte: Meine Sachen, Frau, es ist soweit, und die Mutter heulte los und bumste den Kopf auf die Tischplatte und jaulte nur: Nein, nein, Erich, nein, nicht doch, nein; und vor dem Haus hupte die rassige Schwarze aus der Stadt, von der alle wußten, daß sie schon jahrelang mit dem Vater zusammen war, und die die Mutter hingenommen hatte in der Hoffnung, daß es einmal vorübergehen würde, die hupte mit dem Moskwitsch ihren Triumph über das Dorf, und die Mutter sagte dann: Nein, Erich, nein, mach's doch nich kaputt, das muß doch nicht sein, denk doch an den Jungen, an das Haus, an die Leute, nein, nein, ich kann nicht; und der Vater, schon an der Tür: Na, dann eben nicht, die paar Klamotten, da setz dich auch noch drauf; und, dachte Micha, wenn einer will, kann er alles kaputtmachen, und wer's nicht will, macht's auch manchmal. Er hatte nun die lange Gerade und Robert hinter sich und konnte schon das Ziegelwerk sehen hinter den Feldern. Der Dieselgestank und die Sonne und der dumpfe Schmerz im Ohr machten ihn wieder elend. Das Gleis verlief jetzt ein Stück neben der Landstraße, schwenkte dann in einem weiten Bogen nach links, um endlich scharf rechts abzubiegen und im rechten Winkel über die Straße zu schneiden. Vor den Signalleuchten zu beiden Seiten hielten vorschriftsmäßig die Fahrzeuge. In Richtung Stadt ganz vorn der Linienbus, um diese Zeit, da die Geschäfte öffneten in der Stadt, voll besetzt. Wenn ich in den reinfahren könnte, dachte Micha, in ihn rein und alles drunter und drüber wühlen, oder wenn er jetzt gleich, wenn ich vor ihm bin, auf mich fahren würde, oder besser wäre, erst auf die zweite oder dritte Lore, dann würde er den Diesel und mich mit drin wie 'ne Peitsche an seine Seiten knallen, oder, dachte er und war schon mit dem Zug über die Straße, wenn doch irgendwas passieren möchte, irgendwas, wo ich mit drin bin und 'nen Namen habe, irgendwas, was dann in der Zeitung steht oder wenigstens erzählt wird von den Leuten.

Die letzte Fahrt vor Feierabend und Regen. Scheißregen, sagte Micha und schlug gegen die Steuerkurbel, Regen ist immer Scheiße und Frost auch und Sonne auch und Wind, auf diesem Bock ist alles Scheiße und für mich sowieso. Er mußte das Gas zurücknehmen, weil die Antriebsräder auf den Schienen, über die der Regen von seitwärts den Abfallton spülte, kaum Haftung hatten; war sowieso 'n Wunder, daß die leeren Loren im Gleis blieben auf solcher Strecke und bei so 'nem Wetter. Nur so 'n blöder Hund wie ich, dachte Micha, macht das hier mit. Er bemühte sich vergeblich, die löchrigen Zeltplanen vor den Einstiegen zu befestigen, der Wind schlug sie immer wieder zur Seite und trieb den Regen in die Kabine; bis über die Knie war Micha pitschnaß. Und natürlich war an Krotz' Entgegenkommen an der Ausweichstelle bei solchem Wetter schon gar nicht zu denken; der Wind und der Regen konnten auf der ungeschützten Plane an ihn ran, wie sie wollten. Er begann zu frieren. Ich hau hier ab, brüllte Micha gegen den Diesel, ich laß dich hier stehen und aus. Er hatte wieder den säuerlichen Geschmack vom letzten Erbrechen, und jetzt, Stunden danach, kam der Hunger, der wohlverdiente Hunger zum Feierabend, heiß in ihn hinein. Er hielt die Hände in den Regen und versuchte Wasser darin aufzufangen. Wenn ich heut abend in die Kneipe geh, gehört mir Dresche, dachte er, ich geh heut nich in die Kneipe, ich – er hatte da auf einmal zwei Gedanken, zwei richtige eigene Gedanken – ich, dachte er zum einen, könnte zu Robert rübergehen, ich geh zu Robert rüber, mal sehen, oder ich, so dachte er zum andern, setze mich ans Fenster, setze mich die ganze Nacht ans Fenster und seh ihnen zu; und wieder sah er sie, schmolz die Wand auf mit seinem Blick und wurde eins mit ihnen. Der Wind klatschte ihm unvermittelt die harte triefende Zeltbahn um die Seiten, daß es schmerzte. Er stellte den Diesel ab und lief nach rechts in die Schonung, aber auch dort erreichte ihn Regen und Wind, und die Nadeln der Kiefern stachen ihn. Er mußte, wollte er wenigstens davor Ruhe haben, weiter laufen bis zur Birke, und eigentlich waren's auch nur 'n paar Schritte, er konnte sogar, als er sich an die Wurzel setzte und die Pflanzreihen entlangsah, den Zug noch sehen. Vor dem Regen hatte er nun auch nicht beßren Schutz, aber der Wind mußte über ihn hingehen. Und er sah auf seinem Zug und hatte das Gefühl, daß er schon weit weg war davon, daß er's endlich getan hatte. Er fror und freute sich doch. Nahe vor ihm tropfte eine kräftige Spur Wasser vom Astwerk des Baumes. Er fing sich eine Handschale voll davon ein und trank. Es war sehr warm, viel wärmer als der Regen, wenn er auf seine Haut traf, aber es war gut für seinen Rachen und die Lippen. Er war völlig sicher und staunte darüber, daß er es getan hatte, daß er weggelaufen war und das Schlimmste nun schon hinter sich hatte. Es war sicher noch nicht das Glück, aber er fühlte, daß er nahe dran war. Und irgendwie, aber es war keine Erinnerung und kein

Wunsch und es waren nicht nur Gedanken, saß er wieder am Fenster, nüchtern oder jedenfalls nicht so voll wie gestern, und sah Irmekens volle und weiße Schultern, sah sie immer näher kommen, quer über die Straße kam sie, in sein Zimmer, über ihn. Ich muß hier weg, dachte er, ich muß hier bald weg. Und er schloß die Augen und legte sich hintenüber auf den Boden, eklig weich und naß und eisig spürte er ihn am Rücken. Hol mir noch was weg, dachte Micha, muß doch nicht sein. Bevor er sich aufrichtete, wollte er, noch auf dem Boden liegend, versuchen, in den Himmel zu sehen und probieren, ob er sich überwinden könnte, so auf dem Boden liegend in den Regen zu sehen und nicht zu blinzeln, wenn die Tropfen in die Augen fielen; und so versuchte er es. Und sein erster Gedanke war: Wie ist er da nur rangekommen? Und dann: Wie krieg ich ihn da wieder runter? Und wiederum später, als würde er eine Treppe hinuntersteigen, so klickten die Gedanken durch sein Hirn: Ich krieg ihn nie da runter! Er blickte Robert unter die Sohlen und in das etwas vorgebeugte Gesicht und in die geweiteten Nasenöffnungen. Der Regen fiel in seine Augen, und er blinzelte nicht. Ein halbes Leben später stand er auf. Er versuchte einige Male, nach den unteren Ästen zu springen, erreichte sie auch ein-, zweimal, brachte es aber nicht fertig, sich hinaufzuziehen. Schließlich blieb er etwas seitlich unter ihm stehen und sah ihn einfach an, putzte dabei ab und zu etwas von den Blättern und dem Moos, das an seiner nassen Kleidung haftengeblieben war, von den Knien und Ellenbogen. Seitlich, dort, wo die Schonung wieder voll aufwuchs, entdeckte er Roberts Segeltuchtasche. Er suchte einen Stock und drehte sie um. Ein Zettel rutschte heraus, wurde sofort dunkel von der Nässe, und die wenigen mit Tinte geschriebenen Worte zerliefen sofort. Micha las: Kind, verzeih mir, aber die Schande. Er wußte, daß er jetzt loslaufen mußte und was unternehmen, aber er konnte nicht loskommen von dem Regen, der gesammelt und wie ein schwacher Bogen Leibwasser von Roberts Zehenspitzen goß; und dann mußte er wieder kotzen, es trieb ihn neben dem Stamm auf die Knie und aus ihm heraus, eine unerschöpfliche Handvoll laues Regenwasser. Und er blieb so auf den Knien, auch als es schon lange vorbei war, hörte Krotz kommen mit seinem Zug von Brassin her, hörte ihn halten und rufen, hörte ihn in die Schonung eindringen und schimpfen, hörte ihn hinter sich. Und dann nach langer Zeit hörte er Krotz sagen, ach, der Alte, na, wenigstens ist dir nichts passiert, ich dacht schon, mit dir wär was, das hätt nämlich grade noch gefehlt, wo die Hälfte meiner Leute in Urlaub ist oder auf SVK macht und jeder von hier abhaun will, auch vertragt ihr Spunte ja keinen Spaß mehr und dreht schnell durch wegen so was wie heut früh, da dreht ihr doch schon durch.

Micha wunderte sich, daß er nicht wütend wurde, daß die Worte an ihm vorbeigingen, ja, daß er eigentlich hätte lachen können über Krotz. Komm auf meine Schultern, sagte Micha, und mach ihn irgendwie los. Krotz war ein Kerl wie Micha so schwer, aber er spürte ihn kaum. Nur als Robert ihnen aus den Händen rutschte und beim Aufprall mit einem Laut wie Stöhnen etwas Nahrung aus dem Mund quoll, wurde ihm noch einmal weich in den Knien, aber auch das ging schnell vorüber und war auch nicht mehr wichtig.

V wie Vorspiel

Marta Nos Der Stuhl

Nein, Tito. Auf keinen Fall. Nichts von wegen Direktübertragung, oder der Club, oder die Jungs, nichts, hörst du? Du nimmst nichts mit. Heute bin ich an der Reihe. Und nimm die Hand da weg, du kriegst mich nicht rum. Hände weg, hab' ich gesagt. Du hast ihn schon vorigen Samstag gehabt. Immer nimmst du ihn. Heute bekomm' ich den Stuhl. Schließlich gibt's nicht jeden Tag Wandertheater. Das wird ein richtiges Fest im Hof. Ich hab' mir schon das rosa Kleid gebügelt, das von Elviritas Hochzeit. Soll ich mich damit etwa auf die Erde setzen? Und nimm die Hand da weg. Ein Wandertheater, stell dir vor. Wie Straßenhändler, mit einem Wagen wie einem Krankenwagen. Aber ohne Sirene. Mit Glöckchen. Ja, im Ernst. Hast du nicht das Podest und die großen Vorhänge unten gesehen? Sie sind mit so Glöckchen gekommen und haben das mit heute abend angesagt und alles fertig gemacht. Sogar die Hexe von Nr. 14 ist rausgekommen, um zu gucken. Klingeling, das

Wandertheater von soundso, der große Schauspieler soundso, und alle raus auf den Hof und gucken, was los ist. Also, heute nehm' ich ihn. Ich hab' keine Lust, mir das ganze Stück im Stehen anzusehen. Nein, Tito. Nein, du. He, das kitzelt. Laß mich, ich muß die Eier schlagen. Du willst mich ja nur ablenken und ihn dir dann nehmen, stimmt's? Sag mal, hast du noch nicht genug vom Fußball? Immer dieselben Kerle, immer dieselben Spiele. Nimm den Hocker. Oder setz dich auf den Boden und fertig. Aber zieh dir eine andere Hose an. Schließlich bin ich diejenige, die nachher waschen muß. Aber setz dich ruhig auf den Boden. Oder begnüg dich mit dem Hocker. Wozu haben wir den schließlich. Nein. Ich den Hocker, kommt nicht in Frage. Du nimmst den Hocker. Der Chichín hat immer seinen Hocker dabei, und soweit ich weiß, ist er bisher nicht daran gestorben. Er ist natürlich viel schlanker. Du wirst dick, Tito. Du merkst es nicht, aber wirklich. Na ja, mir ist es egal. Das ist deine Sache. Heute bekomm' ich den Stuhl. Sag mal, wie viele Hände hast du eigentlich? Laß doch, das Öl verbrennt mir. Geh zur Seite. Nein. Nicht die Haare, Tito. Gut. Einen Kuß und dann ist Schluß. Du willst mich ja bloß vom Thema abbringen.

Genug, sag' ich. Mach nachher kein Geschrei, wenn Haare in der Tortilla sind. So. Laß mein Ohr in Frieden. Jetzt iß, ich muß runter in den Hof. Ich meine, wegen dem Stuhl. Und du beeil dich auch, dein geliebtes Fußballspiel wartet nicht auf dich. Nein, nein, nein. Weder Schnucki noch sonstwas. Nein, den Stuhl nicht. Schließlich bin's immer ich, die beim Essen auf dem Hocker sitzt. Ich hab' auch mal das Recht, oder? Ja, natürlich. Immer das gleiche. Wieso Weiberspinnereien? Die Wandertruppe macht doch das Theater, oder? Und Theater ist Kunst, oder? Und Kunst gefällt mir, das ist überhaupt keine Spinnerei. Und Männer sind auch dabei. Nein, keine Schwulen. Männer. Und jetzt laß mich vorbei. Weg mit der Hand. Laß mich vorbei. Du machst mir den Strumpf kaputt, Tito. He, du, schlag dir das aus dem Kopf, ja? Hörst du die Glöckchen? Das sind sie. Sie sind schon unten. Und ich bin immer noch nicht fertig. Wenn ich mich nicht beeile, nehmen sich die anderen die besten Plätze. Wetten, daß die von Nr. 15 schon in der ersten Reihe sitzt und ihre Beine zeigt, das Miststück. Ja, ja, tu bloß nicht so unschuldig, die kenn' ich doch in- und auswendig. Aber mach dir keine Illusionen. Die macht's mit allen gleich. Und jetzt zieh mir mal den Reißverschluß runter. Nein. So nicht, dann lieber nicht. Dann zieh mir lieber nichts runter, ich komm' schon zurecht. Hör mal, wie die sich das Maul zerreißen. Hörst du die von Nr. 23 schreien? Die macht sich schon wieder an die Kerle ran. Oje, meine Haare, wie hast du mich nur zugerichtet. Nein. Stell dir vor, nein. Ich kann den Mund nicht halten. Ich bin nervös. Ich rede, weil ich nervös bin, weißt du? Mm, richtig schön, das Kleid. Ein bißchen eng, aber schön, nicht? Du, sag mal, hab' ich auch zugenommen? Findest du, daß ich dick bin? Na ja. Schmeckt die Tortilla? Siehst du, ich hab's dir ja gesagt. Jetzt mach kein Geschrei. Ein Haar mehr oder weniger. Das macht's würziger. Immer das gleiche mit dir. Schrei' ich dich vielleicht an, weil wir bloß ein Zimmer haben? Verlang' ich etwa Küche und Bad? Du bist wirklich unmöglich, Tito. So viel Theater wegen einem Haar. Du sagst doch immer, mein Haar macht dich heiß. Ach, ein einziges nicht? Dann gib's wieder her. Schließlich ist es meins. Nicht doch, Tito. Nein. Ich hab' Lippenstift drauf. Was, du hast sie ganz aufgegessen? So groß kann der Ekel ja nicht gewesen sein. Du bist vielleicht ein Gierhals. Der von gegenüber macht schon wieder Stielaugen. Verdammt, dieser Reißverschluß. He, hilf mir mal. Bis zur Hälfte komm' ich; früher ging er besser. Zieh hoch. Hast du saubere Hände? Wie still es im Hof ist. Es fängt bestimmt gleich an. Mensch Tito, nicht schon wieder. Fang nicht wieder damit an, ich krieg' keinen Platz mehr im Hof. Du zerknitterst mir mein Kleid, Tito. Laß mein Ohr in Ruhe. Du, das mit dem Stuhl mein' ich ernst. Du bringst mir die Haare durcheinander. Bring doch der von Nr. 15 die Haare durcheinander. Geh schon. Ja, ja, sicher. Nur ich. Das kannst du deiner Großmutter erzählen. Das Kleid, Tito. Mann, du bist aber auch wirklich hartnäckig. Da sind die Dicken von 3b vorbeigegangen. Jetzt haben sie wieder was zu lästern. Ja, dein Schnucki, ja. Aber jetzt ist Schluß. Ich will die Schauspieler sehen. Und ich will meinen Stuhl. Der Alte von gegenüber läßt nicht locker. Er kommt und geht, aber er läßt nicht locker. Ziehst du mir nun den Reißverschluß hoch oder nicht? Warum soll ich still sein? Halt' ich dir etwa vor, daß du nie was sagst? ›Was ist, bist du stumm?‹ oder so, frag ich dich so was? Na also. Tito, das kitzelt. Gib mir den Stuhl. Die Frisur, Tito. Zieh doch den Reißverschluß hoch, bitte. Ja, ja. Dein Schnucki. Ist ja gut, dein Schnucki, wir können ja nachher weitermachen. Natürlich gefällt es mir. Aber erst die Schauspieler, hörst du? Das ist schon die Ansage, Tito. Mensch. Jetzt guck dir bloß mal mein Kleid an. Laß den Stuhl los. Gib schon her. Mein schönes Kleid. Wieso, wozu ich es brauche? Was willst du? Nackt soll ich gehen? Pff. Die Vorstellung hat angefangen. Und ich bin immer noch hier. Und ganz zerknittert. Guck mal, wie du mich zugerichtet hast. Den Reißverschluß, ja. Nun zieh ihn doch hoch. Und laß den Stuhl los. He, Tito, was machst du da! Du bist verrückt, Tito. Warum setzt du dich wieder hin? Herrje. Wenn ich jetzt nicht runtergehe, kriege ich gar nicht mehr mit, worum es geht. Und du, was ist mit deinem Fußballspiel? Nun hör schon auf mit deinem Schnucki. Was? Auf dem Stuhl? Was ist denn das für eine Idee. Wenn du so weitermachst, glaub' ich dir bald, daß dich das Spiel nicht interessiert! Auf dem Stuhl? Im Ernst? Wie die Italiener unten? Die von Nr. 17 sagt, sie hätte gesehen, wie sie es so machen. Na ja. Es wär ihr so vorgekommen. Und angezogen wär'n sie gewesen. Du machst mir noch die Strümpfe kaputt. So kannst du doch nicht rausgehen, Tito. Guck dich doch bloß mal an. Im Ernst, ich glaub', das wird heute nichts mehr mit dem Fußballspiel. Sie lachen. Scheint witzig zu sein. Und ich verpaß' alles. Nur weil du es dir so in den Kopf gesetzt hast. Nicht mal Fußball interessiert dich jetzt? Also gut. Wenn du ihn nicht raufziehen willst, dann zieh ihn eben runter, den Reißverschluß. Aber auf dem Stuhl? Meinst du wirklich? Nicht besser im Bett? Glaubst du, das geht? Und angezogen? Bei der Hitze? Ja. Dein Schnucki. Ach, Tito. Alle beide? Und wenn er zusammenbricht? Du bist schließlich nicht gerade der Schlankste. Glaubst du, er hält das aus? Schön ist das, nicht? Aber warte, ich mach' wenigstens die Tür zu.

Lyrisches Intermezzo III

BARBARA MARIA KLOOS Der Weg zum See

Wie zwei Golfbälle
fliegen wir über
die Wiesen zum See.

Am Ufer schaukelt
uns ein grünes Boot
entgegen, eine halbe
Avocado. Der Sturm
löffelt sie aus.

Wir polstern unsre
dünne Haut mit dicken
Küssen. Legen schnee-
weiße Schwanenflügel an.
Gleiten auf Luftkissen-
füßen zur Roseninsel.

Ich ruf dich Ludwig,
meinen wirren König.
Du heißt mich Sissi,
Wildfang. Wir dichten
in Heines Manier.

Komm! Komm ins
Lustschloß, lockt
mein geringeltes Tier.

Münchner Honeymoon

Himmel, hat der Halbmond
einen Ständer! Die Sterne
reiben sich in Scharen
an seinem gelben Schwanz.

Ich glaub, heut hat der
Sommer Schnaps gesoffen.
Die heiße Nacht nimmt mich
von hinten: voll und ganz!

Bescheiden

Supermän
zu vögeln
wäre eine
schöne
Aufgabe.
Ein
gepflegter
Gartenzwerg
tuts auch.

LUDWIG FELS Lieblichkeit

Wenn sie sich küssen, hält er
den Kopf hoch oben, sie
hockt auf seinem Schoß
steinweiß und erdergeben.
Die Liebe macht Kohldampf voraus.
Sein Knie bohrt sich in ihren Rücken
und sie kriegt einen Wadenkrampf.
So schön muß Liebe sein.

Besuch zur Probe

Komm spring mit mir
vom Tisch durch das Loch im Boden. Wir

landen weich
im Sessel am gedeckten Tisch.

Man behandelt uns wie Gäste
wie Weltwunder.

Wiederhole
daß wir Nachbarn sind.

Im Halbkreis schaun wir Fernsehn
und betrinken uns.

Elegische Ballade

Gib mir den letzten Kuß!
Die Träume sind wie schwarze Segel.
Wo scheint dein Gesicht auf? Dein Gesicht!
Zum letzten Mal: ich
sterbe unter meiner Haut.
Es klingt sehr hölzern und pathetisch, wenn
die Zunge bricht.
Gib mir den letzten Kuß!
Ich habe dich geschlagen und geliebt
ich habe dich vor mir für mich gerettet.
Schon redet jeder anders von der Trennung.
Sag, wo
treffen wir uns zum Abschiednehmen?
Wir haben gelebt, weiter war nichts. Das
haben alle, die wir nicht verstanden.
Das Meer das Echo des Himmels.
Gib mir den letzten Kuß. Im Traum
ein schwarzes Segel.

Konversation

Sag mir deinen Namen! Heißt du wie ich?
Bist du mein Freund? Oder mein Bruder?
Zieh deinen Rock aus! Knöpf die Bluse auf!
Ich bin voller Hunger. Komm, sag
mir etwas Liebes, Arschloch z. B., oder sonstwas!
Ich verlang doch nichts. Keinen Gesundheitspaß
keine Gesichtskontrolle.
Sag mir deinen Namen, verrat mir das Alter
deiner Kinder, erzähle von deinem Mann.
Wir machens nebenbei, jeder für sich, im Kopf.

W wie Wirrungen

Marco Denevi Imperfekt der Liebe

Wie Sie wissen, verliebte sich Felicitas Esquivel am 17. Februar 1923 um sechs Uhr abends unsterblich in Natalio Caprozzi. Ich nenne Ihnen den Tag, den Monat, das Jahr und sogar die Uhrzeit, weil sich Felicitas sofort in Natalio verliebte, als sie ihn das erstemal sah, und das war am 17. Februar 1923 um sechs Uhr abends.

Es geschah in meinem Haus, das, wie Sie wissen, in der Calle México im Abschnitt zweitausend stand und drei Innenhöfe hatte. Inzwischen ist es abgerissen worden, und man hat an seiner Stelle einen Wolkenkratzer errichtet. Den Brunnentrog aus dem zweiten Hof kaufte während des Abrisses ein gewissenloser Kerl, der ihn noch heute in seinem Restaurant in der Calle Defensa in Gebrauch hat. Da sehen Sie, wo die zwei armen Marmorengel gelandet sind, die sich auf dem Traggerüst die Hand reichen. Der Gipfel ist, daß sie der Typ noch mit Kalk gestrichen hat, weil er dachte, die Farbe, die sie hatten, käme vom Schmutz und der Feuchtigkeit, und nicht weiß, daß man so etwas Patina nennt.

Ich saß mit Felicitas im ersten Hof, unter dem Jasmin, und da meldete mir das Mädchen die Ankunft Natalios, der, wie Sie sicher wissen, der Sohn von José Caprozzi war, einem Freund meines verstorbenen Mannes, der meinen Dalmacio gebeten hatte, bei einem anderen Sohn, dem Abelito, die Patenschaft zu übernehmen.

Natalio betrat den Hof genau in dem Augenblick, als die Pendeluhr im Eßzimmer sechs schlug. Felicitas schaute ihn an und verliebte sich auf der Stelle unsterblich in ihn.

Diese Liebe auf den ersten Blick braucht Sie nicht zu verwundern, denn es erging allen anderen Mädchen auch so. Natalio war eben ein so hübscher Junge, daß er einem leid tun konnte. Nicht weil er hübsch war, sondern wenn man daran dachte, daß ihm die Zeit dieses Gesicht zugrunde richten würde. Solche Leute sollten immer jung bleiben. Damit will ich nicht sagen, daß sie jung sterben sollten, denn ich wünsche ja keinem den Tod.

Natalio begrüßte mich, und ich stellte ihn Felicitas vor, die ihn noch nicht kannte und ihn ganz hingerissen anschaute. Er merkte, welchen Eindruck er auf Felicitas gemacht hatte, und natürlich fühlte er sich sehr geschmeichelt. Jedem gefällt es, wenn er bewundert wird, und vor allem, wenn man sich nicht anstrengen muß, sich einfach nur sehen zu lassen braucht. Natalio war das sicherlich gewöhnt, aber bei Mädchen seines Standes, nicht bei einem Mädchen wie Felicitas Esquivel, die zur besten Gesellschaft gehörte.

Wie Sie wissen, war Natalio nicht nur hübsch, sondern auch sehr redselig, zumal wenn er ein Mädchen vor sich hatte, das ihn so anschaute, wie ihn Felicitas anschaute. Also redete er an diesem Abend wie ein Wasserfall. Er war das, was man gemeinhin unwiderstehlich nennt.

Zu mir gekommen war er, um sich zu verabschieden, weil er am nächsten Tag nach Europa abreisen wollte, auf der Principessa Mafalda, wenn ich mich nicht irre, denn ich entsinne mich nicht genau, ob die Principessa Mafalda vor oder nach Natalios Europareise untergegangen ist. Er hatte vor, einen Monat zu bleiben, aber, wie Sie wohl wissen, blieb er fast ein Jahr, weil ihn in Paris eine Französin becircte, die ihn nicht mehr losließ, bis Don Josué Caprozzi hinfuhr und ihn an den Ohren wieder zurückbrachte.

Jedenfalls redete Natalio an jenem Abend wie ein Wasserfall. Der Schlingel tat so, als würde er mit mir reden, denn er brachte mir immer sehr viel Respekt entgegen, er nannte mich Misia Carmen, und er und Abelito besuchten mich jeden Monat einmal, aber ich merkte, daß er in Wirklichkeit nur redete, um sich vor Felicitas aufzuspielen, die ihn ganz hingerissen anschaute.

Wie Sie wissen, hatte Felicitas schon als kleines Mädchen ihren Spaß an der Kunst und dem allem, also können Sie sich ja vorstellen, was es für einen Eindruck auf sie gemacht haben muß, als sie hörte, daß ein so hübscher Junge nach Europa fuhr, nur um Museen zu besuchen, denn das sagte dieser unverfrorene Bengel, aber ich hab' mir diesen Bären nicht aufbinden lassen. Schauen Sie, warum sollte ein Junge in seinem Alter, der außerdem noch so gut aussieht, seine Zeit in Museen vergeuden, wo es doch in Europa so viele Orte gibt, die man besuchen kann.

Jedenfalls redete Natalio fast eine Stunde lang von Museen und Kirchen und erwähnte sogar irgendwelche Ruinen in Italien; man könnte meinen, er hätte es absichtlich gemacht, denn gerade für die hat Felicitas eine besondere Schwäche, wie sie mich nachher wissen ließ.

Also verliebte sich Felicitas, wie Sie sich sicher vorstellen können, unsterblich in Natalio, nur weil sie ihn ein einziges Mal in meinem Haus gesehen und ihn dabei eine Stunde lang ununterbrochen reden gehört hatte. Sie dagegen brachte kein Wort heraus, so hingerissen war sie.

Um sieben erhob sich Natalio und machte Anstalten zu gehen, aber er konnte sich kaum losreißen, weil er sich durch die Art und Weise, wie ihn Felicitas anschaute, so geschmeichelt fühlte, denn, abgesehen davon, daß sie nicht häßlich ist, kommt sie ja auch noch aus gutem Hause. Schließlich umarmte er mich, gab mir einen Kuß auf beide Wangen, und Felicitas gab er die Hand. Ich trug ihm auf, sich vor dem Meer in acht zu nehmen, das ja so gefährlich ist, und mir eine Postkarte aus Rom zu schicken.

Als Natalio fort war, blieb Felicitas absichtlich noch eine Weile da. Ich sollte ihr erzählen, wie Natalio sei, was er arbeite und ob sie ihm vertrauen könne.

Das waren Fragen, die man eigentlich nicht so schnell stellt, aber ich merkte, daß sich Felicitas unsterblich in Natalio verliebt hatte, und ein Mädchen wie sie verliebt sich nur, wenn sie auch heiraten will, also sagte ich ihr, Natalios Vater besitze mehrere Ziegelbrennereien in der Gegend von San Martín, eine Bäckerei Ecke Rivera und Canning und mehrere Mietshäuser. Natalio sei also eine gute Partie, auch wenn er Caprozzi heiße, und er sei ein untadeliger Junge.

Felicitas war's zufrieden, und um acht ging sie dann ganz glücklich nach Hause. Aber ich dachte bei mir, daß sie sich zu viele Illusionen machte, denn es stimmt zwar, daß ein Monat schnell vergeht, ich sage ein Monat, weil ich ja noch nicht wußte, daß Natalio ein Jahr in Europa bleiben würde, also, obwohl ein Monat schnell vergeht, war ich doch der Meinung, daß Felicitas etwas zu voreilig war, daß sie Luftschlösser baute. Und schauen Sie, wenn Natalio ihr Gefühl dann nicht erwiderte? Denn es ist ja niemand verpflichtet, sich zu verlieben, nur weil sich ein anderer in ihn verliebt. Oder wer sagte ihr denn, daß Natalio nicht verlobt oder sogar verheiratet aus Europa zurückkommen würde.

Jedenfalls kam Felicitas von da an unter irgendeinem Vorwand ständig zu mir. Schon nach der ersten Woche fragte sie mich, ob ich etwas von Natalio gehört hätte. Ich sagte ihr, wie ich denn etwas von ihm gehört haben sollte, wo doch Natalio noch mit dem Schiff auf hoher See sei. Jedenfalls verbrachte sie die ganze Zeit damit, sich an alles zurückzuerinnern, was Natalio gesagt hatte, als er an jenem Abend gekommen war, um sich zu verabschieden. So oft wiederholte sie das alles, daß schließlich sogar ich die Namen der Museen auswendig konnte. Als aus Rom die Postkarte mit dem Bild eines völlig kaputten Gebäudes kam, zeigte ich sie Felicitas, und Sie können sich ja denken, wie verliebt sie sein mußte, wenn sie sogar die Postkarte küßte und dann anfing zu weinen, daß es einem in der Seele weh tat. An diesem Tag hatten wir ein Gespräch wie zwischen Mutter und Tochter.

Ich brachte ihr schonend bei, daß sie sich nicht zu viele Illusionen machen dürfe, weil Natalio schließlich und endlich erst zwanzig Jahre alt sei, und mit zwanzig seien die Männer eben Flattergeister, zumal zwischen ihnen beiden ja außer einer belanglosen Plauderei nichts passiert sei. Wetten, daß Sie nicht wissen, was sie mir geantwortet hat? Da bleibt Ihnen die Spucke weg. Von wegen nichts passiert, hat sie geantwortet. Passiert sei immerhin, daß sie sich auf ewig in Natalio verliebt habe, und deshalb werde sie ihn auch heiraten, ihn oder keinen, denn außer Natalio interessiere sie kein anderer Mann auch nur im geringsten, und wenn es der Maharadscha von Kapurthala höchstpersönlich wäre.

Soviel Leidenschaft machte mir richtig Angst, denn Sie hätten mal hören sollen, wie Felicitas über Natalio redete. Nie hätte ich gedacht, daß sie imstande wäre, sich so in einen Jungen zu verlieben, den sie kaum kannte. Und wo bleibt denn da der Benimm. Wenn sich alle Frauen in einen Mann verlieben würden, nur weil er hübsch ist, und ledig bleiben wollen, wenn er sie nicht heiratet, wo kämen wir denn da hin, hab' ich ihr gesagt. Man muß sich in sein Schicksal fügen, Kindchen. Wenn sich herausstellen sollte, daß Natalio deine Liebe nicht erwidert, dann ist das doch kein Grund zu verzweifeln. Es wird dir bestimmt nicht an guten Bewerbern fehlen. Aber Felicitas beharrte darauf, daß es, nachdem sie Natalio kennengelernt habe, für sie keinen anderen Mann mehr gebe. Es war wohl nicht sein Gesicht, was ihr den Kopf verdreht hatte, sondern dieses ganze Geschwafel über die Kunst, die Museen und die Ruinen von Italien. Sie werden gleich sehen, daß es so war.

Wie Sie wissen, war Felicitas das ganze Jahr über, das Natalio außer Landes verbrachte, fast bei mir in Pension. Sie kam jeden zweiten Tag, und ich mußte ihr Geschnatter über mich ergehen lassen, immer zum selben Thema. Das ging so weit, daß ich sogar den Eindruck bekam, die Zeit verginge überhaupt nicht, und wir hätten immer noch den 17. Februar, kurz nachdem sich Natalio verabschiedet hatte.

Am seltsamsten war, daß Felicitas nie fragte, warum Natalio nicht aus Europa zurückkam, als hätte sie vergessen, daß er gesagt hatte, er würde nur einen Monat bleiben, oder als merkte sie gar nicht, wie die Monate vergingen.

Jedenfalls schien Felicitas ein ganzes Jahr lang zu glauben, Natalio sei gerade erst mit dem Schiff abgereist oder seine Rückkehr stehe kurz bevor. Oder beides zugleich, ich weiß auch nicht. Dieses Mädchen hat wohl nie auf den Kalender geschaut. Oder vielleicht hat Verliebtheit ihre eigene Zeit. Bis dann im Dezember Don Josué Caprozzi den Überseedampfer nahm, um Natalio, der sich mit dieser verrückten Französin eingelassen hatte, abzuholen. Felicitas sagte ich davon nichts, bis ich wußte, was dabei herausgekommen war, denn stellen Sie sich vor, wenn Don Josué mit eingezogenem Schwanz wieder zurückgekommen wäre.

Aber er kam mit Natalio zurück, und dann sagte ich es Felicitas. Ich brachte es ihr tröpfchenweise bei, damit sie mir nicht vom Stengel fiel. Zuerst sagte ich ihr, Natalio habe geschrieben, er komme zurück, und drei Tage später sagte ich ihr, er sei schon in Buenos Aires. Es fiel ihr nicht einmal auf, daß drei Tage nicht dazu ausreichen, mit dem Schiff von Europa herüberzukommen.

Allerdings fing sie wieder an, Rotz und Wasser zu heulen, aber diesmal vor Freude. Ich sagte zu ihr: Beruhige dich doch, Felicitas, morgen nachmittag kommt Natalio mich besuchen, und natürlich erwarte ich, daß du dann auch herkommst. Aber ich riet ihr, sich nicht allzu viele Illusionen zu machen, vielleicht habe sich der Junge ja völlig verändert. Wissen Sie, was sie geantwortet hat? Niemand verändert sich in so kurzer Zeit. Stellen Sie sich das mal vor.

Am nächsten Tag um drei Uhr nachmittags fand sich Felicitas

schon voller Ungeduld bei mir ein, und dabei hatte ich ihr gesagt, daß Natalio um fünf kommen würde. Die zwei Stunden verbrachte sie damit, an ihren Fingernägeln herumzukauen. Die Arme war so nervös, daß ich ihr etwas Lindenblütentee in den Mate tat, um ihre Nerven zu beruhigen.

Um fünf kam Natalio. Sogar mir, und ich war damals eine Witwe von dreißig Jahren, verschlug es die Sprache, als ich diesen adretten Burschen sah. Er war größer, hübscher und männlicher als bei seiner Abreise. Außerdem hatte er Sachen an, wie man sie hier nirgends findet. Aber das war noch gar nichts. Dieses manierliche Auftreten dazu. Diese Umgangsformen. Diese Art zu reden. Denn Natalio war ja, so hübsch er auch sein mochte, doch ein recht einfacher Junge gewesen. Na ja, eben in einer italienischen Familie aufgewachsen. Don José Caprozzi mochte ja viel Geld haben, aber Bildung hatte der keine, und die Mutter war alles andere als eine Leuchte. Also konnten ihnen die Kinder auch nicht besonders schlau geraten. Aber als Natalio zurückkam, war er wie umgewandelt. Er sagte sogar Wörter auf französisch, mit Akzent und diesem näselnden N. Noch nie hatte ich bei einem Mann soviel Bildung erlebt.

Sie meinen jetzt sicher, Felicitas sei ganz hin und weg gewesen. Genau das erwartete ich. Von Zeit zu Zeit schaute ich sie an, um festzustellen, welche Wirkung dieser so exquisite Natalio auf sie hatte, aber Sie werden staunen, ich merkte, daß mit diesem Mädchen etwas Seltsames vorging. Denn anstatt Natalio anzuschauen, schaute sie auf ihre abgekauten Fingernägel. Und anstatt ein entzücktes Gesicht zu machen, machte sie ein gelangweiltes Gesicht. Nach einem Weilchen sagte sie zu mir, sie müsse jetzt gehen, sie habe noch eine andere Verabredung. Ich konnte es nicht glauben. Sie hätten sehen sollen, wie sie sich von Natalio verabschiedete: Sie streckte ihm ein behandschuhtes Fingerchen hin und schaute ihn nicht einmal an. Natalio war ganz schön beleidigt.

Ich weiß nicht, ob Sie wissen, daß mein Haus in der Calle México einen Vorgarten hatte, mit Palmen und allem Drum und Dran. Nun gut, ich begleitete Felicitas bis zum Garten, und dort fragte ich sie, warum sie denn Natalio gegenüber so kühl gewesen sei.

Dann gab sie mir etwas zur Antwort, was ich mir bis heute noch nicht erklären kann. Sie antwortete, sie sei nicht in Natalio verliebt, das sei nur eine flüchtige Schwärmerei gewesen, eine Sache des ersten Augenblicks. Sie könne sich doch nicht wirklich in einen Mann verlieben, der glaube, die Mona Lisa sei von Michelangelo und das Prado-Museum stehe in Paris. Ein solcher Mann, sagte sie, könnte nie ihr Ehemann werden, auch wenn er ein noch so hübsches Gesicht hätte, und deshalb sei ihr, nachdem sie darüber nachgedacht habe und der Überschwang des ersten Augenblicks vorüber gewesen sei, klar geworden, daß sie nicht in Natalio verliebt sei. Sie gab mir einen Kuß und ging.

Ich kehrte in den ersten Hof zurück, wo Natalio auf mich wartete. Sie dürfen mir glauben, ich konnte meine Verblüffung nicht verbergen. Natalio merkte es mir sofort an. Und teils aus diesem Grund, teils wegen Felicitas' Verhalten, hatte der arme Junge keine Lust mehr, sich zu unterhalten, und nach fünf Minuten verabschiedete er sich.

Wie gesagt, ich werde Felicitas' Betragen nie erklären können. Denn an diesem Nachmittag hatte Natalio überhaupt nicht von der Mona Lisa oder Michelangelo oder dem Prado geredet. Kein einziges Wort. Ich erinnere mich daran, als wenn es jetzt wäre, daß er ein Jahr davor über das alles geredet hatte, am 17. Februar 1923, als ihn Felicitas zum erstenmal sah und sich unsterblich in ihn verliebte.

X wie Xenophobie

Antonio Skármeta Hochzeit

Im U-Bahnwaggon staute sich die Hitze, und der Junge, der am einzigen offenen Fenster saß, hielt seine Arme hinter dem Rücken verschränkt und tat, als studiere er eines der Werbeplakate.

Das Mädchen, völlig verblüfft, fand erst einige Zeit später die Sprache wieder.

»Geben Sie mir meinen Schuh zurück«, zischte sie.

Der Junge sah beiläufig zu ihr hin, runzelte die Stirn, machte die

Beine breit, um ein besseres Gleichgewicht zu haben, und wandte sich mit ernster Miene wieder dem Plakat zu.

»Bitte!« sagte das Mädchen jetzt etwas lauter, »haben Sie die Güte, mir meinen Schuh zurückzugeben.«

Sie ist wirklich eine Schönheit, dachte der Junge. Wenn sie mich mit diesen halbgeöffneten Lippen noch einmal anspricht, schwöre ich, daß ich meine Finger in ihr Haar vergraben, ihren Nacken küssen, meine Zunge zwischen ihre Lippen drücken und auf der Stelle tot an ihrer Brust niedersinken werde.

»Bitte!« wiederholte das Mädchen. »Meinen Schuh!«

»Welchen Schuh?« Die beiden deutschen Worte rollten wie Felsbrocken zwischen seinen Zähnen hervor.

»Wie, welchen Schuh! *Meinen* Schuh natürlich. Was denken Sie denn?«

Mein Gott, was soll ich nur tun, dachte er. Entweder hat mich die Einsamkeit total verrückt gemacht und ich träume dies alles nur, oder ich habe mich wirklich und wahrhaftig in diese Frau verliebt. Er dachte, wenn sie jetzt einen Polizisten rufen und dieser den Lackschuh in der linken Hand hinter seinem Rücken finden würde, dann würde der ohnehin schon verschlungene Behördenweg seines Asylantrags mit Sicherheit in einer Sackgasse enden.

»Ich weiß nicht, was Sie meinen«, sagte er zerknirscht.

»Das ist doch wohl eindeutitg, was ich meine«, fuhr sie auf, und stampfte mit dem unbeschuhten Fuß auf den Boden des Abteils. »Ich spreche von einem Ding, das Schuh heißt, einem Ding aus Leder, das man anzieht und mit dem man gehen kann.«

Er glaubte, die Worte zu verstehen, jede einzelne Silbe kam wie ein kleiner polierter Edelstein zwischen ihren explodierenden Zähnen und ihrer Zunge, deren feuchte Wärme er ahnte, ohne sie erst mit seinen Lippen berühren zu müssen. Hätte mein Deutsch nur ein Fünftel von deiner Glut, dann ließe ich diesen Zug vor lauter Poesie in die Lüfte entschweben und wir feierten Hochzeit inmitten der Vögel und Wolken, meine Geliebte, dachte er auf spanisch.

»Meinen Schuh! Geben Sie mir meinen Schuh zurück, Sie unverschämter Kerl!«

Er schob den Schuh unbemerkt in seine hintere Hosentasche, zeigte seine jetzt leeren Hände unschuldsvoll vor, betrachtete seine Handflächen, als wolle er sagen, hier nichts drin und da nichts drin, und hob sie gen Himmel, den Allerhöchsten um Nachsicht für die Verleumdung bittend, deren Opfer er geworden war. Dann ließ er eine Hand wieder sinken und kam, unfähig, irgend etwas in irgendeiner Sprache zu sagen, zu dem Schluß, daß das Ausdrucksstärkste, was er bringen könne, eine Mischung aus Kopfnicken und Lächeln sei. Er tat beides. Doch ein Lächeln ohne Gegenlächeln konnte er nicht lange durchhalten, und schon nach wenigen Sekunden hatte er das Gefühl, mit seinem zwanghaften Grinsen idiotisch auszusehen. Das Mädchen wippte ungeduldig mit dem unbeschuhten Fuß und sah sich, vielleicht auf der Suche nach Beistand, zum ersten Mal im Abteil um. Der Wagen war jedoch leer wie ein Fußballstadion an einem Werktag. Der nervöse Rhythmus ihres Fußes erschien ihm wie ein Tanz. Er mußte den plötzlichen Wunsch unterdrücken, niederzuknien, den Fuß wie einen verletzten Vogel zärtlich in seine Hände zu nehmen, mit brennender Wange die Ferse zu liebkosen und inbrünstig den kleinen Zeh zu küssen, der der einzige war, auf dem ein Tröpfchen rotglänzenden Lacks leuchtete.

Mit einer brüsken Kopfwendung starrte sie in den U-Bahnschacht hinaus, und der Junge befürchtete, sie könne an der nächsten Station aussteigen, mit hochmütiger Geste ihren Schuh dem unverschämten Fremden überlassen und wundervoll hinkend über den Bahnsteig entschwinden, während ihr Schuh in seinen Händen dahinschmölze wie eine Opferkerze in der Kirche. Wenn er sie nicht verlieren wollte, mußte er sprechen. Er mußte ein deutsches Wort herausbringen; um jeden Preis.

Heiliger Schutzengel, steh mir bei, dachte er. Wenn mir die Sprache versagt oder eine Unbesonnenheit herauskommt, werde ich sie für immer verlieren. Mach, daß ich liebenswürdig bin, verführerisch und klug. Verlaß mich nicht, mein heiliger Scheißengel. Laß das Deutsch glöckchenhell über meine Lippen sprudeln, wie die Wasser eines Quells so anmutig sich über meine Zunge ergießen, daß Goethes Sonette dagegen hinken und Bruno Ganz vor Neid erblaßt, mach, daß sie mich mit diesem Stück barfüßiger Sonne nicht ins Gesicht tritt.

Dann überspielte der Junge seine Angst, kniete vor ihr nieder, hob traurig seinen Blick, versenkte ihn in ihre Augen, lächelte sie verzweifelt an und versuchte, es ihr zu sagen. Das Mädchen wies sein Lächeln auch diesmal zurück, rutschte auf ihrem Sitz zur Seite, schlug das rechte Bein über das linke, kam dabei mit ihren Brüsten ein paar Zentimeter näher an den Jungen heran und streifte vielleicht unabsichtlich mit einer Hand sein Haar. Der Junge hätte diesen Ausrutscher gern als Liebkosung verstanden, und obwohl seine Schläfen glühten und seine Augen feucht waren, hielt er die Tränen zurück und zog einmal kräfig alles hoch, was ihm in der Nase saß.

Ich muß wenigstens ihren Namen wissen, dachte er. Bevor ich ihre bleichen Wangen streicheln kann, muß ich wissen, wie sie heißt. Aber sie wird mir ihren Namen niemals sagen. Ihn in meiner Anwesenheit auszusprechen, heißt für sie sicher, ihn zu entwerten, ihn zu verraten, ihn zu verschenken. Wenn mir die Worte doch nur so kämen wie die Tauben und Kaninchen aus den Zylindern der Zauberer, wie die Schlangen aus den Körben der Schlangenbeschwörer, wie die rostfreien Klingen aus den schäbigen Koffern der Straßenhändler oder wie der Schaum auf den heimatlichen Wellen von Antofagasta. Wäre ich doch nur Tänzer, witzig, wortgewaltig oder wenigstens Scharlatan! Die Sache ist einfach, würde ich mit einem verschwörerisch bestrickenden Lächeln sagen. Ihnen fehlt ganz offensichtlich ein Schuh. Hätten Sie zwei, würde Ihnen nichts fehlen, denn normalerweise trägt man zwei Schuhe gleichzeitig und geht nicht teilweise unbeschuht, wie das bei Ihnen der Fall ist. Sehen Sie sich zum Beispiel die Füße an, die meinen Körper tragen, und zählen Sie die Zahl der Schuhe, in denen ich mich fortbewege, ohne davon viel Aufhebens zu machen, einen und zwei, das ist es, was sich gehört. Alle Welt wird Ihnen das bestätigen. Leute wie Sie, mit nur einem Schuh, sind überaus merkwürdig.

Das geht alles schief, dachte er aber gleich darauf. Das war eine zu gewagte Nummer. Das hätte ich nicht tun dürfen; nicht einmal denken. Jetzt wird sie ihren zweiten Schuh ausziehen, ihn mir über den Kopf hauen und mir als einziges Andenken eine Gehirnerschütterung hinterlassen. Und der Zug wird gleich am Südstern halten, die Türen werden aufgehen, wahrscheinlich wird ein Haufen Schüler hereingestürmt kommen und eine griesgrämige Alte mich beim Schaffner anzeigen. Er faltete seine Hände im Schoß und dachte an einen Kinderreim aus früheren Tagen: »Eins, zwei, drei, vier, was kann ich dafür. Ich bin so verliebt, jetzt hab' ich's versiebt.«

Die Türen des Zuges schlossen sich wieder, niemand war zugestiegen, der Aufsichtsbeamte rief: »Zurückbleiben!« und das Mädchen forderte mit wortloser Geste die Rückgabe ihres Schuhs. Er sah sie mitleidsvoll an, aber auch ein Stück verliebter noch als zuvor. Erleichtert fühlte er den kühlen Luftzug, der aus dem Tunnel kam und ihm die Schweißtröpfchen in den Wimpern trocknete.

»Jetzt hören Sie mir mal gut zu«, sagte sie schneidend.

»Ja, mein Liebling«, antwortete er schweigend.

»Ich möchte, daß Sie mir jetzt meinen Schuh zurückgeben. Ist Ihnen nicht klar, daß es eine Gemeinheit ist, den Leuten die Schuhe zu stehlen?«

»Was soll ich dazu sagen?« brachte er auf deutsch heraus. Ich bin ganz Ihrer Meinung. Den Leuten die Schuhe zu stehlen ist überhaupt nicht fein. Soll ich Ihnen sagen, was ich von Leuten halte, die Schuhe stehlen? Diebe sind das! Und soll ich Ihnen sagen, was ich außerdem glaube? Daß wir miteinander glücklich werden, das glaube ich. An deiner Station steigen wir aus. Bis dahin weiß ich schon, in welchem Viertel von Berlin du geboren bist, wie dein Vater heißt, mein lieber Schwiegervater, und deine Mutter, mein Schwiegermütterchen, und deine Schwester, meine kleine feine Schwägerin. Ich werde heute die Zimmermiete nicht bezahlen. Wir gehen in einen Plattenladen und kaufen eine Schallplatte, und ich werde hinter dir stehen und dich küssen, während du deine Musik aussuchst, die Musik, die dir gefällt, irgendeine Musik, jede Musik ist gut, ist phantastisch. Ich lasse dich meine Wärme spüren, blase dir meinen Atem ins Ohr, während du dir die Titel durchliest, und streife wie zufällig über deine Brüste, wofür ich mich nicht mehr entschuldigen muß, da du mir wenigstens einmal schon mit der Hand in mein Hemd gefahren bist. Willst du wirklich wissen, was ich denke? Ich denke, daß ich meine Nase in deinen Nabel versenken werde, auf ihr wie ein Drehkreuz um deinen ganzen Körper kreisen werde, ein Jahrhundert meines Lebens werde ich in den Abgrund stoßen, und deinen Geruch in mich hineinsaugend, werde ich dich mit den schönsten aller Namen taufen, wenn wir morgen früh im rosenroten Bad des Hotels uns duschen und uns mit rauhen Kehlen und trockenen Mündern küssen und halbnackt auf den Balkon hinaustreten, um unsere Körper im Licht des neuen Tages zu betrachten. Ich werde nicht zur Arbeit gehen. Was also soll ich jetzt tun mit deinem Schuh? Soll ich ihn vor deinen Augen verspeisen zum Zeichen meiner Liebe? hätte er ihr gesagt.

»Sie brauchen mir gar nichts zu sagen. Sie sollen mir nur meinen Schuh zurückgeben. Nur weil Sie Ihre beiden Schuhe noch an den Füßen haben und daher keine Erkältung zu fürchten brauchen, glauben Sie wohl, spaßig sein zu können.«

Da stand der Junge auf, aus seinem Gedankenflug gerissen, da aus seiner Liebe eine Frage von Viren und Mikrobenkulturen gemacht worden war, setzte sich niedergeschlagen an ihre Seite, näherte seine Lippen nach einer Sekunde des Zögerns ihrem Ohr, und seine Zähne klapperten vor Aufregung, als hätte er sie gerade geküßt.

»Verstehe«, sagte er.

Er bückte sich, löste die Bänder seines linken Schuhs, zog ihn aus und gab ihn dem Mädchen, ohne eine Miene dabei zu verziehen. Sie nahm ihn leise lächelnd entgegen und fuhr mit ihrer Hand so behutsam über das Leder, daß er glauben wollte, sie streichele ihn.

»Meine Prinzessin!« schrie er auf spanisch.

Das Mädchen horchte mißtrauisch auf die unverständlichen Töne, deutete mit hochgezogenen Schultern an, daß sie nicht die Bohne verstehe, hob dann den Schuh vor ihre Augen und steckte den Zeigefinger durch ein riesiges Loch in der Sohle. Dann zog sie ihn wieder heraus und sah den Jungen durch das Loch hindurch an.

Aus, dachte er verzweifelt und hätte sich am liebsten geohrfeigt. Ich habe ihr den kaputten Schuh gegeben, mein verdammtes Pech! Jetzt denkt sie, ich sei irgendein Penner oder Bauchladenverkäufer. O Scheiße, verdammte!

Er legte ihr die Hände auf die Schultern, und als sie den Schuh sinken ließ und ihn mit einer erwachenden Neugier ansah, die jetzt tief drinnen ihre Verwirrung aufzulösen begann, sprach er zu ihr in seiner Sprache und betete zu allen Göttern, daß sie ihn verstehen möge.

Denk nicht, daß ich verrückt bin. Denk am besten gar nichts im

Moment. Bevor du anfängst, über mich nachzudenken, komm mit zu mir auf mein Zimmer. Mögen die Engel des Himmels mir nur ein einziges Jahr mit dir geben, danach kannst du von mir denken, was du willst, kannst mich auslachen, mich vernichten, dich mit einem anderen in mein Bett legen, wenn ich bei dir versage, doch jetzt gib mir die Chance, dich zu erleuchten, dir zu zeigen, wozu ein hungriges Tier voller Träume und ohne Ambitionen fähig ist. Sogar in deiner Sprache zu sprechen wäre ich fähig, wenn du mir nur ein Zeichen deiner Bereitschaft gäbst, mich anzuhören. Urteile nur heute nicht über mich, meine Liebste. Sei rein, sei klug, laß den Schnellzug nur dieses eine Mal auf deinem Provinzbahnhof halten, wo die blauen Prinzen fliegen und die bunten Vögel zwitschern; wärme dich langsam auf, bis du in unwiderstehlichem Fieber schwimmst, versuche, mich nicht zu sezieren, zu katalogisieren und in deinen Schulheften zu archivieren, in dem Tagebuch deines Lebens, als den seltsamen Jungen, der dir deinen Schuh stahl in der U-Bahn der Linie I nach Kreuzberg; mach aus mir keine Anekdote, die du heute abend deiner besten Freundin am Telefon erzählst. Halte durch, bis dieses Schweigen eine Form annimmt, denn dann werde ich unverwundbar sein, und du wirst mich nicht mehr vernichten wollen.

Und dann, als hätte ein himmlisches Heer tatkräftiger und wohlmeinender Engel sein Gebet erhört, lehnte das Mädchen seinen Kopf gegen die metallene Lehne der Sitzbank und forderte ihn mit halbgeöffneten, schwindelerregend feuchten Lippen auf, sie zu küssen, und seine Lippen, seine wildernde Zunge berührten sie, und er küßte sie und streichelte ihre Brüste durch die Bluse hindurch, und sie legte ihre Arme um seinen Nacken, ihre warmen Arme, die ihn jetzt ganz bedeckten, und spräche sein Mund jetzt, so sagte er Haus, sagte Geliebte, sagte Frühstück um sieben, lachte zwischendrein aus vollem Halse, sagte Duft deiner Haare, sagte dein Körper, Liebste, in dessen Falten und Glätten er das Ende des Weges erreichte, in dessen wogenden Galopp er wiedergeboren würde wie aus einem Alptraum erwachend, nachdem er sich in der Pizzeria in der Kantstraße den Arsch aufgerissen und für ein paar Mark die Essensreste von den Tischen geräumt, lädierte Ketchupkartons in seiner Faust zerquetscht, Bier- und Chiantipfützen aufgewischt und zusammengeknüllte Servietten vom Boden aufgelesen hatte, um sich dafür die Berechtigung zu erkaufen, in seinem Hotelverschlag die Kakerlaken auszurotten, die allerhöchste Ehre, über ein Lager mit quietschenden Sprungfedern zu verfügen, auf dem er sich ausstrecken und mit an die Wand gehefteten Blick, seine Nägel in der Matratze vergraben, unsere tägliche Einsamkeit in die himmelblaue Waschschüssel hineinkotzen konnte, die neben ihm auf dem Nachttisch stand, während die Pakistani von nebenan mit den Fingernägeln an seiner Tür kratzten und ihm durchs Schlüsselloch zuwisperten, *was ist los mit dir, Chilene?* die phantastische Möglichkeit, ein paar Holzdielen zu mieten und die in Plastikschuhen mit durchgelaufenen Sohlen daraufzuwerfen, seine geschwollenen Füße zu betrachten, rot und heißgelaufen von endlosen Märschen über den Asphalt des Ku'damms, das Gesicht gepeitscht vom Neonlicht, das die Straße und die Schminke der Huren auf der Potsdamer Straße belebt, ohne eine Menschenseele, ohne je eine einzige Menschenseele zu haben, nicht einmal ein zerknittertes Stück Papier in der Hosentasche mit jemandes Namen darauf, den er hätte anrufen können, absolut niemanden, dem er eine Schallplatte von Violeta Parra schenken könnte, gekauft im Elektrola Musikhaus, in dem Sophie Braun längst nicht mehr arbeitet und auch der Schauspieler aus Nixpassiert nicht mehr anzutreffen ist, der jetzt mit einem polnischen Bilderfälscher zusammen in der Zelle eines Hamburger Gefängnisses schmachtet; so weiterzumachen, immer so weiterzumachen wie jetzt, keines Vokabulars mächtig, mit dem er das Schweigen entweihen könnte, das ihm wie die Pest den Leib aufbläht, ihm verwehrt der feurige Liebhaber, der ausgelassene Junge oder revolutionäre Fremde zu sein, immer so weiterzuleben wie bisher, ohne die schlummernde Kraft seiner Stimme entwickelt zu haben, um jetzt seinen Schutzengel anzurufen, daß er zurückkomme zu ihm, um seinen Protest hinauszuschreien, weil er ihn vergessen und sich zwischen den Kondoren und Adlern der Anden verloren hatte, Schicksal, Glück und Unglück dabei über Schaumkronen des Pazifiks aussäend und sich schmachtend über die Trauerweiden in der Zentralebene von Chile ergießend, blind vor Tränen und vom Pulverdampf in den Straßen Santiagos, und so weiterleben zu müssen, hier, aufgeputscht von zwei Gläsern Bier im Leib, die ihn jetzt nicht mehr weiterbringen, und der Untergrundzug, der Raupenzug, der Tempelzug, der Todeszug, der Weltuntergangszug, der gleich in die Endstation einfährt, und er, der Junge mit dem Schuh in der rechten Hand hinter seinem Rücken, wird wieder die Stimme des Mädchens vernehmen, das seinen Schuh zurückverlangt, und während er noch vorgibt, die Reklametafel zu lesen, wird er verzweifelt versuchen, sein Spanisch in ein warmes, tiefes Deutsch zu verwandeln, um ihr seinen eigenen Schuh anzubieten, als Geschenk und als Symbol der Hochzeit.

Y wie Yeats

Tobias Wolff
Ein Vorfall im Leben Professor Brookes

Professor Brooke vertrug sich eigentlich mit allen an seinem Institut, nur mit Riley, einem Yeats-Fachmann, kam er einfach nicht aus. Riley war ein solcher Lackaffe, daß einem sogar sein hellrotes Haar gefärbt vorkam, und man behauptete, daß er sich mit einigen seiner Studentinnen einließ. Brooke hielt in der Regel nichts von Gerüchten dieser Art, war aber in Rileys Fall bereit, eine Ausnahme zu machen. Er hatte einmal beobachtet, wie ein außergewöhnlich hübsches Mädchen weinend aus Rileys Büro kam. Manchmal weinten Studenten wegen schlechter Noten, aber dieses Mädchen war aus anderen Gründen unglücklich: es sah eher nach einem gebrochenen Herzen aus als nach einer Fünf.

Sie gehörten zur selben Pfarre, und Brooke, der in der Kirche gerne hinten saß, sah Riley oft bei der Messe mit seiner Frau und ihren vier rothaarigen Kindern. Die Kinder mit ihrem Vater wie eine Reihe brennender Kerzen nebeneinandersitzen zu sehen, ließ Brooke seine Abneigung immer etwas vergessen. Wenn sich Riley dann seiner Frau zuwandte oder sich umdrehte und die Enden seines unnötig langen Schnurrbartes zu sehen waren, dann mochte ihn Brooke wieder nicht.

Nachdem er das Mädchen aus Rileys Büro hatte kommen sehen, beobachtete Brooke ihn am Sonntag, wie er nach vorne zur Kommunion ging und mit gesenktem Blick und gefalteten Händen an seinen Platz zurückkehrte. Betete er oder versuchte er sich zu erinnern, ob er auch seinen Kragen auf Flecken untersucht hatte? Woher nahm Riley, der unermüdlich oberflächliche Artikel und Bücher produzierte, nur die Zeit für Liebesgeschichten mit Mädchen, die die Syntax ihrer Muttersprache noch nicht im Griff hatten und Frisuren und Parfüms ausprobierten? Wußte Mrs. Riley Bescheid?

Brooke sprach mit seiner Frau nach dem Essen darüber, als die Kinder vom Tisch aufgestanden waren. Sie unterhielten sich oft über die Untreue anderer Menschen, nicht böse oder herablassend, sondern erleichtert, weil sie einander nach sechzehn Jahren noch immer liebten. Brookes Frau meinte, daß ein weinendes Mädchen nicht viel bedeutete – Mädchen weinten immer. Ihrer Meinung nach sollte Brooke mit seinem Urteil über Riley abwarten, bis er mehr wußte. Brooke war von der Unschuld und Großzügigkeit seiner Frau gerührt und tat so, als ob er ihr zustimmte.

Im November traf sich der regionale Ausschuß der *Modern Language Association* in Bellingham. Professor Brooke war eingeladen worden, am Nachmittag des zweiten Tages an einer Podiumsdiskussion teilzunehmen, und obwohl er für literarische Volksfeste nichts übrig hatte, hoffte er, etwas Vernunft in die Runde bringen zu können. Er kannte die Arbeit der anderen Mitglieder des Gremiums und war sich der ernsthaften Gefahr bewußt, daß die Diskussion in ein sinnloses Gezänk ausarten könnte.

Kurz vor seiner Abreise erhielt er von Riley einen Anruf. Riley sollte am Abend einen Vortrag halten, und sein Auto war kaputt. Ob er mitfahren könnte? »Natürlich«, sagte Brooke, aber als er aufgelegt hatte, beklagte er sich bei seiner Frau. »Verflucht«, sagte er, »ich hatte mich darauf gefreut, allein zu sein.« Er war aber nicht nur darüber verärgert, daß er jemand neben sich sitzen hatte; er und Riley hatten sich in der Woche zuvor bei einer Stellenkonferenz gestritten, und er befürchtete, daß Riley, der weder Takt noch ein Gespür für den richtigen Zeitpunkt hatte, wieder damit anfing. Brooke wollte sich nicht bis Bellingham mit jemandem streiten, der taubenblaue Anzüge trug.

Aber Riley war schweigsam, nachdenklich. Als sie Seattle verließen, bat er Brooke an einer Tankstelle anzuhalten, weil er telephonieren wollte. Brooke beobachtete ihn in der Zelle, wie er den

Hörer düster ansah und gestikulierte, als ob er einen Rede übte. Als er wieder einstieg, machte sein Gesicht einen derart gequälten Eindruck, daß sich Brooke verpflichtet fühlte zu fragen, ob etwas nicht in Ordnung sei.

»Ja«, sagte Riley. »Aber besser, Sie erfahren den Grund nicht, glauben Sie mir.« Er sagte, daß er mit dem Herausgeber seines letzten Buches Schwierigkeiten hätte.

Brooke glaubte ihm nicht ganz. Er fragte sich, ob es mit dem Mädchen zu tun hatte. Vielleicht hatte Riley sie geschwängert und versuchte ihr nun eine Abtreibung auszureden. »Sagen Sie mir, wenn ich etwas tun kann«, sagte Brooke.

»Nett von Ihnen«, sagte Riley. »Wissen Sie, daß Sie mich an einen Burschen aus der High-School erinnern, der immer zum nettesten Jungen in der Klasse gewählt worden ist. Das ist kein Witz.« Er legte seinen Arm über den Sitz und lächelte Brooke auf seine Art an, indem er die Enden seines Schnurrbarts hochzwirbelte und die Zähne bleckte. Es sah so aus, als ob ihm irgendwo die Wendung »ein spitzbübisches Lächeln« untergekommen wäre und er dann den entsprechenden Gesichtsausdruck entwickelt hätte, und das trieb Brooke zum Wahnsinn. »Erzählen Sie mir«, sagte Riley, »was war das Schlimmste, was Sie je getan haben?«

»Das Schlimmste, was ich je getan habe?«

Riley nickte und ließ mehr von seinen Zähnen sehen.

Aus irgendeinem Grund geriet Brooke in Panik: seine Hände auf dem Lenkrad wurden feucht, seine Knie begannen zu zittern, und er konnte nicht gerade denken.

»Vergessen Sie's«, sagte Riley nach einiger Zeit und lachte kurz und sprach den Rest der Fahrt kaum mehr.

Brooke beruhigte sich schließlich, die Frage aber ließ ihn nicht los. Was *war* das Schlimmste, das er je getan hatte? Mit dreizehn, als er eines Abends allein zu Hause war, alle Maraschinokirschen aus dem Kühlschrank aufgegessen und bereits die Lust verloren hatte, die Nachbarn durch das Zielfernrohr auf dem Jagdgewehr seines Vaters anzuvisieren, rief er die Eltern eines Mädchens an, das an Leukämie gestorben war, und fragte, ob er mit ihr sprechen könnte. Im selben Jahr warf er eine Katze von einer Brücke. Später, auf der High-School, benutzte er vor einem schwarzen Mitschüler, der Brooke für seinen Freund hielt, gedankenlos das Wort

»Nigger« und prahlte damit, ein Mädchen verführt zu haben, das ihm bloß erlaubt hatte, sie zu küssen.

Als Brooke sich diese Dinge in Erinnerung rief, schmerzte ihn das physisch – sein Hals wurde so steif, daß es ihm den Kopf nach unten zog und die Schultern krümmte, und seine Handgelenke brannten. Doch er bezweifelte, daß das auf Riley Eindruck machen würde. Für Riley war er sicher ein Musterknabe. Und irgendwie war er das auch; er versuchte ein guter Mensch zu sein. Wenn man ein guter Mensch sein wollte, wurde man leicht für einen Pharisäer gehalten, aber gab es einen anderen Weg? Brooke wollte davon nichts wissen. Und doch fragte er sich manchmal, ob er sich nicht zu leicht hatte zähmen lassen.

Die Diskussion war kein Erfolg. Einer der Teilnehmer, ein junger Mann namens Abbot, der von der Oregon State University kam, hatte vor kurzem ein Buch über Samuel Johnson veröffentlicht, in dem er versucht hatte, Johnson als Dichter und Denker der Aufklärung zu begreifen. Die Arbeit war so verquer, daß Brooke angenommen hatte, sie sei nicht ernst gemeint gewesen, aber das war nicht der Fall. Abbot schien überzeugt, daß seine Ideen für ihn sprachen, und brachte sie hartnäckig in Auseinandersetzungen ein, in denen sie fehl am Platz waren. Nach einem außergewöhnlich langen Diskussionsbeitrag entschloß sich Brooke, ihn zu kritisieren, und tat das auch, erfolgreich wie er meinte, mit wenigen Worten.

»Ausgezeichnete Einwände«, sagte die Vorsitzende, eine Dryden-Spezialistin, die am Reed College unterrichtete, eine Sonnenbrille trug und beim Sprechen Rauch ausatmete. Zu Abbot sagte sie: »Sind Sie mit Ihrem Vortrag fertig?«

Abbot sah sie scharf an und nickte dann.

»Gut«, sagte die Vorsitzende. »Um Samuel Johnson, diese Paradefigur der Aufklärung, zu zitieren: ›Niemand hätte ihn sich länger gewünscht.‹«

Abbot war am Boden zerstört. Das Unglück stand ihm ins Gesicht geschrieben, und er saß da, ohne sich noch einmal an der Diskussion zu beteiligen. Brooke war das Verhalten der Vorsitzenden peinlich, nicht nur, weil sie unfreundlich, sondern weil ihre Unfreundlichkeit so ausgesprochen professoral gewesen war.

Nach der Diskussion plauderte er mit einer Frau, die er von einer Lehrveranstaltung her kannte. Ein athletisch wirkender junger Mann gesellte sich zu ihnen, den Brooke für einen ihrer Studenten hielt, bis sie ihn als ihren Mann vorstellte. Der Altersunterschied machte Brooke nervös, und er entfernte sich bald.

Der Raum, in dem die Diskussion stattgefunden hatte, war eigentlich die Hälfte eines langen Saals, den man durch eine Faltwand geteilt hatte. Dahinter hatte gerade irgendeine Versammlung begonnen. Es waren nur männliche Stimmen, und Brooke vermutete, daß es Pfadfinderführer waren, die zu einem Treffen ins Hotel gekommen waren. Er stand an einem Ende des Buffets und aß kleine Sandwiches, in denen Fähnchen steckten, auf die jemand literarische Zitate über Essen und Trinken getippt hatte. Am anderen Ende sah er Abbot, der seine Blicke durch den Raum schweifen ließ und vor sich hin lächelte. Brooke hoffte, daß Abbot nicht zu einem jener Akademiker werden würde, die meinen, daß ihre Ideen nicht anerkannt werden, weil sie zu tief und originell sind. Er ging zu ihm hinüber und zeigte ihm eines seiner Fähnchen.

»Was steht denn auf Ihrem?«

»Nichts«, sagte Abbot. »Ich bin auf Diät.« Er starrte in seinen Kaffee, der an der Oberfläche irisierend glänzte.

»Sagen Sie mir«, fragte ihn Brooke, »woran arbeiten Sie gerade?«

Abbot holte tief Luft, stellte die Tasse hin und ging an Brooke vorbei aus dem Raum.

»Aua«, sagte die Frau auf der anderen Seite des Tisches.

Brooke wandte sich zu ihr um. Sie war eine eindrucksvolle Erscheinung, nicht wirklich schön, aber sehr blond und stark zurechtgemacht. »Haben Sie das mitbekommen?«

»Ja. Sie haben es immerhin versucht.« Sie griff unter den Tisch und holte einen neuen Teller mit Sandwiches hervor.

»Nehmen Sie eines«, sagte sie. »Salami und Käse.«

»Nein, danke. Diese Zitate sind schwer zu schlucken.«

Sie ließ den Teller sinken. Ihr Gesicht war auf einmal so rot, als ob man sie geschlagen hätte.

Brooke drehte an einem der Fähnchen. »Die haben Sie gemacht, nicht?«

»Ja.«

»Tut mir sehr leid, daß ich das gesagt habe. Ich wollte besonders gescheit sein.«

»Ist schon gut.«

»Ich werde in Zukunft den Mund halten«, sagte Brooke. »Jedesmal, wenn ich ihn aufmache, stoße ich jemanden vor den Kopf.«

»Ich habe eigentlich nicht verstanden, worum es bei der Diskussion wirklich ging«, sagte sie, »nur, daß er immer alle unterbrochen hat. Ich fand Sie nett. Als ich Ihnen zuhörte, wußte ich, daß ich Sie mögen würde. Aber diese Frau. Wenn mit mir jemand so sprechen würde, würde ich sterben. Einfach sterben.«

Sie lehnte sich zu Brooke hinüber und sprach leise, als ob sie ihm Vertraulichkeiten mitzuteilen hätte. Sie hatte ungewöhnlich volle Lippen und, wie die Frau von Bath, eine Lücke zwischen den Vorderzähnen. Brooke wollte ihr sagen, daß zu Chaucers Zeiten eine Zahnlücke als Zeichen großer Sinnlichkeit galt, entschloß sich dann aber, es nicht zu tun. Sie hätte es mißverstehen können.

Auf der anderen Seite der Trennwand legten die Pfadfinderführer gerade ihren Treueeid ab.

»Wo haben Sie denn die Zitate alle her?« fragte Brooke.

»Aus dem Bartlett. Es war eine dumme Idee.«

»Nein. War es nicht. Es war sehr aufmerksam.« Brooke wollte das Gespräch an dieser Stelle beenden, aber die Frau begann ihm Fragen zu stellen, und er dachte, daß auch er sie einiges fragen sollte. Sie hieß Ruth. Sie war Krankenschwester am Allgemeinen Krankenhaus von Bellingham und hatte immer in dieser Stadt gelebt. Sie war unverheiratet. Die Kellnergewerkschaft der Stadt, der auch die Leute vom Partyservice angehörten, war in Streik getreten, und ein Collegelehrer aus ihrer Literarischen Gesellschaft hatte sie gebeten, bei der Konferenz auszuhelfen.

»Literarische Gesellschaft«, sagte Brooke. »Ich wußte gar nicht, daß es so etwas noch gibt.«

»Und ob«, sagte Ruth, »die Gesellschaft ist für mich das Wichtigste im Leben.«

In diesem Augenblick kam eine Frau auf Ruth zugelaufen und gab ihr eine Liste mit Sachen, die aus der Küche des Hotels abzuholen waren. Als Ruth wegging, warf sie einen Blick über ihre Schulter und lächelte.

Inzwischen hatten sich schon mehrere Leute für Sandwiches angestellt. Brooke machte Platz und fand sich bald mit einem älteren Studenten seiner Universität in einer Ecke, der gerade eine öde Arbeit über Ruskin abgeschlossen hatte. »Na ja«, sagte der Student, ein großer junger Mann mit einem runden Rücken, »wahrscheinlich hat sich der gute Doktor heute im Grab umgedreht.«

»Der gute Doktor?« sagte Brooke, der sich mit diesem Menschen nicht wohl fühlte, der vier Jahre seines Lebens damit zugebracht hatte, *The Stones of Venice* zu lesen.

»Doktor Johnson.«

»Ich weiß nicht, wovon Sie reden«, sagte Brooke.

Riley gesellte sich mit ein paar Sandwiches in der Hand zu ihnen, und der Student hatte keine Zeit für eine Erklärung. »Sie sind ganz schön auf Abbot losgegangen«, sagte Riley.

»Ich wollte auf niemanden losgehen.«

»Für mich hat es so ausgesehen.«

»Es war eine Diskussion«, sagte Brooke. »Er hat von seinem Standpunkt aus gesprochen und ich von meinem. Deswegen waren wir doch hier.«

»Sie meinen«, sagte Riley, »daß Sie den richtigen Standpunkt vertreten haben und er den falschen?«

»Ich glaube schon. Was meinen Sie?«

»Ich kenne mich in dieser Zeit nicht so gut aus wie ich sollte«, sagte Riley, »ich hielt seine Ansichten aber für originell. Interessant genug waren sie jedenfalls.«

»So interessant«, sagte Brooke, »wie eine Theorie über die Erde als Scheibe.«

»Ich beneide Sie«, sagte Riley. »Sie sind sich Ihrer Sache immer so sicher.«

Der Student sah auf seine Uhr. »Oh«, sagte er. »Ich muß gehen.«

»Ich bin mir meiner Sache nicht immer sicher«, sagte Brooke. »In diesem Fall allerdings doch.«

»Ich habe nicht nur an die Diskussion gedacht.« Riley erinnerte Brooke an die Stellenkonferenz der letzten Woche. Er wollte wissen, wie Brooke sich dagegen aussprechen konnte, daß eine Frau mit einem kranken Mann und drei Kindern eine Stelle bekam. Er wollte wissen, wie Brooke das vor sich selbst rechtfertigte.

»Wir hatten die berufliche Qualifikation der Frau einzuschätzen«, sagte Brooke. »Wie Sie ja nur allzugut wissen, ist sie eine schreckliche Lehrerin, und sie hat seit mehr als vier Jahren nichts veröffentlicht. Nicht einmal eine Rezension.«

»So einfach ist das also für Sie.«

»Es war überhaupt nicht einfach«, sagte Brooke. »Wenn es irgend etwas gäbe, was ich sonst für sie tun könnte, würde ich es tun. Wenn Sie mich jetzt entschuldigen, ich brauche frische Luft.«

Vom Wasser her blies ein kalter, salziger Wind. Die Straßen waren leer. Brooke ging ein paarmal um das Hotel und nickte dem Portier zu, wenn er beim Eingang vorbeikam. Die Straßenlaternen waren an, und einige in den Beton eingelassene Steine gaben ihm einen falschen und beunruhigenden Glanz.

Er kam mit sich überein, daß er recht hatte und Riley nicht. Warum fühlte er sich dann aber so schlecht? Es war lächerlich. Er würde einfach noch einen Bissen zu sich nehmen und noch in dieser Nacht nach Hause fahren. Riley konnte ja mit jemand anderem fahren.

Als er das Restaurant des Hotels verließ, sah Brooke in der Halle die blonde Frau – Ruth. Er wollte sich umdrehen, aber gerade in diesem Augenblick schaute sie in seine Richtung und lächelte und winkte. Sie war einfach froh, ihn zu sehen, und Brooke entschloß sich, sie zu begrüßen. Er wollte nicht unhöflich sein. Sie saßen nebeneinander, auf Sesseln, die man aus irgendeinem Grund festgeschraubt hatte. In den Sesseln gegenüber übten sich zwei Pfadfinderführer im Armdrücken. Ruths Parfüm roch nach Lavendel; es kam in Wellen über ihn. Er wollte die Augen schließen und es einatmen.

»Ich habe mit der Bibliothek telephoniert«, sagte sie, »aber sie haben keines Ihrer Bücher.«

»Das überrascht mich nicht«, sagte Brooke. Er erklärte ihr, daß seine Bücher für das allgemeine Publikum zu speziell wären. »Ich hätte sie trotzdem gerne gelesen«, sagte Ruth. »In der Literarischen Gesellschaft gibt es Leute, die selbst Sachen schreiben, Haikus und so, aber ich hab' noch nie jemanden kennengelernt, der ein Buch geschrieben hat, von zwei Büchern ganz zu schweigen. Vielleicht«, sagte sie, »kann ich sie durch eine Buchhandlung bestellen.«

»Möglich«, sagte Brooke, hoffte jedoch, daß sie das nicht täte. Seine Bücher waren sehr schwierig, und sie hielt ihn dann vielleicht für einen Pedanten.

»Wissen Sie«, sagte sie, »ich hatte so ein Gefühl, daß ich Sie heute abend sehen werde, hier oder bei der Dichterlesung.«

»Ich habe nicht gewußt, daß es eine gibt«, sagte Brooke. »Wer ist es denn?«

»Francis X. Dillon. Sind Sie mit ihm befreundet?«

»Nein. Warum fragen Sie?«

»Na, weil Sie beide Schriftsteller sind.«

»Natürlich habe ich von ihm gehört«, sagte Brooke. Seine jüngeren Studenten und auch die Mutter seiner Frau mochten Dillons Lyrik sehr. Brooke hatte kürzlich in einem Drugstore in eins seiner Bücher hineingeschaut – er war neugierig geworden, weil hinten auf dem Umschlag behauptet wurde, daß der Dichter in 23 Sprachen übersetzt worden sei, Hindi eingeschlossen. Beim Durchblättern überkam Brooke die Vorstellung von einem Guru in einer verdunkelten Zelle, der in keinem andern Licht als dem seiner mystischen Aura genau diese schrecklichen Verse vortrug. Nun aber dachte er, daß es schade wäre, Dillon nicht persönlich kennenzulernen.

Der Raum war groß und überheizt und so überfüllt, daß sie beide hinten stehen mußten. Der Dichter war bereits eine halbe Stunde zu spät. Es ging aber niemand, trotz der stickigen, übelriechenden Luft.

Dillon kam und begann ohne Entschuldigung zu lesen. Er trug ein Holzfällerhemd und eine weite Khakihose, die um die Hüfte mit einem Strick zusammengehalten wurde. In allen Gedichten ging es um Bäume. Sie schienen zu sagen, daß Menschen von Bäumen eine Menge zu lernen hätten: Bäume sind natürlich und ungehemmt und halten es nicht für nötig, überall Straßen und Fabriken zu bauen.

Nach welchem Prinzip die Gedichte arrangiert waren, entzog sich Brookes Kenntnis, bis Dillon in einer Pause bemerkte, daß man nun bald in die Zone der Espen hinaufkommen werde. Da erkannte Brooke, daß die Gedichte der Höhe nach angeordnet waren. Sie hatten mit dem Aufstieg auf Höhe des Meeresspiegels mit den Nadelbäumen der Küstenwälder begonnen und waren seither ständig nach oben geklettert. Brookes Aufmerksamkeit schweifte ab, bis das Publikum schließlich zu applaudieren begann. Sie hatten vermutlich die Baumgrenze erreicht, und er klatschte auch. Als Zugabe las Dillon ein langes Stück, das er als »mein anderes Zederngedicht« bezeichnete, und verließ danach den Raum, ohne auch nur mit irgendwem ein Wort zu sprechen.

»Ist er nicht wunderbar!« sagte Ruth, als sie standen und dem leeren Podium Beifall klatschten.

Brooke nickte so gut er konnte.

Sie ließ sich aber nichts vormachen. Später, im Lord George, der Bar, die Ruth für einen Drink vorgeschlagen hatte, fragte sie ihn, warum er die Gedichte nicht mochte. Er spürte, daß sie den Tränen nahe war.

»Sie haben mir gefallen«, sagte er »sehr gefallen sogar.«

»Wirklich?«

»Ja. Ich halte sie für außergewöhnlich.«

»Ich auch«, sagte Ruth und begann zu beschreiben, wie manche der vorgetragenen Gedichte auf sie gewirkt hatten. Brooke fragte sich, warum sie ihn in diese Bar gebracht hatte, deren Wände mit Schilden, Keulen und Schwertern geschmückt waren. Sie hatte gesagt, daß er hingerissen sein würde. Was hatte das zu bedeuten?

»Was ich an seinen Gedichten auch mag«, sagte Ruth, »ist, daß man sich nicht umbringen will, wenn man sie gelesen hat.«

»Das stimmt«, sagte Brooke. Er bemerkte, daß zwei Männer an einem Tisch in der Nähe sie anstarrten. Sie dachten wahrscheinlich, daß sie seine Frau war. Er konnte ihnen ansehen, daß sie gerne an seiner Stelle gewesen wären.

»Letztes Jahr habe ich mir ein Stück angeschaut«, sagte Ruth, »von Shakespeare, über diesen König, der alles seinen Töchtern gibt –«

»*König Lear*.«

»Genau. Dann wollten sie nichts mehr mit ihm zu tun haben und haben ihm alles weggenommen und die Augen seines besten Freundes herausgebohrt und sind auf ihnen herumgetrampelt. Ich versteh' nicht, warum irgend jemand, besonders ein wirklich guter Autor wie Shakespeare, sich so einen Mist einfallen läßt.«

»Das Leben ist nicht immer erbaulich«, sagte Brooke.

»Ich kenne das Leben«, sagte Ruth, »glauben Sie mir. Aber

warum soll ich mich auf so etwas einlassen. Ich lese gerne etwas über Verliebte. Ich lese gerne etwas über schöne Berge und die Sterne und so. Ich lese gerne etwas über Menschen, die sich um verletzte Tiere kümmern und sie dann wieder freilassen.«

Brooke sagte: »Sie sind sehr schön.«

»Sie wissen nicht, wie ich wirklich aussehe«, sagte Ruth. »Das sind nicht meine Haare. Das ist eine Perücke.«

»Ich habe nicht von Ihrem Aussehen gesprochen«, sagte Brooke, was zum Teil der Wahrheit entsprach.

»Hallo, wie steht's«, sagte Riley, der mit Abbot an ihren Tisch gekommen war. Beide hatten ihre Mäntel an, und Riley zeigte sein Lächeln und blies sich in die Hände. Sein Gesicht war weiß und hatte einen blauen Ton, wie Milch. Brooke fragte sich, warum Rothaarige vor Kälte bleich werden, andere aber rot. Das erschien ihm sonderbar. Abbot schwankte im Takt einer Musik, die nur er hörte. »Wir haben eine Runde gemacht«, sagte Riley. »Was dagegen, wenn wir uns setzen?«

Ruth rückte näher zu Brooke, und Riley glitt in die Nische und begann sofort, leise auf sie einzureden. Abbot setzte sich neben Brooke. Zuerst sagte er nichts, dann lehnte er sich auf einmal zu Brooke und sprach ihm ins Ohr, als ob es die Sprechmuschel eines Telephonhörers wäre. »Hab' nachgedacht, was Sie heute gesagt haben. Interessant. Sehr interessant. Aber ganz falsch.« Er begann die Argumente zu wiederholen, die er früher am Tag vorgebracht hatte. Als die Kellnerin mit seinem Drink kam – irgend etwas mit Tomatensaft –, schüttete er sich das meiste vorne übers Hemd. »Kann man nichts machen«, sagte er und schob das Taschentuch weg, das Ruth ihm anbot.

Brooke wandte sich an Riley. »Wie ging's mit Ihrem Referat?«

»Es war brillant«, sagte Abbot. »Das Brillanteste vom Brillanten.«

»Danke«, sagte Riley. »Es ging recht gut, denke ich.«

»Tut mir leid, daß ich es versäumt habe«, sagte Brooke. »Wir waren bei der Dillon-Lesung.«

»Ich habe gerade davon gehört«, sagte Riley. »Ihre Freundin...«

»Ruth«, sagte Brooke.

»Ruth! Was für ein schöner Name. ›Wohin du gehest, da will

auch ich hingehen; wo du weilst‹«, sagte Riley und schaute ihr tief in die Augen, »›will auch ich weilen.‹«

Dieser Mensch ist unmöglich, dachte Brooke, und griff unter dem Tisch nach Ruths Hand. Er nahm sie und drückte sie. Sie erwiderte den Druck. Was in aller Welt ist denn in mich gefahren? dachte Brooke glücklich.

»Entschuldigen Sie mich«, sagte Abbot. Er stand auf, nahm schwerfällig wieder Platz und fiel mit dem Gesicht auf den Tisch.

»Ich würde sagen, für ihn ist der Zug abgefahren«, sagte Riley.

»Macht es Ihnen etwas aus, ihn ins Hotel zu bringen?« fragte Brooke. »Ich bringe Ruth nach Hause.«

Als Riley zögerte, kam Brooke der Verdacht, daß er darüber nachdachte, wie dieser Vorschlag umzudrehen war. »In Ordnung«, sagte Riley schließlich. »Ich rufe ein Taxi.«

An einem Tisch am anderen Ende lehnte sich eine Gruppe von Pfadfinderführern zusammen und sang:

»Unsere Paddel sauber und hell,
Glänzen wie Silber,
Wie Wildgänse schnell,
Rein, rein und los,
Rein, rein und los.«

Als das Lied zu Ende war, heulten sie in einer ihnen allen vertrauten Art, und einer schlug auf dem Boden einen Purzelbaum.

Brooke hatte die Absicht gehabt, Ruth bis zu ihrer Haustür zu bringen und dann ins Hotel zurückzukehren, aber es fielen ihm nicht die richtigen Worte ein, und er ging mit hinein. Im Wohnzimmer lagen rote Polster im Kreis, und in der Mitte stand eine dicke Kerze am Boden. Neben der Tür hing eine eingerahmte Vergrößerung einer Photographie von drei Möwen im Flug mit der Sonne im Hintergrund. Mehrere Holzelefanten, die wie auf einer Wachstumstafel der Größe nach aufgestellt waren, marschierten Rüssel an Schwanz oben über das Bücherregal. »Ich glaube an die Ehrlichkeit«, sagte Ruth.

»Ich auch«, sagte Brooke und dachte, daß sie ihm jetzt von einem Freund oder Verlobten erzählen würde. Er hoffte es.

Ruth sagte nichts. Sie griff sich stattdessen mit beiden Händen ins Haar und hob es wie einen Hut ab. Darunter war kein Haar, nur ein leichter Flaum wie bei einem Neugeborenen. Sie setzte die Perücke auf einer Gipsbüste ab, die zwischen einem Kamelsattel und ein paar exotischen Puppen auf ihrem Nippesregal stand. Dann sah sie Brooke an. »Macht es Ihnen was aus?« fragte sie ihn.

»Natürlich nicht.«

»Sagen Sie nicht ›natürlich nicht‹. Das heißt gar nichts. Ich hab' schon öfter schlechte Erfahrungen gemacht, kann ich Ihnen sagen.«

»Nein, Ruth. Es macht mir nichts aus.« Brooke dachte, daß sie exotisch aussah. Sie erinnerte ihn an Bilder französischer Frauen, denen man die Köpfe geschoren hatte, weil sie mit Deutschen geschlafen hatten. Er wußte, daß er gehen sollte, doch wenn er jetzt ging, würde sie das nicht verstehen und gekränkt sein.

»Ich habe nichts dagegen, draußen die Perücke zu tragen«, sagte Ruth, »um die Leute nicht in Verlegenheit zu bringen. Zu Hause aber will ich einfach ich selber sein und Schluß.« Sie goß beiden ein Glas Wein ein und zündete die Kerze an. »Ich bin ein Fußbodenmensch«, sagte sie und setzte sich auf ein Polster. »Wenn Sie einen Sessel wollen – im Schlafzimmer ist einer.«

»Nein, danke«, sagte Brooke, »ich bin auch ein Fußbodenmensch.« Er zog die Hose an den Knien hoch und setzte sich ihr gegenüber im Türkensitz hin. Dann fiel ihm sein Jackett ein, und er zog es aus, legte es zusammen und dann neben sich auf ein Kissen. »Also«, sagte er und rieb sich die Hände.

»Ich habe aber auch nicht angenommen, daß es Sie stört«, sagte Ruth. »Mir ist aufgefallen, daß sich kreative Menschen meistens nicht nur für das Aussehen interessieren.«

»Ich finde, Sie sehen gut aus«, sagte Brooke. »Exotisch.«

»Wirklich? Na ja, ehrlich gesagt, hätte ich lieber Haare. Ich war vor ein paar Jahren ziemlich krank, und was Sie da sehen ist alles, was nach der Chemotherapie übriggeblieben ist. Sie haben mir gesagt, daß sie nachwachsen werden, sind sie aber nicht. Aber wenigstens leb' ich noch.« Sie brach einen Wachsfaden von der Kerze und rollte ihn zwischen ihren Händen. »Damals ging es mir eine Zeitlang nicht besonders.«

»Das tut mir leid«, sagte Brooke. »Es muß schrecklich gewesen sein.«

Ruth sagte, daß sie damals einfach dagelegen und gewartet hätte, daß es passierte, als ein Freund von ihr zu Besuch kam und ihr ein Buch mit Gedichten von Francis X. Dillon daließ.

»Kennen sie ›Sonnenaufgang bei Monterey‹?« fragte sie ihn.

»Ungefähr«, sagte Brooke. Er erinnerte sich, daß es mit der Aufforderung »Umarmt euch!« schloß. Er hatte es dumm gefunden.

»Das war das erste Gedicht, das ich gelesen habe«, sagte Ruth. »Als ich durch war, las ich es wieder und wieder und wußte einfach, daß ich leben würde. Und da bin ich.«

»Sie sollten Dillon schreiben und ihm das erzählen.«

»Hab' ich getan. Ich hab' ein Gedicht geschrieben und es ihm geschickt.«

»Was hat er geantwortet? Hat es ihm gefallen?«

»Das weiß ich nicht. Ich wollte nicht, daß er glaubt, daß ich etwas von ihm haben will, und hab' deswegen keinen Absender angegeben. Auf jeden Fall hab' ich dann viele Gedichte gelesen und bin der Literarischen Gesellschaft beigetreten, als ich aus dem Krankenhaus kam.« Sie zählte die Dichter auf, die ihr wichtig waren – alle wie Dillon von der Art, die Weihnachtsalben machen und deren Zeilen unten auf Stimmungspostern auftauchen.

»Was machen Sie denn dort?« fragte Brooke. »In der Gesellschaft.«

»Wir teilen.«

»Ihr leiht einander Bücher?«

»Auch«, sagte Ruth. »Manchmal lesen wir einander auch vor und sprechen über das Leben.«

»Das klingt ja nach einer Encountergruppe?«

»Schreiben Sie nicht auch deshalb?« fragte Ruth. »Um Menschen zusammenzubringen und ihnen zu helfen, ihr Leben zu leben?«

Brooke wußte nicht genau, warum er seine Bücher geschrieben hatte. Er war sich nicht sicher, ob seine Beweggründe diesem Kriterium standhalten konnten. »Lesen Sie mir Ihr Gedicht vor. Das, das Sie Dillon geschickt haben.«

»Wenn Sie wollen.« Sie begann es aufzusagen. Brooke nickte im

Takt mit, der gezwungen und überdeutlich war. Er hörte die Worte kaum. Er dachte, daß nichts, was er je gedacht oder gesagt hatte, eine Frau dazu bringen könnte, wieder leben zu wollen. »Das war wunderschön«, sagte er, als Ruth fertig war. »Wie wär's mit einer Zugabe?«

»Das ist das einzige Gedicht, das ich je geschrieben habe, mit einer Ausnahme, und das ist ein ziemlich persönliches Gedicht.« Ruth erklärte ihm, daß sie nur schreiben konnte, wenn sie etwas dazu drängte, ein wirklich starkes Gefühl.

»Dann lesen Sie mir etwas vor.«

Sie nahm ein Buch aus dem Regal, öffnete es und räusperte sich. »›Sonnenaufgang bei Monterey‹«, sagte sie, »von Francis X. Dillon.« Sie schaute zu Brooke auf. »Oh«, sagte sie, »ich mag sehr, wie Sie mich ansehen.«

»Lesen Sie«, sagte Brooke. Er zwang sich an den richtigen Stellen zu lächeln und den Kopf zu schütteln. Nach einiger Zeit begann es ihm zu gefallen, und er gestand sich sogar zu, an das zu glauben, was es sagte: daß die Welt schön sei und daß wir schön seien und daß wir noch schöner sein könnten, wenn wir uns einfach gehen ließen – schrien, wenn wir schreien wollten, nackt herumliefen, wenn wir nackt herumlaufen wollten, einander umarmten, wenn wir einander umarmen wollten.

Am nächsten Morgen kam Riley auf Brookes Zimmer. Er trug ein grünes Jackett, eine karierte Krawatte und eine karierte Hose. »Sie haben gesagt, daß Sie früh weg wollten«, sagte er. »Ich hoffe, daß ich nicht zu früh dran bin.«

Brooke spürte, wie Rileys Blick über seine Schulter zum Bett wanderte. Er hatte daran gedacht, es ein wenig durcheinanderzubringen, hatte sich aber dann nicht dazu aufraffen können. Jetzt wünschte er, er hätte es getan. »Sie hätten anrufen sollen«, sagte er.

Riley grinste. »Ich hab' mir gedacht, Sie sind schon auf.«

Brooke war bedrückt und sprach auf der Heimfahrt kaum. Riley redete ohne Punkt und Komma, schien das aber nicht zu bemerken. Er beschrieb seine Schwierigkeiten mit dem Universitätsverlag, der sein neues Buch herausbrachte, und gab Brooke eine Menge Ratschläge für den Umgang mit Verlegern. Wie er sich in der vergangenen Nacht angestrengt hatte, Abbot auf sein Zimmer zu bringen, wurde zu einer Anekdote, und wenn sie auf der Straße an Frauen vorbeifuhren, beurteilte er deren Gesicht.

Rileys Frau stand am Aussichtsfenster. Sie winkte, als Brooke vorfuhr. Riley nahm seinen Koffer vom Rücksitz und steckte seinen Kopf zur Tür herein, als Brooke gerade den Gang einlegte. »Hören Sie mal«, sagte er. »Ich weiß nicht, was letzte Nacht passiert ist, und es ist mir auch egal. Was mich betrifft, habe ich nie von jemandem namens Ruth gehört.«

»Es war nicht so, wie Sie meinen«, sagte Brooke.

»Ist es nie«, sagte Riley. Er klopfte mit seinen Knöcheln auf das Dach des Wagens und ging dann den Weg zu seinem Haus hinauf.

Brooke beschloß, seiner Frau nicht zu erzählen, was er getan hatte. Früher hatte sie alles über ihn gewußt, und es gefiel ihm, der Mann zu sein, für den sie ihn hielt. Nun war er ein anderer, als seine Frau dachte. Wenn er ehrlich wäre, würde er sie schrecklich verletzen. Brooke meinte, dazu kein Recht zu haben. Er mußte so tun, als ob nichts geschehen wäre. Er war ihr das schuldig. Das kam ihm zwar als Heuchelei vor, es fiel ihm aber kein besserer Weg ein, die Sache in Ordnung zu bringen.

Ohne sich wirklich darüber klar zu sein, sah Brooke die Ereignisse seines Lebens als Abfolge einzelner Kapitel, und wenn er fühlte, daß ein Kapitel zu Ende ging, schloß er es gerne mit einem entsprechenden Vorsatz ab. Nie wieder, beschloß er, würde er hinten in der Kirche sitzen und Riley beobachten. Von nun an würde er vorne sitzen und sich von Riley, im Bewußtsein dessen, was er wußte, beobachten lassen. Er würde vor Riley knien, wie alle Menschen voreinander knien müßten, dachte er.

Natürlich war das Kapitel, das für Professor Brooke nun zu Ende war, nicht auch für jeden anderen zu Ende. Den Winter hindurch fand er in seinem Postfach an der Universität anonyme Liebesgedichte in Umschlägen ohne Absender.

Und Brookes Frau roch, als sie seine Sachen auspackte, ein Parfüm an seiner Krawatte. Dann ging sie den Wäschekorb durch und entdeckte an einem Hemd überall denselben schweren Duft. Es mußte dafür eine Erklärung geben, aber wie lange sie auch am Bettrand saß und sich, den Kopf in den Händen, hin und her wiegte, sie konnte sich nicht vorstellen, was es sein mochte. Und ihr Mann war in jener Nacht so sehr er selbst, so fröhlich und warm, daß sie sich seiner unwürdig fühlte. Der Zweifel ging von ihrem Kopf auf ihren Körper über; er wurde zu einem Herzflattern, wie es einen ein paar Jahre lang immer wieder plötzlich überkommt und dann verschwindet.

Z wie Zweierbeziehung

Carlo Fruttero & Franco Lucentini
Die Phänomenologie der Zweierbeziehung

Mit nichts sind sie zufrieden, nie geben sie Ruhe, immer wollen sie etwas anderes oder weinen einer anderen Situation, einer anderen Bluse, einem anderen Sommer, einem anderen Friseur nach. Du nimmst sie nach New York mit, und sofort vergleichen sie es mit Positano, das sei ja viel sanfter und erholsamer. Du machst mit ihnen eine Fahrt auf dem Nil, und sie kriegen Sehnsucht nach irgendeinem Bächlein in Schottland, das ja so viel sauberer und erfrischender war. Bei Maxim's finden sie die vielen Kellner und die (ihrer Meinung nach) hinterfotzige Schnöseligkeit des *maître* störend. In einer Pizzeria halten sie jeden Fleck auf dem karierten Tischtuch für eine Beleidigung und den Dunst, der in den Haaren hängenbleibt, erst recht.

Sind sie groß, empfinden sie sich als Storch, sind sie klein, als Korken. Die Mageren haben das Problem, daß der Busen nicht reicht, die Dicken, daß die Hüften zu breit sind. Sind sie hübsch, wollen sie schön sein. Sind sie schön, wollen sie wunderschön sein. Und wenn sie das sind, fragen sie den Spiegel: Schönheit kann doch wohl nicht alles sein?

Dabei hat Schönheit ohnehin so viele verschiedene Spielarten, daß sie ständig von bohrenden Zweifeln geplagt werden. Sind sie auffällig schön und sexy (»Was guckt denn dieser Affe da dauernd?«), fühlen sie sich gleich ordinär; leicht verträumte, geheimnisvolle Schönheit ist nicht besonders praktisch; aristokratische schüchtert ein oder entmutigt gar; und die, die aussehen wie die

Schönheiten aus den Modezeitschriften, haben ja doch wohl etwas Gekünsteltes und Flaches, oder?

Außerdem sind unterschiedslos alle Frauen etwa so phantasievoll wie Kitschromane, in ihrem Kopf laufen Einzelbilder und Sequenzen von zehn verschiedenen Storys gleichzeitig pausenlos nebeneinander und gegeneinander. Die Milliardärin, die nackt von der Yacht ins Meer springt, und gleichzeitig die sizilianische Witwe, die zwölf Kinder auf das bewundernswerteste aufgezogen hat. Die attraktive Ausländerin mit dem afghanischen Windspiel an der Leine und gleichzeitig die Naturwissenschaftlerin (Nobelpreis), die ihr Leben der DNS gewidmet hat. Die Bandenchefin oder Terroristin, die die Flucht ihres Liebhabers mit dem Maschinengewehr in der Hand deckt, und gleichzeitig die Diakonisse, die mit einem engelsgleichen Lächeln auf den Lippen Leprakranke pflegt. Und so drehen und wenden sie die Glasperlen all der Vorbilder und Wünsche und sind immer auf der Suche... Was sie suchen, weiß kein Mensch, am wenigsten sie selbst. Mit dem praktischen Ergebnis, daß man es ihnen mit nichts recht machen kann, nicht einmal (wie es die Genesis belegt) mit dem Paradies auf Erden.

Der Mann, der so über Frauen urteilt, ist zwischen fünfzig und sechzig, groß, sehr mager und schlaksig, trägt eine zerrissene, aus der Form geratene leichte Kaschmirjacke und steckt sich alle fünf Minuten eine neue Zigarette zwischen die nikotingelben Finger. Die Freunde, die uns zu ihm mitgenommem haben, haben sich beeilt, uns zu warnen: Man muß den gesehen haben; ein Typ voller fixer Ideen und uralter Klischees, völlig isoliert, überlebt, ein entsetzlicher Reaktionär.

Statt eines Reaktionärs erkennen wir sofort das Musterexemplar eines Exzentrikers, jener Gattung also, die seit dem achtzehnten Jahrhundert in Europa häufig vorkam, heute aber fast ausgestorben ist. Einem Exzentriker ist Reichtum zwar gleichgültig, er sollte jedoch über eine ziemliche Menge Geld verfügen können, ohne es durch Arbeit verdienen zu müssen. Es wäre zwar denkbar, daß neue Formen von Exzentrik aus der im Entstehen begriffenen großen Klasse der Kurzarbeiter, Arbeitslosen, Randgruppenmitglieder oder sonstwie Sozialunterstützten hervorgehen (es gibt schon den einen oder anderen Hinweis), die traditionelle Schicht der Couponschneider jedoch ist verschwunden, und mit ihr sind auch deren nicht ganz so langweiligen Kinder verschwunden, eben die Exzentriker.

Unser Exemplar lebt fast demonstrativ am Rand seines inzwischen verkauften Besitzes: im Park einer großen Villa mit Blick auf den Lago Maggiore. Er hat sich im ehemaligen Gärtnerhaus niedergelassen, einer respektablen Kleinvilla, und bewirtschaftet einen Gemüsegarten, züchtet Blumen und versorgt diverse streunende Hunde und Katzen. Mit einem alten Fiat Giardinetta fährt er ins Dorf hinunter, wenn er einkaufen und im Café, in der Bank oder der Apotheke ein Schwätzchen halten will. Früher hat er in Paris und London gelebt, er war auch mal Zocker und starker Trinker. Er hat auf eigene Kosten ein paar Gedichtbändchen veröffentlicht, die wir nicht gelesen haben, und er malt Bilder, die wir nicht gesehen haben. Und dann hat er noch einen schüchternen Flirt mit Okkultismus und fernöstlicher Küche und nie geheiratet.

»Ich wollte keine Familie und keine Verantwortung«, erläutert er mit der für seine Gattung typischen, leicht aggressiven, leicht redseligen Offenherzigkeit. »Ich wollte keine Kinder, die mich eines Tages fragen, warum zum Teufel ich sie in die Welt gesetzt habe. Aber ein Hühnerfuchs, der Frauen sammelt, bin ich nicht. Eine Frau zu ›verführen‹, zu erobern, sie womöglich einem anderen Mann wegzunehmen, hat mich nie gereizt. Ich bin kein Wettkämpfer, und ich bin nicht hinter Besitz her. Sicher haben mir die Frauen gefallen, ich hatte auch immer welche um mich herum und im Haus. Aber immer jeweils eine. Intrigen mag ich nicht.«

Derzeit hat er eine afrikanische Haushälterin »um sich herum«, eine kleine, mollige Frau, deren Haut braun wie leicht gerösteter Kaffee und deren Zähne sehr weiß sind, die gern lächelt und kichert und die ihm vor Monaten von irgendwelchen Verwandten geschickt worden war.

»Sie hatte irgend etwas angestellt in Mailand, ich weiß nicht genau, was«, erzählt unser Exzentriker, »bei mir bleibt sie gern, hier gibt's nicht viel zu tun, ich bin nicht anspruchsvoll, und kochen tue ich auch oft selbst. Die Kleine hat ein grundgutes Wesen, ist immer fröhlich, sehr aufgeweckt und hat hervorragend Italienisch gelernt. Aber vor allem hatte ich die Nase voll von

Frauen, die mir nach kurzer Zeit gesagt haben: Ich hab' keine Lust, für dich die Dienerin zu spielen. Die hier *ist* eine Dienerin, da gibt's kein Wenn und Aber.«

Wir tun, als ob uns daran nichts empört, da der Exzentriker, wenn man ihm widerspricht, zu Wiederholungen neigt, weniger aus Dickköpfigkeit als vielmehr aufgrund eines anderen Zeitbegriffs: Er hat ja nichts zu tun, also kann er Stunden damit zubringen, irgendeine übertriebene oder paradoxe Behauptung kampflustig immer wieder darzulegen.

»Junggesellen wie ich«, fährt er seufzend fort, »sind in einer sehr schwierigen Position. Frauen fühlen sich von einsamen Männern angezogen, aber nur weil sie sie klammheimlich für eine Herausforderung halten. Wenn sie zum erstenmal hier heraufkommen, sind sie hingerissen: Schon immer haben sie von so einem Haus und so einem Leben geträumt, mit See und Boot und Hortensien, die man pflegen, und Apfelbäumen, die man beschneiden kann. Frieden, Heiterkeit, Ruhe, ein gutes Buch, gute Musik. In einem Wort, Idylle. Sie bewundern mich, sehen mich als Idealmann, als Typ unbehauener, unabhängiger Mann, der vor aller Augen seine eigenen Sachen macht. Aber natürlich stimmt daran kein Wort. Es ist der übliche Kitschroman.

Kaum wohnen sie ein paar Monate bei mir, werden sie unruhig. Wenn sie ganz blöd sind, verlangen sie einfach, daß ich sie heirate und mit ihnen zurückgehe nach Mailand, in irgendein Dachgeschoß nahe dem Stadtzentrum mit zwei Bädern und Autostellplatz. Sind sie intelligent, drücken sie auf die Ehrgeiztube: Du verkaufst dich unter Wert, du müßtest dich mehr bekanntmachen, deine Bilder ausstellen, deine Verse in einem großen Verlag herausbringen, guck doch mal, wie viele Idioten rumlaufen und ernst genommen werden, und so weiter und immer hartnäckiger. Schluß mit der Idylle, sie sagt ihnen nichts mehr. Um die Hortensien muß ich mich wieder selbst kümmern. Gute Bücher finden sie langweilig. Das Schwätzchen mit dem Bootsmann, der am Anfang so ein sympathischer Mensch war, geht ihnen auf die Nerven. Das Kino unten im Dorf ist eine Zumutung. Warum machen wir nicht mal einen Trip nach Venedig? Rom? Einsamkeit schön und gut, aber man kann sich doch nicht von allem so abschotten. Was ist denn mit der Monet-Ausstellung? Oder Salzburg? Und dann kommt schließlich der allumfassende, vorwurfsvolle Peitschenhieb: Du gehst ja nirgends mit mir hin.«

Der Exzentriker zündet mit zitternden Händen die zwanzigste Zigarette an, und uns fällt spontan die Frage ein, was denn nun so vorteilhaft am Nichtverheiratetsein sei.

»Das ist es nur scheinbar«, räumt er beschämt ein. »Das ist, wie wenn man das Waschpulver wechselt oder die Benzinmarke. In Wirklichkeit sind alle Frauen im Zusammenleben gleich. Kaum kratzt man mal dran, kommt die Ehefrau zum Vorschein. Ob man nun dreißig Jahre mit derselben zusammen ist oder ein einziges mit dreißig verschiedenen Frauen, das ändert gar nichts.«

Und es gibt keine Ausnahmen? Frauen, die berufstätig sind, Künstlerinnen, Feministinnen?

»Die wird's wohl geben, und wenn es sie gibt, dann werden sie mir recht geben. Die weibliche Haupteigenschaft, das wesentliche Merkmal, das die Frau vom Mann unterscheidet, ist das Gejammer beziehungsweise die Unfähigkeit, nicht zu jammern. Man müßte das berücksichtigen bei diesen schematischen Zeichnungen, die wir in den Kosmos schicken, damit eventuelle *aliens* davon Gebrauch machen: Ein nackter Mann und neben ihm eine Frau, die sich beklagt.«

Aber, widersprechen wir jetzt doch, jammern tun doch nicht nur Frauen.

»Ja eben!« triumphiert der Exzentriker. »Die ganze Welt jammert inzwischen wie blöd durch die Gegend. Arbeiter und Unternehmer, Polizisten und Gefängnisinsassen, Steuerzahler und Steuerbeamte, junge Leute, alte Leute, Transsexuelle, Mediziner, Paramediziner, Journalisten, Straßenbahner. Man schlägt die Zeitung auf, man macht den Fernseher an, und was sieht man? Einen pausenlosen Jammerchor. Wir leben in einer Gesellschaft, die sich nur noch durch das Medium des Gejammers mitteilt und kommuniziert, das ist nämlich das wahre Massenmedium unserer Zeit. Die Feministinnen haben völlig recht: Die Welt ist bereits voll feminisiert, warum sollten die Frauen sie nicht auch regieren, diese unerreichten Meisterinnen des Gejammers? Die Alternative wäre, man untersucht das Phänomen in aller Gründlichkeit: Hat es soziale oder kulturelle, also heilbare Ursachen, oder gibt es zufällig ein Hormon, ein Enzym, eine Drüse für Gejammer, Nörgelei und Unzufriedenheit, wie ich behaupte. Denken sie bloß an den Mythos von diesen drei Idiotinnen, die alles hatten und trotzdem nicht zufrieden waren. Deshalb lassen sie dann Paris, irgendeinen Trottel, ein Urteil fällen, und der Trojanische Krieg ist die Folge. Nein, ich fürchte, das Gejammer gehört wirklich zum weiblichen Erbgut.«

Das afrikanische Mädchen kommt mitsamt ihrem Lächeln und dem Teetablett herein. Diese Freunde hier, erklärt ihr der Exzentriker, während sie uns Tee einschenkt, kommen aus Turin. Das Lächeln wird strahlend. Ah, Turin! Die Consolata! Die Missionare von Maria Consolata! Sie waren in ihrem Dorf, in ihrer kleinen Kirche hat sie gesungen und Fotos von der Wallfahrtskirche gesehen. Wie gern würde sie die mal besichtigen, und es ist auch gar nicht so weit weg vom Lago Maggiore. Plötzlich erstirbt das Lächeln.

»Aber mit ihm ist da ja nichts zu machen«, sagt sie in perfektem Italienisch und zuckt die Schultern, »er fährt ja nirgends mit mir hin.«

Schluß

Ludwig Fels Sterbenswort

Es ist aus, meine Liebe, die Liebe ist aus.
Hat sich davongemacht, kein Ade. Die eigene
Haut ist ein Lachsack, du heulst darin
Auf Wiedersehn! Du mußt dich nur
aus den Augen verlieren, dann verlierst du auch
die Erinnrung an Tränen.
Es ist aus mit der Liebe. Das Glück
eine Verkennung der Tatsachen. Wir
kauen Fleisch, streicheln Tiere.
Sterbenswort Ade.
Meine Haut, darunter das Geheimnis
der Krankheiten, Sehnsüchte. Die Nächte sind Nägel
und ein Kreuz ist die Welt. Am Tag fließt das Licht
wie Engelsblut. Dies
soll die letzte Lüge sein.
Morgen, Sterbenswort. Ich möchte sterben, möchte
wissen, was geschieht
wenn die Angst aus dem Maul fährt und lächerlich
Speichel verspritzt.
Es ist aus, meine Liebe, die Liebe
wars nicht.

Autoren- und Quellenverzeichnis

Sofern nicht anders angegeben, sind sämtliche genannten Werke im Piper Verlag, München, erschienen.

Anna Achmatowa (1889–1966)
Am Abend *163*
*Wie zärtlich du...** *163*
Aus: Im Spiegelland. Ausgewählte Gedichte. Herausgegeben von Efim Etkind, 1982 (SP 833), S. 16, 17. Aus dem Russischen von Irmgard Wille und Ludolf Müller

Jürg Amann (* 1947)
*Nachgerufen** *232*
Aus: Nachgerufen. Elf Monologe und eine Novelle, 1983 (SP 712), S. 18–19

Jorge Avila (* 1957)
Ich werde dir schreiben in der Sprache der Steine *167*
Aus: Dann fliegt mein gefiedertes Herz. Lateinamerikanische Liebesgedichte. Zweisprachig. Herausgegeben von Jorge Avila, Wolfgang Eitel und Esther Muschelknautz, 1992 (SP 1122), S. 215. Aus dem Spanischen von Günther W. Hornberger und Esther Muschelknautz

Ingeborg Bachmann (1926–1973)
*Drei Briefe an Felician** *21*
Aus: Briefe an Felician. Herausgegeben von Isolde Moser, 1991, S. 19, 39, 40
Reigen *85*
Nebelland *86*
Erklär mir, Liebe *87*
Aus: Gedichte Erzählungen Hörspiel Essays, 1964 (SP 1630), S. 13, 40/41, 41/42

Max Beckmann (1884–1950)
*Drei Briefe an Quappi (Mathilde Kaulbach)** *23*
Aus: Max Beckmann. Briefe. Herausgegeben von Klaus Gallwitz, Uwe M. Schneede und Stephan von Wiese unter Mitarbeit von Barbara Golz. Band I: 1899–1925. Bearbeitet von Uwe M. Schneede, 1993, S. 265/66, 335/36, 356–358

Alexander Blok (1880–1921)
In den Dünen 161
Aus: Gedichte – Poeme. Herausgegeben und mit einem Essay von Fritz Mierau, 1989 (SP 912), S. 129–131. Aus dem Russischen von Jürgen Rennert

Jorge Luis Borges (1890–1986)
Das Warten 165
Aus: Dann fliegt mein gefiedertes Herz. Lateinamerikanische Liebesgedichte a. a. O. S. 45. Aus dem Spanischen von Curt Meyer-Clason

Jossif Brodskij (* 1940)
Abend 164
Aus: Einem alten Architekten in Rom. Ausgewählte Gedichte, 1978 (SP 506), S. 44. Aus dem Russischen von Sylvia List

Christoph Buggert (* 1937)
Nebukadnezar 27
Aus: Das Pfarrhaus. Buch der Entzückungen. Roman, 1988, S. 104–108, 122–125, 141–143, 156–161, 178, 180–183

Iwan Bunin (1870–1953)
Grammatik der Liebe 92
Aus: Grammatik der Liebe. Erzählungen. Auswahl und Nachwort von Horst Bienek. Aus dem Russischen von Georg Schwarz, 1973 (SP 432), S. 218–228
Ein letztes Wiedersehen 150
Aus: Ein letztes Wiedersehen. Erzählungen. Aus dem Russischen von Georg Schwarz, 1976 (SP 960), S. 103–112

Raymond Carver (1939–1988)
Wovon wir reden, wenn wir von Liebe reden 207
Aus: Wovon wir reden, wenn wir von Liebe reden. 15 Erzählungen. Aus dem Amerikanischen von Klaus Hoffer, 1994 (SP 1780), S. 59–76
Tüten 234
Aus: Warum tanzt ihr nicht. Erzählungen. Ausgewählt und aus dem Amerikanischen übersetzt von Claudia Wenner, 1992 (SP 1244), S. 75–82

Marco Denevi (* 1922)
Imperfekt der Liebe *271*
Aus: Fallen die Perlen vom Mond? Lateinamerikanische Liebesgeschichten, a.a.O. S. 182–189. Aus dem Spanischen von Wilfried Böhringer

Hilde Domin (* 1912)
Wo steht unser Mandelbaum *83*
Mein Geschlecht zittert *84*
Magere Kost *84*
Fragment *85*
Aus: Gesammelte Gedichte. S. Fischer Verlag, Frankfurt/M. 1987, S. 25, 61, 169, 172

Ludwig Fels (* 1946)
Lieblichkeit *269*
Aus: Der Anfang der Vergangenheit. Gedichte, 1984, S. 31
Besuch zur Probe *269*
Elegische Ballade *270*
Konversation *270*
Sterbenswort *307*
Aus: Blaue Allee, versprengte Tataren. Gedichte, 1988, S. 24, 57, 59, 61

Rubem Fonseca (* 1925)
Valentinstag *197*
Aus: Der Abkassierer. Erzählungen. Aus dem brasilianischen Portugiesisch von Karin von Schweder-Schreiner, 1989 (SP 1120), S. 79–90

Carlo Fruttero (* 1926) **& Franco Lucentini** (* 1920)
Die Phänomenologie der Zweierbeziehung *301*
Aus: Ein Hoch auf die Dummheit. Porträts, Pamphlete, Parodien. Ausgewählt von Ute Stempel. Aus dem Italienischen von Pieke Biermann, 1992, S. 309–315

Edgar Hilsenrath (* 1926)
Ödipus *158*
Aus: Zibulsky oder Antenne im Bauch. Satiren, 1994 (SP 1694), S. 96/97

Pam Houston (* 1962)
Etwas Süßes, Wildes *143*
Aus dem Amerikanischen von Tanja Graf. Unveröffentlicht.

Barbara Maria Kloos (* 1958)
Der Weg zum See 267
Münchner Honeymoon 268
Bescheiden 268
Aus: Solo. Gedichte, 1986, S. 51, 60, 77

Clarice Lispector (1925–1977)
Ein komplizierter Fall 40
Aus: Fallen die Perlen vom Mond? Lateinamerikanische Liebesgeschichten, a. a. O. S. 238–241. Aus dem Portugiesischen von Denise Andres-Fessmann und Eva-M. Rother

Eugenio Montale (1896–1981)
Nach Finistère 12
Da ist das Zeichen... 13*
Aus: Glorie des Mittags. Ausgewählte Gedichte. Italienisch/Deutsch. Übertragung und Nachwort von Herbert Frenzel, 1960 (SP 570), S. 153, 87
Die Stürmische 50
Aus: Die Straußenfeder. Ausgewählte Prosa. Auswahl, Übersetzung und Nachwort von Alice Vollenweider, 1971 (SP 145), S. 70–75

Sten Nadolny (* 1942)
Mary Rose 116*
Aus: Die Entdeckung der Langsamkeit. Roman, 1983 (SP 700), S. 76–79, 120–123

Pablo Neruda (1904–1973)
Deine Füße 165
Aus: Dann fliegt mein gefiedertes Herz. Lateinamerikanische Liebesgedichte, a. a. O. S. 65. Aus dem Spanischen von Fritz Vogelgsang

Marta Nos (* 1937)
Der Stuhl 263
Aus: Fallen die Perlen vom Mond? Lateinamerikanische Liebesgeschichten, a. a. O. S. 345–348. Aus dem Spanischen von Eva Schikorski

Sara Paretsky (* 1947)
Quitt 122
Aus: S. Paretsky (Hg.), Sisters in Crime. Kriminalstories, 1993 (SP 5602), S. 198–220. Aus dem Amerikanischen von Vera Mansfeldt

Pier Paolo Pasolini (1922–1975)
Glanz *11*
Das Unerlaubte *11*
Aus: Die Nachtigall der katholischen Kirche. Gedichte. Italienisch/Deutsch. Aus dem Italienischen von Toni und Bettina Kienlechner, 1989 (SP 560), S. 109, 69–71

Octavio Paz (* 1914)
Zwei Leiber *166*
Aus: Dann fliegt mein gefiedertes Herz. Lateinamerikanische Liebesgedichte, a. a. O. S. 89. Aus dem Spanischen von Hans Magnus Enzensberger
© Ullstein Verlag, Berlin

Juan Manuel Roca (* 1946)
Epigramm für Maria *167*
Aus: Dann fliegt mein gefiedertes Herz. Lateinamerikanische Liebesgedichte, a. a. O. S. 197. Aus dem Spanischen von Günther W. Hornberger und Esther Muschelknautz

Umberto Saba (1883–1957)
Mund *13*
Aus: Das zerbrochene Glas. Gedichte. Italienisch/Deutsch. Auswahl und Einführung von Claudio Magris. Aus dem Italienischen übertragen und mit einem Nachwort versehen von Paul-Wolfgang Wührl, 1991 (SP 1351), S. 113

Uwe Saeger (* 1948)
Mitten im Wald ein Baum *241*
Aus: Haut von Eisen. Erzählungen, 1990, S. 45–73

Wassili Schukschin (1929–1974)
Der Weiberheld *221*
Aus: Weiße Städte. Sibirische Erzählungen der Gegenwart. Herausgegeben und mit einem Nachwort von Rosemarie Tietze, 1991 (SP 1315), S. 201–211. Aus dem Russischen von Gertraude Krueger

Antonio Skármeta (* 1940)
Hochzeit *277*
Aus: Der Radfahrer vom San Cristóbal. Erzählungen. Aus dem chilenischen Spanisch von Willi Zurbrüggen, 1986 (SP 1364), S. 174–185

Karl Valentin (1882–1948)
Streit mit schönen Worten 114
Aus: Mögen hätt ich schon wollen, aber dürfen hab ich mich nicht getraut! Das Beste aus seinem Werk. Herausgegeben und mit einem Nachwort von Helmut Bachmaier, 1990 (SP 1162), S. 53–55

Giovanni Verga (1840–1922)
Cavalleria rusticana 43
Aus: Der letzte Tag. Erzählungen. Mit einem Nachwort von Johannes Hösle. Aus dem Italienischen von Hannelise Hinderberger, Marianne Schneider und Elke Wehr, 1987, S. 94–100

Gabriele Wohmann (* 1932)
Im Winter schießt man keine Böcke 15
Große Liebe 54
Aus: Ein Mann zu Besuch. Erzählungen, 1981 (SP 1863), S. 19–51
Die Antwort 89
Aus: Habgier. Erzählungen, 1973 (SP 1666), S. 62–67

Tobias Wolff (* 1945)
Jungfernfahrt 102
Ein Vorfall im Leben Professor Brookes 285
Aus: Jäger im Schnee. Erzählungen. Aus dem Amerikanischen von Arnfried Astelbauer, 1988 (SP 1108), S. 94–106, 31–45

Carna Zacharias (* 1948)
Kartenspiele 169
Aus: Sieben Rätsel für Enigma. Roman, 1994, S. 74–109

Mit einem Sternchen * versehene Titel wurden vom Herausgeber gewählt.

Ingeborg Bachmann in der Serie Piper

»Hinter jeder Zeile, die sie geschrieben hat, steht ein Mensch, nicht viel stärker oder schwächer als der Leser selbst. Ingeborg Bachmann hat nach Musil, Schnitzler und Hofmannsthal ganz neue Dimensionen ausgelotet.« Hellmuth Jaesrich

Anrufung des Großen Bären
Gedichte. 79 Seiten.
Serie Piper 307

Bilder aus ihrem Leben
Mit Texten aus ihrem Werk.
Hrsg. von Andreas Hapkemeyer. 162 Seiten mit 222 Abbildungen.
Serie Piper 658

Das dreißigste Jahr
Erzählungen. 192 Seiten.
Serie Piper 1509

Die Fähre
Erzählungen. 98 Seiten.
Serie Piper 1182

Der Fall Franza/ Requiem für Fanny Goldman
192 Seiten. Serie Piper 1121

Die gestundete Zeit
Gedichte. 63 Seiten.
Serie Piper 306

Die Hörpiele
Ein Geschäft mit Träumen – Die Zikaden – Der gute Gott von Manhattan.
172 Seiten. Serie Piper 139

Liebe: Dunkler Erdteil
Gedichte aus den Jahren 1942–1967.
61 Seiten. Serie Piper 330

Mein erstgeborenes Land
Gedichte und Prosa aus Italien. Hrsg. von Gloria Keetman.
160 Seiten. Serie Piper 1354

Simultan
Erzählungen.
211 Seiten. Serie Piper 1296

Vor den Linien der Wirklichkeit
Radioessays.
120 Seiten. Serie Piper 1747

Wir müssen wahre Sätze finden
Gespräche und Interviews.
Hrsg. von Christine Koschel und Inge von Weidenbaum.
166 Seiten. Serie Piper 1105

Kein objektives Urteil – nur ein lebendiges
Texte zum Werk von Ingeborg Bachmann.
Hrsg. von Christine Koschel und Inge von Weidenbaum.
665 Seiten. Serie Piper 792

PIPER

SERIE PIPER

»Bunin schreibt eine derartige Prosa, daß es nicht übertrieben ist, von ihm zu sagen, er ist der beste Stilist unserer Zeit.« Maxim Gorki

Das Dorf
Roman.
Aus dem Russischen von Arthur Luther.
159 Seiten. Serie Piper 797

Dunkle Alleen
Erzählungen. Auswahl und Nachwort von Horst Bienek.
Aus dem Russischen von Ilona Koenig.
141 Seiten. Serie Piper 677

Grammatik der Liebe
Erzählungen. Auswahl und Nachwort von Horst Bienek.
Aus dem Russischen von Georg Schwarz und Ilona Koenig.
259 Seiten mit Zeittafel.
Serie Piper 432

Ein letztes Wiedersehen
Erzählungen.
Aus dem Russischen von Georg Schwarz.
156 Seiten. Serie Piper 960

Mitjas Liebe
Fünf Erzählungen.
Aus dem Russischen von Erich Ahrndt.
144 Seiten. Serie Piper 1529

Nächtliches Gespräch
Erzählungen.
Aus dem Russischen von Larissa Robiné, Georg Schwarz und Erich Ahrndt.
132 Seiten. Serie Piper 1176

PIPER

480 Seiten. Serie Piper 1870

Die New Yorker Gesellschaft im ausgehenden 19. Jahrhundert und die Tyrannei ihrer Konventionen stehen im Mittelpunkt dieses mit dem Pulitzerpreis ausgezeichneten Sittenromans der »großen alten Dame der amerikanischen Literatur« (Gore Vidal).

Sommer

Roman. 260 Seiten. Serie Piper 1263
Eine beklemmend schöne Liebesgeschichte von unglaublicher Dichte und Intensität.

Winter

Roman. 160 Seiten. Serie Piper 1262
Gleichermaßen wegen ihrer Schönheit und Schlichtheit gerühmt, wurde diese großartige, von einer Tragödie überschattete Liebesgeschichte ein amerikanischer Klassiker.

PIPER

TANGSHAN TIGERS

Aus der Bibliothek von:

____

____

____